Caminhos do Teatro Ocidental

COLEÇÃO PERSPECTIVAS
dirigida por J. Guinsburg

Coordenação do projeto: Regina de Barros Correia Casillo,
Lucia Casillo Malucelli e Liana de Camargo Leão

Supervisão editorial: J. Guinsburg
Revisão dos originais: Claudia Braga
Preparação de texto: Maria Cristina Daniels
Revisão: Márcia Abreu
Iconografia: Helen Marcia Potter Pessoa
Capa e projeto gráfico: Sergio Kon
Produção: Ricardo W. Neves, Sergio Kon, Luiz Henrique Soares, Elen Durando
e Lia Marques

Barbara Heliodora

Caminhos do Teatro Ocidental

PERSPECTIVA

CIP-Brasil. Catalogação na Publicação
Sindicato Nacional dos Editores de Livros, RJ

H417c

Heliodora, Barbara
Caminhos do teatro ocidental / Barbara Heliodora. – São Paulo : Perspectiva, 2015.
424 p. : 7 il. ; 23 cm.   (Perspectivas)

1. reimpr. da 1. ed. de 2013
Inclui bibliografia
ISBN 978-85-273-0990-5

1. Teatro - História e crítica. I. Título. II. Série.

13-05894

CDD: 792
CDU: 792

08/10/2013   08/10/2013

1ª edição - 1ª reimpressão

Direitos reservados em língua portuguesa à

EDITORA PERSPECTIVA S.A.

Av. Brigadeiro Luís Antônio, 3025
01401-000 São Paulo SP Brasil
Telefax: (11) 3885-8388
www.editoraperspectiva.com.br
2015

Sumário

Apresentação, 15

I. O Começo do Caminho

19 O Pré-Teatro

21 Grécia: Surgimento e Consolidação da Civilização Grega

23 O Nascimento do Teatro

27 As Artes

28 A Arquitetura dos Teatros

31 Os Recursos de Cenografia e Encenação

33 Os Festivais e Concursos

35 O Elenco e os Recursos Cênicos

37 A Dramaturgia e a Estrutura do Texto

41 A *Poética* de Aristóteles: O Nascimento do Teatro e
    Conceitos Sobre a Tragédia

47 A Tragédia e Seus Três Grandes Autores

57 A Tragédia Depois da Grécia

58 As Origens da Comédia

59 A Comédia: Estrutura do Texto e Versificação

63 Aristófanes, a Comédia Antiga e a Decadência Ateniense

66 A Comédia Nova

II.   O Teatro em Roma

71   Formação da Civilização Romana

73   A Cultura Romana

74   As Primeiras Manifestações Cênicas

77   O Teatro Romano e os Estilos Literários

80   Os Primeiros Autores Romanos

82   Os Grandes Autores

85   A Realização dos Espetáculos

89   Os Recursos Cênicos

90   A Comédia Romana

92   Sêneca, a Tragédia, e Sua Influência Sobre
       o Teatro da Renascença

96   A Decadência do Teatro e o Seu Desaparecimento

III.   Idade Média

101   O Mundo Medieval e o Renascimento do Teatro

111   O Teatro Medieval Italiano

112   O Teatro Medieval Espanhol

114   O Teatro Medieval Alemão

115   O Teatro Medieval Francês

121   O Teatro Medieval Inglês

128   Enfim

IV.   O Renascimento na Itália

131   O Renascimento na Europa e a Sociedade Italiana

134   A Arte Renascentista e o Teatro Italiano

139   A *Commedia dell'Arte*

v.   O Século de Ouro Espanhol

149   A Unificação da Península Ibérica e a Formação do Império Espanhol

151   O Surgimento do Teatro Renascentista Espanhol

154   Os Primeiros Autores

156   Lope de Vega

160   Os Últimos Grandes Autores do Século de Ouro

vi.   Teatro Inglês: Tudor e Stuart

167   O Contexto Pré-Elisabetano

170   O Teatro Elisabetano

195   A Revolução Republicana e a Restauração Monárquica

VII.   O Teatro na França: O Absolutismo

201   Da Idade Média à Renascença: Transformações

203   As Teorias e Convenções

207   Os Primeiros Autores e Obras

209   Corneille e a Polêmica do *Cid*

213   Racine: O Triunfo da Tragédia "Acadêmica"

216   Molière: O Espírito Cômico da Renascença Francesa

VIII. O Século XVIII e a Ascensão da Burguesia

227   O Contexto Histórico Francês

229   O Teatro Francês do Século XVIII e a Superação
do Neoclassicismo

232   O Teatro Italiano do Século XVIII

236   O Teatro e as Revoluções Burguesas na Europa

239   O Teatro Alemão do Século XVIII

IX.   O Teatro no Século XIX

245   Surgimento do Romantismo na Alemanha: O "Pré-Século XIX"

252   O Romantismo na França

255   A Transição Para o Realismo

258   O Realismo

263   A Dramaturgia

X.   O Teatro no Século XX

281   O Contexto Histórico

282   As Inovações Introduzidas na Interpretação
e na Dramaturgia: O Naturalismo

289   A Evolução das Transformações Mundiais

290   Um Realismo Imaginativo

292   O *Agit-Prop*

293   O Expressionismo

297   Transformações do Espaço Cênico

299   Novamente a Dramaturgia

304   Bertolt Brecht e o Teatro Épico

310   A Maturidade da Forma Livre

XI. Américas

325   América do Norte

349   América Central

354   América do Sul

XII. O Teatro no Brasil

369   O Contexto do Descobrimento e o Teatro de "Evangelização"

371   Esparsas Tentativas Antes do Surgimento do Teatro no Brasil

374   A Consciência de Nação e o Nascimento do Teatro Brasileiro

381   O Século XIX: Perseverança na Descontinuidade

391   Século XX: Dramaturgia e Vida Teatral Até os Anos de 1940

400   Os Comediantes: o Fenômeno Nelson Rodrigues e o Estabelecimento do Teatro Moderno

406   O Século XX se Acaba: Perspectivas Para o Próximo Milênio

Bibliografia, 419

Apresentação

A INTENÇÃO DESTE LIVRO é a de apresentar aos que pensam seguir uma carreira ligada ao teatro, assim como aos espectadores curiosos a respeito de uma arte que apreciam, um panorama geral do caminho percorrido pelo teatro no Ocidente, desde seu início, em Atenas, até a segunda metade do século XX. Quanto ao novo século, não creio haver ainda o mínimo daquela objetividade necessária para qualquer comentário válido e que só o tempo dá.

De todas as artes, a dramática é a única dedicada exclusivamente a comportamentos humanos e creio que, por isso mesmo, ao refletir os hábitos e costumes do momento no qual ele é criado, o teatro nos dá um retrato fiel do trajeto do mundo ocidental desde que ele nasceu. Procurei seguir as linhas mestras do contínuo desenvolvimento do teatro ao longo do qual dramaturgia e palco se têm desafiado e alimentado mutuamente, sempre refletindo – voluntária ou involuntariamente – o ambiente em que ele é criado, já que ele é, como diz Hamlet, um espelho da natureza.

O teatro, ou seja, o conjunto de texto e encenação, é uma arte fugidia, pois, infelizmente, deixa de ser teatro mesmo quando é fielmente documentado, ou quando é adaptado para o cinema ou a televisão. Por isso mesmo, a história do teatro é mais a história do texto dramático do que do espetáculo, uma riqueza infelizmente perdida graças à sua própria essência. Isso não impede que seja necessário ter sempre em mente que as linguagens que o compõem são várias e que, em todos os grandes momentos de sua história, o teatro viveu um equilíbrio delas todas, sem que texto ou encenação fossem dominantes no espetáculo. Se na complexa arte do teatro do passado só nos restam os textos e comentários de críticos ou espectadores, não podemos nos esquecer que os bons autores sempre trazem em suas obras informações e sugestões a respeito do que seria sua vida cênica e que é bom ter isso em mente quando se lê uma peça teatral.

Este livro é realmente apenas uma introdução; cada um dos períodos que o formam mereceria, só ele, vários volumes, quando se pretender fazer um retrato fiel e integral; mas espero que o leitor, com as informações dadas, possa ler peças com mais prazer por conhecer um pouco mais as condições que levaram àquela dramaturgia específica.

É com prazer que expresso aqui a minha profunda gratidão a Regina de Barros Correia Casillo e Lucia Casillo Malucelli, grandes guias das várias e notáveis atividades do Solar do Rosário; seu estímulo, sua perseverança e paciência são em grande parte responsáveis pela realização deste velho sonho de falar da história do teatro a um público mais amplo. Quero agradecer também à dra. Liana de Camargo Leão pelas muitas conversas que deixavam mais claro o caminho a ser tomado e à dra. Claudia Mariza Braga pela organização, preparação das notas e cuidadosa revisão dos originais deste livro.

Tenho consciência da omissão de muitos autores de obras significativas, mas tive de optar pelos mais representativos dos caminhos que o teatro percorreu para expressar as transformações por que passou o mundo ocidental nesses 25 séculos. E sinto muito se deixei de atribuir, no texto ou na bibliografia, alguma fonte ou obra citada; com tantos anos de leitura e também de ensino de história do teatro, já não posso saber o que teria, lá longe, provocado o início de alguma linha de pensamento. A todos eles, no entanto, sou igualmente grata.

I.

O Começo do Caminho

O Pré-Teatro

A DRAMATIZAÇÃO COMO VEÍCULO de imitação muito provavelmente já existia desde a Pré-história, em forma de dança ou canto, com o objetivo de evocar a chuva, a caça ou outras atividades básicas. Tais dramatizações, porém, não conduzem ao nascimento do teatro, mas, sim, ao de rituais que aos poucos foram adquirindo uma forma específica, cujo rigor de execução e repetição viria a ser tido como crucial para que o ritual alcançasse seu efeito.

Com o tempo, os grupos humanos foram crescendo e, aos poucos, transformaram-se em unidades sociais mais complexas, com o enriquecimento de linguagens verbais que lentamente vieram a se tornar ferramentas aptas à expressão de pensamentos abstratos. Da mesma forma, evoluíram os processos de imitação, que viriam a incluir cultos que buscavam a proteção do herói ou aplacar o mal trazido por inimigos, bem como o culto de forças maiores, a princípio de árvores ou animais, mas também eventualmente transformados em adoração a deuses invisíveis que seriam a verdadeira força por trás da vida neste mundo.

Antes da existência de uma escrita para acompanhar essa evolução, é inútil tentar imaginar detalhes de tais cultos. Porém, o processo, ao longo dos séculos, adquiriu características que se tornariam sementes de vários aspectos do teatro. Em primeiro lugar, o uso de máscaras e vestimentas que recobrissem todo o corpo daquele que, no ritual, iria apresentar-se como deus ou herói, por exemplo, a fim de evitar sua identificação como integrante do grupo. Aos poucos apareceu também uma ação, que explicitava o culto, depois um diálogo e, como último elemento, alguma forma de ambientação.

Um simples culto agrícola com origem na importância do transbordo periódico do rio Nilo, por exemplo, sofreu progressivos aprimoramentos e alterações que culminaram na *Paixão de Osíris* encenada em Abydos, no Egito, no ano de 2.600 a.C., em solene ritual que durava cerca de duas semanas. Todos os elementos que viriam posteriormente a formar o drama e o teatro propriamente ditos já estavam presentes na *Paixão de Osíris*, que é apenas um ritual religioso, destinado à reafirmação de crenças oficiais.

Tais ritos "pré-teatrais" refletiam um mundo que só admitia uma forma de olhar, a subordinada ao pensamento religioso dominante tanto no governo quanto na estrutura social. Esses apareceram igualmente em várias outras culturas que floresceram em torno da parte leste do Mediterrâneo, todos eles igualmente dramatizados e cenicamente ricos, em sociedades também subordinadas a estruturas religiosas. Em todas elas surgiram "paixões" dos seus deuses dominantes, como as de Tamuz e Adônis, por exemplo. Todas as "paixões" tinham a mesma estrutura temática, composta por nascimento, vida, sofrimento, morte, pranto e ressurreição, pois, para o ser humano, vida e morte são sempre o mais fascinante dos mistérios.

O teatro, no entanto, não é consequência direta de nenhuma dessas manifestações religiosas. São várias e insatisfatórias as teorias sobre o aparecimento da arte teatral no final do século VI a.C. em Atenas. Para o nascimento do teatro pesa sem dúvida a influência dos *ditirambos*, cantos líricos para glorificação de Dionísio; mas até mesmo a consagrada versão que atribui o nascimento da tragédia a Téspis – que segundo Aristóteles inventou um prólogo e uma fala fixa – apenas por ter ele assumido o papel de Dionísio e dito "eu fiz" em lugar de "ele fez" é posta em dúvida hoje em dia.

Grécia:
Surgimento e Consolidação
da Civilização Grega

O FENÔMENO DA CULTURA grega, grande matriz de toda a cultura ocidental, não se deu ao acaso nem por milagre. Entre 3000 e 2000 a.C., ocorreu o florescimento do império egeu, que abraçava as civilizações minoana e micena. A arte era requintada, o governo centralizado, chefiado por reis ou imperadores. Na fase minoana foram construídos na capital Cnossos, em Creta, palácios de arquitetura bastante complexa, incluindo banheiros e depósitos subterrâneos suficientes para dar origem à lenda do Minotauro. Foi uma cultura em cuja evolução chegou a existir uma linguagem escrita, infelizmente não decifrada até hoje. Na religião, a deusa principal era mulher e os rituais bastante elaborados.

Ao mesmo tempo, na península helênica, apareceu a cultura dominada por Micenas que, supostamente, corresponde à mítica Idade Heroica da Grécia, também já com escrita, esta, porém, parcialmente decifrada. Por volta do ano 2000 a.C., tribos bárbaras indo-europeias vindas da Europa central, às margens do Danúbio, começaram a descer para a península helênica. A primeira tribo foi a dos aqueus, chegada por volta de 2000 a.C., mas a partir de 1.500 a.C. é que a migração se tornou regular. Em 1200 a.C. as migrações estavam completas e todas as tribos relevantes já estavam estabelecidas na península. É da integração de todas essas tribos que se formaram os "helenos".

Os invasores eram pastores que viviam nos vales e trouxeram o cavalo para a península. Dos vales eles olhavam as cidades fortificadas dos egeus, nos topos das colinas, até alcançarem a força para subi-las e destruírem por completo as antigas cidadelas. O domínio aqueu não durou mais que um século. Outros grupos foram para o centro da Grécia e os dóricos liquidaram os aqueus por volta de 1.150 a.C.

Para uma civilização chegar a ter uma arte que a expresse é preciso que haja alguma medida de lazer, que vem de conquistas e desenvolvimento do comércio. Para atingir esse estágio é necessário não haver mais movimentos migratórios ou conflitos raciais graves e os gregos passaram por todas essas fases. A cultura que começou em Creta já havia atingido alto nível quando chegaram os aqueus, e depois os dóricos e os jônicos. Cada civilização superava e destruía a anterior. Esta, por sua vez, sempre deixava para os novos algumas contribuições. Os indo-europeus invasores, por exemplo, eram analfabetos, e quando os gregos aprenderam a escrever, por volta de 1000 a.C., tiveram de recorrer ao alfabeto fenício, com raros traços de remanescentes cretenses.

Herdando algo de tudo o que houvera antes, foi essa nova civilização "grega" que determinou a divisão permanente entre "oriente" e "ocidente", que data do estabelecimento, na península helênica, de uma nova organização política, cuja característica básica e essencial é a separação entre o Estado e a religião, diversa, portanto, de todas as culturas anteriores.

A alteração da posição religiosa foi determinante para o teatro. Os indo-europeus invasores trouxeram seus deuses um tanto primitivos, juntaram-nos aos locais, a alguns antecedentes minoanos, e assim aparecem os deuses do Olimpo. Não se tratou, portanto, de uma religião revelada, o que os deixava vulneráveis. Esses deuses não eram nem misteriosos nem tão poderosos quanto os do Oriente, apenas uma espécie de seres humanos exagerados, que viviam exacerbações das mais corriqueiras intrigas humanas. Privados de uma divindade consagradora, eles não podiam ser o aval de monarcas absolutos e pertencentes a uma classe sacerdotal poderosa, como acontecera nas culturas que antecederam a grega.

Com a chegada dos invasores indo-europeus, desaparecem os reis tribais e é criada uma aristocracia da terra. Essa aristocracia passou depois a ser de berço, estabelecendo uma oligarquia, provável origem da exclusividade da cidadania ateniense, que até a Idade de Ouro dependia de ascendência ateniense por parte de pai e mãe.

Após o estágio aristocrático há uma fase intermediária, decisiva para o nascimento da democracia e do teatro: o período dos "tiranos". Tirano é o termo aplicado a reis não hereditários, por conquista, não necessariamente tirânicos, no sentido com que hoje compreendemos o termo. Alguns foram altamente competentes e sua predominância por cerca de dois séculos prova que não era exclusivamente pela força que se mantinham. Para se justificar, o tirano defendia, ou dizia defender, interesses de camada mais ampla da sociedade do que o seu antecessor e, a fim de obter o apoio da população, buscava legitimar sua tomada do poder com cortes pomposas e grande estímulo aos festejos e às artes. Na Ática, eles se justificaram especialmente por meio da arquitetura, deixando como legado grandes monumentos.

O Nascimento do Teatro

SENDO A RELIGIÃO DO Olimpo mais fechada e sagrada, instrumento da velha aristocracia, e muitos os membros dessa classe sacerdotes, Pisístrato[1], o primeiro tirano de Atenas, no poder de 546 até sua morte em 527, promoveu o culto a Dionísio, um deus mais popular, originário da Ásia Menor. Como uma das grandes teorias sobre a origem da tragédia dá especial ênfase aos ditirambos, de início grandes odes a Dionísio, podemos perceber o quanto é importante para o teatro tal alteração político-religiosa.

A própria arte do período aristocrático, em harmonia com seus princípios, fora mais rígida e idealizada, via de regra, mais dedicada à religião ou ao culto aos mortos. Com os tiranos, a arte começou a ser um fim em si mesma, cada vez mais um instrumento para servir à vida quotidiana da população e voltada para valores estéticos. A partir de então, ficou aberto o campo para o que, mais do que qualquer outra coisa, definiu a diferença entre os gregos e as civilizações que os precederam e que permite o nascimento do teatro.

Outra influência considerável para a nova arte foi o *festival da Panateneia*, durante o qual eram recitados os *poemas homéricos*, de onde saem as personagens que formam a maioria dos protagonistas das tragédias, cujos textos ainda conhecemos hoje. É assim que,

---

1   Governante ateniense que, além de reformas sociais de porte, traz para a cidade as competições teatrais chamadas "Grandes Dionísias".

na Ática, aparece o conceito da democracia, o qual depende dessa liberdade de pensamento. Somente nesse contexto é que nasce a formação ateniense.

Sobre o surgimento da arte cênica todos falam em Grécia, mas o teatro aparece exclusivamente em Atenas nas últimas décadas do século VI a.C. Nenhuma das versões sobre o advento do teatro, na verdade, é conclusiva ou informa qual o momento exato em que se deu o fenômeno da arte dramática. Embora os antigos rituais não sejam a fonte direta do advento da tragédia, sua encenação forneceu elementos que puderam ser aproveitados e adaptados para a apresentação da nova arte; mas o que aconteceu em Atenas é que alguém teve uma ideia absolutamente nova: usar todos os elementos usados nos rituais – ator (oficiante), máscara, ação, diálogo – não para reafirmar uma crença ou comemorar algum feito mas, sim, dizer algo novo ou dar nova interpretação a algo já conhecido.

É nesse momento que nascem o drama e sua forma interpretativa, o teatro. É isso que faz do teatro uma arte, pois ele deve apresentar uma história que se conta para transmitir uma determinada ideia nova ou reafirmada a respeito de comportamentos humanos. Sendo uma obra de arte, o teatro (novamente, texto mais espetáculo) deve expressar uma ideia ou visão maior, mais ampla, do que a ação que apresenta. A mais tradicional teoria a respeito do aparecimento do teatro tem Téspis como figura central, porque, como já dito, na *Poética*, Aristóteles se refere a ele como responsável pelo estabelecimento de "um coro e uma fala fixa". No entanto, Aristóteles escreve pouco mais de cem anos após a vitória de Téspis em 534 a.C., no primeiro concurso trágico, e ele realmente não oferece, e parece não ter tido, maiores informações sobre como e quando nasceu o drama.

A par de outras teorias sobre o nascimento do teatro, pode-se sugerir como propiciador desse memorável acontecimento o processo político e social da Grécia, mais particularmente de Atenas, justamente por não ser o governo ali entregue a uma casta sacerdotal. No universo criado por esse novo conceito de organização social e política aparecem duas coisas diversas graças à liberdade de pensamento: a filosofia e o teatro. O grande divisor de águas foi o governo de Sólon[2], mesmo que não de imediato, mas como semente da democracia que viria a florescer depois do período dos tiranos, que começa com Pisístrato. Com Sólon aparece um novo conceito de leis e justiça social e tudo ficou radicalmente alterado a partir de então. Só com a liberdade, que começa a preponderar a partir desse momento, é possível o advento do teatro, que tem de apresentar pontos de vista diversos ou contrários para que tenha lugar a ação dramática, na qual o conflito de ideias e convicções é crucial.

Segundo alguns autores, Téspis, criador do primeiro ator, não teria condições de ser responsável pelo drama; mas ao se interessar não pelos momentos de glória, e sim pelos de derrota e morte dos heróis, seu sofrimento e aprendizado pela dor, ele pôde conceber o trágico. Em suas obras, portanto, das quais só se conhece alguns títulos, o protagonista já teria passado pelo processo trágico e o narra. Com a criação do segundo ator, Ésquilo seria, então, o verdadeiro criador do drama, que exige ação e conflito.

Não é possível, portanto, apontar um momento específico para o nascimento do teatro, mas não há dúvida de que a primeira obra dramática documentada é *Os Persas*, de Ésquilo, o que o confirma definitivamente como o primeiro autor dessa nova arte que então nascia. Indicativo de o teatro ter florescido na Grécia durante o período da democracia (508 a 405 a.C.), por exemplo, é o fato de que, para a apresentação de *Os Persas*, o *choregus* – produtor indicado pelo Estado – ter sido ninguém menos que Péricles[3]. Trata-se, além do mais, da única obra que nos restou escrita a respeito de um acontecimento recente e sua grande novidade é que a peça não apenas narra a derrota de Dario, mas, também, empresta a esse acontecimento um novo significado, com Xerxes a condenar o filho por haver agido contra a natureza ao querer que seu império cruzasse os limites do continente asiático.

Introdutor do segundo ator na forma dramática, Ésquilo prova em *Os Persas* que desde o início a forma dramática apresenta duas

2   Estadista grego, considerado um dos mais importantes legisladores atenienses, implantou importantes reformas sociais em Atenas, sendo por isso tido como um dos fundadores da democracia grega.
3   (?-429 a.C.) Estadista e estratego grego, um dos principais líderes de Atenas no século v a.C.

posições diversas para a construção da ação. Só por meio da confrontação de personagens, com níveis de informação e pontos de vista diversos, cada um falando como sua própria pessoa, é possível realizar a tarefa de apresentar a mudança da situação inicial, no começo da obra dramática, para a situação posterior diferente, em seu final, sem o uso da narrativa. Xerxes pode não ser mais do que a semente ainda não fertilizada de um *herói trágico*, mas a obra *Os Persas* já toma o caminho que desde então tem trilhado o teatro no Ocidente: o de refletir o universo no qual ele é criado e, portanto, ser na verdade um documentário ímpar da trajetória que até aqui percorreu a sociedade ocidental.

Quando nasce a tragédia, o clima político em que vieram a florescer as cidades-estado não tem semelhança com o dos *poemas homéricos*. Essas grandes narrativas épicas referem-se ao que podemos chamar de Idade Heroica, período de formação daquele conjunto que viria a ser a Grécia. Quando chegamos à imagem da Grécia de Péricles, do século v a.C., do Partenon que conhecemos, os ímpetos da Idade Heroica já tinham sido substituídos por ideais de certo modo aristocráticos, porém elaborados justamente quando a aristocracia já não era mais a força dominante.

Ocorre que as manifestações artísticas correspondem às transformações políticas. Assim, tudo começa com a narrativa épica, que supostamente não é criativa, mas apenas relata fatos ocorridos, ou seja, os poemas homéricos falam da Idade Heroica – a Guerra de Troia teria acontecido no século xii a.C. – e datam do final século ix ou início do século viii a.C. O século vii a.C., por sua vez, vê aparecer a *poesia lírica*, da aristocracia e do lazer, em que o poeta fala de si, não da comunidade, e no século vi a.C. aparece a *prosa política* de Sólon. Só na segunda metade do século vi a.C. é que aparecem as primeiras manifestações trágicas, mas o *teatro trágico*, tal como o conhecemos, só aparece no século v a.C. com Ésquilo, Sófocles e Eurípedes, nos estágios preparatórios e iniciais da democracia. Só a intensa crítica da *comédia* de Aristófanes e a *prosa filosófica* é que irão corresponder à plena maturidade da democracia, no século iv a.C.

Enfim, o aspecto mais difícil do teatro grego é justamente chegarmos a aceitá-lo pura e simplesmente pelo que ele é: teatro excelente.

Os 26 séculos que nos separam da pequena coleção de peças que representa para nós, hoje em dia, o que foi o teatro grego criaram uma quase barreira de excessiva reverência, que atrapalha a apreciação de uma obra tanto quanto o faria a total irreverência.

As Artes

A ÁTICA FORA RELATIVAMENTE pobre nas artes plásticas até o século VI a.C. No momento em que a tragédia começava a se apresentar como uma arte já desenvolvida, a arquitetura grega, que viera de inícios muito modestos, chegava então à reconstrução do Partenon na forma que hoje o conhecemos, embora em ruínas. Mas nem mesmo os grandes templos dessa época eram arquitetonicamente complexos. Ao contrário, eram apenas uma elaboração progressiva e perfeita da forma mais simples que se possa conceber para uma casa: quatro paredes e um telhado de duas águas, com um triângulo de sustentação na frente e um no fundo. Com essa forma básica se faz uma choupana de pau a pique e sapê e com essa forma se chega ao Partenon.

A arquitetura de Creta foi mais sofisticada – com escada curva e dupla em Cnossos – e sua monumentalidade, que desapareceu com aquela civilização, só voltou à plenitude no século V a.C., quando Fídias tornou-se o responsável pela reconstrução do Partenon em mármore, onde antes houvera um outro, de barro e madeira. A estatuária de grandes dimensões ainda pode ser vista hoje, mas da pintura grega só resta a forma, altamente especializada, das notáveis ânforas em cerâmica, com as cores limitadas à da terra avermelhada e ao preto, com raros toques brancos, porém nada nos permite qualquer visão do que teria sido a pintura mural. A música e a dança, parte da vida quotidiana e do ritual, terão presença marcante na forma dramática. O conjunto artístico de Atenas no século V a.C. é impressionante, e é nesse período de esplendor artístico, liberdade de pensamento e equilíbrio político que floresce o teatro grego.

A Arquitetura dos Teatros

DA ARQUITETURA TEATRAL NÃO se conhece nada em relação aos estágios iniciais da arte no século V a.C. e, a fim de investigar as possibilidades do processo do desenvolvimento da dramaturgia e da forma do teatro em si, temos de levar em conta o fato de o teatro como arte ter aparecido no período dos tiranos, quando da separação entre o Estado e a religião – e a consequente liberdade para a especulação filosófica, sem a qual não nasceria a tragédia.

As origens comunitárias dos mitos, portanto, assim como as reuniões dos cidadãos, a céu aberto, para a discussão de assuntos relevantes para a comunidade, devem ter tido influência na relação entre palco e plateia. A seriedade de tais discussões e a provável disposição dos cidadãos em semicírculo estão no cerne da criação da forma do teatro, enquanto, por outro lado, a origem religiosa do drama fica marcada pela presença de um altar no centro da *orchestra*, onde atuava o coro.

O mais provável é que, a princípio, tenham sido escolhidos locais planos, cercados por encostas semicirculares, nas quais o público se sentava onde quisesse ou pudesse. Não são conhecidos, a não ser por hipótese, os estágios que separam o primeiro surgimento de um lugar onde se apresentassem as tragédias gregas daquela que viria a ser a sua forma consagrada. Podemos sugerir um local onde pudessem aparecer a arena central circular e a plateia.

Não sabemos se as áreas dos espetáculos eram elaboradas junto a algum pequeno templo onde os atores pudessem se preparar, com figurinos e máscaras, e de onde podiam entrar e sair de cena. Tampouco sabemos quando a *skene* passou a ser construída só para a realização de espetáculos, formulada para parecer a frente de um edifício imponente e significativo, contando primeiramente com uma porta central e, posteriormente, na plenitude de sua utilização, com três portas, nem quando, à frente dela, foi estabelecido o *proskenion*, o proscênio, que é onde tinha lugar a ação, ou seja, o palco. Por trás da *skene*, ficavam, então, camarins e material de cena, como provavelmente uma escada que pudesse levar os atores ao *theologeion*, quando tivessem de subir aos céus ou mostrar os deuses. Não sabemos quando o coro começou a entrar pelo *parodos* ou pelas portas da *skene*.

Ao tempo do memorável nascimento da forma dramática da tragédia, com Ésquilo, Sófocles e Eurípedes, a forma do teatro grego, tal como o conhecemos em Epidauro, por exemplo, não existia senão em seus primeiríssimos estágios, pois a própria construção do novo Partenon, de mármore, só teve lugar quase cinquenta anos depois de Ésquilo ter sua primeira peça premiada no concurso trágico.

O cenário de As *Suplicantes* exige apenas a presença do altar, que era parte essencial das cerimônias religiosas. Por esse motivo, a peça foi, por muito tempo, erroneamente julgada como a primeira obra de Sófocles.

Esquema do teatro grego.

A ilustração aqui apresentada é uma forma por assim dizer "ideal" de teatro, em sua maturidade, já definido e consagrado, tendo por base o Teatro de Dionísio, em Atenas, e o famoso Teatro de Epidauro, em cuja plateia pode sentar-se um público de cerca de dezessete mil pessoas. O provável é que teatros com essas características só tenham vindo a existir, na melhor das hipóteses, no final do século V a.C., ou muito mais provavelmente no século IV a.C., depois da construção do Partenon.

Nessa forma definitiva do teatro, o espectador entrava pelo *parodos*, que seria também a entrada para o coro. Atingindo o interior do *theatron* ou *koilon*, ele subia pelas escadas, *klimakes*, para a arquibancada, chamada *kerkis*. Para procurar seu lugar, ou para conversar com conhecidos, ele caminhava pelo *diazoma*, uma passagem larga que cortava toda a plateia a meia altura, separando-a em dois níveis independentes. No melhor lugar do teatro, ao centro do nível térreo da arquibancada, ficava o trono do sacerdote de Dionísio, que presidia o espetáculo, já que todas as apresentações teatrais mantinham, ao menos pró-forma, certo aspecto religioso.

O palco tinha diante de si uma grande área circular, plana, chamada *orchestra*, originalmente o lugar onde se dançava. No centro da *orchestra* ficava um altar, muitas vezes parte integrante da ação. Todas as evoluções e danças do coro, que entrava e saia pelo *parodos*, eram apresentadas na *orchestra*. Em algumas ocasiões os atores atuavam na *orchestra*, no intervalo entre dois episódios, como, por exemplo, na *Medeia*.

Atrás da *orchestra*, ao fundo, ficava a *skene*, o edifício-cenário inicialmente feito de madeira. Quando o teatro passou a ser aceito como parte integrante das atividades cívicas, por volta do século V a.C., a *skene* começou a ser feita de pedra. A *skene* não mudava nunca e na maioria das peças ela representava a fachada de uma casa, de um palácio ou de um templo. Na *skene* existiam normalmente três portas que serviam para entrada e saída dos atores, sendo a central usada pelo protagonista, a da esquerda pelo antagonista ou outra personagem importante e a terceira para personagens menores. As saídas ou entradas de cena por vãos laterais no palco, os *parodoi*, aos poucos adquiriram significado específico: a da esquerda servia para ligação com lugares distantes, campo ou porto, e a da direita para locais próximos, como o foro ou outros pontos da cidade onde se passava a ação.

Na frente de toda a *skene* havia uma plataforma, que variava de 1,5 a 2 metros de largura, o *proskenion* (de onde vem o nosso proscênio) ou *logeion*, e era nessa plataforma que se passava a ação dramática propriamente dita, pois era onde os atores se apresentavam. Se os atores em raras ocasiões desciam à *orchestra*, o coro jamais tinha acesso ao *proskenion*, nem mesmo o corifeu, que podia em certas ocasiões dialogar com os atores. A princípio, o *proskenion* não ficava mais do que um degrau acima da *orchestra*, mas com o desenvolvimento da forma dramática, essa altura aumentou até atingir cerca de 1,20 metros. A cada extremo do *proskenion* havia uma pequena área chamada *paraskenion*, que se projetava mais à frente, para a *orchestra*, e era usada em diálogos que se passavam em locais específicos e isolados.

Esse conjunto cênico foi por muito tempo de madeira, portanto passível de várias mudanças. À medida que a estrutura da *skene* ia ficando mais sólida, foi possível usar a sua cobertura para o *theologeion*. Lembramos que estamos falando de um teatro ideal e que todo esse conjunto de estruturas sofreu várias alterações ao longo dos anos, sendo a arquitetura teatral grega, na realidade, flexível e experimental.

Os Recursos de Cenografia e Encenação

APESAR DE SER FALSA a ideia neoclássica de que na tragédia grega seria totalmente rígido o respeito às unidades de tempo, local e tom (ou decoro), as mudanças de local eram raras. No entanto, havia soluções técnicas suficientes para as alterações que eram eventualmente feitas.

Vários recursos foram usados em épocas diferentes para indicar o contexto que a *skene* devia representar. A princípio, ao que parece, foram usados painéis pintados, encostados na parede da estrutura. Mais tarde, apareceram os *periaktoi*, uma espécie de prismas rotativos, verticais, que provavelmente ficavam juntos às extremidades laterais da *skene*. Cada uma das três faces rotativas dos *periaktoi* era coberta com uma pintura diferente para indicar mudança de local, apresentando elementos que se relacionavam com o cenário fixo. Com poucas mudanças de local, soluções como essa eram satisfatórias. Nas ruínas de alguns teatros é possível encontrar as bases de pedra em que são cavadas as reentrâncias circulares onde era fixada uma haste esculpida na base inferior do periacto.

O teatro ao ar livre, com a *skene* ao fundo, impunha sérias restrições ao autor dramático em sua escolha de cenas que pudessem ser convincentemente passadas na frente de casa, do palácio ou templo. As cenas de interior eram impossíveis de ser representadas. Porém, principalmente a partir da segunda metade do século v a.C., apareceu uma série de expedientes técnicos, mecânicos, destinados a solucionar problemas cênicos.

O mais pitoresco entre eles foi um recurso inventado para tornar possível mostrar ao público algo que acontecera dentro do edifício que a *skene* representava. Tal artefato era chamado *ekkyklema*, a respeito do qual não se sabe muita coisa, mas que, ao que parece, seria uma plataforma praticável, com rodas, empurrada do "interior" da casa para fora, através de uma das portas, para apresentar uma cena lá vivida. Trata-se de uma convenção teatral como qualquer outra e ali podiam ser mostrados quadros posados representando, por exemplo, Agamêmnon assassinado por Clitemnestra. Os autores que mais utilizaram esse recurso foram Eurípides e Aristófanes, mas o *ekkyklema* já havia sido usado antes deles.

Outro recurso muitas vezes utilizado pelos gregos é tão específico – e tão útil – que deu origem a um termo crítico usado para indicar erro de construção dramática (ou literária, de modo geral). Trata-se da *makynê*, consagrada por seu nome em latim na expressão *deus ex machina*, o deus saído da máquina. A "máquina" era usada quando um autor, incapaz de encontrar uma solução satisfatória para o seu enredo, fazia descer do alto um deus que, no final da peça, solucionasse o problema de forma razoavelmente satisfatória para autor e público. Como os deuses sempre apareceram do alto, os da tragédia eram baixados do *theologeion*, do alto da *skene*, pela "máquina", uma espécie de guindaste ou sistema de roldanas. Até hoje, quando surge uma personagem que aparece arbitrariamente no final e resolve algum problema de outro modo insolúvel, essa é chamado de *deus ex machina*.

Atualmente, o termo *deus ex machina* é bastante pejorativo, mas, ao que parece, as plateias gregas aceitavam melhor o recurso, já que não se tinha qualquer tradição de realismo. O teatro grego era todo construído sobre convenções, e tudo era tido como parte do ritual inerente à própria arte. Mesmo assim, até mesmo os gregos reclamavam às vezes do uso recorrente daquele artifício. Na peça *A Paz*, Aristófanes, que sempre gostou de criticar Eurípides utilizando-se do riso, fez uma caricatura desse autor, famoso pelo uso reiterado da *makynê*.

É interessante o que tem acontecido na crítica da obra de Eurípides em relação ao uso do *deus ex machina*. Se durante muitos anos ele foi acusado de construção desleixada ou incompetente em função do uso da máquina para parte de seus finais, certa escola de pensamento mais recente argumenta que o autor tinha uma intenção crítica. Ao recorrer à máquina, a intenção de Eurípedes seria a de fazer seu público se indagar quantas vezes, na experiência humana, um deus teria aparecido para resolver seus problemas.

Os Festivais e Concursos

NA ÁTICA, OS ESPETÁCULOS teatrais eram realizados em ocasiões religiosas. Tinham lugar em Atenas dois grandes eventos religiosos: a Dionísia Urbana, em março ou abril, onde, inicialmente, os concursos eram compostos apenas por tragédias; e o festival da Leneia (ou festival da Vindima), em janeiro ou fevereiro, quando se apresentavam as comédias. A Dionísia Urbana foi criada por Pisístrato, por volta de 537 a.C., e nela foi apresentada a primeira tragédia, de Téspis. As comédias só foram aceitas nesse festival, juntamente à tragédia, cinquenta anos mais tarde.

Até o início da Guerra do Peloponeso (431 a 404 a.C.), a Dionísia Urbana durava seis dias. O primeiro era tomado pelas grandes procissões e cerimônias religiosas da abertura. O segundo dia era reservado para o concurso de ditirambos – complexas odes corais originariamente compostas para glorificar Dionísio, vindo a falar, posteriormente, de vários deuses e heróis. O concurso de ditirambos era disputado por dez conjuntos de cem integrantes cada. Em seguida, no terceiro dia, havia o concurso das comédias, com obras de cinco autores. E, finalmente, os três últimos dias eram ocupados pelos três poetas trágicos já escolhidos anteriormente, sendo que cada um apresentava um grupo de quatro peças: três tragédias e uma sátira. As três peças trágicas podiam formar uma trilogia sobre o mesmo assunto ou serem independentes uma da outra. Já a sátira era uma peça baseada em material mitológico e potencialmente trágico, mas tratado de modo caricato e grotesco; era na verdade uma farsa, apresentando os deuses em situações caricatas ou ridículas. Com o agravamento da intermitente Guerra do Peloponeso, o festival foi reduzido para cinco dias: os autores cômicos foram reduzidos de cinco para três e apresentavam suas obras em três dias, depois da tetralogia dos trágicos.

Os três concursos da Dionísia Urbana não aconteciam na hora da apresentação. Os poetas, cujas obras seriam encenadas no festival, eram escolhidos com seis meses de antecedência, no início do ano oficial, ou seja, por volta de julho ou agosto, para o festival em março ou abril do ano seguinte, quando então eram atribuídos os prêmios. Ao que parece, autores novos seriam obrigados a apresentar o texto integral de sua obra, enquanto os consagrados podiam mostrar apenas roteiros da ação. Três autores tinham a honra de ser os escolhidos para montagem no festival, sendo definidos então o primeiro, segundo e terceiro lugares.

Quem arcava com os maiores custos da produção era o *choregus*, sempre um cidadão abastado para quem era uma honra financiar a montagem de uma tetralogia, na verdade uma de suas obrigações cívicas. Como a generosidade desse, digamos, produtor pesava no resultado do espetáculo, a escolha era feita por sorteio para evitar favoritismos. Ficava a cargo do governo o pagamento do coro e dos atores regulamentares: três, a partir de Sófocles, para a tragédia, cinco para a comédia.

No começo, os autores foram seus próprios atores, mas Sófocles, talvez por ter a voz fraca, começou a usar um ator também para seu protagonista. O autor era o diretor do espetáculo e também encarregado de compor a música para as danças do coro.

A princípio, os atores eram de livre escolha dos autores; porém, com a consciência de que a boa atuação tem grande peso na qualidade do espetáculo, a distribuição dos elencos também passou a ser por sorteio, evitando que determinado autor ficasse sempre beneficiado pela colaboração de certos atores.

A plateia ficava repleta durante os festivais e o público, parece, assistia aos espetáculos com grande entusiasmo e alegria, disposto a expressar tanto o agrado quanto o desagrado de forma insofismável. Assim, havia palmas, gritos, vaias ou batidas com os pés nos bancos. Os maus atores não ficavam livres de frutas e legumes arremessados por um público insatisfeito, sendo usadas até mesmo pedras em casos extremos. No princípio do século v a.C., a entrada nos espetáculos era franca, passando mais tarde a custar dois óbolos, reembolsáveis pelo governo a quem pudesse provar não ter o dinheiro necessário para gastar em tais eventos.

O Elenco
e os Recursos Cênicos

AS TRAGÉDIAS GREGAS ERAM obras de arte de grande complexidade em que entravam vários elementos: ritmo na palavra e na ação, música, dança e cor. A música do teatro grego era mais melódica do que harmônica, mas a atuação do coro parece ter sido mais entoada do que cantada. Os movimentos na tragédia eram de nobreza quase estatuária e de extrema estilização. As dimensões do teatro, assim como a distância que os atores, os verdadeiros intérpretes da trama, ficavam da plateia, tornava impraticável qualquer estilo de interpretação que recorresse a expressões faciais. A *orchestra* do Teatro de Dionísio, em Atenas, por exemplo, tinha vinte metros de diâmetro e o ator, para ser visto, era aumentado de várias maneiras.

Como nenhuma expressão facial pudesse ser vista à distância que separava os atores do público, desde logo apareceu o uso das máscaras, que eram talhadas a fim de expressar a característica principal da personagem. Para fins dramáticos o ator podia trocar a máscara durante o espetáculo; Édipo, por exemplo, sai de cena assim que tem consciência de seu parricídio e volta com outra máscara, que o apresentava como já tendo arrancado os próprios olhos. As máscaras, além de estabelecer a individualidade e o traço dominante de cada personagem, aumentavam a altura do ator por meio do *onkos*, volume que lhe era acrescentado ao alto da cabeça e servia para dar a impressão de aumentar ainda mais o tamanho da figura vista em cena. Além disso, por dentro, parece que eram feitas de modo a ampliar o volume da voz, o que era conveniente, embora a acústica desses teatros a céu aberto fosse perfeita.

Os *cothurnos* eram as botas trágicas, com solas que chegavam a vinte centímetros de altura, dando maior estatura ao ator trágico, tornando sua figura mais impressionante. As túnicas longas com mangas fartas aumentavam-lhes o volume, e a cintura era marcada segundo as novas proporções.

Quanto ao número de atores, confiamos que Téspis criou o primeiro ator, Ésquilo o segundo e Sófocles o terceiro, mas devemos lembrar que isso não significa ser necessariamente o mesmo número de personagens: a vestimenta trágica, que cobria todo o corpo do ator, e a máscara, que identificava a personagem, podiam ser mudados, como já vimos, pela simples saída e nova entrada em cena.

Não se pode, de modo algum, esquecer a importância das mudanças no número de atores para o jogo cênico. Graças a elas foram multiplicadas as possibilidades de ação e diálogo. Com três atores a ação não precisa ser interrompida quando um deles sai de cena, o que resulta em nova dinâmica, sem contar com as ironias e ambiguidades que podem nascer de cenas paralelas ou contrastantes. É preciso também lembrar que, em alguns casos excepcionais, há peças de Eurípides que parecem exigir quatro atores. Acrescente-se aos atores, responsáveis pelo desenvolvimento da ação, a presença do coro: a princípio, parte interessada na ação; mais tarde, apenas observadora dos acontecimentos, mas sempre fazendo a intermediação entre o palco e a plateia. Como uma espécie de amostragem do público em geral, as interferências do coro muitas vezes são um guia para a reação do primeiro diante da ação.

A comédia, por seu lado, teve sempre cinco atores, ao menos a partir do momento em que ela foi aceita como parte dos grandes festivais. Se na tragédia a qualidade e a importância dos protagonistas exigiam todos os recursos que aumentavam o tamanho do ator, a comédia se dedicava a ações que poderiam acontecer e até mesmo aconteciam ao homem comum e, por isso mesmo, os atores usavam sandálias rasas, sem salto, e possivelmente usavam apenas a meia máscara, que cobria olhos e nariz, com características de caricatura.

A Dramaturgia e a Estrutura do Texto

COM OS DADOS ACIMA estamos cercando o teatro grego para podermos chegar ao que realmente importa, ou seja, a forma dramática grega que ainda hoje conhecemos por intermédio da leitura. Comecemos com dados básicos a respeito da forma da tragédia grega e alguma coisa a respeito de sua natureza, sendo crucial lembrar que, na Grécia clássica, a consciência da importância da forma era muito grande. A arte é artificial, ela difere da natureza porque é criada pelo homem para ser diversa da natureza, ou melhor dizendo, admitindo claramente que o que o homem faz não pode ser igual ao produto da natureza.

A dramaturgia grega reflete em sua forma literária e física todas as limitações das condições oferecidas pela arquitetura cênica de que já falamos. Por outro lado, houve uma conquista bastante rápida de uma maestria suprema. Na medida em que os poetas aprenderam a tornar o diálogo o verdadeiro veículo dramático, apto a conter em si a ação e sua crítica, as odes corais que separavam os episódios da ação foram sendo transformadas em reflexões sobre o tema em pauta, porém, deixando a ação falar por si.

A forma que se fixou começa com um *prólogo*, dito por uma única personagem, que pode ou não ser a protagonista, ou por um pequeno diálogo, onde fica exposto o tema geral, a situação dramática básica da obra, informando, de algum modo, os antecedentes que levaram ao conflito que move a ação. Em algumas das tragédias de Eurípides, ele tem quase a função de um programa no teatro moderno, desses que preparam o público para a obra a ser apresentada.

Depois do prólogo vem o *parodos*, cantado, que consta da entrada e primeira apresentação do coro. Os membros do coro, que eram, via de regra, quinze, entram para a *orchestra*. O ritmo de seus movimentos ficava no mais estrito acordo com a gravidade e significação dos versos que cantavam. Durante o decorrer do século v a.C., a importância do coro decresce, e muito. No princípio ele era inteiramente ligado à ação, como em *As Suplicantes*, de Ésquilo. Nas últimas peças de Eurípides, porém, as odes se tornam apenas interlúdios líricos, embora ainda fiéis ao clima e ao tema, porém, às vezes até sem qualquer ligação com a ação dramática, servindo apenas para separar os episódios.

Dados os hábitos atuais a que nos acostumou o realismo, o uso do coro se apresenta como o maior obstáculo para as montagens contemporâneas de tragédias gregas. Quase sempre este fica reduzido, ou meio escondido, supostamente por ser o seu uso estranho ao público moderno; mas, na verdade, os bons espetáculos em que o coro é usado como uma presença forte têm sido altamente satisfatórios. Acontece que os gregos, iniciadores da arte dramática, aceitavam as convenções que nela foram estabelecidas com a mesma naturalidade com que nós aceitamos as convenções de outras artes.

É necessário compreender qual era, realmente, a função do coro. De modo geral, podemos dizer que ele expressava a posição da comunidade diante dos acontecimentos nos quais estão empenhados os protagonistas. Essa posição é, via de regra, uma posição comprometida, como no caso do *Édipo Rei*, de Sófocles, em que o interesse do coro pela progressiva descoberta do passado de Édipo não resulta de qualquer mórbida curiosidade em conhecer detalhes escandalosos de sua vida íntima, mas, sim, da necessidade real da população em descobrir quem foi o assassino de Laio, a condição imposta pelo oráculo para que acabe a peste que assola Tebas.

Podemos dizer que o vivenciado pelos protagonistas da ação como experiência pessoal é, após cada episódio, ampliado pelo coro, proposto em um plano de exposição e comentário por meio de recursos mais formais e convencionados do que os usados pelos que interpretam o desenvolvimento da ação. O coro dá forma à emoção sentida pelos protagonistas; a ação é ampliada no sentido de ser intensificada não como emoção, mas como experiência estética. Isso não quer dizer que se atenue a força da ação, mas que a observação e o comentário lhe dão sentido, com o coro, portanto, atuando como intermediário entre quem está no palco e quem está na plateia.

O coro, portanto, é de início composto por algum grupo social que se apresenta como um comentador interessado na ação dramática. Em outros casos ele ilustra a opinião pública – às vezes serve de guia para o que deveria ser a reação da plateia real diante do que se passa na ação. Mas, enquanto foi funcional, o coro sempre serviu para ajudar o autor a esclarecer o significado universal do que vemos no palco. Em Ésquilo e Sófocles, em particular, o coro é mais usado nessa última forma e por isso mesmo os coros de suas obras reúnem suas concepções fundamentais filosóficas e dramáticas.

Depois do *parodos*, o coro fica em cena até o final da tragédia. O coro tinha quinze integrantes, podia às vezes ser dividido em dois, e tinha um líder, o *corifeu*, que podia falar individualmente, transformando-se quase em mais um ator, podendo talvez até subir ao *proskenion*. Hoje em dia, o proscênio é a pequena área do palco que fica na frente da cortina, mas na Grécia o termo tinha o significado literal de "na frente da cena" e era o que nós chamaríamos de palco ou espaço cênico.

Após o *parodos* começa o primeiro *episódio*, isto é, a ação dramática propriamente dita, muito menos artificial em sua atuação do que o coro, atento à criação plausível das personagens, e atuando no *proskenion*. O episódio corresponde a um ato ou cena de uma peça moderna. O episódio faz a ação caminhar por meio de diálogo – também como no teatro moderno –, com a única diferença pelo número de atores, que não permite mais de três personagens em cena ao mesmo tempo.

Vem a seguir, um *stasimon*, ou seja, uma interrupção da ação, quando se dá nova intervenção do coro. A partir daí sucedem-se os episódios e as intervenções corais, sendo a ação, de modo geral, desenvolvida em cinco episódios. Quando acaba a ação vem uma ode final, o êxodo, com o coro cantando e saindo pelos *parodoi*. Essa estrutura de episódios viria a motivar, mais tarde, a exigência de cinco atos na forma da tragédia neoclássica no século XVII.

Em alguns casos, o *stasimon* é substituído por um *commus*, uma passagem lírica na qual um ou mais atores permanecem em cena depois do episódio e se juntam ao coro para um comentário ou lamento. Tanto um quanto o outro têm metrificações complicadíssimas, mas os episódios eram normalmente escritos em versos de três pés iâmbicos, ou seja, uma sequência de três sílabas breves seguidas por sílabas longas. É preciso não esquecer nunca que o ritmo – no movimento, na palavra, na música e na dança – tinha enorme importância no espetáculo, tanto para o clima emocional e para a imponência quanto para o significado.

O desenvolvimento do enredo é atingido pelo diálogo que expressa posições opostas ou conflitantes e adquiriu certas características de ação, sendo talvez as mais interessantes e significativas do ponto de vista dramático e teatral o *reconhecimento* e a *peripécia*. O primeiro, como indica o nome, se dá quando uma personagem descobre a verdadeira identidade de outra, e a segunda é mais provocante, pois acontece quando determinada sequência de acontecimentos ou raciocínios levam a um resultado totalmente inesperado, como no caso de Édipo, que tem a certeza de que os depoimentos de Tirésias ou do pastor irão inocentá-lo, mas eles comprovam as acusações do oráculo e de Creonte. Aristóteles fala de tragédias simples, que têm um enredo único que evolui sempre como o previsto, e de compostas, nas quais o enredo é rico em peripécias, o que verdadeiramente torna a ação muito mais apta a prender a atenção do público, sendo a origem do decantado suspense consagrado pelo cinema.

A *Poética* de Aristóteles:
O Nascimento do Teatro
e Conceitos Sobre a Tragédia

QUAIS ERAM VALORES INTRÍNSECOS da tragédia? As primeiras informações diretas que temos sobre suas possíveis origens, características fundamentais e conceitos nos chegam por Aristóteles, que escreveu mais de um século após o período áureo de Ésquilo, Sófocles e Eurípides. Não existe, no entanto, nada mais confuso e duvidoso do que o nascimento da tragédia, como já vimos, mas parece correto partir da valorização do indivíduo no processo social que levou à democracia grega e da separação entre Estado e religião como elementos determinantes para o aparecimento da arte dramática.

Só com o que Sólon procurou, como político, fazer – e que só os filósofos faziam –, ou seja, olhar o homem em relação ao mundo em que vive, buscando o equilíbrio que almejamos até hoje entre o respeito ao indivíduo e o deste à estrutura social e política em que está inserido, pode existir o clima trágico.

Não há possibilidade de conflito onde só há um ator e por isso mesmo Téspis – que segundo Aristóteles criou um Prólogo e uma grande fala formal – teria concebido o clima trágico, enquanto a tragédia como forma dramática só nasce realmente a partir do momento em que Ésquilo introduz o segundo ator, cabendo a Sófocles criar o terceiro. Conforme já exposto, isso não quer dizer dois ou três personagens, já que cada ator, usando máscara e coberto com figurino adequado, pode interpretar mais de um papel.

Essa nova visão da origem da tragédia tem a vantagem de ficar em harmonia com o fato de os protagonistas e as situações das tragédias que conhecemos não serem deuses e de não aparecerem nelas ações cuja essência seja um problema religioso. Isso não impede que se reconheça a contribuição dos antigos rituais religiosos para a forma cênica da tragédia. Vamos ver um possível caminho.

Aristóteles fala da importância da imitação na vida do ser humano. Por outro lado, a mitologia parece ser a tentativa de se explicar determinados aspectos do universo sem o devido conhecimento científico. A mitologia recorre à imaginação, e a imitação é essencial para a formação de rituais; a repetição acaba fazendo aparecer uma forma, depois a determinação de um local e definição de trajes e objetos a serem usados na execução. Tudo isso é relevante para o estabelecimento do ritual, mas também para a definição da nova arte, o teatro, que com o tempo veio a ter o próprio ritual, o espetáculo. Determinante foi o fato de alguém ter tido a ideia de usar a ação, os figurinos, a criação da personagem e o diálogo não para repetir algo a ser preservado, mas para apresentar algo novo ou uma nova visão do já conhecido. Nessa nova arte é preciso que se preste atenção até o fim da representação, pois só então se saberá o que é esse novo que o autor quer dizer com sua ação.

O que é *dramático*? Não é o espetacular ou o sensacional, mas o que tem um potencial de mudança. Toda obra dramática começa com uma situação instável e acaba quando aquela crise específica foi resolvida. A solução oferecida não pretende fixar todo um futuro; ela apenas se apresenta como final do problema específico tratado naquele momento. O que importa, afinal, não é saber exatamente quem conseguiu criar a nova arte, mas o fato de ela ter sido criada, com características que, como nas outras artes, se fixaram definitivamente, embora sempre passíveis de alterações.

O principal documento que nos chegou da Antiguidade sobre a tragédia é a *Poética* de Aristóteles, sendo interessante lembrar que nada levava a crer que o cientista Aristóteles se interessasse pela tragédia. É possível que Aristóteles só tenha escrito essa obra para contestar o que diz Platão sobre o poeta em sua *República*: alega o filósofo que, ao se emocionar com alguma obra poética, por vezes até o pranto, o cidadão estava sendo enfraquecido, enquanto Aristóteles apresenta a teoria da catarse, que beneficia o indivíduo ao oferecer-lhe ocasião para liberar sentimentos que, quando são eternamente reprimidos, tornam-se perniciosos.

Segundo Aristóteles, a tragédia tem seis elementos básicos na sua forma: Enredo (Ação), Personagem, Dicção, Pensamento, Espetáculo e Música (ou Canto); apresentando mais, como ideia global para a forma, o conceito da imitação. Com essa ideia, Aristóteles não quer dizer que essa arte copie a vida, mas, sim, que a tragédia busca a recriação de determinados acontecimentos e empresta a eles, por sua forma, novas proporções e significação. É por esse processo que o artista cria a obra de arte: o artista dá uma forma sua a uma impressão que lhe veio do exterior. Segundo Aristóteles, a poesia é mais filosófica e de maior significação do que a história, porque as asserções poéticas são de natureza universal e as históricas são de natureza particular. A obra de arte, portanto, expressa mais do que literalmente apresenta.

Aristóteles classifica a maneira pela qual os seis elementos contribuem para o processo mimético criador: a dicção e o canto ou melopeia são os meios empregados para imitar; o espetáculo é a maneira de imitar; o enredo, as personagens e o pensamento são o objeto da imitação. Ele considera o enredo – isto é, a ação – o mais importante dos seis; e a personagem, o segundo. O pensamento é a reunião do que seriam os dotes naturais da personagem, enquanto o caráter é formado pelos conhecimentos e valores adquiridos, produtos de educação e condicionamento.

É com base nesses seis pontos que Aristóteles chega à sua famosa definição:

> A tragédia é uma imitação de uma ação que é séria, completa e de certa magnitude. Em linguagem, ela é embelezada como os vários tipos de ornamento artístico, cada tipo sendo encontrado em sua parte específica da obra; ela tem forma de ação, não de narração; e alcança, por meio da piedade e do temor, a purgação desses sentimentos e outros semelhantes.[4]

A síntese dessa definição é memorável: a elevação, a seriedade e a poesia da tragédia são definidas, bem como sua forma e estilo apropriados (tom e estilo do diálogo), mas, acima de tudo, em poucas palavras, ele define o que considera a função fundamental da tragédia, ou seja, a catarse. Deixando de lado todas as infindáveis polêmicas sobre o sentido exato da palavra, podemos aceitar pura e simplesmente a ideia de que a tragédia, por sua própria natureza, envolve o espectador e

---

4   *Poética*, Parte IV. Tradução nossa da versão em língua inglesa de Gerald Else para a Universidade de Michigan. Texto da versão utilizada: "Tragedy, then, is an imitation of an action that is serious, complete, and of a certain magnitude; in language embellished with each kind of artistic ornament, the several kinds being found in separate parts of the play; in the form of action, not of narrative; through pity and fear effecting the proper purgation of these emotions".

depura-o de sentimentos como a piedade (que o espectador sente pelo sofrimento do protagonista trágico), o temor (que sente por saber que o mesmo poderia acontecer a ele próprio) e outros semelhantes. Ela requer, portanto, uma reação emocional específica.

Outro conceito básico definido por Aristóteles é o do *herói trágico*, protagonista de uma ação durante a qual há uma mudança na sorte, fortuna, destino e vida dessa personagem. Ela não pode ser um indivíduo completamente virtuoso que passe da fortuna para o infortúnio, porque, nesse caso, a mudança provocaria o ódio do espectador, ofendendo a ideia de justiça que este tem. Também não pode ser um homem realmente mau que passe da miséria para a felicidade, o que seria um ultraje aos valores humanos, ao sentido moral do espectador, e por certo não despertaria nenhum sentimento trágico. Tampouco pode ser um homem mau, passando da felicidade à miséria, porque, moralmente, o público poderia sair satisfeito, ao menos em seu conceito de justiça.

É levando em conta tudo isso que Aristóteles encontra sua definição do herói trágico, que passa da felicidade à infelicidade:

> Um homem de grande renome e prosperidade, mas não um homem total ou primordialmente virtuoso e justo, cuja desgraça (ou passagem da felicidade à infelicidade), no entanto, advém não de algum vício ou depravação, mas, sim, de algum erro de julgamento ou fraqueza.[5]

Há vários pontos a serem notados na concepção aristotélica da tragédia. Em primeiro lugar, existe a ideia de que a tragédia trata de seres humanos e que ela se concentra na história de um homem, que é o herói trágico. O filósofo diferencia, além do mais, vários estados ou graus de felicidade e miséria, e é implícito o seu repúdio ao que é chamado por vezes de justiça poética, isto é, o que faz os bons serem felizes e os maus sofrerem. Ele pressupõe a existência de

---

5   *Poética*, Parte XIII. Tradução nossa da versão em língua inglesa de Gerald Else para a Universidade de Michigan. Texto da versão utilizada: "Such an event, therefore will be neither pitiful nor terrible. There remains, then, the character between these two extremes – that of a man who is not eminently good and just, yet whose misfortune is brought about not by vice or depravity, but by some error or frailty."

uma ordem moral no universo, mas aceita também que exista, dentro dessa ordem, um elemento de acaso, de sorte, que, dependendo da força que possa ter, é incluído no que nós chamamos de destino ou fado. Para Aristóteles, enfim, a tragédia é séria e elevada; provoca determinadas emoções, considera o homem, suas circunstâncias e seu destino, e coloca esse homem dentro de uma ordem geral, não dentro de um caos.

O que é então a *tragédia*? Ela não é pura e simplesmente terrível, o que só provocaria repulsa ou desgosto, muito embora o horror tenha seu lugar na tragédia. Ela não é meramente patética ou piegas nem provoca apenas uma piedade condescendente, pois esse tipo de sentimento pode levar ao desprezo. Ao contrário, ela parece sempre estar um pouco acima de nós e só provocar piedade por meio da identificação. A forma dramática que trabalha apenas para provocar medo, susto, pavor, é o melodrama.

A verdadeira tragédia afirma, em primeiro lugar, a dignidade e os valores fundamentais da humanidade e, por isso mesmo, ela trata os homens em suas circunstâncias várias: a felicidade, a miséria e tudo que estas envolvem. A tragédia pressupõe que, em meio a toda a sua complexidade, o homem tem uma vontade própria e que, de algum modo, ele é livre para escolher o seu caminho. E é por essa mesma liberdade de escolha e por seus atos que o homem revela seu caráter. Não há tragédia, afinal, em que não haja no herói algum traço dessa qualidade de livre arbítrio. O homem que não é dono de seu destino, que não passa de um títere, não pode provocar na plateia o tipo de emoção que uma tragédia requer. No entanto, a tragédia também parece pressupor sempre a existência de algum poder ou força acima dos humanos, alguma espécie da "ordem moral" de que fala A.C. Bradley[6] em sua memorável análise das tragédias de Shakespeare.

Estabelecidas essas premissas, podemos dizer então que a tragédia é sempre orientada, em sua essência, para os problemas mais fundamentais dos valores da vida humana. Ela enfrenta abertamente a

---

6   Andrew Cecil Bradley (1851-1935). Poeta e crítico literário, professor na Universidade de Oxford. A obra em referência intitula-se *Shakespearean Tragedy* e teve sua primeira publicação em 1904.

existência do mal no mundo e da miséria na vida do homem, uma vida que acaba fatalmente com o mistério da morte. Na tragédia grega a presença do mal é bastante explícita e ela é dedicada a discussões amplas e profundas de valores fundamentais e universais. Em toda tragédia verdadeira há uma confrontação entre o bem e o mal, como também uma busca pelas maneiras por meio das quais o mal pode ser enfrentado no mundo; e mais significativa ela se torna quando transcende a questão específica e alcança amplitude que a supera. E, muito embora ela termine sempre em miséria e muitas vezes em morte, a tragédia, porque afirma que o homem tem valor, jamais termina de forma deprimente ou acaba em clima de derrota. Muito pelo contrário, quase podemos dizer que haja um renascimento de valores morais e espirituais quando atingimos o final da tragédia. A tragédia grega, por tudo isso, pode ser uma forma de teatro um pouco diferente da nossa, mas não há dúvida de que, se aquele que for ler as tragédias estiver informado a respeito das diferenças, ficará em condições de aceitá-la e compreendê-la, sem lutar contra sua forma ou concepção geral.

Apenas três autores gregos sobreviveram até o nosso tempo e assim mesmo só parcialmente: Ésquilo, Sófocles e Eurípides. De tudo o que criaram ao longo de um período de oitenta anos, restam sete obras de Ésquilo, sete de Sófocles e dezenove de Eurípides (a quem se atribui oitenta e dois títulos); mas esse pouco que resta basta para mostrar três autores completamente diferentes, cada um com um ponto de vista exclusivamente seu, e cada um representando um estágio diferente da tragédia e sua forma.

Aristóteles, que nasceu vinte anos após a morte de Sófocles e Eurípides, em 406 a.C., informa, em sua *Poética*, que tirou sua definição da forma trágica do contato com as peças dos três grandes criadores do drama. Como tanto o épico quanto o ditirambo eram narrativas, é natural que na nova forma, em que cada personagem fala em sua própria pessoa e age a fim de fazer se desenvolver o enredo, foi necessário que aparecesse um novo tipo de intérprete, o ator. Infelizmente em português não temos, como em outras línguas, uma única palavra tanto para "agir" como para "jogar" ou "brincar", atividades ambas, é claro, nas quais o indivíduo "age", mas que preserve a ideia de que estamos vendo um tipo de jogo no qual são imitadas ações humanas, lembrando-nos permanentemente que a arte é artificial, que o que estamos vendo foi criado, adquiriu uma forma graças à qual o conteúdo passou a ser transmitido de modo mais forte e amplo.

Assim como a própria tragédia vai tendo sua forma definida, é na obra de Ésquilo que toma forma o protagonista trágico. Mesmo quando apresenta a dor e o desperdício do processo durante o qual, como diz Aristóteles, o protagonista trágico passa da felicidade à infelicidade, a personagem, mesmo derrotada, faz valer sua dignidade e seus valores.

Nas definições que estabeleceu Aristóteles encontramos todas as características fundamentais da tragédia: a ação, a catarse e o herói trágico responsável por sua própria queda. E nas obras de Ésquilo, Sófocles e Eurípides que sobreviveram até nós é que podemos acompanhar o desenvolvimento e o esplendor da tragédia grega. O melhor caminho, é claro, é ler as peças às quais ainda temos acesso, mas aqui oferecemos uma pequena apresentação que talvez possa ajudar na leitura, seja porque a dramaturgia é bastante diferente das de hoje, seja também porque tudo se passa em um universo anterior ao cristianismo, o qual marca tão profundamente a cultura ocidental.

A Tragédia
e Seus Três Grandes Autores

Ésquilo

ÉSQUILO NASCEU, PROVAVELMENTE EM 525 a.C., de uma família da antiga nobreza em Atenas. Isso é boa parte do que se sabe a respeito de sua vida, sobre a qual só há vagos traços biográficos encontrados nos manuscritos de suas peças, ou supostos dados muitos dos quais consistindo em lendas. Uma dessas lendas diz que Dionísio apareceu a Ésquilo quando este era criança e ordenou que ele escrevesse tragédias. Outra, tirada um pouco de algumas ideias presentes em sua obra, afirma que ele pertencia a uma estranha irmandade religiosa, filosófica e científica dos seguidores de Pitágoras; outra ainda diz que ele foi morto por uma águia que, confundindo sua careca com uma pedra, deixou cair em cima dela uma tartaruga no intuito de partir o casco. O episódio seria a confirmação da profecia de que Ésquilo seria morto por um golpe vindo do céu. Mais significativo é sabermos que ganhou o primeiro prêmio nada menos que onze vezes.

Ésquilo competiu pela primeira vez em 499 a.C. e obteve sua primeira vitória em 484. Teve sempre grande sucesso com suas obras dramáticas, mas na Grécia de seu tempo ele era famoso por várias outras coisas: lutou tanto em Maratona quanto em Salamina, o que indica que ele viveu no centro das atividades políticas e sociais que, com incrível rapidez, levaram ao período áureo de Atenas.

Durante muito tempo, pensou-se que a obra mais antiga de Ésquilo seria *As Suplicantes* porque nela o coro é o protagonista, e, então, os defensores dos ditirambos como origem direta da tragédia encontravam aí um forte argumento a seu favor. No entanto, documentos mais recentemente revelados provam que a mais antiga é *Os Persas*, o que é interessante porque o tema liga Ésquilo a seu passado guerreiro, e nela domina a forma de quase um ator único, com uma série de monólogos fortes, portanto mais perto do que seria o conceito original do trágico concebido por Téspis.

Consta que ele teria escrito ao todo noventa peças – a respeito das quais se tem notícia de algumas, só pelo título, algumas, por pequenos fragmentos, e nas sete peças que restam até hoje dá para ver o quanto ele evoluiu na forma de arte que ele mesmo forjou praticamente sozinho. É atribuída a ele toda uma série de inovações, tais como o uso de figurinos, a integração da dança no espetáculo e a criação de recursos mecânicos; e não há dúvida quanto a ser ele o introdutor do segundo ator, fortalecendo o uso do diálogo e diminuindo a importância do coro que, aliás, teve por ele definido o seu número de quinze integrantes. Ao usar o segundo ator, Ésquilo criou o *conflito dramático*. Já na obra *Sete Contra Tebas* aparece pela primeira vez o herói trágico. A última vitória de Ésquilo veio com a trilogia da *Oréstia*, onde ele já usa o terceiro ator, que havia sido introduzido por Sófocles, de acordo com Aristóteles.

As mais impressionantes características de Ésquilo são o teor de seu pensamento e a elevação de seu estilo. A linguagem por vezes chega ao bombástico, de tão imponente, o que Aristófanes ironizou em *As Rãs*. A profundidade e a intensidade poéticas de Ésquilo são resultado da ampla visão do mundo que ele tentava expressar. É preciso não esquecer que a Grécia nunca teve uma religião revelada ou codificada, e nada em Ésquilo é centrado em qualquer problema religioso. Ele escreve sobre as experiências humanas, porém sempre soube da importância dos deuses e da mitologia, o que repercute em sua obra, não havendo dúvida de que ele refletia sobre os valores últimos do homem. Suas personagens são projetadas para um nível universal, no qual muitas vezes a presença dos valores religiosos e mitológicos é sentida. Um dos coros de *As Eumênides* é uma memorável expressão de seu conceito de divindade, das maiores de toda a literatura ocidental.

Conforme dito anteriormente, apenas sete peças de Ésquilo chegaram aos dias de hoje. Em *Os Persas*, a primeira, as personagens principais falam em monólogos e não se confrontam, a peça tem a originalidade de ser a única obra grega clássica conhecida que trata de acontecimentos contemporâneos do autor. Apesar da falta de uma ação mais expressiva, o Fantasma de Dario aponta a derrota de Xerxes como uma consequência da *hybris*, identificada como sua presunção em tentar ultrapassar a separação natural dos continentes, o que o torna um claro rascunho do que viria a ser o herói trágico, que cai não por vício, mas por erro de julgamento.

O próximo texto conhecido é o *Sete Contra Tebas* (476 a.C.), que seria a última unidade de uma trilogia que começava com "Laios" e "Édipo", e trata da maldição de Édipo contra os filhos Etéocles e Polinices, que se matam mutuamente disputando o trono de Tebas. Como todas as peças conhecidas de Ésquilo são parte de trilogias, não se sabe se esse aspecto seria obrigatório para a inscrição nos concursos trágicos ou se era a amplitude cósmica da visão do poeta que o levava a optar por essa forma.

As Suplicantes, que seria talvez a primeira peça de uma trilogia completada por *Os Egípcios* e *As Filhas de Danaus*, era tida como a primeira obra de Ésquilo, porque a história das cinquenta filhas de Danaus, obrigadas a aceitar seus cinquenta primos como maridos, oferece ao coro a oportunidade de ser, na realidade, o protagonista; no entanto, a peça só foi apresentada por volta de 463 a.C. A lenda conta que Danaus finge aceitar a proposta do irmão, mas aconselha as filhas a matarem os cinquenta maridos na noite de núpcias. Todas cumprem o que o pai manda, menos Hipermnestra, que poupa Linceu; este, por sua vez, mais tarde vinga os irmãos. Hipermnestra, julgada, é defendida por Afrodite com ênfase no poder do amor. A ação se passa em Argos, onde as cinquenta suplicantes vão pedir a proteção do rei Pelasgo, e um de seus aspectos interessantes é o de o altar que existia no teatro ser usado na ação, pois é junto a este que elas buscam proteção.

Em *Prometeu Acorrentado* (460-459? a.C.), hoje nem sempre aceita como de sua autoria – que seria parte de uma trilogia iniciada por *O Portador do Fogo* e concluída com *Prometeu Libertado* –, Ésquilo transforma a lenda de Prometeu em um grande conflito entre a força bruta e a razão, com o coro tendo atuação destacada. A ação da peça é simples: começa com Prometeu sendo acorrentado a uma rocha por Hefesto sob as ordens das personificações da Força e do Poder, servos de Zeus. O coro das ninfas oceânicas entra e Prometeu lhe conta que graças a seus conselhos Zeus pudera derrotar os titãs, mas que agora, querendo Zeus ampliar seu poder, destruindo a humanidade, ele, Prometeu, a salvara trazendo-lhe o dom do fogo. Oceanus chega para aconselhar Prometeu a submeter-se ainda mais a Zeus, mas ele recusa tais conselhos. Após uma breve ode coral, Prometeu conta os serviços que prestou à humanidade, pelos quais foi intensamente torturado, quando chega Io. Zeus imediatamente se apaixona por ela e Hera, com ciúmes, transforma Io em uma bezerra para sempre perseguida por uma mosca varejeira. Eterna nômade, Io chega onde está Prometeu, a quem conta sua história, e ele lhe garante que em breve ela ficará livre graças a uma mágica de Zeus, que dependerá de Hércules, descendente de Io. Só Prometeu pode salvar Zeus de um casamento desastrado, e o coro canta os problemas que nascem quando os mortais se envolvem com os deuses. Como Prometeu se recusa a revelar seu segredo, é atirado às profundezas do Tártaro junto às ninfas oceânicas que lhe são fiéis, provocando grande abalo na natureza.

Em todo o conjunto se manifesta a religiosidade de Ésquilo, com o cumprimento das vontades dos deuses e uma inabalável confiança neles. O fato de, para cada três tragédias, ele ter escrito uma sátira, farsa na qual os deuses apareciam em situações grotescas ou ridículas, não depõe contra a religiosidade de Ésquilo; apenas deixa claro que a relação com os deuses do Olimpo admitia tais gracejos, em intrigas que teriam grande semelhança com as humanas.

As últimas três tragédias compõem a única trilogia completa, a *Oréstia*, que sobreviveu dessa época: *Agamêmnon, As Coéforas* e *As Eumênides*. A religião grega aceitava maldições e predestinações decididas por deuses, assim como as consequências de determinadas ações, como foi o caso de Édipo. A trilogia de Ésquilo fala da maldição dos Átridas, linhagem realmente maldita, pois desde Tântalo havia pecados a serem expiados pela geração seguinte. Em "Tiestes" só conhecida na versão de Sêneca, Atreus mata os filhos de Tiestes, seu irmão, e os serve em pedaços, fritos, ao pai dos meninos. Não é possível esquecer, então, que Agamêmnon e Menelau são filhos de Atreus e que Egisto é o filho sobrevivente de Tiestes.

Na trilogia, já é muito grande o amadurecimento da dramaturgia de Ésquilo, e a ação mostra que ele adotou imediatamente o terceiro ator, criado por Sófocles. Na primeira peça, Agamêmnon volta triunfante da guerra trazendo como prêmio Cassandra. Ambos são assassinados por Clitemnestra e Egisto, seu amante, tendo por justificativa o fato de Agamêmnon ter sacrificado a filha Ifigênia para ter ventos favoráveis no embarque para Troia. Na segunda peça, Orestes, estimulado por Electra, sua irmã, mata a mãe e o amante para vingar o pai. Na terceira, na qual ficam mais destacados os valores religiosos do autor, Orestes, enlouquecido de culpa, é destinado por Apolo a caminhar sem rumo, mas, segundo o deus, eventualmente destinado a chegar a Atenas. Em um dos poucos casos de mudança de local em uma tragédia, a cena muda para Atenas, onde, perseguido pelas furiosas *erynies* (erínias) Orestes vai ser julgado pela morte da mãe. Atena determina que ele seja julgado por seus pares, ou seja, por atenienses, em um tribunal reunido no Areópago. Apolo justifica

Orestes e Atena persuade as Fúrias a, dali em diante, morarem em Atenas e serem suas protetoras e mantenedoras da paz. É significativa a referência ao tribunal do Areópago, destinado a julgamento de crimes de sangue, o que constitui um gesto de Ésquilo em homenagem à velha nobreza à qual pertencia, que havia perdido muitos de seus poderes, mas ficara responsável por julgar os crimes de morte.

Eurípides

Eurípides nasceu em 485 ou 484 a.C., era cerca de onze anos mais moço que Sófocles, porém morreu algumas semanas antes deste. Eurípedes nasceu cerca de quinze anos depois de Ésquilo começar a competir.

Restam de Eurípides dezenove peças, mas boa parte pouco acessível a qualquer reação mais intensa do público de hoje. No entanto, obras como *Medeia*, *As Troianas* ou *As Bacantes* continuam a exercer imenso fascínio sobre as plateias modernas.

A obra de Eurípedes é, de certa maneira, oposta à de Ésquilo. Do ponto de vista da estrutura dramática, Eurípides é, sem dúvida, mais moderno, pois é em sua obra que o coro passa a não ter relação direta com a ação, o que não o impediu de escrever, para suas tragédias, algumas das mais belas e líricas odes corais. E ele cria novos gêneros, afastados tanto da tragédia quanto da sátira tradicionais dos concursos. *Helena*, por exemplo, é quase uma comédia de costumes, tendo como base um mito paralelo, no qual só uma espécie de fantasma da famosa troiana foge com Paris, sendo que a verdadeira passa toda a Guerra de Troia refugiada no Egito. A aversão de Eurípides à guerra torna sua visão acerca dos heróis guerreiros muito diferente da visão de Ésquilo e Sófocles, ambos pelo menos ocasionalmente militares. A maior variedade de temas conduz a novas formas de dramaturgia e, embora boa parte de sua obra não nos atinja justamente por ser muito ligada a seu tempo, seu clamor contra os males da guerra em peças como *As Troianas* continua apaixonante até hoje.

Como no caso de Ésquilo, traços biográficos de Eurípedes foram encontrados em suas peças. Porém, parte do pouco que se sabe a seu respeito vem do fato de ele ter sido alvo favorito dos poetas cômicos, sobretudo de Aristófanes. A constante preocupação de Eurípides com os aspectos plásticos do uso do coro deu origem a uma corrente crítica que acha que ele estudou pintura; enquanto a severidade com que condena certos comportamentos femininos criou o mito de alguma experiência pessoal dolorosa ou um totalmente apócrifo casamento infeliz.

Eurípides apresentou nos concursos trágicos um total de 88 peças. Seu espírito pouco ortodoxo e extremamente renovador, porém, não alcançou o aplauso imediato do público, pois ao que consta só ganhou quatro primeiros prêmios. À medida que ele foi escrevendo suas obras, estas foram ficando cada vez mais céticas, e as dúvidas, as incertezas, aumentaram com o decorrer da Guerra do Peloponeso e o início da decadência de Atenas. Logo depois de sua morte, Eurípides, que foi tão pouco aceito em vida, passou a ser o mais popular dos três grandes trágicos gregos. Tal popularidade continuou grande a partir do século IV a.C., o que explica ser tão maior o número de peças suas preservadas. Ele não brilhou particularmente pela carpintaria teatral, mas seu gênio se revelava na profundidade de sua observação dos problemas da humanidade, na sua capacidade para criar emoção autêntica, na sua aptidão para perceber o potencial dramático de cada cena individual e na sua competência para renovar, por meio de novas técnicas dramáticas, o velho material lendário já explorado por seus antecessores com talento excepcional, como o provam *Medeia, As Troianas* etc.

Com uma grande intuição do dramático, ele se libertou do excessivo peso da tradição, reduziu a importância do coro no desenvolvimento da ação, que fica ainda mais restrita aos atores. Seu tom não tem o que tantas vezes é visto como religiosidade em Ésquilo, mas, em grande parte de sua obra, a existência e a influência dos deuses fica claramente admitida.

Bem pouco religioso, Eurípides foi, dos três grandes trágicos, o que mais utilizou o recurso do *deus ex machina*, que lhe permitia dar tratamento irônico à suposta interferência dos deuses nas atividades humanas. Em várias ocasiões ele apresenta tramas que não têm finais satisfatórios, quando, então, ele faz baixar dos céus, por meio da famosa máquina, um deus apto a solucionar tudo com rapidez e eficiência. Pelo uso frequente desse expediente, Eurípedes foi muitas vezes acusado de construtor de enredos desleixado, porém ele usou propositadamente a solução arbitrária, trazida pelos deuses, no intuito de levar o público a pensar sobre o que via e ouvia. O uso do *deus ex machina*, no entanto, não chegaria a incomodar se, como acontecia durante a ação da peça, o autor conseguisse retratar com fidelidade os conflitos e angústias de suas personagens e como esses afetavam a trajetória de suas vidas.

Eurípides era tão penetrante na sua criação de situações dramáticas que, muitas vezes, é dito que sem ele o teatro moderno não existiria, sendo esse autor o elo entre o que fora criado e o que haveria de vir mais tarde. Se, com o passar do tempo, a forma dramática começou cada vez mais a apresentar ações autoevidentes, o que levava ao desaparecimento do coro, tal caminho foi de certo modo apontado por Eurípides.

Sófocles

De certa forma mais ou menos equidistante de Ésquilo e Eurípides, em um ponto de perfeito equilíbrio entre a construção dramática impecável e a profundidade de pensamento, está Sófocles, a quem ninguém consegue definir em poucas palavras ou que até mesmo escapa a qualquer definição. Muitos ficam apenas exclamando deslumbrados, a se repetir sobre a calma e a serenidade da obra de Sófocles, a quem, por isso mesmo, resolvem atribuir uma vida calma e serena. Essa teoria não é improvável, mas para atingir o patamar de justiça, clareza e pureza do conceito de vida percebido em suas obras, Sófocles deve ter tido uma vasta gama de experiências. Nascido em 496 a.C., trinta anos mais moço que Ésquilo, Sófocles viveu noventa anos; quando menino, liderou a execução dos cânticos na procissão em honra da vitória contra os persas em Salamina (480 a.C.). Como todo cidadão destacado de sua época, exerceu várias funções públicas e, quando chegou a estrategista dos exércitos atenienses, Péricles o disse bom poeta, porém mau general... Escreveu cerca de 130 peças, das quais apenas sete sobreviveram, com postura já de uma nova época. Sua estreia como autor não tem data, mas obteve pela primeira vez o primeiro prêmio no concurso trágico de 486 a.C., embora concorresse com Ésquilo.

Segundo grande nome da dramaturgia grega, Sófocles é por muitos considerado o maior de todos, possivelmente por já usar uma estrutura dramática mais acessível para nós, mas também por sua visão ser mais humana e menos religiosa que a de Ésquilo. Em suas sete peças conhecidas, a perfeição da construção dramática é exemplar, sendo que em nenhuma outra atinge tão alto grau quanto no *Édipo Rei*, onde é mestre também no uso da ironia dramática, resultante das "peripécias" de que fala Aristóteles.

Especialmente em *Édipo Rei* e *Antígona*, Sófocles deixa transparecer duas das maiores características de seu pensamento: primeiro, o reconhecimento da dignidade, do mérito e do valor do ser humano, mesmo que este não possa vencer a morte; e, em segundo lugar, a crença em uma força misteriosa e poderosa por trás de tudo o que existe no universo e determina as leis eternas do mundo, que são sagradas, mesmo que sua essência seja incompreensível para a humanidade. Seu herói típico, portanto, é o homem digno, que escolhe o seu próprio destino, mas cuja vida está sob a influência do céu e das leis eternas. Nos contrastes e conflitos desse misterioso universo é que Sófocles situa suas tragédias.

Talvez por ter voz fraca, Sófocles foi o primeiro autor a não atuar em suas próprias peças; mas como autor teve carreira muito longa e de grande sucesso. São conhecidas, por títulos ou fragmentos, 110 peças suas. Consta que jamais ficou em terceiro lugar no concurso trágico, tendo conquistado dezoito primeiros prêmios na Dionísia Maior e vários outros da Leneia e concorrido de muitas formas para a transformação do teatro. Foi o provável introdutor do uso de cenários pintados e criou o terceiro ator, sendo esta a mais notável de suas contribuições, que passou a permitir um jogo cênico muito mais rico, como é provado pelas possibilidades de diálogo e de construção de cenas com um, dois ou três atores, conforme o esquema apresentado a seguir.

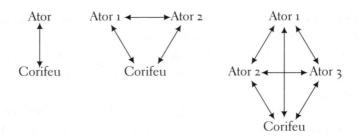

Com entradas, saídas, cenas paralelas ou conflitantes, e a existência de falas ditas na presença ou ausência desta ou daquela personagem, Sófocles permite uma dramaturgia muito mais ágil e dramaticamente eficiente. Outro aspecto significativo das obras de Sófocles é seu tratamento do coro, pois procurou sempre estabelecer ligações entre este e a ação dramática principal. No entanto, o coro aos poucos foi deixando de ter relevância para o desenvolvimento da trama, embora continuasse a fazer belíssimos comentários sobre seu tema.

A maior atração que as peças de Sófocles apresentam é, na verdade, sua opção pela ênfase na responsabilidade individual. Isso acontece na ação da quase totalidade de suas obras, todas ligadas aos temas da morte e do sofrimento humanos. Talvez por ser menos religioso, Sófocles consegue criar a ilusão do novo a ser descoberto, em temas não só conhecidos como já bastante fixados pela tradição.

Das sete peças que ainda temos, três (*Ajax*, *As Traquínias* e *Filotectes*) têm temas que nos são bem distantes, porém as outras quatro, *Electra* e as chamadas peças tebanas (*Édipo Rei*, *Édipo em Colono* e *Antígona*) já se apresentam como preciosos textos dramáticos, aptos a captar o interesse de plateias modernas. Não foi à toa que Aristóteles já apontava *Édipo Rei* como exemplo máximo da forma trágica. Com uma história àquele tempo mais do que conhecida, Sófocles consegue emprestar à ação uma perfeita ilusão de contemporaneidade e, pelo uso da peripécia, quando Édipo espera ser inocentado da morte de Laio, primeiro pela ilusão de não ter estado em Tebas na ocasião, depois no encontro com Tirésias e, finalmente, quando vêm as revelações do pastor, cria o que veio mais tarde a ser chamado de "privação da descrença", que leva o espectador a acreditar na ação dramática durante a duração do espetáculo, ignorando inclusive seu prévio conhecimento dos fatos.

Em momento algum Sófocles põe em dúvida a validade da maldição imposta pelos deuses a Édipo (ou, antes, a Laio, seu pai), mas tudo o que acontece tem, a todos os momentos, motivação e opção humanas: Édipo, na peça, parece ter matado o pai por ter herdado dele o temperamento emocional; Laio o atacou e ele imediatamente revidou. Mais notável ainda é o que o poeta faz com Jocasta: quando reconhece a verdade antes de Édipo, graças à narrativa do pastor, ela imediatamente tenta dissuadir o filho de descobrir a verdade, atendendo a um instinto maternal.

Unindo em sua obra, de certo modo, a profunda percepção dos problemas humanos, de Eurípides, e a grande visão do significado divino do universo, de Ésquilo, Sófocles é – na opinião de boa parte daqueles que mais entendem do assunto – o mais completo dos autores trágicos gregos. Seu valor foi mais do que reconhecido por seus contemporâneos, o que é provado pelo fato de ele haver tido nada menos do que vinte vitórias nos concursos trágicos. Se Ésquilo foi o criador da tragédia grega, Sófocles foi a expressão de sua plena forma, enquanto Eurípides é o prenúncio das mudanças futuras. Cada um a seu modo é um mestre, e nada lhes faz justiça senão conhecer suas obras.

A Tragédia Depois da Grécia

UM ASPECTO PRECISA SER ressaltado a respeito da tragédia grega em comparação com outra forma que viria a existir mais tarde, a futura tragédia da pós-Renascença, que formam juntos o mais precioso conjunto da história do teatro ocidental: segundo lemos em Aristóteles, o herói trágico passa "da felicidade à infelicidade", ou seja, a morte não é exigência na forma grega. Nem mesmo Édipo, o arquétipo do herói trágico, morre no *Édipo Rei*; enquanto, na tragédia da pós-Renascença, a morte será indispensável.

Mais recente ainda é outra exigência do mundo moderno, a da originalidade. Para os gregos, os temas para a tragédia eram circunscritos às lendas e a episódios históricos; a originalidade ficava para a visão que o autor tinha do tema, como pode ser notado pela leitura de As Coéforas de Ésquilo e as duas *Electras*, de Sófocles e Eurípides. O trio mostra o amadurecimento da forma dramática de Ésquilo para Sófocles e Eurípedes, pois é composto por três versões da última etapa da maldição dos Átridas, com as três peças tratando do mesmo acontecimento: a vingança de Electra e Orestes contra Clitemnestra e Egisto, os assassinos de seu pai, Agamêmnon. As três são, porém, obras completamente distintas entre si, cada uma refletindo o pensamento de sua época sobre a interferência (ou não) dos deuses nas atividades humanas, com a morte ritualística na primeira, aceita como um dever na segunda e executada com relutância na terceira.

As Origens da Comédia

A COMÉDIA GREGA É dividida em três períodos diversos: antiga, média e nova. A primeira é característica do século V a.C.; a segunda dura até mais ou menos 340 a.C.; e a terceira teve seu período áureo em torno de 300 a.C., mas continua a existir até o início da era cristã; suas origens são ainda mais misteriosas do que as da tragédia, já que foi perdida a parte da *Poética*, de Aristóteles, que dela trata. O escrito a respeito tem base, principalmente, em certos aspectos da comédia que parecem particularmente arcaicos, sugerindo traços de algum ritual primitivo e complexo que, em teoria, seria fácil de reconstituir. Na prática, tal reconstituição é muito difícil, quando não impossível.

Jogos e rituais de fertilidade e formas de um canto popular bastante erótico e obsceno parecem ser componentes fundamentais, mas o fato é que mesmo as primeiras obras de Aristófanes já possuem enredo, e todo o desenvolvimento do gênero é caracterizado pela crescente ingerência da estrutura da tragédia. Seja como for, a comédia só foi aceita nos festejos da Dionísia Urbana cerca de cinquenta anos depois da tragédia, muito embora na obra de Aristófanes ainda esteja presente o clima de total irreverência que caracteriza a comédia antiga.

Se a tragédia expressa um quadro do pensamento grego, a comédia – e em particular a comédia antiga – é o produto artístico mais ligado ao dia a dia da política ateniense.

A Comédia: Estrutura do Texto e Versificação

A COMÉDIA GREGA QUE conhecemos era apresentada no mesmo tipo de teatro que a tragédia, porém, há toda uma série de aspectos muito diversos daquele gênero chamado mais nobre. Com um coro provável de 24 componentes – que era dividido em dois para apoiar o conflito entre dois pontos de vista, o que compunha o conflito da primeira parte da peça –, a comédia chega a ter, por exemplo, dezoito personagens nos *Acárnios* e 22 em *Os Pássaros*, contando com quatro atores e um "extra" com participação limitada e ocasional.

Formalmente a comédia é muito mais complexa do que a tragédia por estar condicionada a toda uma série de regras que, aliás, nem mesmo Aristófanes segue sempre à risca. Como no concurso trágico, quando a comédia passou a ser apresentada no festival da Dionísia Urbana, os atores e o coro eram pagos pelo Estado, cabendo ao *choregus*, sempre um cidadão abastado, contratar os atores.

A comédia, ao contrário da tragédia, não deve provocar qualquer reação emocional no público, exigindo distanciamento e objetividade a fim de que o público possa julgar o que vê, principalmente na comédia antiga, cujo enredo trata, de modo geral, de uma sociedade em que aparece uma ideia nova ou revolucionária, que entra em conflito com o *status quo*. Na forma mais antiga, da qual não restam exemplos, a ação era limitada estritamente ao conflito entre as duas ideias, o *agon*, e a proclamação do vencedor. Por influência da forma trágica, que continha, nos termos de Aristóteles, uma história com princípio, meio e fim, a comédia grega passou a ter uma segunda parte, na qual ficavam ilustrados os efeitos dessa vitória (sempre da ideia nova, é claro).

A encenação da comédia no final do século V e início do século IV a.C. é semelhante à da tragédia; era apresentada em festivais de Dionísio, financiada do mesmo modo, com a mesma e intensa rivalidade entre os autores, apresentada para o mesmo tipo de plateia, no mesmo teatro, mas com quatro atores e um coro maior. Na estrutura do texto também havia algumas semelhanças, como o prólogo, sendo o *parodos* e os *episódios* constituídos por uma série de cenas curtas, separadas por interlúdios corais. No século V a.C., o prólogo das peças era composto com certo descaso e a comédia não tinha maior preocupação com a forma dramática.

É nos interlúdios corais que a comédia apresenta suas características mais vivas: enquanto na tragédia os interlúdios se haviam fixado na forma do *stasimon*, na comédia eles tomavam formas várias, a mais importante das quais sendo a *parabasis* – que significa literalmente a vinda para a frente.

A comédia do século V é dividida em duas partes, muito bem definidas e geralmente do mesmo tamanho. Na primeira parte é estabelecido um conflito causado pelo aparecimento de uma ideia que vai contra algum hábito ou convicção consagrada no grupo social. Ficam determinados, assim, em grupos opostos, os defensores da ideia nova e os defensores do *status quo*. Fica estabelecido que o conflito será resolvido pelo debate, *agon*, que, normalmente, começa com uma ode, cantada pelo conjunto do coro, por vezes interrompida por comentários de um ou outro dos partidos oponentes, com todo mundo interferindo e dando palpites que podem ser grosseiros ou até mesmo obscenos. Para as cenas do conflito, o coro é dividido em dois. Terminada a ode, o Corifeu ordena, em dois versos chamados *katakeleusmos*, que um dos oponentes defenda seu ponto de vista. O primeiro a falar é sempre o derrotado e, depois de ele apresentar sua posição por meio de uma complexa argumentação, seu oponente fala, com uma exata repetição da forma. Nas comédias mais antigas, no final do *agon* aparecia o *sphragis*, breve passagem na qual o Corifeu anunciava de maneira formal quem tinha sido o vencedor. A sequência, em última análise, é simples: o prólogo diz qual é o conflito, esse é apresentado e no final uma das partes conflitantes ganha.

Quando a primeira parte termina, os atores saem de cena com o Corifeu ordenando que os atores se retirem a fim de preparar algumas cenas que ilustrem as consequências da vitória da nova ideia. O Corifeu lhes deseja sucesso em suas tarefas em um breve trecho chamado *kommation*.

A seguir começa uma passagem, quase sempre de cem versos, que interrompe a ação dramática e não tem nada a ver com o que acontece antes ou depois. O trecho indica passagem de tempo e é o aspecto mais inesperado e pitoresco da comédia grega. Nesse tipo de *intermezzo*, independentemente da ação dramática, aparecem também versos líricos. Sua parte principal é dedicada a violentos ataques a poetas, governantes, poderosos e mais quem o autor quisesse, em termos bem pouco poéticos e nada cerimoniosos. É muito provável que, em tempos remotos, nada acontecesse depois disso.

Assim que os atores, após a primeira parte, deixam o palco (o *proskenion*), o coro vira-se para a plateia e anuncia, em poucas palavras, a *parabasis*. Esse anúncio serve para cobrir a saída dos atores e as evoluções iniciais do coro, que vai "chegar para a frente". Quando já estão todos em seus lugares, o Corifeu dirige-se diretamente à plateia, falando como se fosse o autor da comédia, e recita um trecho chamado de *anapesto*, porque é escrito nessa métrica em que cada unidade tem duas sílabas breves e uma longa. O assunto dessa fase inicial varia muito mas, de modo geral, contém violentas críticas a políticos e poderosos, ou, em alguns casos, uma apologia do poeta e sua obra. O *anapesto* é declamado em ritmo cada vez mais rápido, e termina com vários versos, recitados a toda velocidade e de um fôlego só, chamado *pnigos* ou *engasgue*.

A seguir vem uma mudança de tom completa e surpreendente: após um momento de silêncio, o primeiro semicoro canta uma ode, um trecho breve, lírico e de métrica simples, de tema quase sempre religioso, tom quase sempre sério ou até mesmo tristonho. Encravados assim, no meio de várias comédias, estão alguns dos mais belos trechos de poesia lírica da Grécia clássica. A mudança de tom é bastante violenta para o leitor de hoje e sugere grande maleabilidade de reação nas plateias gregas. Logo a seguir vem outro choque: as últimas palavras da ode são sempre absolutamente incongruentes com seu espírito e servem para iniciar a próxima etapa da *parabasis*, que é a *eppirheme*, uma espécie de recitativo do Corifeu do primeiro semicoro, em geral, com dezesseis versos em *troqueus* (uma sílaba longa, uma curta), e acima de tudo ela não é lírica. Seu conteúdo é semelhante ao dos *anapestos*, porém sem as referências literárias e sugerindo que a voz não seja mais a do autor, mas apenas a do próprio Corifeu.

Mal acaba a *eppirheme*, troca-se de emoções mais uma vez, pois aparece então uma antiode, cantada pelo segundo semicoro, novamente lírica, concluída pela *antieppirheme*, novamente cômica, recitada pelo Corifeu do segundo semicoro. Assim que este termina sua fala, os atores voltam ao palco e tem início a segunda parte da comédia. Não está apresentada aqui toda a complexidade da *parabasis*, mas como o aspecto dramático é o que mais nos importa, passamos agora para segunda parte da comédia.

É sempre a ideia nova que sai vitoriosa, e depois da *parabasis*, já na segunda parte da peça, são apresentados pequenos episódios sobre a nova situação, expressando as consequências dessa vitória. À parte esses, há dois episódios que parecem ser remanescentes das origens mais antigas da comédia: o *kommos*, que é a festa da comunidade, e o *gamos*, que é a união dos sexos. É possível que nas etapas formativas da comédia, esses dois tenham sido os únicos acontecimentos depois do *agon*, mas, por influência da tragédia, os episódios que ilustram as consequências passaram a ser apresentados.

Com a progressiva integração da comédia na forma dramática, os elementos ligados aos antigos rituais de procriação foram sendo esquecidos, e os episódios adquirindo maior desenvolvimento dramático, aspecto decisivo para a aceitação da comédia nos festivais.

Aristófanes, a Comédia Antiga
e a Decadência Ateniense

O ÚNICO REPRESENTANTE QUE nos restou das *comédias antiga* e *média* é Aristófanes (445-450?-380? a.C.), que viveu durante a Guerra do Peloponeso (431-404), a qual viria a ser um de seus temas principais, como o governo dos demagogos, que precedeu a instauração da democracia ateniense. O rótulo de demagogo nem sempre foi rebarbativo. Significando "líder do povo", a princípio se referia a homens que chegaram ao poder por alta capacidade, pois até mesmo Péricles foi um deles, mas eventualmente o termo se degradou quando incapazes carismáticos conseguiam conquistá-lo.

Das onze comédias de Aristófanes que conhecemos, nada menos do que três – e das mais célebres – tratam da Guerra do Peloponeso: a primeira, *Os Acárnios*, de 425 a.C., além de ser uma hilariante denúncia ao partido militarista, também aproveita para lançar farpas na direção de Eurípides, a quem o conservador Aristófanes criticava por não representar mais o que ele considerava os verdadeiros valores gregos.

Nessa primeira comédia contra a guerra, o autor aparenta ter a esperança de que o conflito não seja prolongado e, em 421 a.C., quando escreve *A Paz*, parece que houve, realmente, certa esperança de acordo. A ideia de os deuses do Olimpo não serem encontrados em seus palácios pelo pobre ateniense que os vai procurar porque não suportavam mais o barulho da guerra entre os homens é tão bem achada quanto a de ele, finalmente, ser informado de que a paz está ali mesmo na terra, apenas enterrada debaixo de um monte de pedras, e que para que ela renasça basta que os homens se unam para desenterrá-la.

O mais famoso terço da trilogia, no entanto, é *Lisístrata*, escrita quando Aristófanes está totalmente desencantado com o governo e parte para a fantasiosa solução de uma greve de sexo por parte das mulheres, que só deve acabar quando os homens tiverem o bom senso de voltar à paz. Aristófanes tinha motivos bastantes para queixar-se da guerra, pois a derrota já é prenúncio da decadência ateniense.

Além desse trio sobre a guerra, são famosas também *As Rãs* e *As Nuvens*, contra Sócrates e os sofistas, contrabalançadas pelo encanto de *As Aves*, um quadro utópico de restabelecimento de tudo o que houve de melhor na democracia grega. À medida que os anos de guerra se prolongavam, no entanto, havia cada vez menos espaço para a desbocada irreverência política das primeiras comédias, e com o tempo desaparece a *parabasis*.

Embora único representante da comédia antiga, todos os críticos da Antiguidade são unânimes em apontar Aristófanes como o maior de todos os poetas cômicos do século v a.C. Sua obra é um dos eventos mais surpreendentes que se possa imaginar, e nunca mais apareceu outro autor que escrevesse como ele. A primeira reação que temos quando o lemos é a de dúvida de que as peças sejam mesmo assim, e o que causa tal impressão é a incrível liberdade de palavra e pensamento, aliada à considerável, mas saudável, obscenidade. Nada ficava a salvo da arrasadora crítica do poeta: nem pessoas, nem instituições, nem ideias, nem deuses. Nada merecia de Aristófanes o menor respeito e, aparentemente, os gregos apreciavam tanto esse gênero de calúnias, invencionices e descomposturas que não faziam sequer questão que fossem engraçadas. Por outro lado, sua obscenidàde é tão totalmente integrada na ação e no sentido da obra que não poderia sequer existir alguma coisa como uma versão atenuada dela e, se há passagens líricas lindíssimas, essas são apenas fragmentos – corte-se a obscenidade e desaparece a comédia. Aristófanes tem de ser aceito como escreve, com seu entusiasmo, sua alegria, pois de outro modo é melhor nem sequer tentar lê-lo.

Uma grande característica de Aristófanes é a facilidade com que escrevia – evidente não só na fluência de seus versos, como também no descaso, ou deficiência, de sua construção dramática. Quase todas as suas comédias têm defeitos incríveis de construção: não há nelas preocupação com unidade dramática, os enredos quase nunca são solucionados de forma satisfatória, sempre repletos de falhas chocantes. Suas comédias são obra de um homem magnificamente dotado, apto a resolver qualquer problema de construção dramática, desde que para isso tivesse inclinação ou paciência. Suas últimas obras têm enredos mais coerentes e bem planejados, mas para as primeiras é preciso sempre lembrar que Aristófanes, pura e simplesmente, não estava interessado em trabalhar seu material. O que ele fazia, nessas primeiras obras, era exatamente o que veio a ser característico da comédia antiga: arrasar com tudo e com todos à sua volta, em fenomenal mistura de fantasia, crítica, espírito, caricatura, obscenidade, paródia, invectiva e o mais requintado lirismo, e sempre alcançando claramente seus objetivos.

Hoje em dia, as críticas de suas comédias, como vários de seus excessos, seriam impossíveis, graças às leis sobre difamação, por exemplo. Na Grécia, parece-nos que o autor atendia bem ao interesse do público, pois quando Aristófanes incluiu Sócrates em sua comédia *As Nuvens*, o próprio Sócrates, na plateia, levantou-se durante o espetáculo a fim de oferecer a todos a oportunidade de verificar a semelhança da máscara no palco com seu original...

As duas últimas comédias de Aristófanes, *As Mulheres no Parlamento* e *A Riqueza*, marcam a transição para a *comédia média*, em que há uma série de modificações, tanto em forma quanto em conteúdo. Na forma, o mais importante foi o progressivo desaparecimento da *parabasis*, possível consequência de uma censura mais forte nas etapas finais da Guerra do Peloponeso, o que destruiu a separação rígida da comédia em duas partes, ao mesmo tempo que ficou mais presente a preocupação com a ilusão dramática. As duas peças – exemplos únicos desse período da comédia grega e ainda políticas – criticam, respectivamente, o feminismo e o que seria uma certa forma de "comunismo", mas o tom é menos pessoal em seus ataques, e não aparece mais aquela medida de desatino que caracterizou a comédia antiga. A preocupação tornava-se um pouco menos política, um pouco mais social.

A verdade é que, na altura da metade do século IV a.C., na *comédia nova*, o elemento social é superficial o suficiente para fazer surgir o que é, na verdade, uma comédia de costumes. É a comédia nova, porém, que se tornou o principal modelo através dos séculos. Da comédia antiga, indisciplinada, violentamente crítica e abusada, só restou a obra de Aristófanes, que não só atacou o governo e a Guerra do Peloponeso – com sua trilogia *Os Acárnios*, *A Paz* e *Lisístrata* – como também não poupou Sócrates e Eurípides com sua personalíssima forma de arte, onde a malícia, a grossura, o cômico e o lírico viviam em admirável coexistência.

A Comédia Nova

DEPOIS DE ARISTÓFANES, A comédia nunca mais foi a mesma, e a última fase do que nos restou do teatro grego, a comédia nova, tem como único representante Menandro, apesar de serem conhecidos os nomes de outros autores.

Menandro nasceu em Atenas, no ano de 342 a.C., e era sobrinho de Aléxis, famoso autor da fase da comédia média. Nascido, portanto, quase dois séculos depois de Ésquilo, Menandro era conhecido apenas por referências elogiosas até o início do século XX, quando foram encontrados, no Egito, papiros contendo um único texto inteiro, *Dyscolos* (O Mal-Humorado), e fragmentos, maiores ou menores, de dezoito outras peças.

Bonito, rico, de boa família e com entusiasmo particular pelas mulheres, Menandro teve grande sucesso em vida, mas foi completamente esquecido no período que se sucedeu à sua morte. O desaparecimento de sua obra é chocante já que ele escreveu, ao que consta, mais de cem comédias, embora o fato de ter sido premiado apenas oito vezes indique que sua produção não era toda de alta qualidade. Por outro lado, a partir do século III a.C., Menandro ficou cada vez mais popular, e mesmo com todos os seus textos perdidos, sua fama atravessou séculos. Só quando, na segunda metade do século XIX, graças à descoberta dos Papiros de Oxirrinco, cidade do Egito romano, é que foi constatada a qualidade de seus escritos.

Para quem lê Menandro depois de Aristófanes, é quase impossível acreditar que a comédia daquele tenha se originado da obra deste, pois os dois não poderiam ser mais diferentes. Não há, em Menandro, a explosão de alegria de viver e, ao mesmo tempo, a incrível capacidade destruidora de crítico que existiam em Aristófanes; e, muito menos, não há nada da despreocupação genial com a construção de enredo e personagens. A característica de Menandro é a perfeição da forma, o cuidado infinito com a elaboração da trama e seus protagonistas. Suas comédias, sempre foi afirmado, são construídas com habilidade ímpar, e é com perfeita clareza que ele elabora as mais complicadas tramas. Tudo era trabalhado para encontrar a palavra exata, tudo – tanto no enredo como nas personagens – trabalhado com tanto cuidado e precisão que dá uma ilusória impressão de facilidade e simplicidade. O estilo de Menandro era perfeito para esse tipo de dramaturgia e ele ficaria famoso – assim como, muitos séculos mais tarde, Oscar Wilde – pelo fato de, em suas obras, podermos encontrar grande número de máximas e epigramas, nunca muito profundos, mas expressados com tal elegância que se tornam inesquecíveis, até mesmo quando dizem coisas que já foram ditas muitas vezes anteriormente.

O conteúdo das comédias novas é tão diverso do das antigas quanto a sua forma. Aristófanes tratava de questões políticas, enquanto o campo da comédia nova é restrito aos costumes, com enredos extremamente estereotipados. Praticamente todas as obras de Menandro tratam de jovens de boa família apaixonados por escravas infelizes que, no fim, são sempre tão bem-nascidas quanto eles. A oposição das famílias dos jovens e as intrigas dos escravos – estes, sim, verdadeiros – são sempre importantíssimas para o enredo. Suas personagens têm base em tipos como o pai autoritário, os jovens apaixonados, as donzelas inocentes, os cortesãos, os parasitas e, já com destaque, os escravos espertos, que viriam a ser frequentes na comédia romana. Se Atenas já não era o centro político de antes, sua cultura ímpar ainda continuava a ser cultuada no período do helenismo. O que Menandro escreveu, enfim, foi a fonte de todas as comédias de costumes que têm ocupado lugar tão destacado no teatro ocidental.

As comédias de costumes de Menandro retratavam, via de regra, famílias abastadas e bem-comportadas, em intrigas complicadas, porém previsíveis, fazendo uso de alguns recursos típicos das antigas tragédias, como, por exemplo, a "cena de reconhecimento". O importante em sua obra é a penetrante e delicada observação dos sentimentos e circunstâncias que cercam os jovens apaixonados, suas peripécias, suas reações. É justamente por tomar um aspecto cada vez mais humano que a comédia perde, desde aí, ao menos parte do que deveria ser sempre sua característica básica, ou seja, a falta total de envolvimento emocional do espectador com os acontecimentos no palco, o que permite o riso crítico. Essa foi a mais decisiva influência da tragédia sobre a comédia, influência essa que destruiu tudo o que a comédia chegara a ser nas mãos de Aristófanes.

Do mesmo modo que Eurípides foi o último dos três grandes trágicos e indicou o caminho futuro do teatro sério, também foi Menandro, e não Aristófanes, quem indicou o caminho futuro para a comédia. O distanciamento crítico é ocasionalmente buscado ao longo dos séculos; mas, em essência, o mundo da comédia antiga continua a ser a seara privativa de Aristófanes.

II.

O Teatro em Roma

Formação da Civilização Romana

É INTERESSANTE OBSERVAR o que aconteceu em duas penínsulas ao sul do continente europeu, projetadas para o mar Mediterrâneo. Ambas foram inicialmente ocupadas por povos de etnias mediterrâneas, ou seja, os cretenses na Grécia e os etruscos e latinos na península itálica; em ambos os casos, a partir de certo momento, tiveram lugar invasões vindas do norte de grupos indo-europeus originários da bacia do Danúbio, com resultados completamente diferentes, seja em temperamento dos povos, seja em tendências – econômicas, políticas e culturais. O poeta e romancista Edgar Allan Poe talvez tenha concebido a mais concisa descrição dessa diferença quando escreve a "beleza que foi a Grécia e a grandeza que foi Roma".

O ciclo da civilização grega começou em torno de 1000 a.C., teve seu ápice por volta do ano 500 a.C. e, para todos os efeitos, considera-se terminado na época do nascimento de Jesus. Por seu lado, consta que Roma foi fundada em 735 a.C.; porém, uma reconhecível civilização romana teve seus primórdios apenas por volta do ano 500 a.C., alcançou seu apogeu justamente no início da era cristã e pode ser dada como acabada por volta de 500 d.C. Na Itália, particularmente do centro para o norte, os indo-europeus encontraram a antiga civilização etrusca, que já alcançara alto nível de sofisticação. Assim como na Grécia, os invasores da região italiana também foram pastores que permaneceram modestamente na planície até se sentirem suficientemente fortes para atacarem a civilização anterior, que foi, aliás, destruída totalmente. Resume-se nisso a semelhança entre os dois casos. Tudo o mais é diferente.

Não houve na civilização romana que se formava, a fartura de filósofos refletindo sobre a natureza do Estado que Atenas teve. Os gregos, porém, não conseguiam resolver muito bem seus problemas administrativos de governo, enquanto os romanos pareciam nascer com capacidade administrativa, sem teorias por trás dela, e solucionando seus problemas todos na prática. A Grécia, muito embora tendo toda ela a mesma língua e a mesma cultura, nunca chegou a possuir um governo unificado ou unificador; enquanto a Itália, chefiada por Roma, embora com três culturas diversas – latinos, etruscos e os gregos de sua parte sul, ou Magna Grécia –, em relativamente pouco tempo ficou toda sob o mesmo governo, tudo administrado por um mesmo centro.

Os latinos eram pouco imaginativos e menos intelectualizados. Seus deuses não eram antropomórficos como os deuses gregos, mas, sim, ligados a fenômenos da natureza. Dos etruscos, que os dominaram por algum tempo, os latinos adotaram a crença na vida depois da morte, abandonando a prática da cremação em favor do uso de túmulos, onde eram acumulados tesouros para a vida futura. Acabaram, no entanto, misturando tudo com a religião grega e sua mitologia. Embora os etruscos tivessem uma cultura muito superior, jamais conseguiram impor sua língua aos latinos, nem sequer ao tempo dos reis etruscos, na primeira monarquia romana. Sob esse aspecto a derrota etrusca foi completa: sua língua continua sem ser decifrada e seu alfabeto tampouco foi identificado até hoje, apesar de periódicas tentativas.

Os latinos fundaram Roma no local onde atualmente se encontra por razões bastante prosaicas: era conveniente para o comércio, com fácil acesso a regiões próximas, além de estar protegida pela sua localização em um vale cercado por sete colinas. A costa oeste da península itálica tem poucos portos naturais, e é possível que isso os tenha isolado em certa medida de povos mais distantes, bem como influenciado seu temperamento. Assim sendo, ao contrário dos gregos, os latinos não se voltaram para o mar, tendo se tornado agricultores e pastores. Seu comércio era feito basicamente só por terra, por meio de estradas. As famosas sete colinas podem bem ter sido responsáveis por seu isolamento e desconfiança de todo e qualquer estrangeiro, ao contrário do permanente convite aos gregos que fazia o mar Egeu, para trocas e buscas com seus vizinhos. Tanto o isolamento quanto a desconfiança levavam os romanos para o caminho da preparação militar, a princípio para a defesa e, mais adiante, para a conquista.

Ao longo de todo o período da primeira monarquia, as características anteriormente relatadas levaram a uma sociedade bastante rígida e, desde então, os romanos teriam a *gravitas*, a seriedade tanto aparente quanto essencial como sua principal preocupação. Além disso, a hierarquização e o respeito à nobreza subsistiriam até mesmo ao advento da república, na qual os patrícios continuavam a ser superiores aos comuns, os plebeus, com diferença e separação muito bem marcadas entre uns e outros.

É verdade que a arqueologia tem efetivamente apontado para a possibilidade da existência de Rômulo; porém, é bem pouco confiável que os conhecidos sete reis de Roma tenham se sucedido com tamanha certeza dinástica. Outra tradição que se fixou foi a de que o segundo rei, Numa Pompílio, tenha sido o responsável pela ideia de emprestar às leis origem divina, o que lhes daria maior autoridade. A historiografia sempre falou dos últimos reis como tiranos e devassos, mas, no século passado, apareceu certa tendência para ver Tarquínio, o Soberbo, como criador de uma espécie de mini-império no Lácio, e responsável por algo que seria mencionado como *la grande Roma dei Tarquini*. Seja como for, as coisas foram piorando e é por volta do século v que veio a primeira grande conquista, a da eleição anual de dois cônsules, com a figura do rei tornando-se, aos poucos, meramente decorativa.

A Cultura Romana

DESDE A FUNDAÇÃO DE Roma em 735 a.C., até a derrota definitiva dos etruscos em 509 a.C. e a primeira Guerra Púnica (265-241 a.C.), o dado mais estranho a ser notado a respeito de Roma é a quase ausência total de manifestações artísticas ou literárias. Sendo produto, em tempos remotos, de uma etnia do Mediterrâneo mesclada com outras, invasoras, o resultado em Roma foi bem diverso do que floresceu na península helênica, pois não há traço de qualquer tendência artística acompanhando o desenvolvimento social e político.

Não existe, no ciclo romano, nada que equivalha aos poemas homéricos do início da civilização grega. Se os poemas homéricos aparecem na Grécia no século VIII a.C., tratando de uma guerra que teria tido lugar por volta de 1200 a.C., a *Eneida* de Virgílio, por outro lado, data do século I a.C., e elabora a lenda de Rômulo e Remo, de quem existiriam vagos traços, e que dava conta da fuga de Eneias, após a queda de Troia, com Anquises, seu pai, às costas.

Em Roma a necessidade de uma expressão artística parece não ter sido realmente sentida. Ao longo dos primeiros séculos não há desenvolvimento lógico, até que apareçam formas artísticas e literárias válidas. Em uma Roma politicamente madura havia muito tempo, a literatura já nasceu adulta assim como Palas Athena, que nasceu pronta e armada do cérebro de Júpiter. A literatura não evoluiu até aparecer o épico de Virgílio, sendo antes o resultado de um processo imitativo; porém, é preciso reconhecer que, com o tempo, acabou adquirindo características realmente romanas.

As Primeiras Manifestações Cênicas

A HISTÓRIA DO TEATRO romano é, em parte, a história da influência do mundo grego em Roma, mas, antes disso, existiram no que viria a ser a Itália várias formas elementares de atividades dramáticas. O historiador romano Tito Lívio elaborou um esquema hipotético sobre a evolução do drama romano que adotaremos, basicamente, a seguir.

No campo do entretenimento e do teatro, no entanto, o silêncio dos primeiros tempos não foi absoluto, e é preciso marcar a presença de determinadas manifestações populares autenticamente itálicas. Algumas dessas festividades que tinham características cênicas não chegam a ser realmente identificadas por terem passado sem deixar qualquer marca. Os romanos, ao que parece, gostavam só de ação e mímica. Há notícia, na verdade, por exemplo, da apresentação, por mímica, de uma disputa de terras em um tribunal, mas não se sabe realmente o que seria essa apresentação; é Cícero quem descreve algumas frases criadas para ilustrar o argumento, que falavam de pastores que fugiam para a terra em disputa, mas eram chamados de volta pelo magistrado. No entanto, isso é tudo.

Em 494 a.C., um levante das plebes, o povo comum, marca o advento real da república, que teve grandes problemas a princípio, mas foi o primeiro passo para uma organização social mais justa. É durante o período da república que aparecem as únicas formas dramáticas mais ligadas ao povo e menos subordinadas a modelos gregos: a pantomima, a sátira e a fábula atelana, bastante primárias, sendo a primeira mais influenciada pelos gregos do que a segunda e marcadamente obscena. A pantomima era em tudo semelhante à sua forma grega e, de modo geral, apresentava duas personagens, com pouquíssimo diálogo, muita música e dança, criando situações farsescas dependentes de gesto e movimento.

Uma forma nativa a respeito da qual se tem um pouco mais de informação é a dos *versos fesceninos*, que datam do século IV a.C., constituídos de desafios. Estes eram cantados na época das colheitas e tinham, portanto, fortes ligações com ritos de fertilidade. A colheita sempre foi motivo de comemoração para os agricultores de todo o mundo, e os *fesceninos* eram cantados no campo ou nas pequenas aldeias. Muitas vezes, tratavam de peças pregadas em alguém; em muitas outras resvalavam para a total obscenidade. Os versos, assim, eram acompanhados por pantomimas que apresentavam em detalhe o que narravam, sempre combinados com música e dança. Tal forma não teve continuidade muito provavelmente por não conseguir a aprovação das classes dominantes, que não admitiam as grosserias dos versos salpicando sua respeitabilidade tão dedicadamente cultivada. Isso não significa, porém, que esses versos não tenham continuado a ser apresentados por anos, ou até mesmo séculos, ao tempo das colheitas.

No mesmo século, por volta de 364 a.C., houve uma epidemia de peste, e por alguma razão apareceu a ideia de que uma dança etrusca chamada *satura* serviria para aplacar os deuses e, portanto, fazer passar a fatal epidemia. A forma se tornou imediatamente popular entre os jovens, que acrescentaram a ela gestos e diálogos, mesmo que muito incipientes. Os atores, em etrusco, eram chamados *ister*, e teria sido essa a origem do termo *histriones* para os atores latinos. Havia uma considerável semelhança entre essa forma importada e os *versos fesceninos*. Em pouco tempo a forma evoluiu, juntando todos esses elementos, e transformou-se em uma espécie de musical variado, sem qualquer tipo de enredo, que veio a ser também chamado de *satura*, o que gera certa confusão.

A *satura*, no entanto, ficou sempre nas mãos dos amadores e não evoluiu para uma forma mais elaborada, embora haja notícia de algumas delas terem sido apresentadas como *exodia*, ou seja, como saída, depois da encenação de peças gregas traduzidas ou imitadas. A forma jamais obteve a aprovação das classes dominantes e aos poucos foi sendo abandonada; sem grandes méritos. Talvez sua precariedade justifique o fato de ter sido tão facilmente repudiada quando apareceram peças com enredo trazidas da Magna Grécia por Livius Andronicus, em 240 a.C.

A mais importante das manifestações dramáticas nativas, no entanto, é a fábula atelana, um tipo de comédia com texto, que aparece do século IV para o III a.C. entre os toscanos – na cidade de Atella, na Campânia, região perto de Nápoles – e foi desde logo adotada pelos latinos. Era uma manifestação campestre e preservou sempre as características de sua origem, falando de intrigas e boatos entre vizinhos e coisas nesse gênero. Ela se manteve durante um período considerável, sempre como tradição oral, via de regra, composta em cerca de trezentos versos, tendo como sua grande característica as personagens fixas e o uso de máscaras. Todas as suas personagens tinham caracterizações físicas que se identificavam com sua funcionalidade na ação, ou seja, com seu tipo de papel. As principais e consagradas foram: Maccus, uma espécie de palhaço estúpido; Buccus, tipo extremamente vaidoso e grande comilão; Pappus, um velho tolo, facilmente enganado; e Dossenus, o corcunda intrigante, principal mola da ação. Cada fábula era um episódio, uma aventura ou intriga protagonizada pelo quarteto. A cena, geralmente, se passava no campo ou em alguma pequena aldeia, e as situações eram todas de farsa, repletas de peças pregadas e de obscenidades. Como os tipos eram fixos, os textos tendiam a ter títulos como "Pappus apaixonado" ou "Buccus esfaimado". Virtualmente desaparecida, no século I a.C. a fábula atelana reaparece com textos escritos, principalmente por Pomponius e Nevius, mas sem conseguir firmar-se e desaparecendo logo.

Todos aqueles que pela primeira vez entram em contato com a fábula atelana têm exatamente a mesma reação, a de considerá-la como ancestral direta da *Commedia dell'Arte*. No entanto, e por mais que a ideia tenha sido pesquisada, não existe sequer o mínimo traço de informação que demonstre a sobrevivência da fábula atelana durante os quinze séculos que separam até mesmo suas últimas manifestações e o advento da comédia dos profissionais com personagens fixas que floresceu na Renascença italiana. Não são poucos os estudiosos que se dedicaram à busca dessa ligação, que parece tão óbvia, mas que na verdade não existe; no século I da era cristã a fábula atelana desaparece completamente. Em falta de outra explicação, as duas formas ficam atribuídas simplesmente a uma "eloquência corporal" característica dos italianos.

A *pantomima* latina, que também teve vida breve, não era muito diferente da fábula atelana em conteúdo. No entanto, as personagens não eram fixas e havia ainda muito mais música e dança. Essas peças, a princípio eram uma espécie de monólogo e contavam apenas com duas personagens, com caracterização muito superficial; o importante eram as situações farsescas, muito gesto e movimento.

O Teatro Romano
e os Estilos Literários

DAS FORMAS NATIVAS, NEM mesmo a fábula atelana teve o apoio das classes dominantes, e o que realmente podemos chamar de teatro romano só nasceu no século II a.C. com a importação da dramaturgia grega, que era popular na Magna Grécia, a metade mais ao sul da península itálica.

Nessa época, quando a república já tinha progredido bastante, e a realização dos "jogos" se tornara importante não só para a comemoração de vitórias como para a autopromoção de figuras políticas, Lívio Andrônico[1], viajando com frequência para a Magna Grécia, e conhecendo a pobreza cultural desses eventos romanos, decidiu apresentar a Roma uma novidade. Foi em 240 a.C., como parte dos *Ludi Romani*, que ele resolveu mostrar aos romanos o que era teatro, traduzindo e adaptando uma tragédia e uma comédia gregas. O sucesso alcançado pelas peças vertidas para o latim foi grande, ficando deslumbrado o público que jamais havia visto coisa semelhante.

Ao sucesso inicial seguiram-se incontáveis traduções e, eventualmente, algumas imitações, do próprio Livius, bem como de vários outros que viram ali uma mina de ouro. De complexidade fora do alcance dos amadores, essas novidades gregas foram apresentadas ao público romano por atores profissionais, enquanto os amadores continuaram a usar as formas primitivas, de cantos e gracejos improvisados.

Em matéria de tragédia o modelo favorito foi Eurípides, provavelmente graças à importância dos aspectos psicológicos em sua obra. Na comédia, já que nem mesmo na Grécia seriam agora admissíveis as peças de Aristófanes – que não se prestava à tradução, pois além de personalíssimo em sua criatividade, era muito ligado a seu tempo em Atenas, e ainda o tipo de crítica ao governo que ele fazia não se harmonizava de todo com a têmpera romana –, o que se estabeleceu foi a comédia nova. Assim, é claro que, para a comédia, Menandro é que se tornou o principal modelo, embora, de modo geral, outros autores também fossem copiados, pois as comédias dos séculos IV e III a.C. eram universais, humanas e pediam pouquíssimas alterações para serem aceitas por plateias romanas.

---

1 Escravo grego libertado por um membro da família Livia, nascido em Tarentum, na Magna Grécia, que com frequência transitava entre esta e Roma, e ganhava a vida ensinando grego e latim e traduzindo clássicos gregos.

Com as imitações, vários tipos de fábulas apareceram: a fábula *crepidata* era a imitação da tragédia grega cujo nome era clara referência a um traje grego típico; a fábula *paliata* era termo aplicável a qualquer peça passada na Grécia, onde era usado o *pallium*; se a ação se passava em Roma, aparecia a fábula *togata*; e a mais romana das formas sérias aparece na fábula *praetexta*, que trata de acontecimentos históricos. Não resta um único texto trágico latino dos séculos II e I a.C. e, virtualmente, só os títulos levam a crer que Ácio, em particular, tentou compor tragédias sobre temas romanos.

A preferência dos autores pela *paliata* se explica por uma questão de censura: em qualquer ação passada em Roma não poderiam mostrar em cena, por exemplo, moças jovens, solteiras, de boa família. Isso faz com que muitas apareçam como supostas escravas que no final se descobre terem sido sequestradas quando crianças e, sabiamente mantidas virgens nos bordéis, que muitas vezes habitavam, a fim de poderem se casar com o herói no final da trama. Nenhum cidadão romano podia ser apresentado como marido traído, o que afetaria a dignidade dos maridos na plateia, e certamente não seria possível o recurso de um escravo mais esperto do que seu dono, situação que viria a fazer imenso sucesso tanto na *Commedia dell'Arte* como em Molière, séculos mais tarde. A solução era a *paliata*, ou seja, tudo aquilo acontecia na Grécia, com gregos, ficando assim salva a respeitabilidade romana. O que surpreende é que Plauto, que escreveu entre 205 e 184 a.C., tenha conseguido criar ótimas comédias – passadas na Grécia, é claro, mas todas sobre a realidade romana – e realmente ser romano em estilo.

Os cem anos passados entre 240 e 140 a.C. foram o período áureo do teatro romano. A princípio o resultado era excepcionalmente imitativo, porém, com o tempo, algumas obras alcançaram considerável autenticidade romana; a esse período pertencem tanto Plauto quanto Terêncio, os dois grandes nomes da comédia romana. Na opinião de Cícero, Lívio Andrônico não merecia uma segunda leitura, porém ninguém lhe tira o mérito de ter sido o iniciador de todo o movimento que representa o melhor do teatro romano.

Os Primeiros Autores
Romanos

DOS PRIMEIROS AUTORES ROMANOS não existe nada a não ser referência. Depois de Lívio Andrônico, o primeiro a se tornar conhecido foi Cneo Névio, a respeito de quem há poucas informações, mas que apareceu pela primeira vez no teatro em 235 a.C. Naevius também escreveu tragédia e comédia, além de um poema épico sobre a Primeira Guerra Púnica, na qual tomou parte, tendo por modelos Eurípides, na tragédia, e Menandro, na comédia. São conhecidos títulos de 34 comédias e sete tragédias suas, mas só sobreviveram fragmentos de algumas obras, das quais duas seriam sobre temas romanos, uma sobre Rômulo, o primeiro rei de Roma, e outra sobre a derrota de um exército gaulês por Marco Cláudio Marcelo, para cujo funeral teria sido escrita.

Parece que suas peças foram pouco originais, mas com certo encanto no modo de dizer as coisas. Uma das comédias de Névio, O *Vidente*, se passa na Itália, tornando-o o criador da fábula *togata*, o tipo de comédia local, com personagens latinas e retratando a vida romana, que por isso mesmo usava a *toga*, a mais típica vestimenta romana, diferente, portanto, da fábula *paliata*, na qual as personagens continuavam sendo gregas.

Naevius criou também a fábula *praetexta* – o nome vem do traje bordado usado pelos magistrados romanos –, que teve enorme importância em Roma por sua identificação com a mentalidade vigente e consistia em uma espécie de drama histórico, com tom de oratória, estilo retórico e sentimentos exaltados, o que faz dela o primeiro gênero dramático autenticamente romano. Dois títulos da *praetexta* desse período são conhecidos, *Romulus* e *Clastidium*. Naevius morreu no exílio, na África.

O nome seguinte a ser lembrado é o de Quinto Ênio (239-169 a.C.), poeta épico, dramaturgo e satirista, provavelmente o maior autor trágico que a Roma republicana produziu, considerado o fundador da literatura romana. Do extremo sul da península, foi trazido para Roma por Marco Pórcio Catão, o Velho, e recebeu cidadania romana. Dele só são conhecidos quatrocentos versos, fragmentos de vinte peças diferentes. Consta ter tido grande poder dramático e estilo muito superior ao dos que vieram antes, sendo figura decisiva no teatro romano. Usando metrificação grega, deu à tragédia romana outro nível artístico e, como poeta épico, foi o real precursor de Virgílio, influindo de fato no pensamento contemporâneo ao adotar o ponto de vista crítico de Eurípides, assim como seu profundo interesse pela humanidade.

Escreveu regularmente para o teatro até sua morte, e dele são conhecidos três títulos que parecem ter sido da linha fábula *paliata* e nada menos de vinte títulos de tragédias, muitas delas traduções de Eurípides que ele adaptava ao gosto romano, como vinham outros fazendo desde a introdução do teatro grego em Roma.

Dois outros nomes são ligados à tragédia na Roma pré-cristã: Marco Pacúvio (220-130 a.C.) e Lúcio Ácio (170-86 a.C.), os últimos trágicos do século I a.C., ambos buscando uma prosódia romana, como Quinto Ênio, todos mais diretos e incisivos que os gregos, menos ricos em sutilezas e reflexões que eles.

Desses dois autores só são conhecidos títulos e pequenos trechos que não permitem qualquer avaliação mais séria. Ambos almejaram estilo sonoro, recorreram muito à retórica e foram mais conhecidos por outras atividades literárias; sendo Ácio muito respeitado ainda ao longo do século I d.C., e entre seus escritos estar uma história do teatro grego e romano. Aparentemente eram tidos ambos como superiores a Ennius em estilo e construção, mas este continuava a ser o maior por sua concepção trágica.

O próprio fato de não termos um único texto integral de qualquer desses autores depõe sobre a pouca repercussão do trágico em Roma, onde as reflexões filosóficas sobre valores morais, vida e morte não eram preocupações primordiais, nem mesmo durante a República. O teatro nunca foi cultuado como uma arte maior entre os romanos, que na verdade foram os criadores de determinados preconceitos que continuam, infelizmente, a existir até hoje, graças aos quais todos podem ou até devem gostar de arte, mas é preciso ter muito cuidado com os artistas, sendo que no caso dos atores o problema é mais grave, pois quem é capaz de fazer papel de ladrão ou assassino na certa há de ter um temperamento que se identifica com a personagem, e não pode ter firmeza de caráter aquele que, com facilidade, se apresenta na pele de toda uma variedade de personalidades.

Os Grandes Autores

TUDO O QUE HOJE se conhece do teatro romano, na comédia, são as obras de Plauto e de Terêncio. As *Didascaliae*, provavelmente compiladas no século I a.C., dão um relato de montagens de peças dos dois grandes autores, com detalhes tais como data da primeira apresentação, em quais jogos elas foram encenadas, quais os magistrados responsáveis, quem organizou o espetáculo, quem fez a música etc. Esses dados, no entanto, são muitas vezes contrariados por outros informantes. O notável Varro, escolhido por Júlio César para organizar a primeira biblioteca pública de Roma – projeto não realizado, pois César foi logo assassinado –, chegou a relatar 21 títulos como certamente obras de Plauto dentre as cerca de duzentas atribuídas a ele em diferentes momentos, e a autoria de alguns outros títulos ainda é discutida até hoje.

A comédia, talvez por não ir tão fundo em suas indagações sobre comportamentos humanos, mais ligada ao transitório do que ao essencial, é que teve maior sucesso entre os romanos. No período entre os séculos II e I a.C. apareceram os três poetas que representam o desenvolvimento da comédia romana: Plauto, Cecílio e Terêncio, todos eles dedicados à forma da fábula *paliata*, ou seja, comédias que se passavam em ambientes supostamente gregos. Plauto é o mais famoso dos autores da época, e na Antiguidade chegaram a ser atribuídas a ele nada menos de cem comédias. Dessas, nos restam vinte completas e uma fragmentária.

Tito Mácio Plauto (?-184 a.C.) nasceu em Sarcina, na Úmbria, e existem incontáveis lendas a seu respeito. Tradicionalmente, acredita-se que ganhou dinheiro como ator, resolveu abandonar o teatro, aplicou fortuna em comércio, perdeu tudo e voltou a Roma, onde escreveu peças enquanto trabalhava como moleiro. Hoje em dia julga-se que muitas dessas histórias são invenções, mas a notável carpintaria de suas obras sugere familiaridade com vários tipos de farsa, que podem e devem indicar que Plauto teve ligações íntimas com o teatro, provavelmente como ator de algum grupo que ainda apresentava episódios da fábula *atelana*.

Plauto foi exclusivamente autor da fábula *paliata*, com grande número de traduções ou adaptações de Menandro. Porém, sua obra tem características próprias, ele sabia usar o latim com considerável liberdade e seu humor com frequência fica bem longe da delicadeza de seu exemplo grego. Plauto sem dúvida recorreu à forma da *paliata* para escapar da censura, fazendo acontecer oficialmente na Grécia tramas que envolviam situações que ele queria criticar na sociedade romana. Ele viria a ser, na verdade, o grande modelo ocidental de comédia, pois Menandro era desconhecido na Renascença e foi nas obras de Plauto que Molière encontrou a forma ideal para sua comédia crítica. A *Aulularia* é o molde não só de *O Avarento*, do autor francês, como também de *O Santo e a Porca*, de Ariano Suassuna; enquanto o *Miles Gloriosus* originou o memorável "soldado fanfarrão" da *Commedia dell'Arte* e de inúmeras outras obras e os *Menaechmi* formam a trama da *Comédia dos Erros*, de Shakespeare. Não é só com modelos diretos, como os citados, que Plauto viria influenciar a tradição cômica do Ocidente; seu modo de tratar a intriga e sua condução do cômico na ação e no monólogo são igualmente importantes.

O sucessor de Plauto na comédia foi Cecílio Estácio, um escravo levado da Gália para Roma e subsequentemente libertado. De sua obra, só nos restam cerca de trezentos versos em fragmentos esparsos e 42 títulos, quase todos idênticos aos de peças de Menandro. Ao que parece, Cecílio era mais fiel ao modelo grego, embora, ocasionalmente, como Plauto, tomasse liberdades com os originais, arriscando-se a introduzir diferenças bastante marcantes.

Em sua época, Cecílio foi considerado superior tanto a Plauto quanto a Terêncio, aparentemente por ser ele mais vigoroso que Terêncio e mais regular que Plauto. É impossível avaliar seus méritos reais devido à escassez dos fragmentos que hoje subsistiram.

Públio Terêncio Afro (194-158 a.C.) nasceu em Cartago, no norte da África, e foi levado para Roma quando ainda era criança, como escravo, condição da qual foi mais tarde libertado. Amigo de Públio Cipião, fazendo parte de seu círculo altamente intelectual, Terêncio vivia entre os que se dedicavam ao enriquecimento e refinamento da língua latina.

Sua obra foi escrita na década de 160 a.C., e ele só criou seis peças, pois morreu muito jovem em uma viagem à Grécia. Nas *Didascaliae*, suas obras são identificadas com a informação dos jogos durante os quais foram apresentadas: *Andria*, *Hecyra* (A Sogra), *Eunuchus* (O Eunuco) e *Heautontimoroumenos* (O Autoatormentador) aparecem em jogos megalenses, *Phormio* nos jogos romanos e *Adelphi* (Os Adelfos), peça encomendada pelos filhos do morto, nos jogos fúnebres de Lúcio Emílio Paulo. A não ser por A *Sogra*, que só foi montada em uma terceira tentativa, tendo sido preterida em dois jogos anteriores, Terêncio sempre teve enorme sucesso, sendo mais apreciado pela elite do que Plauto.

Suas seis comédias, todas preservadas até hoje, são calcadas em originais de Menandro e Apolodoro de Caristo, e não encontramos nelas a robustez e o entusiasmo do humor mais exagerado ou o tom mais popular da obra de Plauto. Sua obra apresenta plano literário bastante superior e é considerável a acuidade que ele apresentava no tratamento de situações e personagens.

Terêncio tinha estilo mais contido e elegante, era mais fiel em suas traduções e adaptações das comédias gregas e, ao introduzir partes de uma comédia de Menandro em outra, tornou-se o criador do *enredo duplo*, no qual duas tramas paralelas eram resolvidas por um mesmo final, o que significou notável enriquecimento para a forma da comédia. Terêncio criava seus enredos e personagens de modo bem mais despojado e realista do que Plauto, e durante séculos ele foi usado e citado como exemplo do latim literário.

Com Terêncio, a fábula *paliata* chega ao auge e ao fim de sua carreira. Ainda existem outros nomes, mas são só nomes. O desaparecimento do gênero já foi até mesmo atribuído à própria perfeição de forma de Terêncio. No entanto, o fato de ter havido grande número de remontagens das comédias de Plauto logo depois da morte de Terêncio sugere que o público estava querendo ver algo mais espontâneo e vivo, menos perfeito e delicado. Além disso, a crescente onda de nacionalismo pode ter sido a responsável pela morte da *paliata*, já que depois de Terêncio os autores parecem ter se voltado todos para a fábula *togata*, ou seja, a de ambientação romana: Titínio, Quinto e Afrânio – o mais famoso – são os nomes mais conhecidos dessa época. Suas comédias se passavam sempre no campo ou então em ambientes de classe média ou baixa; as de Afrânio foram se tornando cada vez mais desregradas e cultoras da risada fácil, acabando por se transformarem em um novo gênero, chamado fábula *tabernária*, justificado no próprio nome.

A Realização
dos Espetáculos

O TEATRO EM ROMA não recebia o mesmo respeito que na Grécia. Nesta, em algumas ocasiões, atores, por visitarem diferentes cidades, eram usados como embaixadores, enquanto em Roma a função de ator era menosprezada e os intérpretes acabaram sendo escravos treinados para isso.

Os teatros em que foram apresentadas as peças de Plauto e Terêncio eram bastante diferentes dos teatros gregos que haviam existido no século IV a.C. Por volta do século II a.C., os espetáculos teatrais em Roma eram encenados em palcos temporários, em conexão com os jogos romanos, os *ludi*. Havia vários tipos de *ludi*. Além dos regulares, previstos pelo governo, aconteciam também jogos eventuais, para celebrar vitórias militares, a consagração de templos religiosos ou até mesmo o funeral de algum romano famoso.

As ocasiões e a forma do teatro também foram bem diversas em Roma, expressando ambas a posição de sua cultura em relação à arte. Depois que Lívio Andrônico trouxe os dois primeiros espetáculos traduzidos de textos montados na Magna Grécia, outros romanos passaram a fazer o mesmo, mas a falta de textos trágicos deixa clara a preferência pelo entretenimento da comédia. Além disso, os espetáculos teatrais não tinham permissão para serem apresentados senão nos dias de *ludi*.

Os jogos oficiais eram de dois tipos: os *ludi circensi* – nos quais os eventos eram de corridas de bigas (carros puxados por dois cavalos) ou quadrigas (puxados por quatro cavalos), lutas entre homens e lutas contra animais – e os *ludi scaenici*, sendo estes, cênicos de fato, os jogos teatrais. Assim sendo, os espetáculos eram apresentados apenas naqueles que eram definidos como *ludi scaenici*, sendo considerados tão parte religiosa do acontecimento quanto os sacrifícios e as procissões, realizados não só em relação a deuses como também a vitórias e outros acontecimentos cívicos. Vários dias eram dedicados aos *ludi scaenici* durante os dois festivais de Júpiter: os *ludi romani*, jogos romanos, dedicados aos de classe mais alta, em setembro, e os *ludi plebeii*, voltados para o povo, em novembro. Além disso, também apresentavam-se peças regularmente nos *ludi apollinari* e nos *ludi megalenses*. O número de dias de *ludi scaenici* começou sendo cinco por ano, aumentando na era de Augusto e, por volta do século II a.C., quando viveu Plauto, já havia crescido ainda mais, chegando a quarenta, o que atesta a popularidade da comédia romana.

Nos festivais religiosos, um aspecto muito interessante das apresentações teatrais era o hábito das *instaurationes*, ou repetição de jogos. Só havia repetição do *ludus* nos casos em que houvesse algum problema com a realização da parte religiosa, como a leitura das entranhas de aves ou animais por sacerdotes, os quais afirmavam que com isso podiam prever o futuro. A frequência das *instaurationes* – mais ou menos 2/3 dos jogos eram repetidos – deixa certas dúvidas quanto às razões puramente religiosas das coisas e à lisura das repetições, principalmente porque os jogos pareciam se repetir quase sempre em casos de a peça apresentada ser bem recebida. Houve um caso de um mesmo *ludus plebeii* ser repetido sete vezes, e é estranho que a incompetência dos sacerdotes se tenha manifestado justamente na ocasião em que foi apresentado o *Miles Gloriosus* (O Soldado Fanfarrão), um dos maiores sucessos de Plauto.

Embora a tradição dos *ludi scaenici* date de 364 a.C., compostos por mímica, música de flautas e dança, podemos duvidar de sua natureza realmente religiosa quando descobrimos que eles eram 57 ao tempo do final da república, 77 no início do século I a.C. e nada menos que 177 no decadente século IV d.C., o que deixa transparecer o quanto essas ocasiões serviam na realidade para a política de "pão e circo", cada vez mais adotada pelos imperadores para, graças ao entretenimento, manter o controle do poder em suas mãos.

Os romanos, portanto, tinham mais ocasiões de ir ao teatro do que os gregos, desse modo, as plateias foram crescendo. No entanto, ainda não havia teatros permanentes em Roma no século II a.C. Para cada celebração dos jogos eram erigidos palcos temporários, derrubados tão logo eram concluídos os jogos. Plauto e Terêncio tinham suas obras encenadas em uma plataforma de madeira construída especialmente para cada apresentação; o teatro grego de pedra continuava desconhecido no mundo romano. Até o século XIX julgava-se que não havia lugares para ninguém se sentar nos teatros romanos, mas hoje já se acredita que existissem assentos de madeira.

Os tablados em que os romanos atuavam eram compridos e estreitos, com pouca profundidade. Normalmente, representavam uma rua. A *skene* (*scaena*), também de madeira, simulava duas ou três casas ao longo da rua, com portas dando para esta. A única exceção conhecida a esse esquema é em *A Corda*, de Plauto, cujo cenário é um trecho de costa marítima com uma casa humilde e um templo.

Às vezes havia uma pequena rua ou travessa, o *angiportum*, perpendicular à rua principal, muito conveniente quando uma personagem tinha de escutar uma conversa entre outras duas. Essa era também uma entrada extra, além das duas, à esquerda e à direita da rua principal, sendo identificada a da esquerda como dando para o porto ou terras distantes e a da direita levando ao foro ou ao campo próximo à cidade. Ao que parece, o *angiportum* só levava ao próprio local da ação.

Portanto, é no tratamento do local onde eram apresentadas as peças que se manifesta mais claramente a diferença da posição de gregos e romanos em relação ao teatro. Na Grécia, eram áreas ligadas a templos, e não passou muito tempo antes que teatros começassem a aparecer. Já em Roma, por razões nem sempre compreensíveis, o teatro parecia ameaçador e os espetáculos apresentados durante os jogos recorriam a palcos improvisados, que eram destruídos tão logo acabavam as ocasiões festivas.

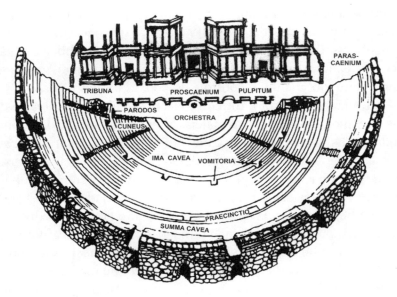

Esquema do primeiro teatro romano permanente.

O primeiro teatro permanente de Roma, na verdade, só foi edificado por um projeto de Pompeu, no ano de 55 a.C., pouco mais de cem anos após o florescimento dos dois grandes autores de comédia: Plauto, do final do século II a.C., e Terêncio, do início do século I a.C. A plateia inclinada do teatro foi construída na encosta de uma colina, tendo sido afirmado que a arquibancada era, na verdade, uma escadaria que conduzia a um templo dedicado a Vênus Vitoriosa, localizado ao alto da colina.

Na dramaturgia romana o coro já havia desaparecido, e a forma do teatro apresenta várias diferenças em relação ao grego: a antiga *orchestra* circular, onde atuava o coro, foi cortada pelo meio, ficando a parte reta voltada para o palco e a curva formando a plateia. O cenário continuava a apresentar a frente de um edifício, porém suas portas deixaram de ser praticáveis. A ação se passava em uma estreita faixa à frente do cenário, que só tinha dois acessos, uma porta em cada extremidade desse novo "proscênio", a não ser nos casos raros da existência do *angiportum*.

Hoje em dia, ainda podemos encontrar dezenas de teatros romanos, alguns em muito bom estado, mas que pertencem todos à Roma imperial e à decadência do império, com suas altas estruturas para sustentar as arquibancadas e suas elaboradas *frons scenecae*, que na maioria das vezes ostentam portas e ruas que não podem ser usadas e apenas duas entradas já descritas, uma de cada lado do estreito palco que atravessa todo o espaço do cenário. Plauto e Terêncio continuaram a ser montados por muito tempo; autores menores e esquecidos ainda escreveram comédias que cada vez mais decaíam para as obscenidades da fábula *tabernária*.

Os Recursos Cênicos

POUCO SE CONHECE A respeito da maneira de vestir dos atores de Plauto e Terêncio. As peças pouco informam, e o que sabemos provém de ilustrações de manuscritos de peças de Terêncio que datam de um século depois de sua morte. As informações são bastante confusas, embora seja legítimo acreditar que basicamente os atores vestiam-se à moda grega. O *pallium* era o traje exterior normal na *paliata*, passada na Grécia, e usado por homens e velhos em cima de uma túnica justa e de mangas compridas, o *chiton*. O *pallium* dos velhos era branco, o dos jovens vermelho escuro ou púrpura. Os escravos só usavam túnicas e seu *pallium* – amarrado para não atrapalhar – acabou sendo reduzido a um lenço preso ao pescoço que, nos manuscritos dos textos de Terêncio, vemos que é seguro com a mão esquerda. Papéis femininos eram interpretados por homens com túnicas de mangas compridas e longos vestidos por cima. Os jovens portavam cabeleiras pretas; os velhos, brancas e os escravos, quase sempre, vermelhas.

Não há certeza quanto ao uso de máscaras ao tempo de Terêncio. Elas facilitariam a multiplicidade de papéis para cada ator e tornariam mais convincentes enredos como os dos gêmeos de *Menaechmi* e também as confusões entre os pares de Sósias e Anfitriões na comédia de Plauto. As referências ao uso de máscaras no teatro romano, porém, são confusas e ambíguas. Tradicionalmente, alguns documentos sugerem que elas tenham sido empregadas nas traduções das comédias gregas, não em Plauto e Terêncio, tendo ainda sido usadas novamente pouco depois da morte desse último. Contudo, hoje em dia, já existe maior convicção no sentido de que as máscaras foram importadas com a dramaturgia grega e usadas sempre, desde então.

Assim como na Grécia, a ausência de mudança de cenário persistiu e a ação em sua maior parte era contínua. Não havia divisão em atos, mas às vezes um tocador de flauta marcava uma transição ou passagem de tempo. O coro já praticamente desaparecera em Menandro e é desconhecido na comédia romana, na qual talvez ainda haja um vago vestígio de sua presença na canção dos pescadores em A *Corda*, de Plauto.

A música e o canto na comédia romana não compõem interlúdios, como na Grécia, mas fazem parte integrante da ação, com sua importância cada vez maior e os ritmos progressivamente mais complexos. A música servia, portanto, para a classificação cronológica das comédias romanas, e na tragédia ela era usada como componente dos diálogos. É possível que isso tenha sido resultado da mistura das tradições nativas com a ideia de que haveria canto nas formas helênicas.

A Comédia Romana

A COMÉDIA ROMANA TEM uma característica muito interessante em sua estrutura, que é a grande preocupação dos autores em manterem muito nítidas as razões para entradas e saídas das personagens durante as cenas. Naquele tempo não havia programa dos espetáculos como há hoje, as máscaras não permitiam que se individualizasse os atores e não podemos nos esquecer da tremenda confusão – aparente – dos enredos. Os romanos, ao que parece, achavam que a plateia poderia ficar sem entender o que se passava, se não fosse pelo fato de todas as personagens, ao saírem de cena, falarem aonde iam e por que iam, e quando voltavam dizerem de onde vinham e por que tinham ido e voltado. Como o palco era muito comprido, quando uma personagem despontava em um extremo, outra podia dizer "Lá vem Fulano, com quem eu preciso falar". E constantemente alguma personagem diz "A porta está rangendo, é porque Fulano vai entrar". Já houve um estudioso do teatro romano que afirmou ter sido a porta uma das principais personagens de Plauto, tantas vezes ela é mencionada em seus textos. Mas Terêncio e Menandro lançavam mão do mesmo recurso, e o objetivo era a clareza.

Um método bastante utilizado para se manter a história inteligível para o público era fazer com que um escravo, correndo pelo palco para se desincumbir de alguma missão para o amo, parasse e explicasse cuidadosamente a razão da correria, quem procurava, por qual razão etc. Outro recurso adotado era fazer com que uma personagem, com a maior facilidade, tivesse um vasto solilóquio no qual planejava coisas incríveis, mesmo que houvesse várias outras personagens em cena – o que não importava, pois a convenção teatral era de que as outras não ouviram o que disse a primeira em solilóquio – sendo esse aparte perfeitamente válido, contanto que o público tomasse conhecimento do plano.

O traço fundamental da comédia romana é ser uma comédia de tipos e situações definidas, e a verdade é que ela viria a influenciar séculos de teatro. Apesar de a forma dramática ter decaído tremendamente no período do Império em favor do espetáculo de massa meramente visual, as comédias de Plauto e Terêncio foram lidas e estudadas até a queda do Império e o desaparecimento do teatro romano.

Depois de cinco séculos de completo silêncio teatral, a famosa freira Hroswitha escreveu, no século X, comédias cristãs, piedosas, imitando as comédias de Terêncio, apenas adicionando uma visão moralizante. Toda a comédia da Renascença viria também a se basear em Plauto e Terêncio, que influenciaram Maquiavel, Aretino e Ariosto, da mesma maneira que Molière, Ben Jonson e mesmo, em menor grau, Shakespeare.

Sêneca, a Tragédia, e Sua
Influência Sobre o Teatro da Renascença

NO SÉCULO I DA era cristã, inesperadamente, a forma da tragédia foi retomada por Lucius Annaeus Sêneca, que viria a ter tanta influência sobre o teatro renascentista quanto Plauto e Terêncio. Nascido em Córdoba, na Espanha, por volta de 4 a.C., Sêneca foi, no entanto, criado em Roma desde cedo. Era filho de um erudito professor de retórica – autor das *Controversiae*, coletânea redigida para ensinar retórica –, e tudo indica que tenha tido educação esmerada. Ao que consta, começou desde cedo a estudar gramática e retórica, treinado por vários mestres. Sêneca teve por algum tempo uma brilhante carreira como advogado, durante a qual ganhou muito dinheiro. Porém, foi logo atraído para o estudo da filosofia, em particular do estoicismo, que seria a visão determinante de sua vida.

Como acontecia a muitos romanos que de algum modo participavam da vida pública, Sêneca ganhou e perdeu os favores dos poderosos, sendo exilado mais de uma vez. Na juventude passou algum tempo no Egito, com os tios, mas a partir de 31 d.C. morou em Roma, onde chegou a ser nomeado *quaestor* por Calígula. Dizem que, posteriormente, sua eloquência provocou a ira do mesmo Calígula, que só não mandou que o matassem porque corria o boato de que Sêneca estaria doente, podendo morrer a qualquer hora. Em 41 d.C., o novo imperador, Cláudio, exilou Sêneca para a Córsega por influência de Messalina, por uma acusação de adultério com Júlia, irmã de Calígula. Em 49, no entanto, ele retornou a Roma graças à interferência de Agripina, a Jovem, que o fez tutor de seu filho Nero, então com doze anos, e tornou-se membro da guarda pretória, com Afrânio Burro, também tutor do jovem Nero. Ambos foram conselheiros durante os oito anos do início bom do governo de Nero, sendo atribuída a eles a considerável calma dos primeiros cinco anos do seu reinado. Como senador, trabalhou em favor de boas relações entre o jovem César e o senado, e foi cônsul. Preferia para suas atividades ser o amigo do príncipe, e o aconselhava no bom caminho. Em sua obra *De Clementia* incluiu as ideias que procurava incutir em seu antigo aluno.

Com a morte de Burro, em 62, o poder de Sêneca ficou abalado, e sentindo sua situação como perigosa propôs aposentar-se e entregar todo o seu tesouro a Nero. Na ocasião, nenhuma das duas coisas foi aceita. Depois da morte de Agripina e do repúdio de Octávia, primeira mulher de Nero, no entanto, Sêneca viu que não mais poderia influenciar realmente o imperador e afastou-se do governo, retirando-se da vida pública. Passou muito tempo fora de Roma, viajando e estudando filosofia. Escreveu vários tratados importantes. O horror a vários gestos de Nero o afastavam de tudo. Em 65, foi acusado – falsamente – de tomar parte na conspiração de Piso, tramando contra a vida de Nero e, com grande estoicismo, suicidou-se por ordem imperial.

A ética foi sempre o principal interesse de Sêneca, e suas convicções eram mais espirituais e humanistas do que a dos estoicos primitivos. Alguns cristãos do tempo do Império Romano, inclusive, viam nele algumas qualidades de santo. Porém, sua vida foi de grandes contradições. Sua posição na corte tornava quase impossível manter seus princípios, e a grande fortuna que em pouco tempo reuniu contrastava diretamente com seus ensinamentos filosóficos. Contudo, conforme dito, enfrentou a morte com verdadeira serenidade estoica, e toda a sua obra de tratados filosóficos o coloca entre os principais filósofos estoicos de Roma.

As obras em prosa de Sêneca são muitas e variadas, principalmente sobre filosofia e, em especial no campo desta, sobre o estoicismo. Seus trabalhos poéticos são constituídos principalmente por suas obras dramáticas. São conhecidos dez textos, sendo nove as obras incontestavelmente atribuídas a Sêneca: *Hercules Furens*, *Troades*, *Phoenissae* (inacabada), *Medea*, *Phaedra*, *Oedipus*, *Thyestes* e *Hercules Octaeus*, essa última hoje em dia considerada obra de um imitador. Uma décima peça, *Octavia* – uma fábula *praetexta*, isto é, uma peça histórica –, outrora tida como de autoria senequiana, é provavelmente de outro autor, pois não só Sêneca aparece como personagem, como também a obra inclui detalhes que ele não poderia ter conhecido. As outras nove tragédias incontestáveis tratam de temas gregos e, com uma única exceção, abordam assuntos antes levantados por Ésquilo, Sófocles e Eurípides. Dessas nove tragédias, a que maior influência teve no século XVI foi *Tiestes*, sentida tanto em Thomas Kyd quanto em Shakespeare, por exemplo.

O mais estranho problema a respeito das peças de Sêneca é o objetivo para o qual teriam sido escritas, pois muito embora se saiba que havia espetáculos teatrais ao tempo de Nero, não há o menor indício ou sugestão de que qualquer de suas peças jamais tenha sido apresentada em um palco durante sua vida. Já foi sugerido que a própria forma da dramaturgia de Sêneca torna impossível admitir-se sequer a possibilidade dessas tragédias serem representadas. Apesar do grande número de teatros que eram encontrados em todas as colônias no período do Império, o último nome que temos de lembrar na dramaturgia romana teve suas obras, na melhor das hipóteses, apenas lidas em voz alta para pequenos grupos de amigos.

Um dos argumentos mais fortes para a convicção de que as peças não foram montadas na época é a falta de motivação ou justificativas para entradas e saídas de personagens, bem como a total despreocupação do autor em apresentar suas personagens quando entram pela primeira vez em cena. Na dramaturgia de Plauto e Terêncio, por exemplo, todos explicam de onde estão vindo e para onde vão, além de serem cuidadosamente identificados. Há também, nas peças de Sêneca, longos períodos descritivos, abundância de trechos retóricos, falta de clareza na estruturação das personagens e cenas do mais inacreditável horror, como a morte dos filhos de Medeia em cena ou as referências aos restos estraçalhados e visíveis de Hipólito ou dos filhos de Tiestes. No entanto, não se pode dizer que as peças senequianas fossem escritas somente com o objetivo de serem lidas. O que parece particularmente não dramático às plateias de hoje – por exemplo, a retórica e as cenas apavorantes – talvez não afetasse do mesmo modo as plateias do século I da era cristã. Já existe hoje quem admita que, tendo ou não sido montado na época, a intenção de Sêneca foi a de escrever para o palco.

Como as tragédias da era republicana, Sêneca copiou, de preferência, Eurípides, cujo profundo conhecimento da natureza humana tornava sua obra a mais acessível do grupo trágico grego. Porém, Sêneca não adotava os enredos gregos na íntegra. Ele cortava, aumentava, explicava, jogava com valores dramáticos e, provavelmente, foi o romano a tomar maiores liberdades com os originais gregos. Sob certos aspectos, as modificações introduzidas por Sêneca têm enorme mérito. A coordenação dos enredos, o sacrifício de várias personagens em favor do herói trágico e a existência de grande preocupação com uma suficiente motivação psicológica para a ação foram os principais cuidados de Sêneca que, assim como Eurípides, examinava seus problemas em termos humanos e terrenos, tomando caminhos mais acessíveis e teatrais do que a profundidade filosófica e religiosa de Ésquilo. Foi sua grande atração pelo teatral que o levou ao espetacular do sobrenatural: fantasmas, aparições etc., que acabavam por produzir horror puro, além de grandes cenas sanguinolentas que concluíam sequências lógicas. Em décadas mais recentes, tem havido certa reavaliação das tragédias senequianas, sendo constatada uma maior independência dos modelos gregos, principalmente Eurípides, o qual Sêneca não copiaria simplesmente, mas, sim, tomaria antes como exemplo geral.

Em estrutura, sua obra é surpreendentemente uniforme: monólogos e diálogos com trímetros iâmbicos – que correspondem a seis sílabas –, separados por trechos líricos corais. Como geralmente há quatro desses interlúdios corais, a peça fica dividida no que viriam a ser os clássicos cinco atos que o teatro da Renascença iria adotar com tanto rigor. O coro não tem ligação com a ação, mas indica a atitude do autor com relação a Medeia, sendo boa parte da caracterização dessa personagem causada pela antipatia de Sêneca por essa mulher, o que influencia, ainda, a postura adotada pelo autor para construir seu Jasão.

Sêneca é inferior aos três trágicos gregos e trata não de temas universais, mas, sim, de paixões humanas. Seu estilo jamais alcança os olímpicos pontos culminantes dos gregos. Ele é pesado, sentencioso e por demais retórico. Suas frases filosóficas às vezes são de má qualidade, mas o que interessava a ele era o aspecto psicológico de suas personagens, além de tentar dar aos conflitos uma projeção universal.

A ação de suas tragédias é violenta, provoca o terror e a piedade, porém não deixa de afirmar que a vida do homem tem dignidade e sentido. O sobre-humano tem seu papel na obra de Sêneca; no entanto, ainda mais do que nos gregos, o elemento de responsabilidade pela ação – o livre arbítrio – é importante, e os heróis senequianos encaram suas responsabilidades e triunfam sobre suas derrotas para enfrentar a morte com serenidade. A defesa implícita de Sêneca dos valores estoicos sugere que ao menos alguns de seus heróis se aprimorassem intelectual e moralmente pelo sofrimento.

Por ironia, foram justamente as "fraquezas" de Sêneca – sua insistência no horror, na sanguinolência e nos crimes violentos, seu estilo grandiloquente, sua preocupação com as ações de grandes feitos – que fizeram dele, e não dos gregos, o modelo para a tragédia renascentista. Maior glória não poderia ter ninguém do que ser a semente do teatro trágico na Inglaterra. A mais conhecida e famosa das tragédias de Sêneca, *Thyestes*, é certamente a inspiração de Shakespeare para o banquete de carne humana em *Titus Andronicus*.

A influência de Sêneca pesou no processo da evolução do teatro elisabetano, e a forma mais típica desse período, a tragédia de vingança – da qual são exemplos A *Tragédia Espanhola*, de Thomas Kyd, *Titus Andronicus* e *Hamlet*, de Shakespeare, e ainda *The Duchess of Malfi*, de John Webster –, é diretamente devida a esse trágico romano que provavelmente jamais viu suas peças encenadas em um teatro.

A Decadência do Teatro e o Seu Desaparecimento

ENQUANTO SÊNECA, PROVAVELMENTE, ERA lido em um limitado círculo de amigos, o espetáculo visual e vazio da pantomima tomava conta do Império Romano. Teatros apareceram por todo lado, mas o drama estava morto.

O drama enquanto forma de expressão não foi, em Roma, parte de uma tendência para as artes como existira anteriormente na cultura grega. Sempre houve, entre os romanos, pouco respeito para com atores, e a decadência moral dos últimos séculos do Império levaram o teatro a níveis realmente lamentáveis. Não se trata apenas de devassidão, mas os desmandos, ao que parece, chegaram em algumas ocasiões, por exemplo, a aproveitar condenados para que estes representassem personagens que eram efetivamente mortas em cena. Esse período de decadência corresponde muito exatamente à ascensão do cristianismo, que impunha rígidos limites de comportamento a seus adeptos. Tanto a decadência moral do Império como o progressivo avanço da Igreja Católica foram em grande parte responsáveis pela morte do drama. E, por volta da queda de Roma, no século VI d.C., nenhum cristão podia frequentar espetáculos, além de que os atores, bem como suas famílias, foram excomungados.

O que restava de um teatro romano decadente desapareceu com a queda do Império Romano, no século VI, devida ao mau governo e às invasões bárbaras. A última referência a um espetáculo teatral é de 533 d.C. Depois disso, foram séculos de silêncio, a não ser pelos menestréis ambulantes, os acrobatas e os músicos-poetas. Fica realmente concluído o ciclo do teatro da Antiguidade, e passar-se-iam vários séculos até que ele pudesse renascer.

O teatro no Ocidente, após seu ciclo romano, desapareceu não só pela inquietação das migrações, como também pelo longo período necessário para o surgimento das novas línguas europeias. Estas nasceram quando a superioridade cultural remanescente do antigo Império Romano e do latim levaram às misturas com as culturas invasoras, das quais costumam resultar novas línguas. Ressurgiria, assim, o processo iniciado anteriormente pela forma épica na Grécia, marcada por Homero, mas agora recomeçando com as modestas "canções de gesta" na França, seguidas pelo tom lírico dos trovadores.

Haverá um longo silêncio antes de um pré-teatro começar a aparecer na Europa ocidental. Assim, só no século X é que o teatro, pelas mãos da própria Igreja Católica, que ajudara a derrotá-lo, renasceria para não mais parar.

III.

Idade Média

O Mundo Medieval
e o Renascimento do Teatro

PARA ENTRAR NO TEATRO medieval é preciso de algum modo atravessar – e na medida do possível explicar – o longo silêncio de quase dez séculos que se sucedeu a Sêneca. O estranho processo do teatro romano e sua decadência no período do Império não é, a olhos teatrais, inexplicável: se foi a liberdade de pensamento que permitiu o aparecimento do teatro na Grécia, não é de espantar que a crescente asseveração do forte governo central do Império Romano não fosse particularmente propícia a uma boa dramaturgia. Pão e circo eram mais a linha romana: muito espetáculo e pouco pensamento eram o ideal de quem não queria que fossem feitas muitas perguntas. O importante era a imagem de Roma, de uma Roma grandiosa, com procissões cívicas, arcos do triunfo, sinais exteriores de poder e glória.

Mas Roma foi se tornando parasita de um Império imenso, e as riquezas e o poder acabaram por corrompê-la, por torná-la decadente, bem distante da austera Roma republicana. No fim, todo aquele esplendor terminou por revelar-se incapaz de manter longe os inimigos, embora Adriano tivesse tentado delimitar o Império. Constantino abriu mão do mito sobre Roma e se tornou independente dela, levando a capital para Constantinopla e reconhecendo, assim, que as bases econômicas do Império estavam no Oriente. As lutas internas haviam enfraquecido o esquema e colaboravam com as invasões dos bárbaros que vinham do norte. Mas, sem dúvida, as grandes migrações étnicas – aquilo que conhecemos como invasões bárbaras – foram o mais importante elemento para o desaparecimento do teatro. Esses bárbaros eram uma raça mais alta e mais loura do que as etnias mediterrâneas responsáveis por gregos e romanos, mas não tinham muito a contribuir, a não ser por seu sangue novo: não haviam atingido sequer o estágio da agricultura fixa; eram nômades, caçadores e guerreiros. Suas mitologias eram pobres e suas línguas, de vocabulário ainda inapto para a criatividade, a imaginação e o abstrato.

Se o teatro normalmente é tardio em qualquer literatura nacional, é porque, entre outras coisas, ele espera por uma linguagem flexível e expressiva, como também por um público com condições para pensar em lazer, bem-estar e outros tantos confortos comunitários. Nos séculos das migrações bárbaras, o único problema com o qual as pessoas deveriam se ocupar era o da sobrevivência.

Se a queda de Roma data de 476 d.C. e a morte de Carlos Magno, de 814 d.C., será talvez possível dizer que foi entre esses dois acontecimentos que a Europa teve o mais negro período daquilo que chamamos Idade Média. Mas se, no obscurantismo e na matança desses séculos de migração, procurarmos bem, veremos que no Ocidente houve a preservação de um determinado clima cultural, embora muitas vezes secreto, entre grossas paredes de mosteiros construídos em pontos remotos, onde os conquistadores não tinham tempo ou interesse de ir. Os exemplos máximos de arte, entretanto, são de influência oriental, como podemos ver nos famosos mosaicos de Ravena, de onde era difundida a arte bizantina que florescia em Constantinopla.

As tribos bárbaras foram se distribuindo pela Europa ocidental e definindo, aos poucos, o panorama étnico e político que o configuraria quase até as recentes alterações do século XX: godos na Espanha; francos na Gália; anglos, saxões e jutos na Inglaterra; borgúndios junto ao Ródano; e lombardos no norte da Itália. Sendo muito primitivos, esses povos, mesmo conquistadores, fatalmente terminaram por assimilar características da civilização romana – muito mais evoluída do que a deles –, ou sendo efetivamente assimilados por ela. E nada em Roma foi tão bem preservado quanto a Igreja Católica, que adotara para sua administração interna exatamente a cúria, a estrutura administrativa do Império Romano.

O prestígio da Igreja Católica foi se firmando e ampliando cada vez mais, e quando as tribos bárbaras formaram seus novos reinos e sentiram a necessidade de solidificá-los e santificá-los, de passar da revolução à institucionalização, foi segundo Roma que moldaram sua força política e sua estrutura administrativa e legal, buscando na Igreja um aval espiritual. Foram adotados o código romano, revisto por Justiniano, a administração e a religião romanas. A Igreja foi a grande força moral e material da época, e a sagração pelo papa, como imperador, um instrumento político que interessou até mesmo a Carlos Magno, perfeitamente capaz de galgar sozinho todas as posições até o título.

Na Igreja, foi mantido vivo o conhecimento da Antiguidade clássica. Dentro dela, o único lugar onde se podia receber educação. Carlos Magno, excepcional sob todos os aspectos, soube reunir à sua volta grandes estudiosos da época e, sob orientação de Alcuínio, organizou uma escola no palácio para a educação das crianças da casa real e da nobreza, ordenando mais tarde que uma escola fosse estabelecida junto a cada diocese do reino, para que nelas fossem educados os filhos dos livres e dos servos.

Mas o mundo greco-romano realmente acabara, e sua cultura fora interrompida. O fenômeno cultural medieval não é uma continuação, mas, sim, um recomeço. Ao fim de quatro ou cinco séculos, quando as várias tribos já estavam em boa parte enraizadas, quando as sementes das novas línguas já estavam lançadas e começavam a germinar, começamos a encontrar uma repetição dos processos de desenvolvimento da arte e da literatura, semelhante ao iniciado na Grécia dezesseis séculos antes. Assim como acontecera com os poemas homéricos na Grécia, tudo recomeçou na Europa, a partir do ano 600 d.C., com *narrativas épicas*: as sagas nórdicas da *Edda*; as *Canções de Gesta*, na França, das quais resultará mais tarde a *Chanson de Roland*, inspirada em Carlos Magno; o *Beowulf*, na Inglaterra; e as *Canções dos Nibelungos*, no que tantos séculos mais tarde seria a Alemanha. Todas elas falam objetivamente de feitos heroicos, de conquistas e de guerras, de fidelidade e traição, e todas são ricas de mitologia. São todas produtos de experiências do grupo, falando de temas comunitários.

Era lógico que a *poesia lírica* fosse a segunda a aparecer e que o *teatro* só viesse a se manifestar mais tarde, como aconteceu na Grécia. Porém, agora, o processo natural vai ser em parte alterado pela influência da Igreja Católica. A forma dramática não é mais uma forma a ser descoberta e concebida, em um mundo no qual ela jamais tivesse existido. Pelo contrário: usando os tesouros guardados nas bibliotecas dos mosteiros para servir ao frenético e incontrolável didatismo medieval, a Igreja resolveu usar o teatro – ou, melhor dizendo, a dramatização – para ensinar História Sagrada às suas ovelhas analfabetas. O processo essencial não se altera, pois as primeiras dramatizações são instrumentos da Igreja enquanto o teatro como teatro só vai tomar vida própria depois do florescimento da poesia lírica, no século XVI.

A Igreja se preocupava, fundamentalmente, com a propagação da fé e com os ensinamentos morais condizentes com seus dogmas. A arte cristã medieval é anônima, ao contrário dos estágios mais evoluídos da arte grega e romana. Não interessava a arte como arte, interessava servir a Deus, à fé, ao dogma. A Igreja, é claro, já desenvolvera seu ritual próprio, sem o qual teria sido difícil, quando não impossível, formar um grupo definido de seguidores; e esse ritual continha inúmeros elementos *proto* ou *para*dramáticos, inclusive a própria missa.

O teatro do mundo greco-romano, em função de sua decadência e obscenidade no período imperial de Roma, foi proscrito pelos primeiros cristãos e acabou por desaparecer completamente. O sentido do jogo cênico fora preservado apenas pelos jograis, pelos acrobatas e malabaristas de feira, pelas mais primitivas formas de pantomima. Os povos invasores não haviam trazido consigo nenhuma contribuição, a não ser pelos primários ritos pagãos de fertilidade, que ainda hoje deixam vestígios no folclore europeu, mas que pouquíssimo contribuíram para a evolução do teatro.

O drama clássico de texto havia sido completamente esquecido fora dos mosteiros e não foi deles que o teatro veio a renascer, embora no século X a monja Hroswitha, abadessa do convento beneditino de Gandersheim, escrevesse uma série de peças em prosa. Inspirada na forma de Terêncio, cujo estilo admirava, mas cuja possível influência pagã ela temia, Hroswitha fica longe de ser comparável a Terêncio, mas é preciso fazer justiça e admitir que por vezes seu diálogo toma vida e que, ao menos em raras ocasiões, consegue incluir em seus tratados morais pequenas cenas farsescas razoáveis. Mas o teatro não nasceu daí, embora fosse nascer da Igreja.

O domínio avassalador da Igreja durante a Idade Média como força espiritual, fazia dela também uma grande força temporal, e o intricado sistema feudal tornava extremamente difusa a distribuição do poder. A Igreja tirava dos senhores feudais, ostensivamente em benefício da população mais humilde, uma boa parcela de autoridade, graças à constante instrução religiosa que tinha por objeto um domínio sempre crescente de indivíduos, grupos e instituições. Por volta do século x, nem o sistema feudal permitia a formação de populações em grandes unidades políticas, nem havia, por isso mesmo, condições socioculturais que permitissem a existência de uma arte comunitária como é o teatro.

Tampouco as várias línguas em formação tinham condições de unir tal público ou de expressar o necessário para atraí-lo. Foi a grande comunidade cultural cristã, constituída no século x por praticamente toda a Europa ocidental, que proporcionou, por meio do latim – a única língua comum a massas consideráveis, na realidade a língua franca daquela época –, o aparecimento das primeiras formas teatrais no novo mundo ocidental, iniciando uma linha de atividade dramática e teatral que não mais seria quebrada, perdurando até hoje.

No mosteiro de São Galeno, na Suíça, entre os séculos ix e x, aparece o primeiro documento que mostra exatamente como nasceu o teatro pela segunda vez no Ocidente. No ofício da manhã de Páscoa, foi introduzido um pequeno *tropo* em torno do tema da ressurreição. Precisamente o que acontecia era o seguinte: o coro era dividido em dois grupos, de um lado ficava o grupo de monges que representaria os anjos que guardavam o santo sepulcro, e do outro o que representaria as três Marias. Em pouco tempo, a apresentação tomaria forma mais teatral. O *tropo* saiu do Introito da missa onde apareceu e foi transferido para logo antes do *Te Deum*, com um monge representando o anjo vestido de branco e com asas, juntamente aos que representavam as três Marias, disfarçados para que não pudessem ser reconhecidos. O primeiro diálogo, do qual nasce o teatro moderno, é extraordinariamente simples:

ANJOS: A quem buscais no sepulcro, ó seguidores do Cristo?

MARIAS: Jesus de Nazaré crucificado, ó seguidores do Céu.

ANJOS: Não está aqui; ressurgiu, segundo predisse.

   Ide, anunciai que ele ressurgiu dos mortos.[1]

Não é um começo muito elaborado, mas estava feita a transição tantos séculos antes realizada nos rituais: o oficiante passou a falar na própria pessoa, em lugar de apenas contar histórias. Reparemos que há um diálogo entre personagens ligado a uma ação.

Na parte visual do espetáculo, houve igual contribuição, também com origem nos ofícios da Semana Santa, e disso temos um precioso documento do século X, da Abadia de Durham, na Inglaterra. Trata-se de uma descrição da apresentação visual da morte e ressurreição de Cristo, em duas partes, a primeira chamada *Depositio Crucis* e a segunda *Elevatio Crucis*. Não se pode conceber *mise-en-scène* mais requintada. Dentro da Abadia, junto ao altar-mor, era erigido um sepulcro e, com elaboradíssimos detalhes, retirava-se de uma cruz a imagem de Cristo crucificado que era então colocada dentro do dito sepulcro. Na manhã de Páscoa, depois de ser discretamente removida a imagem do sepulcro, os monges, com igual ou maior pompa, mostravam apenas os panos da mortalha, representando a ressurreição, indicando que Cristo não mais estava lá.

O primeiro episódio a ser dramatizado, então, foi o da Paixão de Cristo, valendo a pena lembrar que, com isso, a Igreja repetiu, a partir do século IX a mesma origem para a atividade teatral que haviam visto o Egito com a paixão de Osíris; a Babilônia, com a paixão de Tamuz; e a Grécia, com a paixão de Adônis. Do mesmo modo que nessas outras formas mais antigas, não podemos dizer que o que havia aqui fosse teatro, tendo em vista que tudo era estritamente controlado pelos objetivos didáticos da Igreja. Mas o fato é que esse novo método para divulgação dos mistérios da fé foi muito bem recebido, uma vez que pouco tempo depois do aparecimento dos *tropos* da Paixão já se

---

1 Tradução nossa. No original: ANGELI: Quem quaeritis in sepulchro, o Christicolae? / RESPONSIO: "Jesum Nazarenum crucifixum, o coelicolae. / ANGELI: Non est hic; surrexist, sicut praedixerat. Ite, nuntiate quia surrexi de sepulchro". (*Visitatio sepulchri*, drama litúrgico. Cópia de manuscrito anônimo do século X).

começou a fazer a mesma coisa com a época do Natal e, aos poucos, toda a *Bíblia* acabou por ser dramatizada. Nesse tempo todo, é claro, essas manifestações eram apresentadas exclusivamente por membros da própria Igreja, razão pela qual era preservado integralmente nos espetáculos um tom sacro.

Mas os episódios se multiplicavam, e já no século XII começa a haver a transformação fundamental que faria a lição dramática se transformar efetivamente em teatro. Nessa altura, já surgiam textos que emprestavam unidade orgânica a episódios inicialmente apresentados de forma isolada, como, por exemplo, o episódio dos Pastores, o do Nascimento de Jesus e o dos Reis Magos. Mais importante ainda é o fato de o texto do século XII mostrar claramente que o elemento teatral havia se introduzido nessas pequenas lições religiosas. Um exemplo interessantíssimo é o encontrado em um documento da Abadia de Saint-Benoit-sur-Loire. Na pequena peça, se assim a podemos chamar, um elemento puramente teatral, sem função bíblica, aparece quando Herodes, ao tomar conhecimento da profecia do nascimento de Cristo em Belém, tem um grande acesso de raiva. Diz a rubrica, especificamente: "E então deixem que Herodes, tendo visto a profecia, tenha um acesso de fúria e atire ao chão o livro das profecias; e deixem que seu filho, ouvindo o tumulto, avance para acalmar o pai e, junto dele, o saúde."

Essa fase totalmente religiosa do nascimento do teatro não era privilégio de nenhum país. As primeiras dramatizações foram sempre em latim, sempre com o mesmo intuito didático. Mas o próprio hábito da apresentação trazia em si a semente do enriquecimento, da evolução e de uma inevitável secularização. Lembremo-nos do exemplo da pintura: os mesmos episódios que seriam agora dramatizados já eram tradicionalmente apresentados na pintura, desde os mais primitivos artistas anônimos, e continuariam a ter a mesma popularidade e uma surpreendente variedade na repetição até a fase dos grandes nomes renascentistas. Uma pintura didática antecedeu o esplendor renascentista do mesmo modo que as lições dramáticas, sem o saber, abriram caminho para o grande teatro europeu da Renascença. Se, com as dramatizações didáticas, a Igreja, uma força extrateatral, fez a forma dramática anteceder o estágio da poesia lírica, a transformação do *tropo* em teatro é lenta e o teatro como tal só aparece após alguns séculos.

Não se pode comentar a evolução do drama medieval sem lembrar a importância do século XII na cultura da Europa ocidental, decisiva sob muitos aspectos: marca o aparecimento das universidades como fulcro de vida e pensamento; a de Paris foi fundada entre 1150 e 1170 e a de Oxford pouco depois. Claro que já existia Bologna desde o século IX, mas no século XII o interesse pelo estudo se configura de forma a não mais parar de crescer. Na Universidade de Paris, a esse tempo, Abelardo estabelece uma grande e fundamental transformação no pensamento quando – ao invés da posição conservadora medieval de Santo Anselmo de que a fé em Deus traz a compreensão do mundo por Ele criado – declara que, para crer, é preciso compreender. Na Inglaterra, há o famoso – ou notório – conflito entre Henry II e Thomas Becket, cuja essência reside na tomada de um caminho secular para a condução dos negócios do reino, na incansável campanha do rei para estabelecer uma lei do reino para assuntos civis em contraposição ao canônico para questões religiosas. E é preciso não esquecer as cruzadas, que abrem vias de comércio e levam milhares a ter contato com mundos muito diversos dos rígidos limites do feudalismo cristão.

Na literatura cortês, que aparece no século XII, temos um fiel reflexo das imensas transformações sociais que se deram àquele tempo. Repentinamente cria-se o mito do respeito, do culto à mulher, de sua romantização no amor. Nesse contexto, segundo as reflexões de Clive Lewis, mesmo que se possa criticar alguns exageros de comportamento e estilo dos trovadores, certamente alguns dos elementos mais revolucionários e importantes da poesia por eles produzida transformaram a literatura europeia nos próximos oitocentos anos. Além disso, as mudanças provocadas por sua poesia não deixaram nem um canto de nossa vida quotidiana, imaginação ou ética intocados, erguendo barreiras intransponíveis entre o mundo ocidental moderno e o passado clássico e o Oriente contemporâneo. Ainda segundo Lewis, comparada a essa revolução, a Renascença não passa de um ligeiro tremor na superfície da literatura[2].

---

2   Cf. C.S. Lewis. *The Allegory of Love.*

A mulher no teatro romano, como já vimos, ou era a matrona de dotes domésticos ou era a cortesã que proporcionava alegrias meramente sensuais. Na Idade Média, igualmente, o casamento era assunto sério, sobre o qual a mulher não podia ter nenhuma opinião pessoal. No final do século XI e início do XII, apareceu repentinamente o *frauendienst*[3] na região do que seria hoje a Alemanha e, principalmente, surgiu no sul da França a poesia trovadoresca que cultuava a mulher e culminou com a elaboração das complexas regras do amor cortês, cujos quesitos básicos eram a Humildade, a Cortesia, o Adultério, a Religião e até mesmo o tribunal do Amor. Ninguém até hoje conseguiu explicar inteiramente essa repentina mudança. Talvez tenha acontecido porque os casamentos eram feitos por interesses da estrutura feudal, e o amor buscasse justificativa na romantização do adultério; talvez pela ausência prolongada dos senhores feudais devido às Cruzadas, quando as mulheres ficavam sós em castelos, onde eram a única fonte de cortesia e civilização; além de serem hierarquicamente superiores aos seus possíveis amantes. O amante é sempre o vassalo, o servo, o prisioneiro, disposto a cumprir o mínimo capricho da amada, sempre impiedosa. Em meio a tais mudanças começa a desaparecer o anonimato do serviço de Deus. Chrétien de Troyes, que escreveu suas obras de amor e aventura na corte de Marie de Champagne, é poeta de corte, requintado e inovador.

Já iam muito longe as grandes migrações étnicas e, ainda sem o reaparecimento da cultura clássica, que só viria um pouco mais tarde, uma nova civilização se formara e tudo era influenciado pela complicada rede de compromissos individuais que em lugar de lei oferecia a proteção do senhor a seu vassalo.

Apesar de tentativas como a de Carlos Magno, a massa do povo era pobre e analfabeta, dependendo para a sua sobrevivência de toda uma gama de superiores hierárquicos; e a Igreja santificava essa organização, pois ao alto da escala feudal secular estava o rei, e o rei, representante de Deus no poder temporal, era vassalo da Igreja. Para poder afirmar que recebia o seu poder de Deus, ele tinha de se

---

3   *Frauendienst* (ou *Vrowedienst*), em tradução livre, serviço de mulher. Nome dado a um tipo de composição criado por Ulrich von Liechtenstein (?-1275), que misturava cadência, melodia e rima, na qual um cavaleiro cantava por sua dama.

submeter ao poder espiritual. A posse de terra era fundamental para essa estrutura, e a Igreja contribuía para o imobilismo social sacramentando a hierarquia e condenando qualquer tentativa de o servo se libertar da terra.

Porém, por volta do século XII, já apareciam alguns abalos, algumas modificações na estrutura religiosa, política e econômica, com suas consequências sociais. Foi nos grandes centros comerciais que haviam crescido em torno de alguns portos-chave que o conceito do pecado do lucro teve seu primeiro grande abalo. Veneza ao sul e a Liga Hanseática ao norte tornaram-se forças consideráveis que fugiam do esquema medieval. Aos poucos foram também aparecendo em encruzilhadas, em pontos propícios para os encontros, as feiras e as barganhas, os núcleos que viriam a ser os burgos. Nessas pequenas concentrações, onde a vassalagem ante um indivíduo desaparecera, o esquema feudal se fazia sentir na hierarquia do sistema de aprendizado, do treinamento e exercício dos vários ofícios, pela organização das corporações, confrarias e guildas.

A dicotomia entre a nobreza dominante, com seus requintes de amor cortês, e a vida bem pouco privilegiada da grande massa do povo fica muito bem expressa nos dois caminhos predominantes da literatura que começou a se firmar a partir do século XII. Por um lado, a poesia lírica e a nova forma do *romance*, no qual os temas da cavalaria são entrelaçados com os do amor. Nesses últimos está o mundo de galantes aventuras, de torneios, de encontros com feiticeiros, bruxos e dragões, nele estão as memoráveis ressonâncias religiosas que se configuram explicitamente em um sem-número de versões do ciclo do Santo Graal. Essa literatura é tão afastada das tradições da literatura clássica quanto as catedrais góticas dos templos gregos. E constitui, sem dúvida, o retrato de algo completamente novo, nascido da mescla étnica e cultural desde as invasões.

Por outro lado, as formas populares nascem do quotidiano, do bom senso, um pouco da zombaria dos rituais aristocráticos. Entre elas destacam-se os "bestiários", paródias dos romances de cavalaria com protagonistas animais, nos quais as soluções são sempre mais prosaicas do que heroicas e nas quais podemos ver que não é tão recente quanto se possa imaginar o conceito de anti-herói. O grande protagonista dessa literatura foi a raposa, que fez a sua aparição no *Roman de Renard* e surgiu em vários países e línguas. Usando esperteza para vencer o leão, que é mais forte, a raposa tem óbvias relações com Schweik[4], bem como com Chicó e João Grilo, do *Auto da Compadecida*, de Ariano Suassuna.

O nascente teatro medieval teria de fazer sua opção e esta não foi pela literatura cortês, mas, sim, pelo popular. Como instrumento de instrução da Igreja Católica, muito embora fosse a princípio uma forma imposta, vinda de cima para baixo, ele se dirigia sempre à massa do povo. Não era na capela do castelo, mas na da vila, do burgo, da eventual cidade, que ele mais brilhava e era aceito. No século XII já havia consciência dos aspectos limitadores do uso do latim nessas dramatizações e, com isso, após mais ou menos dois séculos de desenvolvimento, iniciou-se uma nova etapa, com a tradução dos textos dramáticos para as várias e nascentes línguas nacionais da Europa ocidental.

A partir desse momento, as lições passaram a ser efetivamente mais compreensíveis, porém, também, a partir de então, a Igreja viu começar o inexorável caminho da perda de seu instrumento, já que do momento em que as dramatizações começaram a ser ouvidas no vernáculo, elas também iniciaram a sua transformação em teatro mesmo, em ocasiões a serem apreciadas não só por seus ensinamentos religiosos, mas pelo prazer do espetáculo.

Esse caminho para a secularização era inevitável, porém não podemos esquecer que só a Igreja, naquela época, poderia ter dado início a esse renascimento do teatro, já que só ela dispunha de bases suficientemente amplas para essa forma de arte.

O Teatro Medieval Italiano

UMA VEZ INICIADO, o movimento tomou impulso próprio e seu desenvolvimento difere em gênero e número de país para país. Na Itália – onde estava a própria sede da maior força espiritual e mesmo política

---

4   Personagem criada pelo autor tcheco Jaroslav Hasek, em 1921, que satiriza a inclusão de jovens inexperientes na Primeira Guerra Mundial.

da Idade Média, e onde, ao mesmo tempo, as formas dialetais de cada região eram zelosamente cultivadas, como em alguns casos até hoje, faltando, portanto, o indispensável instrumento de expressão comum a plateias realmente amplas – o tom estritamente religioso foi preservado talvez mais tempo do que em outros países.

O teatro italiano começa a se distinguir das outras formas europeias no século XIII com o aparecimento dos *laudi*, com os quais os *flagellanti* cantavam, em forma de coral, em louvor deste ou daquele santo. Chegaram a formar quase que um calendário sacro, seguindo as festas da Igreja durante o ano todo, com objetivos sempre religiosos, nunca artísticos. Só no século XV é que, particularmente em Florença, aparece uma forma nova, a das *sacre rappresentazioni*, que se preocupam mais com o lado espetacular, muito embora se mantendo bastante religiosas em espírito. Nesses espetáculos foram usados os cenários múltiplos, que dominaram as formas medievais mais desenvolvidas no continente europeu, particularmente bem exemplificados na França, como veremos. Mesmo nas *sacre rappresentazioni* aparecem detalhes realistas e a exploração de situações cômicas, o que demonstra que, mesmo à sombra do Vaticano, a tendência para o espetáculo secular se asseverava. Porém, o verdadeiro teatro italiano viria de outra linha que só iria florescer no século XVI.

O Teatro Medieval Espanhol

JÁ NA ESPANHA, o desenvolvimento é também em uma linha extremamente religiosa, mas por razões bastante diversas. Invadida a Península Ibérica pelos mulçumanos no século VIII, os reinos cristãos do norte transformaram-se em baluartes de uma "guerra santa". A luta pela reconquista, que duraria sete séculos, fortaleceu a fé católica, já que os invasores, ao contrário dos godos chegados alguns séculos antes, traziam consigo uma outra cultura complexa e uma religião estruturada, que não oferecia as mesmas possibilidades de progressiva cristianização permitidas pelos primitivos cultos bárbaros.

O mais antigo fragmento de teatro espanhol, 147 linhas do *Auto de los Reyes*, data do século XII, muito embora o manuscrito em si possa ser um tanto mais tardio. Não existe muita documentação direta a respeito da atividade teatral, porém, a indireta mostra que ela era grande e profundamente religiosa. No entanto, é importante notar que, a par das obras religiosas, apareceram muito cedo na Espanha formas dramáticas seculares, burlescas e grosseiras, chamadas *juegos de escárnio*, suficientemente difundidas em meados do século XIII, tanto que, em 1263, Alfonso X promulgou que

> o clero não deve tomar parte nos *juegos de escárnio* e, se outros o fizerem, o clero não deve assistir aos mesmos. E nem devem tais coisas ser realizadas dentro de igrejas. Porém há temas que o clero poderá representar, tais como o nascimento de Nosso Senhor e como o anjo apareceu aos pastores e lhes disse que Cristo tinha nascido, porém isso deve ser feito com decência e grande devoção e não em vilarejos ou locais inadequados, com o objetivo de ganhar dinheiro [...]

Esse documento é precioso pela quantidade de informações que fornece ao proibir isto ou aquilo. A não menos importante das informações que temos é a de um início de aparecimento de atores ambulantes, que buscavam ganhar dinheiro com seus espetáculos, indo de vila em vila: já não falamos de clérigos na igreja, mas, sim, de atores na praça, e a importância do ator ambulante vai ser muito grande no florescimento do teatro espanhol.

A festa de *Corpus Christi*, instituída no final do século XIII, tornou-se desde logo a época mais ligada à apresentação de peças com temas bíblicos, do *Gênesis* ao *Juízo Final*, comuns a todo o Ocidente, mas vão aparecer também as primeiras sementes dos *autos sacramentales*, elaborados em torno da eucaristia. Uma forma desenvolvida especificamente na Espanha foi a *loa*, uma espécie de desfile com quadros vivos, principalmente sobre vidas de santos. Eram verdadeiros festivais de peças religiosas e, aos poucos, as municipalidades foram tomando a si a responsabilidade de sua representação, que se tornou cada vez mais elaborada. Seja como for, o espetáculo, até mesmo o religioso, saiu da Igreja e foi para a praça. Os últimos estágios do desenvolvimento dos *autos sacramentales* os ligam diretamente ao teatro renascentista espanhol. Aqui só é necessário que fique assinalada a tremenda popularidade que teve na Espanha, desde a Idade Média, o espetáculo teatral.

O Teatro Medieval Alemão

JÁ A ALEMANHA, GEOGRÁFICA e temperamentalmente mais distante de Roma, teve desenvolvimento bem diverso. Não há dúvida de que também lá tenham sido inseridos no ofício religioso os mesmos *tropos* que originaram o drama mais ao sul ou que também lá tenha havido um desenvolvimento da forma religiosa em linhas semelhantes às dos outros países do Ocidente. Porém, tudo indica que os ritos pagãos nativos tenham tido muito maior importância na formação do teatro, não só secular como também religioso. Isso explicaria o peculiar aparecimento, na dramaturgia alemã da época, de elementos grotescos e cômicos em obras religiosas. Assim, a *Fastnachtsspiel*[5], que tem como seu mais notável aprimorador – já no século XVI – Hans Sachs, o famoso *Meistersinger*[6], revela-se não apenas um mutante *sui generis* do teatro religioso como também apresenta elementos nativos não cristianizados. E realmente é na Alemanha onde mais cedo se afirma uma tradição de farsas populares, muito embora por outro lado ela custe muito a adquirir forma mais aprimorada e características mais definidas, talvez em função do fato de a Alemanha não contar nem com a mais remota unidade política, nem ostentar uma

---

5   Em português, "jogo da terça-feira gorda", peça escrita originariamente para o Carnaval, passa a ser depois montada em qualquer época do ano.

6   "Mestre-cantor", o responsável pelas guildas de música e poesia na Alemanha entre os séculos XIV e XVI, dos quais o mais conhecido é o talentoso sapateiro Hans Sachs (1494-1576), que inspirou a Wagner a ópera *Os Mestres-Cantores de Nuremberg*.

grande cidade que viesse a se identificar com uma espécie de foco da definição cultural de um povo.

O esfacelamento político vai afetar a Alemanha de várias formas e ainda por muitos séculos. As formas populares, sem grandes características de arte, seriam o único desenvolvimento possível para uma área sem unidade de língua, em fenômeno de algum modo semelhante ao da Itália. As formas dramáticas não conseguiam evoluir, nem a religiosa, nem a secular e, por volta do século xv, estavam reduzidas a meros espetáculos visuais, quando vão ser revividas em seus aspectos didáticos pelos prenúncios da Reforma, pelas críticas a Roma, entrando pelo período da Reforma adentro, mas nunca chegando a amadurecer como o teatro medieval francês ou inglês.

O Teatro Medieval Francês

O DESENVOLVIMENTO DO DRAMA na França é fascinante e nele podemos acompanhar com a maior clareza todo o processo desde o nascimento do drama litúrgico, até as transformações que levam à completa secularização. A evolução das dramatizações bíblicas é ilustrada pela sequência da dramaturgia francesa, enquanto a forma de apresentação, isto é, o espetáculo, segue quase que idealmente o caminho da transformação da lição religiosa em teatro. Os textos em latim introduzidos pela Igreja estão, sem dúvida, na origem da farta manifestação de teatro religioso na França, mas é preciso notar que desde muito cedo, isto é, do século XII, aparecem dramatizações religiosas em vernáculo, como atestam suas versões diversas sobre a história de Daniel, uma encontrada em Beauvais e a outra, obra do errante Hilarius que, parece, escreveu também uma peça sobre Lázaro e um *Milagre de São Nicolau*.

A princípio, o espetáculo era realizado dentro da própria igreja: o sepulcro era erigido junto ao altar, e no caso da cruz se dava o mesmo. O inferno, quando era necessário apresentá-lo, situava-se o mais longe possível do altar. Ao chegarmos no século XIII, o desenvolvimento total das potencialidades da forma litúrgica já havia sido alcançado: a partir da influência de elementos seculares e de jogos dramáticos folclóricos, torna-se inevitável a saída dos espetáculos da igreja para o adro; e com a secularização ainda maior, do adro para a praça.

O problema do espaço era dado como motivo fundamental da mudança; porém, com o tamanho, mudavam também a temática e o tratamento, e tudo conduzia o teatro para fora da igreja. Mas a forma do espetáculo dentro da nave condicionou permanentemente a apresentação do teatro medieval francês; assim como na nave vários locais iam sendo determinados para a apresentação dos vários episódios. O espaço cênico francês medieval é o *cenário múltiplo*, construído em uma praça, composto por várias unidades, cada uma um cenário independente, chamadas *mansões*, uma para cada episódio. O normal seria haver no centro da praça uma área livre, onde a plateia ficava de pé, e para a qual parte da ação ligada às mansões podia extrapolar.

Esses espetáculos formam a chamada fase semilitúrgica, pois não faziam mais parte da liturgia e já contavam com bom número de elementos profanos. Outros textos não litúrgicos, mas de natureza essencialmente religiosa, como a vida dos santos, e principalmente toda a coleção de *Miracles de Notre Dame*, via de regra, eram apresentados em um palco erigido junto à parede da igreja. Na França, como em outros países, é o uso do vernáculo que facilita a eventual passagem do religioso para o leigo.

O mais antigo texto do que veio a ser o teatro francês data de 1100, levando o título de *Sponsus* (Esposo ou Noivo). Quase metade dos versos é em francês e a peça trata da parábola das virgens sábias e das virgens tolas. O *Sponsus* foi encontrado em um precioso manuscrito onde estão também uma variante de nosso conhecido *tropo* de Páscoa e uma apresentação da *Ordo Prophetarum*, o desfile dos profetas que anunciam, um a um, a vinda de Cristo, tema que tinha grande popularidade no teatro medieval.

Ainda do século XII há um outro texto, mais memorável e todo em francês, a não ser pelas notáveis e realistas rubricas em latim. De autor normando ou anglo-normando, *Le Jeu d'Adam* (por vezes chamado *Le Mystère d'Adam*) deve ter sido composto entre 1140 e 1175. Esse *Jogo* se mostra inteiramente teatral na ação e nas personagens, assim como no diálogo, em cuja composição não deixa de existir algum mérito literário, sendo o texto escrito em octossílabos de rima parelha, isto é, versos rimados de dois em dois. Métrica e rima, no entanto, são variadas segundo o sentido e o tom de diferentes situações. O diálogo, de certa vivacidade, é bem usado para a caracterização das personagens, que recebem razoável tratamento psicológico, e o autor consegue estabelecer um clima de tocante compaixão pelo sofrimento do homem depois da queda de Adão.

Como no documento que contém o *Sponsus*, o que contém *Le Jeu d'Adam* se compõe de três episódios, porém, neste caso, unificados pelo tema: a queda do homem é mostrada no primeiro "jogo", em torno de Adão; Caim e Abel protagonizam o segundo, que exemplifica a primeira consequência da queda; e, finalmente, temos ainda uma vez a *Ordo Prophetarum*, que traz, com as profecias, a esperança da redenção da queda com a vinda de Cristo.

Uma vez fora da igreja, a atividade teatral na França vai para as mãos de irmandades leigas, mas de natureza religiosa, e com isso o drama foi passando mais rapidamente por uma série de transformações. O cenário múltiplo se desenvolveu até apresentar, no final do século XV e no XVI, dezenas de mansões, principalmente na apresentação das grandes *paixões*, cuja montagem levava dias e, em ao menos um caso, um mês, lembrando que em nenhum lugar essa forma dramática se desenvolveu tanto quanto na França.

Todas essas formas ficaram cada vez mais populares, e o aparecimento de um fantástico conjunto de recursos técnicos – alçapões, guindastes, uma infinita variedade de usos do fogo, material de cena imenso em quantidade e variedade – é indício certo dessa popularidade: o investimento compensava porque as peças seriam montadas sempre que possível e os efeitos especiais para infernos e demônios tinham impacto igual ou superior ao de terremotos, vulcões, incêndios, tubarões e catástrofes similares apresentados nas telas de cinema de hoje, com todas as vantagens que o real e presente – o aqui e agora – leva sobre o enlatado, além daquela outra, mais que considerável, de servir a um público de ingênua e profunda fé.

Contudo, mesmo o drama religioso, uma vez fora da igreja e em mãos de leigos – fossem estes profissionais das várias corporações de ofício, fossem das confrarias especialmente criadas para a apresentação desse drama sacro – seria influenciado pela ingerência da vida local, como também pela descoberta do cômico e do grosseiro – quando não do obsceno – que começava a brotar por interferência do comentário do quotidiano e das tradições folclóricas. Por volta do século XIII, já aparece um *Jeu de Saint Nicolas*, de Jean Bodel – vejamos a mudança, autor identificado –, que tem cenas da vida diária incorporadas à obra originalmente litúrgica. Mas antes de nos voltarmos para o rico e promissor teatro cômico, devemos olhar ainda um pouco o desenvolvimento do teatro religioso, que se manteve como tal, apesar das influências estranhas. A forma suprema desse teatro não seria o *jeu* nem o *miracle*, mas, sim, a das grandes "paixões", escritas a partir do século XIV e com pleno florescimento no século XV. Para a sua apresentação, determinadas irmandades tinham privilégios reais, constituindo uma verdadeira companhia de atores. La Confrérie de la Passion, de Paris, teve o monopólio para apresentações teatrais na capital francesa desde 1402 até 1548, por exemplo.

A maior fonte de conhecimento do teatro medieval em língua francesa é a pesquisa realizada e publicada pelo notável medievalista francês, Gustave Cohen, da Universidade de Estrasburgo, que leva o título *Le Livre de conduite de régisseur et le compte des dépenses pour le Mystère de la Passion*, que contém os mais completos e surpreendentes dados a respeito da paixão apresentada em Mons, em 1501. A riqueza desse tipo de montagem pode ser constatada – assim como sua complexidade – pela famosa gravura que mostra o cenário múltiplo da Paixão de Valenciennes, bem como pela miniatura de Fouquet da apresentação – de apavorante realismo – do martírio de Santa Apolônia, com o *régisseur* manobrando os participantes com seu bastão, muito à maneira de um regente de orquestra de hoje em dia.

A tradição de uma dramaturgia medieval séria na França foi integralmente destruída pela Renascença, mas o país conheceu também outra forma de teatro semilitúrgico, a *moralidade*. A única linha medieval do teatro francês que a Renascença não destruiu foi a da comédia, e esta é da maior significação.

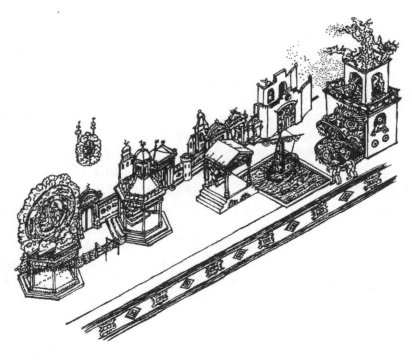

Esquema do palco da Paixão medieval.

Voltamos a lembrar que no esquema medieval o teatro ligou-se às tradições populares e não às corteses, servindo, por isso mesmo, como documentação desmistificadora da época. Já no século XIII, o teatro cômico começou a se afirmar na França como gênero independente, nascido dos intermédios profanos ou bufos que aliviavam os grandes dramas sacros. Esse teatro mais cômico evoluiu influenciado, ao menos um pouco, por vagas lembranças de formas cômicas antigas, por alguns elementos do folclore tradicional e, principalmente, pelos monólogos dos *jongleurs*, chamados *dits*. O primeiro autor cômico é Adam de la Halle, de Arras, e duas obras dele têm seus textos preservados: *Le Jeu de la feuillée* e *Le Jeu de Robin et Marion*. A primeira é a mais antiga obra profana da dramaturgia francesa realista e satírica; a segunda é do chamado gênero pastoral, antepassado da *comédie-ballet* que tanta voga virá a ter ao tempo de Molière.

A secularização do teatro foi ininterrupta. Os clérigos com ordens menores, que compunham boa parte da massa estudantil, formavam suas *sociétés joyeuses* e em suas brincadeiras dramáticas ou semidramáticas observavam a decadência do teatro religioso e de seu conteúdo, abrindo novos caminhos em suas críticas. Os estudantes de direito formaram um grupo amador chamado Les Clercs de la Basoche e, ao tempo de Carlos VI, foi formada uma sociedade estudantil chamada Les Enfants sans Souci.

Todos esses eram amadores e formam uma linha independente da dos menestréis profissionais como Adam de la Halle. Apareceram também, por essa época, as sociedades literárias chamadas *puys*, que apresentavam moralidades sérias e ponderosas e, ao mesmo tempo, uma forma de drama satírico chamada *sottie*, que nasce como paródia dos dramas religiosos. O mais famoso autor de *sotties* foi Pierre Gringore, já no século XVI, chamado de *mère-sotte*, bobo-chefe, dos Enfants sans Souci. Em 1511, ele escreveu *Le Jeu de prince des sots*, talvez uma fusão de moralidade com *sottie* pura.

A partir do século XV, a comédia alcançou sua plenitude, com uma infinita variedade de formas: *sotties, monologues, sermons joyeux* e, sobretudo, *farces*. Em uma época em que a Igreja tinha tamanha importância e era tão ligada à aristocracia, não é muito de espantar o aparecimento dos *sermons joyeux*, paródias da oratória sacra nas quais dificilmente se pode esperar que seja refletido o ponto de vista da elite. Mas a farsa – que vem de *farcir*, rechear, por ser introduzida no meio de obras sérias – foi a forma que efetivamente triunfou, entrou pela Renascença, vindo a servir Molière. A princípio ela parodiava dramas sérios, depois tomou vida independente. Era mais propriedade das populações livres dos burgos que dos castelos feudais.

Nesse sentido, o século XV produziu efetivamente uma verdadeira obra-prima, a *Farsa de Mestre Pathelin*. Seu objetivo é fazer rir ao mesmo tempo denunciando fraquezas humanas, e ainda hoje alcança seu intento, como o provam as várias montagens que têm tido no Brasil, depois que Maria Clara Machado a apresentou aos brasileiros nos primeiros anos de O Tablado. Nem autor nem data são conhecidos com precisão. O nome de Guillaume Alexis é o mais provável e a data tem de ser anterior a 1469, quando já aparece na língua francesa o verbo *patheliner* (embromar ou enganar), o que depõe muito a favor da grande popularidade da obra. O advogado Pathelin e o alfaiate Guillaume disputam o título de enganador e enganado, um juiz distraído e confuso dá uma sentença errada e Pathelin termina enganado pelo pastor que o defendia no tribunal e que, embora de início pareça um tolo completo, passa a perna em Pathelin no final. O diálogo alegre e a situação na qual os espertos caem vítimas de suas próprias espertezas são os aspectos principais dessa dramaturgia viva, brilhante, que orientará a comédia francesa por muitos séculos.

O Teatro Medieval Inglês

A EVOLUÇÃO DO DRAMA foi um pouco diversa na Inglaterra e é preciso conhecer as consequências dessa diversidade. É necessário voltar alguns séculos para retomar o problema no momento em que, também na Inglaterra, começa o uso do vernáculo na apresentação dos pequenos dramas religiosos. Também na Inglaterra aparecem primeiro os *mysteries*, que tratam de matéria bíblica, depois os *miracles*, que contam a vida e os milagres dos vários santos, ampliando a matéria dramática. E o aparecimento do *miracle* é fundamental no desenvolvimento da forma, porque a vida do santo não precisava ser seguida com a fidelidade exigida pela *Bíblia*, e um milagre a mais que fosse inventado só poderia contribuir para a maior glória do santo em questão.

Também na Inglaterra, o *Corpus Christi* era a grande ocasião teatral do ano, mas os milagres eram apresentados no dia do santo. Em pouco tempo, a fórmula da vida de santo foi secularizada, provocando o aparecimento de pequenas peças sobre aventuras e feitos de heróis que matavam dragões em lugar de fazer milagres. Como na França, a transição da igreja para a praça, do sacro para o profano, está ligada ao uso do vernáculo, mas problemas da própria língua inglesa tornaram um pouco mais tardia essa transição. O problema da língua na Inglaterra é interessante e serve para traçar a formação da unidade política do país.

Nas migrações germânicas, os primitivos bretões haviam sido complemente dominados por anglos e saxões como elemento racial principal, sendo a língua usada, o anglo-saxônico, muito mais distante do inglês atual que o latim do português atual, por exemplo. A radical mudança da língua começa com o primeiro período de influência latina, que teve lugar em 54 a.C., quando da conquista da ilha, iniciada por Júlio César e fixada por Cláudio, e tem como segundo período, o da cristianização por Agostinho, no século VII. Mas foi a conquista normanda, iniciada com a vitória de Guilherme, o Conquistador, em Hastings, no ano de 1066, que mudou inteiramente o destino da língua da Inglaterra, de toda a sua cultura, na verdade.

De 1066 até 1280, o francês da Normandia foi a língua oficial da Inglaterra, seja na corte, seja na administração pública. O povo, naturalmente, retinha sua própria língua, até mesmo como protesto, mas duzentos anos são duzentos anos, e quando o dialeto da Inglaterra centro-oriental se definiu como o predominante – o que mostra que Londres teve a mesma função e importância que Paris na cultura de seu povo – esse chamado *Middle English*, ou inglês médio (ou medieval), já era uma outra língua – razoavelmente acessível, hoje em dia, a qualquer pessoa que conheça inglês moderno, desde que seja iniciada em suas características básicas. Claro que há trechos obscuros e difíceis, mas o panorama é realmente outro. O vocabulário latino constitui, desde então, mais de 50% do total da língua. Já no século XIII, quando essa linguagem nova era um instrumento bastante rude de expressão, o teatro a escolhera para si, porque só com ela alcançaria o público que instintivamente buscava. No século XIV, já se fazia teatro semilitúrgico com enorme sucesso em toda a Inglaterra, e não podemos nos esquecer de que, nessa época, já estava escrevendo, em inglês, Geoffrey Chaucer, o decantado pai da literatura inglesa, poeta de extraordinário requinte e vigor, a um só tempo poeta de corte e poeta popular.

É no século XIV que vamos encontrar o desenvolvimento mais interessante do teatro medieval inglês, com o aparecimento dos chamados *ciclos* das várias cidades. Ao contrário da França, foram bem raros, na Inglaterra, os cenários múltiplos. O sistema mais adotado na Grã-Bretanha foi o dos *pageants*, palcos sobre rodas, levados de um ponto para outro da cidade para a apresentação dos espetáculos, como carros alegóricos ou alegorias dos nossos carnavais. Em lugar das monumentais paixões francesas, são os *ciclos* conjuntos de pequenas peças independentes, que cobriam os principais episódios da *Bíblia*, desde o *Gênesis* até o *Juízo Final*. Quando o teatro saiu da igreja e, depois, das mãos do clero, ele passou, na Inglaterra, para as mãos das corporações de ofício, as guildas, e cada pequena peça era apresentada por uma corporação diferente, havendo grande rivalidade para saber quem apresentaria melhor a sua.

Inúmeras cidades tinham ciclos inteiros de peças. Muitos desapareceram totalmente; de vários, há exemplo esparsos, e quatro foram preservados até hoje: Wakefield, com 32 peças; York, com 48; Chester, com 25; e, com 40 peças, o discutido N. Towne, às vezes chamado de *Ludus Coventrize*, que não se sabe a qual cidade pertencia. O esquema da apresentação é que é interessante, seja por mostrar o imenso público que esse teatro tinha, seja por ilustrar talvez o fato de não existirem nas cidades inglesas praças tão monumentais quanto as que abrigavam as paixões no continente europeu, com seus cenários múltiplos. Os carros apresentavam suas peças na sequência bíblica normal, mas no ciclo de N. Towne ficou preservado um texto, por assim dizer, de "propaganda", *Banns* (banhos), que anunciava detalhadamente as quarenta peças a serem apresentadas e terminava dizendo "venham no próximo domingo a partir de seis horas da manhã".

O horário de teatro, portanto, era um pouco diverso do de hoje. Às seis horas, o primeiro carro apresentava a primeira peça, em frente à principal igreja da cidade. A seguir, o segundo vinha para esse mesmo local, enquanto o primeiro passava a representar sua peça em frente à prefeitura, e assim iam todos eles se sucedendo, nos vários locais programados, para que toda a população pudesse vê-los. Nem sempre era possível apresentar tudo no mesmo dia, mas nunca se chegou a alcançar, na Inglaterra, as três ou quatro semanas de espetáculo das maiores paixões francesas. Os autores anônimos, que escreviam para a glória de Deus e o divertimento do público, usavam agora rima, por influência francesa, mas não abandonavam inteiramente a aliteração que caracterizava a poesia anglo-saxônica.

Seria de imaginar que não houvesse espaço nos *pageants* para muito espetáculo, contudo, as montagens eram surpreendentes. Há listas e listas de material de cena preservadas até hoje, onde se lê, por exemplo, um par de luvas para Deus, quatro pares de asas para os anjos, uma libra de cânhamo para remendar a cabeça dos anjos, uma peruca branca e um rabo de cânhamo para a serpente, uma costela vermelha para a criação de Eva e uma tocha para incendiar o mundo. O inferno, como sempre, era a boca de um dragão, sempre praticável.

A montagem, por vezes, fazia uso das atividades da corporação, pois podemos notar certa justiça poética na distribuição dos episódios. Assim, os ourives apresentavam o episódio dos Reis Magos, por causa dos presentes que traziam; os fabricantes de barcos apresentavam o Dilúvio – talvez no intuito de fazer crer ao público que seus produtos eram tão resistentes quanto a arca de Noé.

Ligações pitorescas eram as que faziam os açougueiros apresentarem o episódio da Flagelação de Cristo, ou os padeiros encenarem o *Juízo Final* – porque as chamas do inferno vinham de fornos semelhantes aos que estavam habituados a manobrar. E havia grande preocupação com a boa representação. Desde a primeira metade do século XIV, há documentos reclamando contra a má representação de peças sacras, e de 1520 há um que atesta a aplicação de uma multa de dois xelins à corporação de pintores "porque sua peça *Three Kings of Culleys* foi mal e confusamente representada, em desrespeito a toda a comunidade e na presença de muitos forasteiros". Não era só o zelo religioso que estava em jogo, mas também, ao que parece, o turismo...

Esses espetáculos, por várias razões, constituem um núcleo perfeito do teatro inglês da Renascença. Desde cedo começaram a ser explorados determinados episódios para efeitos cômicos, perfeitamente realistas, como no caso do Noé, de Wakefield, do século XIV. A peça começa em tom elevado, com Deus expondo seus propósitos de purificar a humanidade, mas tão logo Deus sai de cena, o autor começa a trabalhar material original: entra a mulher de Noé, este pergunta como ela vai e a resposta é um dos mais clássicos queixumes de mulher contra o marido. Os dois discutem até pegarem-se aos tapas, e Noé não consegue sequer entrar no assunto do dilúvio. Quando ela sai, temos outro aspecto fundamental para a formação do teatro renascentista inglês: a aceitação total da *convenção teatral*. Noé resolve construir a arca. Começa a medir, planejar e em cerca de 25 versos a arca está pronta. Ele se afasta um pouco dela e comenta que saiu melhor do que esperava: "Pelo que agradeço a quem tudo fez do nada", diz. Essa ideia de criar imagens visuais por meio de poesia será fundamental para o teatro elisabetano. Novo episódio cômico aparece depois da primeira entrada da família na arca, pois madame Noé torna a sair e declara que nada a fará viajar dentro daquela porcaria. Só quando a água sobe muito é que ela diz "I sit not dry"[7] e resolve embarcar.

Nada parece ter assustado os autores, diretores e atores da época, todos eles amadores e sem pretensão a tais títulos: podendo confiar na colaboração imaginativa do público, apresentavam qualquer coisa no palco; o que não ficava concreta e visualmente presente era criado por palavras e imaginação e passava a ser totalmente aceito. Melhor relacionamento entre palco e plateia é impossível de desejar.

Houve, também, evolução pelo patético, por meio do profundamente emocionante, como se pode ver no *Sacrifício de Isaac*, de um ciclo perdido. O desenvolvimento psicológico é primoroso. Aos poucos Isaac vai descobrindo que é ele que deve ser sacrificado pelo pai e é ele quem dá coragem a este para fazer o que deve. Só pede que seja morto de um só golpe para não sofrer muito. Recomenda com palavras tocantes que o pai não diga à mãe que o matou: "Diga-lhe que fui morar em outra cidade." E o mais irretocavelmente bem observado é o acesso de medo que o menino tem depois de ser salvo pelo anjo, quando não há mais perigo.

Foi o elemento humano e quotidiano que manteve cada vez mais vivo o teatro religioso na Inglaterra e o fez contribuir para etapas subsequentes do desenvolvimento da arte cênica inglesa. Mas foi uma forma totalmente desaparecida, a das *Paternoster Plays*, que apresentava conflitos entre os pecados capitais e as virtudes teologais pela

---

7 Em tradução livre: "Onde estou sentada não está seco".

posse da alma do homem, a mais significativa para o aparecimento da *moralidade*, que junta exatamente essas duas ideias.

E mesmo sendo essa a última das formas medievais de teatro sério, também ela sofre certa influência popular. O desenvolvimento dramático das *moralidades* é importante porque não há história a dramatizar, é preciso inventar enredos para ilustrar o conflito em pauta, que tem por objetivo a salvação da alma do espectador. O universo do palco, portanto, não fica isolado: ele tem consciência da presença do público e por vezes se dirige a ele, já que a moralidade é feita para educá-lo. São obras eminentemente didáticas, e uma das mais antigas, *The Castle of Perseverance*, foi preservada em manuscrito no qual há um dispositivo cênico, circular, fixo e com cenários múltiplos. O objetivo didático é o cerne dessa forma dramática, e podemos ver traços das etapas de desenvolvimento quando encontramos, já no final de um "Noé" do século XIV, um doutor que enunciava a lição moral a ser tirada da peça pelo público, aspecto típico da *moralidade*.

De forma geral, as moralidades são obras pesadas e enfadonhas e sua grande exceção na dramaturgia inglesa é *Everyman* (Todomundo), versão de um original holandês refletindo toda a grande comunidade cristã da Europa ocidental. A peça trata da salvação de Todomundo, ou seja, de cada um dos espectadores. O que a distingue de suas companheiras de gênero é a caracterização das figuras alegóricas que conseguem – ao menos algumas delas – transformarem-se em personagens com vida, bem além de sua condição funcional. É só na *moralidade* que a alegoria – tão característica da poesia medieval – entra no teatro. C.S. Lewis diz que a alegoria é a "subjetividade de uma época objetiva", e, realmente, em *Todomundo*, o método é usado para a introspecção, modo de pensamento bem diverso da têmpera essencialmente objetiva, épica, dos mistérios e milagres.

De certa forma, em *Todomundo*, o teatro medieval parece buscar – ainda sem conhecer as formas dramáticas da Antiguidade – um protagonista, quase que diríamos um "herói trágico". O problema da responsabilidade do homem por seus atos é, bem entendido, proposto em termos da salvação da alma em um universo católico, mas o conceito, assim mesmo, se aproxima, de certo modo, das preocupações de Aristóteles na definição do herói. O tom da *moralidade* é sério, mas não é uno. Na primeira parte, as várias tentativas de Todomundo para encontrar um companheiro em sua viagem para a morte entre aqueles com quem gozou a vida resultam muitas vezes cômicas, mas é o tom solene e religioso que impera no final da obra.

Só faltava, para completar o quadro, a elaboração da forma cômica ao nível da observação e crítica de costumes. E aparece, no crepúsculo da Idade Média e alvorecer da Renascença, para contrabalançar a solenidade das moralidades, o *interlude*, que equivale à farsa francesa, ou melhor, a várias das formas cômicas francesas. Em alguns casos, falta a essas obras uma situação dramática dinâmica. São diálogos nos quais os autores já têm maior consciência de capricho no que é dito, maior preocupação com brincadeiras verbais, o que demonstra que, no final do século xv, o teatro inglês estava pronto para mais uma transição.

Com os interlúdios desaparece a grande tradição medieval do anonimato. John Heywood é o primeiro nome de autor dramático conhecido na língua inglesa. Escreveu o "Novo e Muito Alegre Interlúdio" chamado *A Peça dos Quatro PP* – um Palmer, ou peregrino, um Pardoner (vendedor de relíquias e indulgências), um Potycary, boticário, e um Peddler, ou mascate. Os quatro discutem sobre sua contribuição para a salvação das almas: o Peregrino diz que faz muito, orando de santuário em santuário; o Pardoner diz que faz mais, vendendo relíquias, tais como uma pena do Espírito Santo, um pouco do vinho do casamento de Adão e Eva e o sacro-ilíaco de Pentecostes; o boticário acha que é quem ajuda mais porque sem seus remédios ninguém morre e, portanto, não pode ir para o céu. Optam por resolver a questão com um concurso de mentiras, no qual o Peddler é o juiz. Ganha o Peregrino, que diz que em todas as suas viagens jamais viu uma mulher de mau humor ou impaciente. Já em outro interlúdio, uma comédia chamada *John Johan, o Marido, Tyb, sua Mulher, e Sir Johan, o Padre*, faz-se em termos cômicos um violento ataque aos padres, que nem sempre se lembravam de seus votos de castidade, além de pecarem de várias outras formas.

Enfim

O TEATRO, PORTANTO, QUE fora recriado pela Igreja, começava agora, já no momento da Reforma, a ser instrumento de crítica contra essa mesma igreja, fechando-se um ciclo no qual um instrumento didático passou a memorável forma de arte popular, abrindo caminhos para o teatro da Renascença, após transformações indispensáveis para que ele se adaptasse a uma nova sociedade, ao mundo das descobertas, tanto geográficas quanto científicas, a um mundo que passaria a existir para maior glória do homem.

IV.

O Renascimento na Itália

O Renascimento na Europa
e a Sociedade Italiana

S E A ASCENSÃO DAS monarquias nacionais em muitas regiões na Europa viria a ser testemunho de um dos mais férteis momentos do teatro ocidental, na Itália o fracionamento medieval perdurou ainda por muito tempo – em contraste com o que acontecia em outros países –, fixando-se na forma de pequenos principados, ducados ou repúblicas. Muitos desses redutos tiveram períodos de excepcional esplendor, porém sempre ciosos da preservação de suas características particulares, o que impedia a unificação do país. Para o teatro, a falta de unificação política foi menos danosa do que a falta de unificação da língua, tendo havido na Itália um continuado uso de dialetos que impedia a comunicação entre os habitantes de uma região com os de outra. Durante o período da Renascença, portanto, não se pode falar de Itália ou de italiano. Em meio à fraqueza (ou isolamento) desses governos monárquicos ou republicanos, a Igreja Católica foi a grande força unificadora da península, e é nela que nasce um teatro.

Assim, a alteração do panorama feudal ocorreu aos poucos devido ao crescimento da população e consequente aparecimento de centros de comércio, independentes de senhores feudais, que formavam comunidades de homens livres que, para suas atividades profissionais e comerciais, precisavam de governos e legislações estáveis, não dependentes de interesses particulares.

O teatro que vamos encontrar agora pertence ao final do século XV e, principalmente, ao século XVI e início do XVII. É a esse teatro que muitas vezes nos reportamos ao falar de Renascença, mas, na verdade, ele corresponde ao pleno florescimento de movimentos com início no século XII, ou mesmo antes disso, no recinto de inúmeros mosteiros, onde estava preservado muito do conhecimento da Antiguidade clássica. Lembremos também que, como dito anteriormente, a monja Hroswitha, já no século X, escreveu suas comédias cristãs à maneira de Terêncio, e que as universidades, com base em centros muito mais antigos de estudo, floresceram no século XIII, sem esquecermos de Giotto e Dante, ambos também do século XIII.

A imagem mais comum da Renascença se relaciona às transformações cruciais que se deram a partir do século XIV e se firmam no XV; são mudanças de natureza política e econômica. Falando da redescoberta dos clássicos da Grécia e de Roma, estamos falando da queda de Constantinopla, com o fim do Império Romano do Oriente e a migração de uma série de estudiosos gregos, carregados de manuscritos, de lá para vários pontos da Itália. Ao falar da ampliação de horizontes, de mais conhecimento, nos referimos aos contatos alcançados pela expansão do comércio, do fim das ordens de cavalaria, da descoberta da pólvora, do declínio do uso do latim, da expansão das línguas nacionais; e nos referimos ao declínio da preponderância espiritual da Igreja quando falamos da ascendência do poder civil. Enfim, a Renascença se constitui, em grande parte, da constatação do triunfo dos interesses e classes urbanos e comerciais sobre a economia agrícola do regime feudal e da consolidação desse triunfo em termos de instituições nacionais.

Os grandes responsáveis por boa parte dessas mudanças foram, no sul da Europa, os comerciantes de Veneza e, no norte, os da Liga Hanseática, que ignoraram o dogma religioso de que ganhar dinheiro era pecado e favoreceram o crescimento das cidades com suas sementes de industrialização. O ímpeto do comércio – graças aos caminhos para o Oriente abertos pelas Cruzadas – levou ao aparecimento de uma nova classe de cidadãos livres da subordinação feudal, e de uma economia baseada em dinheiro, não mais em terras. Com o tempo, nasce um novo patriciado, de ricos comerciantes que, para consagrar seu novo *status*, imitava em seus hábitos e costumes a vida castelã da nobreza feudal. Tudo isso leva, aos poucos, à mudança de uma óptica divina para uma humana.

A valorização dos clássicos na Renascença é que propiciou o advento do humanismo e o renovado estudo da *Bíblia*, motivado por uma preocupação com certa indulgência nos costumes, acabou motivando a Reforma, com o protestantismo se apresentando de determinado modo como um movimento de igrejas nacionais. Algumas vezes os valores pagãos e cristãos se uniam, e em muitas outras entravam em conflito; via de regra, os humanistas do norte da Europa – como, por exemplo, Erasmo de Roterdã, Thomas More, na Inglaterra, e Montaigne, na França – estudavam ambas as fontes e sonhavam com a restauração na Europa de uma cultura universal, com base em reformas morais e moderadas. Já os humanistas italianos se interessavam principalmente pela liberação individual dos grilhões do escolasticismo e do monasticismo. Os do norte tiveram seu principal apoio na nova classe burguesa; os do sul o tiveram de cortesãos e patrícios, que adornavam as cortes com uma aristocracia brilhante, ou de papas que se tornavam cada vez mais mundanos. O sul resultou cada vez mais nacionalista e individualista; o norte, cada vez mais protestante.

De modo geral, os do sul estavam todos cansados das lutas e rivalidades feudais e ansiavam por uma monarquia forte e centralizadora. Das tentativas que fizeram esses homens de adaptar o pensamento clássico às condições contemporâneas nasceu algo completamente diferente do que houvera antes. Dante Alighieri foi o primeiro a expressar tal sentimento em sua *De monarchia*, que falava da esperança de uma monarquia central e universal na Itália e na Europa com base na ideia da ressurreição de um César romano, monarquia essa que seria o complemento temporal da Igreja Católica.

Mas quando estudamos a obra de Maquiavel, seja em *O Príncipe*, seja nos *Discursos sobre Lívio*, vemos que a esperança era a de um príncipe popular que comandasse um exército de cidadãos. Maquiavel usou as experiências do passado para examinar a situação e afirmou que, a não ser pelo poder do papa – que é sobrenatural e, portanto, de um tipo inatingível para os príncipes seculares –, todo poder repousa não em um direito divino, mas, sim, na guerra e na promoção dos interesses o povo em face das intrigas e conspirações de nobres rivais e famintos de poder. Com essa visão, ele escreveu um manual para os príncipes inteligentes. Esse ideal de um príncipe popular que se coloca acima dos inimigos feudais e estrangeiros, por meio da força de seu próprio povo, tornou-se tema favorito na literatura da Renascença.

Ainda na Itália, mais um autor, Baldassere Castiglione, escreveu outro manual muito importante: *Il cortegiano*, que definia o ideal do cortesão renascentista em termos das inúmeras cortes da Itália onde, apesar de Dante, elas foram a razão pela qual não se afirmou, na época, a unidade nacional. Naquelas várias cortes, viviam cortesãos, antigos cavaleiros para os quais a espada não tinha mais tanto uso a não ser como símbolo, pois quem lutava agora eram os exércitos de mercenários liderados pelos *condottieri*. O ideal do cortesão era viver entre os grandes, cercado de beleza, com príncipes e nobres cultos, com os quais mantivesse requintadas conversas a respeito de feitos do passado. O número de grandes pintores, escultores e arquitetos que viveram nessas cortes – assim como o número de poetas que nelas escreveu – atesta que a dedicação de príncipes e cortesãos às artes e ao refinamento produziu resultados consideráveis. O culto à erudição levou, porém, às Academias e à elevação do latim como única língua admissível para grandes obras – embora o toscano, futuro italiano, tivesse servido para a obra de Dante –, sendo possível que esse repúdio ao vernáculo local componha uma das explicações para a ausência de uma grande e farta dramaturgia na época.

A Arte Renascentista e o Teatro Italiano

O QUE ACONTECEU ENTÃO ao teatro italiano? Temos de examiná-lo segundo aspectos inteiramente diversos, correspondentes a modos de vida opostos: nas cortes apareceu um teatro a princípio imitativo do romano e restrito a pequenos grupos, depois um teatro só de espetáculo, no qual o texto não tinha a menor importância; já nas praças, surgiu um teatro popular que, apesar de todas as suas inúmeras qualidades, de que falaremos adiante, tinha texto muito limitado, baseado não na riqueza cênica, mas, sim, no ator.

Vejamos primeiro o teatro das cortes, cuja contribuição no campo do espetáculo é imensa e determinante para a arte cênica em todo o mundo ocidental. A mais antiga manifestação da transição do medieval para o renascentista é interessante: as *sacre rappresentazioni* – que como em todas as outras culturas europeias da época contavam a história da *Bíblia* e dos santos – continuavam a ser apresentadas pela Itália, com cenários múltiplos. Em 1471, no entanto, foi escrita, em latim, uma obra que tinha a mesma forma daquelas, mas na qual a vida do santo foi substituída por personagens da mitologia clássica, *La favola di Orfeo*, produzida com incrível esplendor na corte de Ercole d'Este, o duque de Ferrara.

Da mesma época outros elementos da transição são importantes, como as grandes paradas cívicas, herdadas dos "triunfos" dos antigos vencedores ao tempo do Império Romano. Eram acontecimentos com os quais os governantes brindavam seus súditos no intuito de adquirir popularidade, ou com que conquistadores buscavam impressionar os conquistados. Não eram desfiles militares, e apresentavam carros alegóricos, às vezes com quadros vivos. Frequentemente, tais desfiles terminavam com comemorações realizadas dentro dos palácios, das quais se originam, então, as apresentações que viriam a ser "teatro". A pompa de tais festejos pode ser calculada, por exemplo, pela apresentação de um episódio mitológico intitulado *Il paradiso*, para o qual Leonardo da Vinci criou os cenários, em que um deles consistia em uma montanha que se abria em duas partes a fim de mostrar um magnífico céu estrelado; dificilmente atores profissionais teriam dinheiro para contratar tal cenógrafo ou construir tais cenários.

Mas onde começaram os teatros? Dizem alguns, por exemplo, que Alberti construiu no Vaticano um *theatrum* em 1452. Não há provas, no entanto, que no caso tenha havido apenas alguma espécie de exposição. Outros acreditam que, em 1486, Ercole d'Este fez com que seu arquiteto lhe construísse um teatro "segundo Vitrúvio"; enquanto ainda outros afirmam que o primeiro teatro foi construído para Ariosto em 1532; e já, por sua vez, o cardeal Riario é louvado por ter sido o primeiro a usar cenários pintados, entre 1484 e 1486. Nessa última década, a Academia romana começou a montar as tragédias de Sêneca e, mais importante, em 1493 foi publicado em italiano o *De architectura*, de Vitrúvio, cujo segundo capítulo dava vagas informações a respeito do teatro da Antiguidade.

Baldassere Peruzzi, no início do século XVI, começou a usar a perspectiva na cena pintada, e seu discípulo, Sebastiano Serlio, elaborou, segundo sua interpretação pessoal de Vitrúvio, os três cenários permanentes para tragédia, comédia e pastoral. Inúmeras versões e interpretações se seguiram, mas o ponto culminante de todas essas experiências foi a construção, de 1580 a 1584, do Teatro Olímpico, em Vicenza, idealizado e iniciado por Palladio, porém terminado por Scamozzi depois da morte daquele arquiteto, construção que ainda existe. Abrigando ainda hoje festivais de teatro nos verões italianos, o Olímpico é uma pequena joia, bela miniatura de um teatro romano, com arquibancada em curva e cena fixa de perspectiva falsa, tudo de madeira, porém pintado para parecer mármore.

Não seria essa a forma do teatro que viria a predominar no futuro, mesmo que Scamozzi tenha feito uma outra tentativa, já com algumas alterações, em Sabionetta, a que chamou de "Teatro all'Antica". Então, é só em 1616 que finalmente aparece o Teatro Farnese, em Parma, com palco italiano, proscênio e cortina, em essência o mesmo que ainda hoje prevalece nos teatros do Ocidente.

O desenvolvimento nas artes plásticas, principalmente a pintura em perspectiva, influenciou, e muito, a evolução de diversos recursos da cenografia, tantos que não é possível detalhá-los. Em seu manejo técnico, a mais surpreendente, e importantíssima, contribuição é a dos conjuntos de cordas usados nos velames das naus, responsáveis pelo desenvolvimento do comércio tanto quanto pelas descobertas de novos mundos. Em 1638 é publicada a notável *Pratica di fabricar scene e machine ne' teatri*, de Nicola Sabattini (1574-1640), que fornece preciosas informações a respeito das artes do teatro.

Eventualmente, as máquinas para efeitos cênicos eram tais e tantas que Giovanni Battista Aleotti criou o arco do proscênio, o qual, de acordo com o que muitos acreditam, nasceu para emoldurar a cena, mas, na verdade, é sempre mais baixo do que as instalações na caixa

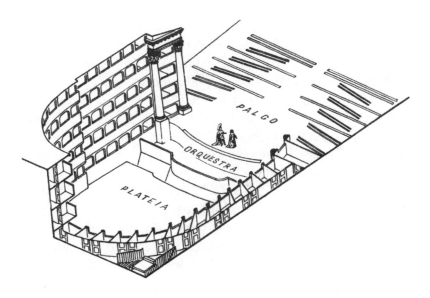

Esquema do palco italiano.

do palco e serve para ocultar, assim, as máquinas usadas no espetáculo. Igualmente espetaculares são os figurinos da época, como os também desenhados por Leonardo da Vinci para *Il paradiso*. Desses teatros e espetáculos tão ricos do ponto de vista visual, com dança e música, não nasce o teatro de comédia, mas, sim, a ópera italiana.

Desse modo, se houve falta de autores, o teatro em si e a cenografia tiveram desenvolvimento crucial na Itália dessa época. Um acontecimento importante foi a descoberta do *De architectura*, de Vitrúvio, que continha descrições dos teatros grego e romano. Não havia, no entanto, ilustrações, o que levou Sebastiano Serlio, o mais importante cenógrafo e arquiteto teatral da época, a criar os três telões fixos dos quais já falamos. Entre eles, a pastoral era um gênero desconhecido para os clássicos, mas na realidade nascido da poesia de Virgílio, sendo *L'aminta*, de Torquato Tasso (1544-95), a primeira e talvez a melhor das obras nesse gênero dificilmente definido. Na linha do amor sincero vivido em um ambiente campestre, *Il pastor fido* (O Pastor Fiel), de Giovanni Battista Guarini (1538-1612), é talvez a mais significativa e influente.

Apesar dos pesares, também houve teatro de texto nessas cortes renascentistas. O culto ao passado levou, infelizmente, à composição de um grande número de peças em latim, todas esquecidas nos dias de hoje. Foram poucos os autores que optaram pelo vernáculo, mas esses são os escritores cujas obras sobreviveram, havendo em particular três nomes notáveis: Ariosto, Aretino e Maquiavel. Na verdade, todos os três são bem mais famosos por seus escritos em outros campos, mas, mesmo assim, deram ao teatro parte brilhante de seus grandes talentos.

As obras que esses autores nos deixaram dão uma ideia do que poderia ter sido a dramaturgia italiana sem os vários empecilhos culturais que a afetavam na época, na estrutura social ou na linguagem. Ao teatro universal, no entanto, foi legada ao menos uma grande comédia, A *Mandrágora*, de Maquiavel, que retrata com humor e impiedade a corrupção da época, pois não seria o desencantado Maquiavel que haveria de optar por qualquer visão romântica de seu mundo, e ele observa muito bem os hábitos, as atitudes e as fraquezas dos homens.

Ariosto, em sua comédia *Scolastica*, denuncia a corrupção na Igreja ao criar a figura de um frade que julga não haver pecado tão grave no mundo que não possa ser solucionado por uma "esmola", dada a ele, naturalmente. Já Pietro Aretino é por si um fenômeno dos desmandos daquela época: aventureiro, chantagista e assassino, por pouco deixou de ser cardeal, e escreveu em sua comédia *La cortigiana* um retrato muito menos idealizado do que fez Castiglione em seu *Il cortigiano*. Em uma das primeiras comédias realistas do teatro ocidental, Aretino apresenta um provinciano rico que quer passar a frequentar a corte e é levado – por um explorador que lhe garante que irá instruí-lo em todos os hábitos da nobreza – a um bordel.

Maquiavel foi um dos primeiros autores a retratar no palco a recém-enriquecida classe média, que se tornou crescente na Itália antes do que em outros países na Europa. Denunciando tolos e canalhas com igual veemência, ele compôs uma obra de imensa solidez de crítica social, além disso, A *Mandrágora* é talvez, de comédias escritas por nomes famosos na literatura universal, uma das únicas que não tem suas origens em alguma comédia romana. Foi o talento de Maquiavel que lhe permitiu a um só tempo escapar das exigências imitativas do culto ao passado, próprio de uma certa fase da Renascença, e também atingir uma de suas características mais extraordinárias: uma incontestável individualização de personagens, que ele compunha, sem dúvida, como tipos representativos da sociedade de seu tempo.

O número de obras no gênero é reduzido, e não podemos, de forma alguma, esquecer a contribuição da *commedia erudita* romana para essa dramaturgia italiana que nasceu da descoberta – ou redescoberta – de Plauto e Terêncio, dando ao teatro da época todo o seu conceito de forma e construção; sendo até mesmo responsável por determinadas imitações do teatro italiano daquele período, restrito, por vezes, a tipos, na tradição dos tipos da comédia romana.

A *Commedia dell'Arte*

AS OBRAS JÁ MENCIONADAS são, sem dúvida, uma espécie de ressurreição do modelo clássico da comédia romana. Porém, outra forma do teatro italiano renascentista, de que ainda temos de falar, é, por sua vez, uma espécie de ressurreição da fábula *atelana*, com seus tipos fixos e sua ênfase na expressão corporal. Incontáveis autores eruditos já pesquisaram até a exaustão a possível influência da fábula *atelana* sobre a *Commedia dell'Arte*; contudo, por mais que se tenha tentado, nunca se descobriu um único documento que mostrasse qualquer elemento de ligação, por menor que fosse, entre essas duas formas, nem mesmo entre as últimas manifestações da fábula *atelana*, no século I a.C., e o advento da *Commedia dell'Arte*, no século XV da era cristã. Diante desse quadro, todos acabam por reconhecer que o talento para a mímica e a improvisação são latentes no povo italiano, ou que uma "eloquência corporal" é parte essencial dele, com a fagulha do talento repentista sempre presente. Mesmo diante dos fatos, no entanto, permanece sempre viva a impressão, como dito anteriormente, de que é impossível que não haja relação entre essas duas formas teatrais tão parecidas, e o problema continua, assim, sem solução.

A ideia sobre a *Commedia dell'Arte* (a comédia dos profissionais), que se pode ter por meio das coleções de roteiros existentes, sugere tendências contraditórias. Parece não restar dúvida de que essa forma teatral representa uma mescla das duas principais manifestações do instinto dramático italiano durante a Renascença, isto é, entre a comédia clássica – tal como ela veio a se apresentar depois de modificada pelas Academias, a chamada *commedia erudita* – e o talento cômico nativo, que não tinha forma permanente, mas que nasceu do espírito espontâneo do povo italiano, das imitações ou paródias que muitas vezes se manifestavam nas peças rústicas de determinada região. Em sua variedade durante o século XVI é que se tem de localizar os antecedentes do que em 1568 já era chamado na Bavária de comédia italiana, e que na Itália era conhecido como *commedia all'improviso, a soggeto, dell'arte* ou *de zanni*. Graças a seu reduzido diálogo, ela tinha imensa capacidade de se transportar de um local a outro, sendo recebida na Espanha, na Bavária, na Inglaterra e na Rússia, e chegando virtualmente a naturalizar-se na França.

Na Itália, cada companhia ia de cidade em cidade, colhendo material novo à medida que o velho se desgastava, hospedando-se aqui e ali, sem ter morada fixa. Suas principais características são a exploração da linguagem corporal tanto para caracterização quanto para ação, o parco diálogo, o uso esporádico de dialetos regionais, a improvisação, a acrobacia e as personagens fixas, algumas das quais sempre usando máscaras. Os roteiros, *scenarii* ou *canovacci*, sugerem que a ambientação, a intriga e o aspecto funcional das personagens vêm da comédia latina, da pastoral italiana e da tragicomédia espanhola. Esse último elemento deve ser notado por causa da importância do domínio espanhol na Sicília durante o século XVI.

A primeira metade desse século é de formação dessa notável forma de comédia, e cada um pode escolher esta ou aquela cidade para tentar determinar o ponto de origem. Discussões – quando não brigas – sobre o assunto têm sido frequentes, mas os nomes de Cherea, Calmo e Ruzzante parecem ligar a Veneza um período excepcional de gosto popular pelo entretenimento teatral. Também o fato de as máscaras mais consagradas serem Pantalone, um magnífico veneziano, e Zanni, um bergamasco, indicam Veneza como ao menos um dos centros básicos da *Commedia dell'Arte*. Na segunda metade do século, Zanni já era o nome genérico para o ator que se apresentava nesse gênero de teatro.

Segundo a preciosa documentação da comédia veneziana feita por Martin Sanudo, desde 1503 até 1533, ainda não eram, a esse tempo, os profissionais que dominavam o teatro e, sim, três amadores talentosíssimos, que trabalhavam tanto como atores quanto como autores. O primeiro, Francesci de Nobili da Luca, obviamente dedicou-se primordialmente à comédia erudita, pois passou a ser chamado Cherea, nome característico da obra de Terêncio. Porém, sua facilidade para dialetos e sua verve o teriam levado a desenvolver certos tipos de comicidade que se identificariam mais tarde com a *Commedia dell'Arte*.

O segundo, Angelo Beolco, é figura exponencial da história do teatro italiano. Filho natural de um médico, sempre gostou da vida no campo, onde foi criado, e passou grande parte de sua vida adulta como administrador das propriedades de Alvise Cornaro. No solar onde a família Cornaro morava, em Pádua, havia um teatro, de pedra, com cenário fixo reproduzindo a cena romana, e no inverno Beolco organizava espetáculos para serem ali apresentados. Reunia-se ali uma sociedade requintada e instruída, no meio da qual não eram esquecidos nem os negócios, nem a política. Beolco era muito culto e, embora tenha escrito bons textos de linhas clássicas, dedicou-se acima de tudo ao uso do vernáculo regional para retratar, com perfeito realismo, a simplicidade dos mais básicos sentimentos. Solidarizava-se com o camponês, cuja ingenuidade era explorada tanto na paz como na guerra, mas que sobrevivia na última graças aos mais incríveis recursos alimentados pelo medo.

A força, o encanto e a poesia da obra de Beolco fez com que ele e seu grupo de amadores fossem chamados a se apresentar em diferentes cortes, e ele acabou sendo conhecido como Ruzzante, porque tomou particularmente para si a interpretação de um modesto camponês que transformava por si só seus resmungos – usados a fim de ganhar tempo para dar uma resposta – em obras de arte. Ruzzante, o resmungão, era um camponês rústico, de humor matreiro e linguagem libérrima, e Beolco dava a ele uma espécie de pesada dignidade animal, mesmo quando cômico ou patético, com motivações sempre válidas o suficiente para conquistar a simpatia da plateia. Seu modo de elaborar alguma situação longamente leva muitos a vê-lo como uma das fontes da *Commedia dell'Arte*, muito embora esta não tenha as características literárias desse notável ator e autor.

O terceiro nome dessa fase das origens da comédia dos profissionais é Andrea Calmo que, embora um tanto semelhante a Beolco como autor, diferencia-se dele por ter enveredado por um tipo de atividade já declaradamente profissional, dedicando-se inteiramente ao teatro. A personagem que Calmo consagrou é a de um velho que, calcado no *senex* da comédia romana, já começava a adquirir as características venezianas que consagrariam Pantalone. Frequentemente ele é um velho apaixonado, que faz os mais ridículos papéis, apresentando-se como rival do próprio filho, por exemplo. Ele sempre acaba sendo dolorosamente lembrado de que não lhe cabe mais o tipo de comportamento que está tendo.

O quadro geral acerca das origens da *Commedia dell'Arte* vai se formando, mas nem mesmo se reuníssemos esses três autores, teríamos pronta a nova forma. Foi apenas na segunda metade do século XVI que aconteceu aquilo que viria a ser determinante em sua formação definitiva: a formação das companhias profissionais.

Quando se fala da improvisação como característica dessa "comédia dos profissionais", isso não significa de modo algum que os integrantes desses grupos de atores esperassem por inspiração momentânea para desenvolver suas tramas. Em primeiro lugar, as centenas de roteiros ainda existentes mostram que a estrutura básica de cada história era sempre conhecida. Além disso, é preciso lembrar que, a partir de certo momento, passou a haver grande influência do teatro espanhol, resultando em enredos muito complicados, impossíveis de alguém inventar na hora.

O que acontece na verdade é que, com a apresentação frequente, os atores profissionais acabaram por incorporar toda uma riqueza de recursos que podiam aproveitar nesta ou naquela situação. Assim sendo, havia falas especiais para determinado momento entre duas personagens, que poderiam ocorrer em roteiros diferentes. Tais falas prontas, ou conceitos, eram de Pantalone e do Dottore. E havia os *lazzi*, que ilustravam e ligavam as situações, podendo ser orais ou corporais, típicos dos *zanni*, os empregados que faziam caminhar a ação, servindo-os assim como os conceitos serviam às máscaras dos dois velhos. Uma explicação do termo *lazzo* é a de que seriam esses os laços que amarravam os vários episódios previstos no roteiro.

Era justamente nesses *lazzi* – momento em que Arlequim ou algum outro servo interrompia a cena com movimentos ou conversas alheios ao assunto da peça, mas para retornar a ela depois de sua apresentação – que os consagrados intérpretes de Zanni tinham mais oportunidades de exibir seu talento pessoal.

São conhecidos dezenas de roteiros da *Commedia dell'Arte*, porém desses laços só se conhece por descrição o exemplo de Arlequim comendo cerejas e apanhando moscas, uns poucos mencionados por Ferrucci, e quarenta e um descritos sumariamente em uma coletânea. O resto é mistério, pois as sugestões para os *lazzi* que aparecem nos *scenarii* ou roteiros eram feitas apenas para os atores que os realizavam, e bastava apenas o nome pelo qual era conhecido determinado *lazzo* para que o ator se localizasse. Como todas as companhias apresentavam as mesmas personagens, esses chistes ou brincadeiras em momentos especiais eram a propriedade do ator que os criava e, por isso mesmo, não eram divulgados.

Eram as personagens cômicas que usavam a meia máscara que as marcava de forma permanente. As personagens – e máscaras – mais conhecidas dessa riquíssima forma do teatro se agrupam em pais e velhos, empregados, jovens geralmente apaixonados (chamados *amorosi* ou *innamorati*) e tipos locais de menor importância. Só os jovens românticos não usavam máscaras. A não ser pelo respeito a certos traços básicos, as máscaras podiam ter variantes segundo as características ou preferências dos atores que, não podemos nos esquecer, uma vez que se integravam em uma certa companhia, faziam a mesma personagem ao longo de toda a sua carreira.

As máscaras não tentam jamais exibir qualquer tipo de individualização, pois dependem, ao contrário, da identificação imediata de determinado tipo. A fixidez de expressão simboliza uma limitação previamente aceita e representa, por assim dizer, todo um grupo de indivíduos dotados de certas características ou até mesmo defeitos, bem como a ideia que geralmente se tem deles: o Pantalone abstrato é um composto de todos os Pantalones, e cada um deles é uma manifestação do potencial comum a todos. Seu comportamento em uma peça será guia para seu comportamento em outra e, aos poucos, seus hábitos e defeitos serão identificados. É do conjunto de cerca de seiscentos "cenários" ainda existentes que os estudiosos deduziram as definições das máscaras.

Entre os velhos, o mais consagrado e onipresente é Pantalone. O nome veio a ser típico desse "magnífico" veneziano, cujo nome completo é Messer Pantalone de'Bisognosi, o senhor Pantalone dos Necessitados, pois lhe faltam condições físicas, tranquilidade doméstica e autoridade. De todos os amos de *zannis*, Pantalone é o único cujo nome atravessou sem esmorecimento os dois séculos que durou a comédia italiana dos profissionais. Graziano é outro velho muito comum, que nunca entende ou guarda o nome daquele primeiro, chamando-o de Piantlon, Piantalimon, Petulo, Pultrunzon, Pianzamelon, e muitas outras formas. O *senex* da *comedia* romana, o Pappus da fábula atelana e os reverendos Signiors da comédia erudita são seus parentes e antepassados, sem dúvida.

Esses velhos eram, via de regra, o pai, a vítima dos truques de seus filhos, e condenado a papéis não muito interessantes, se não fosse a insistência dos atores a quem caberia a função de torná-los melhores; pelo esforço deles, viraram um papel de composição e aos poucos foram surgindo para essas personagens outras atividades que não a de pai.

Pantalone aparece como um velho magro e metediço, sua máscara tem um nariz acentuado, usa chinelos largos que lhe dão um andar esquisito, e com uma das mãos segura para trás a capa. A não ser pela capa longa e por um bonezinho no alto da cabeça, sempre pretos, ele é todo vermelho. Em seu cinto há uma faca, para ele vingar-se, um lenço, para as cenas de reconhecimento e, muitas vezes, uma bolsa na qual ele retém todo o dinheiro que pode. Às vezes usa óculos, sacode muito um dedo, o que o identificava como veneziano mesmo antes de falar em dialeto. Quando é casado está sempre a correr atrás de alguma cortesã, pois a mulher o atormenta e domina; quando viúvo, queixa-se da solidão e se mete a conquistador. Sonha com cargos importantes e é avarento; é falador e carente, sendo explorado e enganado pelo *zanni* que ele tenta explorar.

Em suas longas falações, Pantalone só é superado por uma segunda máscara importante, o "dottore". Doutor em leis, ele é genovês. Está sempre todo de preto, usa um chapéu enorme, é exuberante de gestos e farto de palavras geralmente inúteis, sempre a exibir uma suposta sapiência, cheia de erros ou fora de moda. Na realidade, ele é uma caricatura de sábio, e em tom de grande sabedoria tira conclusões da seguinte profundidade: "Não se pode dizer de um navio em alto mar que ele esteja no porto" ou "Não se pode dizer de quem está dormindo que esteja acordado". É dado também a inventar etimologias impossíveis para certas palavras e, ao repeti-las, torna completamente deformadas as frases de outros. Sua função mais importante nos roteiros é a de segundo pai, ou a de rival de Pantalone quando metido a conquistador, e parece ter certa ligação com o pedante da comédia erudita.

Os namorados ou amantes são geralmente filhos de Pantalone ou do Dottore. Não usam máscaras e têm características bem singelas. Não sendo nunca caricaturas, seu comportamento era determinado pelas situações em que se encontravam nas intrigas amorosas, mas ficava inteiramente a cargo de suas personalidades conseguirem marcar presença nos palcos.

Talvez a máscara mais famosa e variada seja a do *zanni*, o empregado que liga a tradição do escravo na comédia latina ao consagrado papel do carregador na comédia veneziana. O nome "Zanni" tem etimologia debatida, porém a mais aceita e lógica é a de que venha do popular nome Giovanni (João), que passaria daí para Gianni e finalmente para Zanni. Ele pode ser esperto, bobo, inteligente, burro, ou uma mistura de tudo isso. De seu passado na comédia erudita, ele tira sua função de armador de intrigas, enquanto dos andrajos de seu antepassado bergamasco, o carregador, ele herda uma de suas formas, com roupa colorida de losangos, estilização dos antigos remendos, usada quando ele se chama Arlequim.

Zanni é nome genérico, mas também, às vezes, nome próprio, e muitos deles adquiriram forma específica, segundo o talento e a inventividade dos vários atores que tornaram famosa a sua encarnação particular do tipo. É muito comum o aparecimento de dois *zannis* em uma mesma comédia, quando então se contrastam, explorando caminhos diversos, um esperto e outro bobo, podendo o público acabar surpreendido ao ver o bobo passar a perna no esperto, e assim por diante. Eles são geralmente confidentes dos filhos e tramam contra os pais destes, mas, na verdade, estão sempre mais de olho em seus próprios interesses, lembrando com isso os parasitas da comédia latina.

Os *zannis* são, de modo geral, simpáticos, mas mentem, inventam, improvisam, deixam tontos os outros, sempre tentando tirar alguma vantagem para eles mesmos. Ocasionalmente se tornam mais cruéis e sombrios e em tais casos muitas vezes se chamam Brighella. Quando é Pulcinella, possui nariz adunco, chapéu de dois bicos e roupa branca, vindo provavelmente da comédia clássica. Não é possível dar conta da incontável e fantástica estirpe dos *zanni*, que com seus *lazzi*, eram muitas vezes a alma da *Commedia dell'Arte*. Em algumas ocasiões eles eram acompanhados por alguma *servetta*, podendo haver, no caso, um romance paralelo entre os *innamorati* e o casal de servos.

Entre outras influências vindas do rico teatro que já vigorava na Espanha, vale a pena lembrar o destino que teve, na comédia dos profissionais, a personagem romana de *Miles Gloriosus*, o soldado fanfarrão. A revolta dos italianos contra seus dominadores espanhóis, aliada aos conhecidos exageros da *hispanidad*, levou o papel do militar da comédia latina a aparecer muitas vezes como um capitão espanhol, de nome Capitano Spavento. Os exageros das aventuras guerreiras ou amorosas do capitão eram acompanhados pelos exageros verbais que os italianos viam nos espanhóis, com resultados, via de regra, ótimos como criação de tipo. Ao contrário dos velhos, dos namorados e dos servos, o capitão entra sempre sozinho na intriga. Essas intrigas variavam da farsa à tragicomédia. Um mesmo tema podia ser tratado de mil maneiras distintas, e os *lazzi* enriqueciam ainda mais essas possíveis variações.

E assim, entre as maravilhas técnicas dos teatros de corte e os magníficos atores da *Commedia dell'Arte*, pode até ser que a Itália não tenha produzido na Renascença uma grande dramaturgia, mas poucos países ou épocas terão contribuído tanto para o estabelecimento das tradições teatrais do Ocidente.

V.

O Século de Ouro Espanhol

A Unificação da Península Ibérica e a Formação do Império Espanhol

O PROCESSO ESPANHOL DA Idade Média para a Renascença é virtualmente o oposto do italiano. Estando os espanhóis confrontados com a forte presença islâmica desde o século VIII, a reconquista da península para o cristianismo não só ofereceu aos vários senhores feudais um ideal unificador, como também emprestou prestígio e força excepcionais à Igreja Católica, ficando esses dois aspectos devidamente expressados pelo fato de Fernando e Isabel virem a ser conhecidos como os "Reis Católicos". Foram, é claro, muito diversas as situações criadas pelas invasões dos bárbaros ao tempo do Império Romano, de um lado, e a invasão islâmica na península ibérica, de outro, pois o baixo nível cultural e o primitivismo religioso dos povos bárbaros os tornou facilmente assimiláveis nas regiões invadidas, enquanto os árabes trouxeram consigo uma cultura bastante sólida, um considerável nível de conhecimento científico e uma religião estruturada e firmemente estabelecida.

Os primórdios do verdadeiro florescimento do teatro espanhol – que haveria de explorar a riqueza e variedade nascidas desse clima político tão diferente – apareceram em data bem próxima daquela que marca a expulsão final dos mouros, em 1492, com a queda de Granada. A essa altura, já havia séculos que núcleos cristãos mantinham sua existência política na península e lutavam contra os invasores, o que foi gerando a unificação de toda a população da Espanha por meio de uma consciência nacional, indispensável ao aparecimento de uma dramaturgia característica.

É preciso levar em conta, no entanto, o fato de que, ao contrário do primitivismo dos godos – que haviam descido para o sul a partir do século V e já estavam totalmente assimilados na cultura da península – os invasores islâmicos trouxeram consigo um vasto acervo de arte e ciência. Sendo assim, os conflitos religiosos e ideológicos foram muito fortes, mas a verdade é que, em largas áreas de atividade, havia muito o que aprender com os árabes, especialmente em matemática e astronomia. Essas ciências foram significativas para a navegação, com consequências por demais conhecidas para os dois grandes países descobridores do século XVI, Espanha e Portugal.

Foi com a unificação de interesses nacionais que a Espanha viu florescer suas artes, sua literatura e seu teatro, e foi das lutas contra os mouros que nasceu essa unificação. É na Espanha que se pode notar com maior clareza o processo de transformação do sistema feudal para o da monarquia nacional, com características imprescindíveis, tais como o crescimento de uma população livre. Em troca de sua participação na luta contra o inimigo comum, houve sucessivas libertações dos camponeses, até então servos da terra, sendo esses novos homens livres súditos do rei e não mais servos de senhores individuais, e a emissão de cartas patentes criava cidades com considerável autonomia administrativa. Serão frequentes na dramaturgia do período, chamado Século de Ouro Espanhol, obras refletindo esse novo relacionamento entre o cidadão e o rei, resultado do apoio do povo, tanto urbano quanto rural, à monarquia que finalmente se estruturou com o casamento dos "Reis Católicos", Fernando e Isabel.

Formaram-se governos municipais e provinciais, e em 1492 o povo estava unido, forte, com o mesmo sentido de orgulho pela conquista da nova posição e a mesma necessidade de afirmação que teriam os ingleses uns poucos anos adiante. A Espanha se afirmou como nação e se tornou imediatamente um grande poder imperial. As descobertas e o ouro vindo das colônias enriqueciam a metrópole, mas ao mesmo tempo a corrompiam. No final do século XVI, já começava a se tornar claro o declínio político, com a derrota para a Inglaterra da chamada Invencível Armada, em 1588, e a derrota nos Países Baixos, em 1609, anunciando o fim de grande período do império espanhol.

No entanto, o seu magistral florescimento cultural e artístico haveria ainda de durar por mais cinquenta anos.

O Surgimento do Teatro Renascentista Espanhol

O TEATRO MEDIEVAL TIVERA grande popularidade na Espanha e ali, como em outros centros, a têmpera natural do povo pelo espetáculo visual e pelo diálogo vivo, nem sempre respeitoso, já havia enriquecido o próprio teatro religioso. Um certo ar de festa emprestara ao teatro um caráter realmente popular, favorecendo sua grande expansão.

Em suas manifestações renascentistas, o teatro espanhol difere do de outros países por influência de circunstâncias estritamente relacionadas à sua formação: a guerra santa, que consistia na luta para a expulsão dos mouros, ligara a monarquia espanhola de modo permanente à Igreja Católica, tornando a preponderância da Igreja em monumental força política e moral, o que acabou por delimitar estreitamente a temática de seu teatro. Seria talvez possível aos autores da época retratar com objetividade ideias novas e desvios de comportamento condenados pela própria Igreja, mas o Santo Ofício – mais conhecido como Inquisição – não admitiria as especulações filosóficas gregas ou a liberdade de pensamento das culturas protestantes.

É ao fantástico florescimento cultural e artístico alcançado pelos espanhóis entre 1550 e 1650 que se dá o nome de Século de Ouro, embora desde o início do século XVII já tivesse início a decadência política da Espanha. O ímpeto criativo das décadas centrais desse período fez com que as artes continuassem a produzir obras da mais alta qualidade, embora em muitos casos estivesse apenas sendo preservada, tanto pela corte quanto pelos seus cidadãos livres, a forma do que antes fora produto de feitos e emoções autênticos.

Os espanhóis, com as novas condições políticas e sociais, pareciam ter temperamento artístico suficiente para transformar as limitações impostas pela religião em desafios para realizações teatrais de primeira ordem. Além disso, por determinação da Igreja houve sérias proibições aos aspectos pagãos da recuperação ou renascimento do passado clássico, o que acabou por poupar a Espanha do período imitativo ao qual a Itália esteve temporariamente subordinada e que influenciaria de forma definitiva o teatro francês. O teatro espanhol voltou-se abertamente para a vida quotidiana do presente, o que provocou o aparecimento de um novo gênero resultante da ânsia do povo pelo romance, pela comédia, pelo drama poético e pelas cenas heroicas inspiradas na recente luta contra os mouros.

O termo *comédia* era usado para todos os gêneros em que veio a se apresentar a nova dramaturgia espanhola, não existindo para esses autores a clássica divisão entre a tragédia e a comédia propriamente dita. Portanto, no teatro renascentista espanhol, tudo que não fosse auto sacramental era considerado *comédia*. Essa dramaturgia aprendeu a ter forma com os romanos, mas logo reduziu seus cinco atos a quatro e, a seguir, a três, e abriu mão das regras tiradas de Aristóteles e Horácio, mesclando tudo com o humor nativo, suas tradições populares e tramas tiradas de seus tradicionais "cantares", de histórias alegres, tristes, simples e complicadas.

A curiosidade pela vida contemporânea, pelo grotesco de alguns tipos populares, pela ideia de ver no palco a própria efervescência do dia a dia fez nascer, ainda nos últimos anos do século XV, a primeira grande obra dramática da Espanha, embora ela mais se assemelhe a um vasto romance dialogado do que a teatro propriamente, mas que já estaria consagrada em toda a Europa em meados do século XVI. Trata-se de *La Tragicomedia de Calixto y Melibea*, mais conhecida como *La Celestina* – nome da alcoviteira que é a verdadeira mola da ação de seus 21 atos –, cuja autoria é discutida até hoje. Já está aí caracterizado o teatro renascentista, que deixou de ser uma lição de moral dirigida especificamente à salvação da alma do público espectador para criar um universo peculiar à obra, delimitado pela ação no palco. Seu mais importante aspecto, no entanto, é o da retratação de personagens as mais variadas, cada uma falando de acordo com suas características individuais. As lições, se as houvesse agora, teriam de ser deduzidas pelo público do total da obra apresentada, acabando-se

Esquema do teatro-corral.

as mensagens declamadas pelo "Doutor" no final das obras. A *Celestina* é um mundo, com personagens de todas as classes sociais. A aventura, a intriga, a forte influência do tom dos antigos e abusados *juegos de escárnio* dão-lhe vida e autenticidade. O público parece estar menos interessado na salvação da alma e mais no gozo da vida.

Na Espanha, o teatro medieval era apresentado em palcos sobre rodas, compondo uma espécie de procissão ilustrada por "quadros vivos", formato semelhante ao hoje utilizado no Brasil nos desfiles de escolas de samba. Mas a popularidade dos espetáculos os levou a procurar uma casa sua, e eles acabaram por se instalar nos pátios no fundo dos terrenos de grandes edificações, os chamados *corrales*, principalmente das irmandades onde haviam sido normalmente apresentadas as dramatizações religiosas.

Quando as companhias teatrais passaram a usar esses espaços, a renda ia para obras de caridade; porém, a profissionalização levou os espetáculos para *corrales* de tavernas, onde os ocupantes faziam mais do que erigir um palco, buscando oferecer mais conforto aos espectadores, que assim eram atraídos em maior número. Entre os mais famosos e bem-sucedidos estavam o Corral del Principe e o Corral de la Pacheca (oficialmente Corral de Isabel Pacheco), esse último tinha um pequeno telhado cobrindo os lados e a área do palco com um toldo protegendo o público. Na prática, o toldo só protegia do sol, pois quando chovia as representações eram interrompidas. Como requinte máximo, em alguns *corrales* apareceram, acima das arquibancadas, aposentos, uma espécie de camarote para os privilegiados, além de pequenos recintos fechados e cobertos, a *cazuela*, especiais para as mulheres. Não havia cenários, e a liberdade para mudança de ambiente era total, dependendo apenas do que era dito a respeito; já a separação das cenas era indicada apenas pelas saídas que deixavam o palco vazio.

Os Primeiros Autores

AS PRIMEIRAS MANIFESTAÇÕES DE intenção dramática e teatral, ainda sob influência do teatro medieval, foram as *églogas*, de Juan del Encina (1468?-1530?), que consistiam em pequenas tentativas de dramatização pastoril, apresentadas em dias de festa até mesmo pelo próprio Encina, que mais tarde criou textos mais complexos graças ao que aprendera durante uma longa estada que tivera na Itália.

Não podemos esquecer que da mesma época é Gil Vicente, o memorável autor português cuja primeira obra, o *Auto da Visitação*, foi apresentada na corte na época do Natal em 1502. Pouco ou nada se sabe a respeito da vida desse notável poeta, sendo mais ou menos consagrada sua identificação com o talentoso ourives autor de belo ostensório visto no Museu das Janelas Verdes, em Lisboa, mas a autenticidade e sobrevida de sua obra é garantida pelo fato de logo depois de sua morte, em 1536, seu filho Luís ter feito publicar um volume contendo quarenta e três peças suas. Gil Vicente foi o mais prolífico autor teatral da península ibérica na primeira metade do século XVI, sendo ainda muito forte em sua dramaturgia a influência das formas medievais.

Escrevendo tanto em português quanto em espanhol, Vicente experimentou vários gêneros, e muitas de suas peças mereceriam montagens ainda hoje, embora poucas sejam – e raramente o são – ainda encenadas. Dentre outras, devemos lembrar *Auto da Sibila Casandra*, *A Farsa de Inês Pereira*, *Auto da Lusitânia* (onde encontramos o famoso diálogo entre Todomundo e Ninguém), *Auto da Fé*, *Don Duardos*, *Auto da Mofina Mendes* e a famosa trilogia *A Barca do Inferno*, *A Barca do Purgatório* e *A Barca da Glória*. Infelizmente, ao contrário do que aconteceu na Espanha, Gil Vicente não teve quem continuasse seu trabalho em Portugal.

Do mesmo período é Bartolomé de Torres Naharro (1485?-1520?), que viveu alguns anos na Itália e trouxe maior influência ainda da tragicomédia italiana, a qual tinha enredos muito elaborados. Ele é, na verdade, o primeiro autor dramático espanhol, pois sua obra é mais válida, em termos de teatro, do que a de Encina. Embora influenciado pela forma italiana, Torres Naharro, mais tarde, tendo já voltado à Espanha e apresentando-se mais amadurecido, se voltou para a realidade que o cercava, abrindo caminho para a *comedia*.

O primeiro autor, no entanto, a atingir um espectro mais amplo de público foi Lope de Rueda. Com ele nasceu uma fabulosa estirpe de "atores-autores-empresários", responsáveis pelo teatro que viria a atrair todas as classes sociais, grande glória da dramaturgia e do teatro espanhóis. Tendo visto uma companhia de *Commedia dell'Arte* itinerante, ele foi o criador do *paso*, o equivalente espanhol do *lazzo* italiano. Consta que o entusiasmo do grande Cervantes pelo teatro veio do fato de haver ele assistido, aos catorze anos, a um espetáculo da companhia de Rueda.

Depois que Lope de Rueda fixou a forma dramática espanhola, apareceram inúmeras companhias teatrais ambulantes, que podiam variar entre a de um ator com seu acervo de truques pessoais até os grandes grupos, aptos a montar não só as comédias, que eram as mais populares, como também os breves *entremezes*, que eram apresentados entre dois atos da comédia, ou até mesmo autos, e assim podiam atrair um vasto e variado público. Em 1603, Agustin Rojas publica uma deliciosa descrição dos vários tipos de companhia, que conforme o número de atores que reunia eram chamadas *bululu, ñaque, gangarilla, cambaleo, garnacha, bojiganga* etc.; uma grande companhia levava consigo um repertório de "cinquenta comédias, mais de 3.500 quilos de bagagem, dezesseis pessoas para representar, trinta para comer e uma para receber o dinheiro na entrada (e só Deus sabe o quanto ela rouba)".

A farta e excepcional dramaturgia do Século de Ouro é um perfeito espelho da Espanha em seus momentos de glória, pois em toda ela fica explícita a importância da Igreja e a devoção da quase totalidade do povo, assim como o júbilo deste pela liberdade alcançada com o fim do feudalismo, muitas e muitas vezes expressadas por uma ligação direta de dedicação e afeto para com o rei.

Um dos primeiro autores do período áureo da *comedia* espanhola foi Miguel de Cervantes (1547-1616), muito mais famoso por ser o autor de *Don Quixote*, mas que escreveu vários entremezes, *comedias* e a única tragédia da época, *El Cerco de Numancia*. Não era para o teatro, no entanto, o talento de Cervantes, e depois de uma série de fracassos ele abandonou definitivamente o teatro, para encontrar a glória compondo o *D. Quixote*.

Lope de Vega

COM IMENSO TALENTO ESPECIFICAMENTE teatral, ficou muito mais famoso por suas peças do que pelos inúmeros poemas que escreveu Felix Lope de Vega Carpio (1562-1635), ou simplesmente Lope de Vega, cuja vida e obra justificam plenamente o fato de Cervantes o ter chamado de "o monstro da Natureza". Lope é, sem sombra de dúvida, o autor que melhor representa, com suas obras, as energias, as realizações e até mesmo as limitações da Espanha na época de seu apogeu político e artístico. A *comedia* já estava começando a ser escrita quando Lope de Vega iniciou sua carreira de autor teatral, mas foi ele quem firmou definitivamente a forma dos três atos – intriga, crise e solução – para esse teatro que viria a alcançar tão imensa popularidade. A *comedia* em si necessita de esclarecimentos. São tantas as que foram escritas e tamanha a liberdade de criação, que hoje em dia elas são divididas em mais de cinquenta tipos, de acordo com as personagens e os temas de cada uma. O termo "de capa e espada" para os dias de hoje significa filmes de pirata, mas na época se referia às *comedia*s escritas sobre a vida urbana e aqueles que, agora sendo cidadãos súditos do rei, tinham direito de portar armas, vestir-se melhor e, portanto, portavam capa e espada.

Lope de Vega nasceu de pais pobres em Madri, tendo se revelado mais do que talentoso desde a infância. Consta que aos cinco anos lia espanhol e latim, compondo versos antes de saber escrever. Nada se sabe do início de sua educação, mas parece que começou seus estudos com os jesuítas, cedo, durante um período, serviu na casa do bispo de Ávila e aos dezesseis anos estava na Universidade de Alcalá de Henares. Em 1583, mal concluídos seus estudos, apaixonou-se pela primeira vez e tomou parte em uma excursão contra os portugueses na Ilha Terceira. Voltou depois para Madri e, ainda muito jovem, começou a escrever para o teatro. Conseguiu desde cedo vender peças para o empresário Jerónimo Velásquez e, passado pouco tempo dessa associação, seduziu-lhe a filha casada, em um dos muitos escândalos amorosos que marcaram sua vida. Para a amada, Lope escreveu vários poemas apaixonados. O romance, no entanto, só durou cinco anos.

A separação ocasionou novo e, dessa vez, estrondoso escândalo, que resultou em uma estada na cadeia e, posteriormente, um exílio de Madri por dois anos. Ignorando a pena de exílio, com o que arriscava a vida, Lope voltou a Madri ao fim de três meses, agora para fugir com Isabel de Urbina, filha de um cortesão, com quem se casou. O casal foi para Lisboa bem a tempo de Lope se engajar na Invencível Armada, que Felipe II estava mandando contra a Inglaterra, e felizmente ele ficou entre aqueles que saíram incólumes dessa grande aventura naval. Durante os seis meses que a nave levou para circundar as Ilhas Britânicas e voltar, ele aproveitou para escrever muito, inclusive um logo poema épico.

Após sua volta, o casal se estabeleceu em Valência, onde a vida teatral era bem mais intensa do que em Madri. Depois de algum tempo de sofrimentos e ciúmes, a jovem Isabel morreu em 1595, e Lope logo se apaixonou por uma atriz, Micaela de Luxón, talvez a única mulher que possa ser chamada de grande amor de sua vida, que lhe deu quatro filhos e muita inspiração. Lope foi bastante fiel a Micaela, no sentido de que ela, uma espécie de amante número um, manteve sempre sua posição junto a ele, mesmo enquanto este cortejava e conquistava um elevado número de outras senhoras. Não havia dúvidas quanto ao tipo de relacionamento a ser mantido com Micaela, no entanto, já que, em 1598, Lope casou-se pela segunda vez, agora com a filha de um rico negociante de carnes, Juana. Entre 1599 e 1602 ele parece ter dividido com muita arte o seu tempo, já que tinha uma mulher e um editor em Madri, e Micaela e dois filhos em Sevilha. Da esposa, Lope teve dois filhos, sendo que em 1605 Juana e Micaela deram à luz quase que ao mesmo tempo.

No início do século XVII, Lope já era um autor teatral mais que consagrado, e no ano de 1603, em um apêndice à comédia *Un Peregrino en Su Patria*, ele relacionou os títulos de 230 peças suas, a maioria das quais já havia sido montada. Porém, isso não lhe trouxe dinheiro – inclusive porque sua mulher tinha saúde muito delicada – nem garantias como autor, pois sua popularidade levava outros a apresentar peças com o nome dele, criando toda espécie de problema.

Sua vida de paixão pelo teatro e pelas mulheres não se abatia com o tempo. Em 1613, surpreendendo mais uma vez, depois da morte da mulher, Lope reuniu, para morar com ele em uma casa, todos os seus vários filhos, e voltou-se para a Igreja, tomando ordens menores. Isso não o impediu, no entanto, de continuar a escrever peças ou de ter aventuras amorosas. Seu último, e longo, romance foi com Doña Marta de Nevares, casada, a quem chamava Amarilis Santoyo, mãe de sua última filha, Antonia Clara, nascida em 1617 e batizada como filha do marido de Marta, mas que passou a maior parte de sua infância com Lope. Com a morte de Amarilis, cega e louca, em 1632 e, no ano seguinte, a de um filho, ao que se seguiu o rapto da filha Antonia por um cortesão, Lope se voltou cada vez mais para a religião, segundo consta, flagelando-se a ponto de deixar o quarto todo manchado de sangue e, muito enfraquecido, morreu em 1635.

Diante dessa vida, é realmente espantoso que tenha escrito, de acordo com fontes várias, entre um mínimo de setecentas e um máximo de 1.200 ou 1.500 peças, conforme as várias catalogações. Dessas sobrevivem mais de quinhentas, sendo mais de trezentas plenamente autenticadas como obras desse único e prolixo autor. Lope de Vega escreveu peças dos mais variados gêneros e temas. A velocidade com que compunha não permitia que toda a sua obra tivesse a mesma qualidade, mas seu talento era tão grande que, mesmo sem se aprofundar muito na caracterização de suas personagens, encanta pela ação, pela poesia, pela humanidade dos quadros que pintava com palavras.

São tantas e de tantos gêneros as peças de Lope que se torna difícil selecionar o que pode ser mais representativo de sua obra. No entanto, do que ele escreveu nos gêneros *capa y espada* e *comedias villanescas*, entre as primeiras se destacam *La Noche Toledana, El Acero de Madrid, La Dama Boba* e *El Perro del Hortelano*; porém, os títulos mais conhecidos aparecem entre as segundas, voltadas para a afirmação da dignidade de representantes do povo que se revoltavam contra a tirania de senhores feudais, apelando para a autoridade maior do rei. Dentre essas peças, podemos ressaltar suas maiores e mais significativas obras dramáticas, incluindo-se *Peribañez y El Comendador de Ocanã, El Mayor Alcalda el Rey* e a mais que consagrada *Fuenteovejuna*, todas elas expressões preciosas como um retrato das transformações sociais e políticas por que passara a Espanha.

Autor de tantas obras que ignoravam, em sua grande maioria, as tradicionais unidades de tempo, local e decoro, Lope de Vega foi convidado, em 1609, a falar sobre sua arte diante dos acadêmicos de Madri, a quem ele se dirigiu como "nobres espíritos, flor da Espanha", ocasião em que discorreu sobre *El Nuevo Arte de Hacer Comedias en Estos Tiempos*. Bom conhecedor dos clássicos, Lope apresentou a comédia como o que atrai o público e, por isso mesmo, rende dinheiro, alegando ter experimentado alguns fracassos quando escreveu respeitando as regras que tão bem conhece. Com espírito, dando sobejas provas de sua erudição, ele demonstrou, em meio a supostas críticas, como as comédias devem ser construídas, a fim de atrair o público, estabelecendo-se com cuidado suas ações e personagens, prendendo apenas cada ato a um período de 24 horas, criando com imaginação e palavras os locais para onde a lógica da ação o exige, e deixando ao tema unificador – do qual podem fazer parte episódios tristes ou alegres, como a vida real os mescla – a importância antes dada à obrigação de se separar rigidamente comédia e tragédia. Essa brilhante apologia de uma arte nova é momento magnífico da definição da estética renascentista-barroca.

Os Últimos Grandes Autores do Século de Ouro

SÃO MUITOS OS AUTORES que, durante o Século de Ouro escreveram para o teatro, mas dentre os talentos que se destacaram, ainda na forma da "comédia de capa e espada", devemos salientar Tirso de Molina (1580-1648). Nada se conhece sobre sua infância, mas como entrou para a Ordem dos Mercedários em 1600, é possível que tenha sido educado em escola mantida por esses religiosos. É sabido que passou certo tempo nas Índias Ocidentais e depois de alguns anos foi para Madri; tendo sido proibido de continuar a escrever peças de teatro, foi mandado para o isolamento de Trujillo. Voltou depois, no entanto, a Toledo e Madri mas, após publicar quatro volumes de peças em 1636, foi novamente proibido e afastado, dessa vez para Sorin, onde se tornou prior em 1645, vindo a morrer três anos mais tarde.

Essa vida dupla de teatro e religião rendeu a Tirso uma obra bem menor em número, porém quase tão boa em qualidade quanto a de Lope de Vega, tendo Tirso escrito por volta de quatrocentas peças, das quais restam hoje cerca de oitenta.

Ele tinha grande talento para armar tramas, principalmente em torno de mulheres de personalidade marcante, como acontece em *Don Gil de las Calzas Verdes* e em *El Vergonzoso en Palácio*, ambas as peças com protagonistas que sabem como agir para conquistar de vez os homens que amam. Mas, em particular, Tirso tem a honra de haver criado a figura de D. Juan em sua *comedia El Burlador de Sevilla y el Convidado de Piedra*, cuja capacidade para enganar mulheres já foi explorada por tantos outros autores.

Acima de Tirso de Molina só ficam dois autores daquela brilhante época na Espanha: Lope de Vega, do qual já falamos, e Pedro Calderón de La Barca (1600-1681), que brilhou na fase final do poder e esplendor de sua pátria, e compensa em requinte de forma e estilo a sua menor espontaneidade de força e alegria em relação a Lope. Nascido de família da pequena fidalguia, estudou com os jesuítas e, a seguir, nas universidades de Alcalá de Henares e de Salamanca, onde se doutorou em lei canônica. Apesar disso, ele se recusou a abraçar o sacerdócio, como parece ter sido o desejo de seu pai, e optou por se dedicar à poesia e ao teatro, sempre mantendo a postura de pobre, porém fidalgo.

Como a maioria dos bem-nascidos da época, Calderón teve seu período militar, tendo servido em Flandres mas, ao voltar a Madri, dedicou-se inteiramente ao teatro. Não tardou a ficar famoso, com uma de suas primeiras peças, *El Príncipe Constante*, sobre Ferdinando, o príncipe português, último sobrevivente, que preferiu morrer a entregar Ceuta aos mouros. A produção de novas peças de todos os gêneros foi constante e desde logo começam a aparecer os *autos sacramentales*, peças que focavam principalmente a eucaristia.

Quando Calderón viveu na corte e escreveu suas peças, as condições políticas e sociais na Espanha eram bem diversas das do tempo de Lope de Vega. Derrotada definitivamente nos Países Baixos, a Espanha ainda podia gozar de suas glórias do passado recente, mas vivia sustentada pela riqueza das colônias. Na corte, o protocolo, a importância de cada detalhe da forma, passou a ser o mais significativo, e o teatro refletiu tais mudanças. Se Calderón começou escrevendo para os *corrales*, assim que foi construído o teatro no palácio do Retiro, foi para o palco italiano e sua cenografia que Calderón, o cortesão, passou a escrever com mais frequência, muito embora sua popularidade não seja discutida. Nessas encenações na corte, é preciso notar, passou a ser usada regularmente a cenografia italiana de telas pintadas em perspectiva e outros recursos técnicos.

Assim como todos os seus contemporâneos, Calderón escreveu um sem-número de *comedias* sobre amor, infidelidade, adultério e honra, temas suficientemente populares para que exista, efetivamente, o gênero chamado *comedia de pundonor*, do "ponto de honra", que motivava toda espécie de duelo e vingança. *El Medico de Su Honra* e *El Pintor de Su Dehonra* são brilhantes exemplos dos exageros que eram típicos dos hábitos da época, mas em pelo menos uma obra Calderón alcançou a qualidade da *comedia villanesca* de Lope: em *El Alcalde de Zalamea*, na qual o apelo direto do homem do campo ao rei aparece preservado, mesmo em uma época em que a corte já se havia afastado um pouco daquela intimidade inicial.

Calderón nos deixou mais de cem *comedias* e cerca de setenta *autos sacramentales*, morrendo enquanto trabalhava em dois desses últimos. Boa parte de sua fama se fez justamente da beleza e inspiração que aparecem em sua obra de natureza religiosa. A obra-prima de Calderón, no entanto, vem de um gênero raro da dramaturgia daquele tempo, a *comédia filosófica*, e é a belíssima *La Vida és Sueño*, na qual predestinação e livre arbítrio, natureza e cultura, são discutidos na história do príncipe criado em cativeiro porque o pai soube por um vidente que o filho o mataria e este, sem receber qualquer tipo de educação familiar ou social, comporta-se como uma fera quando consegue fugir de sua prisão. Dominado, o perplexo príncipe tem de voltar para a rude cela onde crescera sem saber se o que viveu é verdade, e tendo de aprender que é preciso ter cuidado ao fazer opções de comportamento, dado o imprevisível da realidade, porque a vida é sonho, e os sonhos, sonhos são.

Vale a pena mencionar um último dramaturgo, Juan Ruiz Alarcón y Mendoza (1580-1639), conhecido apenas como Alarcón por ser o primeiro autor nascido na América a tentar fazer carreira na Europa. Nascido no México, prejudicado por defeito físico, ele estudou direito e se estabeleceu em Madri como advogado, sendo autor de apenas 24 peças, que ele publicou entre 1628 e 1634, mas que na realidade escreveu até 1625, quando obteve um posto no governo em departamento voltado para as colônias, e abandonou o teatro para sempre.

Alarcón se distingue de seus contemporâneos espanhóis por um tom bastante moralista na maioria de suas obras, nas quais condena os enganos e as hipocrisias da sociedade e da corte, o que pesa para o fato de ele não ter conquistado a popularidade com que talvez sonhara. No entanto, Alarcón é autor de pelo menos uma *comedia* de grande qualidade, *La Verdad Sospechosa*, na qual o mentiroso acaba punido por ninguém acreditar nele na única oportunidade importante em que diz a verdade. É com base nessa *comedia* que Corneille viria a escrever *Le Menteur*, tendo ela sido também fonte de outras comédias sobre o tema.

Enfim, a Espanha nunca deixou de produzir autores teatrais ou de ter uma boa atividade teatral, mas nada mais se igualou a essa incrível onda de talentos que tornaram o teatro um dos mais brilhantes aspectos do Século de Ouro espanhol.

VI.

Teatro Inglês: Tudor e Stuart

O Contexto Pré-Elisabetano

O TEATRO LITÚRGICO CHEGOU cedo à Inglaterra, e a documentação das *Regularis Concordia* prova que desde o século X essas encenações da *Bíblia*, em latim, foram muito bem recebidas por aquele público que mal começava a passar pelas mudanças radicais da língua, em especial pela influência do francês que chegou com a Conquista Normanda, em 1066. Depois das dramatizações bíblicas e de vida dos santos, iniciadas no século XIII, e mais tarde com as Moralidades – que apresentavam grandes conflitos entre o bem e o mal –, e da opção de alguns integrantes das várias guildas pelo teatro como atividade principal, apareceu naturalmente a necessidade de novos textos. Ao tempo em que, passando do religioso para o leigo, o teatro ia se desenvolvendo, o mesmo estava acontecendo com a língua inglesa, sendo surpreendente a riqueza tanto de textos quanto de espetáculos a partir do século XIV, que chegou a produzir, na poesia, em suas últimas décadas, um Geoffrey Chaucer.

Se a batalha de Bosworth Field, em 1485, marca o advento da dinastia Tudor, 1500 é a data oficial do nascimento do inglês moderno, crucial para o florescimento do teatro. Henrique VII caracteriza bem o fim do mundo feudal, unificando o poder nas mãos da coroa, enfraquecendo a nobreza, que já estava debilitada com a Guerra das Rosas, e criando toda uma rede de funcionários da administração vindos dos "comuns" e que eram fiéis ao rei, mas estavam bem preparados pela educação oferecida por um sem-número de *grammar schools* gratuitos, que os fizera progredir econômica e socialmente.

Via de regra, o clima social e político era positivo, com razoável liberdade de pensamento, pois se, por um lado, o país ainda era católico, por outro, o protestantismo já tinha grande penetração. Essa liberdade é crucial para o teatro, em que a presença de pontos de vista diversos é a chave para a estrutura de boas tramas.

Não se pode dizer que Henrique VII, o primeiro rei Tudor – que ao se casar com a filha de Eduardo IV, rei York, criou a rosa Tudor, de pétalas brancas e vermelhas –, tenha tido maior interesse em atividades artísticas ou culturais. Ele foi um bom administrador para a coroa, porém jamais participou de atividades artísticas ou as estimulou, como viriam a fazer seu filho Henrique VIII e sua neta Elisabete I.

Grandes e marcantes transformações se tornaram mais evidentes a partir da segunda metade da década de 1530, quando o segundo Tudor, Henrique VIII, para se divorciar, separou a igreja inglesa da de Roma. As diferenças teológicas eram poucas, mas se, no Parlamento, a Câmara dos Comuns já contava com um considerável número de protestantes, a Câmara dos Lordes era totalmente católica e, para fins de equilíbrio político, Henrique VIII enobreceu um bom número de burgueses ricos. Estes compravam propriedades, antigas abadias e mosteiros confiscados da Igreja Católica para serem suas principais residências, o que fazia com que o título de nobre recém-adquirido parecesse menos novo, graças à sua sede medieval. O quanto o pai foi avarento, o filho gastou em guerras, em torneios, em festas, e o novo Henrique considerava positivo que o povo visse seu rei tomando parte em desfiles comemorativos, ou em festas, que tornavam mais alegre a nação.

Muito significativa ainda para o teatro, na verdade, foi a liberdade surgida com a nova religião henriquina – que veio a ter o nome de anglicana – do ponto de vista da reflexão sobre a condição humana. Se na Espanha o peso do dogma católico impediu o aparecimento da tragédia, na Inglaterra, o abandono do monopólio da interpretação dos evangelhos pela Igreja Católica possibilitou uma vasta ampliação dos horizontes permitidos aos poetas em suas indagações sobre vida e morte, bem e mal.

O fato é que os gestos dos dois Henriques abriram caminhos para uma maior e mais saudável mobilidade social, pois a possibilidade de enobrecimento, que poderia acontecer como prêmio – ou paga – de algum feito mais notável, fez com que os que tinham tais sonhos procurassem aprimorar seu modo de vida, melhorando seus hábitos de vestir e morar, e também seus níveis de educação e cultura. Na segunda metade do século, a língua inglesa moderna já estava suficientemente estabelecida para produzir bons poetas e, também, para que os ingleses não pudessem mais se satisfazer com a ingenuidade da ação ou os versos de pé quebrado do teatro dos antigos amadores. O quadro social a ser refletido sofrera transformações cruciais, e o teatro inglês cumpriu exemplarmente sua função de documentário de sua época.

O teatro medieval já havia alcançado imensa popularidade, de modo que as formas romanas ficaram, a princípio, somente dentro de escolas e universidades. A Renascença, na verdade, custa a chegar à Inglaterra, entre outras razões, pela violenta aversão a tudo que vinha da Itália, que marcou as primeiras décadas depois da mudança religiosa da Inglaterra, o que a levou a ficar, ao menos em teoria, alinhada com a Reforma Protestante. As primeiras obras inglesas a refletir a influência romana apareceram nas escolas, em que o latim era a base para todo saber reconhecido como tal. Na primeira metade do século XVI aparece *Ralph Roister Doister*, de Nicholas Udall – provavelmente escrita entre 1534 e 1552, quando ele era professor, para ser montada pelos alunos de Eton ou Westminster. Logo depois aparece *Gammer Gurton's Needle* (A Agulha da Avó Gurton), talvez de William Stevenson, que, mesmo imitando a forma romana, é bastante inglesa, contando a história de uma agulha perdida, muito procurada e dolorosamente encontrada quando uma das personagens se senta. Mas as plateias para ambas as comédias eram muito restritas.

Em 1562 se dá um acontecimento bem mais significativo quando dois homens importantes – provavelmente advogados –, Thomas Norton e Thomas Sackville, escrevem a tragédia *Gorboduc*, clamorosamente inspirada em Sêneca, para ser apresentada pelos estudantes de Direito diante da rainha Elisabete. Como em todas as tragédias da Antiguidade, também aqui todas as ações se passam fora de cena, e no palco temos apenas os diálogos que as refletem; mas é nessa tragédia em versos que pela primeira vez é usado para o teatro o famoso *pentâmetro iâmbico*, isto é, cinco unidades de iambo, composto por uma sílaba breve e uma longa ou, no inglês, geralmente sem rima, que viria a ser o verso típico da dramaturgia elisabetana. Esse verso corresponde, na métrica da língua portuguesa, a um decassílabo. É forçoso reconhecer que tampouco o *Gorboduc*, apesar de ter ser sido muito elogiado na época, alcançou popularidade.

O Teatro Elisabetano

O Palco Elisabetano

PARA SE TRANSFORMAR NO que veio a ser na última década do século, o teatro precisava também, no entanto, de ter sua própria casa, onde pudesse apresentar espetáculos regularmente, e em 1576, James Burbage, antigo carpinteiro agora voltado para o teatro, concluiu que Londres já poderia abrigar uma atividade teatral permanente. Tendo por inspiração a tradição dos palcos, carros encostados às paredes dos pátios internos das hospedarias, Burbage criou o palco elisabetano, diferente de tudo o que o teatro conheceu antes ou depois dele como espaço cênico, um edifício quadrado, em torno de um pátio, tendo em um dos lados a única entrada para o público e na parede oposta o palco.

A estrutura do teatro elisabetano é excepcionalmente propícia à relação entre palco e plateia: com uma grande área projetada para o centro do pátio – que será chamada de *palco exterior* ou avental –, ele funciona como uma arena de três lados, o que é uma vantagem por não deixar os atores de costas para uma parte do público em momentos cruciais. Esse palco era herdeiro direto das carroças medievais, mas com o prédio todo dedicado a ser teatro, a estrutura ao fundo dele passou a abrigar uma outra área de ação, menor do que a primeira e podendo ser separada desta por uma cortina, sendo essa área chamada de *palco interior*. Ali eram apresentadas cenas que exigiam certa intimidade, ou onde morriam personagens que, protegidas pela cortina, podiam sair de cena sem serem vistas, como Julieta em sua falsa morte. Correspondendo a um segundo andar de plateia, aparece, também no corpo do prédio, o *palco superior*, onde podiam ser apresentadas cenas que devessem se passar em pontos altos, como muralhas ou torres, ou – no caso de autores de menor categoria – cenas de tom elevado...

Se o fato de o pátio central ser a céu aberto facilitava o uso de todas as áreas cênicas, o teatro ficava sujeito ao mau tempo e ao frio do inverno. Afora a área ocupada pela complexa estrutura do palco, as paredes eram tomadas por dois andares de arquibancadas – com duas filas apenas –, nos quais a grande maioria do público ficava de pé, no pátio em torno do palco, onde as entradas eram mais baratas. Mesmo com as diferenças nos preços das entradas, o teatro elisabetano é em si a prova de uma sociedade com razoável diálogo entre seus vários níveis.

Passados mais de quatro séculos, é fácil dizer que o que o teatro precisava naquele momento era de uma casa sua; as datas do desenvolvimento da dramaturgia, porém, provam que Burbage se arriscou muito. *The Theatre*, sem nome específico, já que não havia outro, foi de fato construído onze anos antes do aparecimento das primeiras peças aceitas hoje em dia como as que abriram definitivamente o teatro elisabetano: *Tamburlaine* (Tamerlão), de Christopher Marlowe, e *The Spanish Tragedy* (A Tragédia Espanhola), de Thomas Kyd, ambas de 1587.

No mesmo ano em que foi construído o *Theatre*, Richard Farrant, mestre dos Meninos da Capela Real, fez com que parte do antigo mosteiro dos dominicanos, os Blackfriars, abocanhado por Henrique VIII, fosse adaptado como um teatro. Não se pode esperar que meninos sejam realmente bons atores, mas esses eram treinados para falar e cantar muito bem. Sendo assim, foram criados para eles textos nos quais a poesia e a sonoridade eram fatores básicos. Sabemos que a popularidade dos teatros feitos por meninos cantores foi considerável e durou bastante tempo, pois a peça *Hamlet*, escrita em 1600, ainda se refere a eles como grandes e bem-sucedidos concorrentes do teatro profissional de atores adultos, pois eles gozavam então de nova onda

Esquema do palco elisabetano.

de popularidade. Vale aqui lembrar que, como na Inglaterra medieval o teatro que saiu das igrejas foi parar nas mãos das corporações de ofício, quando a atividade teatral apareceu como tal, os textos continuaram a ser interpretados só por homens, como acontecera antes nos mosteiros e, a seguir, nos espetáculos das guildas.

Escrita então para um palco neutro e vazio, inspirado nas carroças medievais, e para atores masculinos, seguindo uma longa tradição de cerca de três séculos, a dramaturgia elisabetana, assim como seu teatro e seus intérpretes, tinha suas bases em convenções. Se à luz do dia – já que o palco era a céu aberto – o público tinha de acreditar que era noite, ou que um ator inglês podia ser um cardeal italiano ou um príncipe dinamarquês, aceitar que um jovem imberbe fizesse papéis femininos era apenas mais uma convenção entre outras. No entanto, essa convenção determina uma considerável limitação de papéis femininos nos textos produzidos nessa época, de modo geral, reduzidos a moças muito jovens – Julieta tem catorze anos –, a papéis cômicos – como a Ama de Julieta –, a mulheres idosas e, bem mais raras, mulheres de personalidade muito forte, como Lady Macbeth.

O fato de uma fatia considerável da população estar, na época, em condições de frequentar o teatro é atestado não só pela constatação de que, ao chegar ao final do século XVI, Londres já contava com mais de quinze teatros, entre os construídos especialmente com esse fim e os adaptados de pátios de tavernas, mas também, e talvez até ainda mais, pelas dimensões dos melhores deles. Dentre os mais famosos estão o Fortune e o famoso Globe da companhia dos Lord Chamberlain's Men – para a qual Shakespeare viria a escrever a maior parte de sua obra –, inaugurado em 1599, com uma montagem de *Júlio César*, e que podia abrigar nada menos do que dois mil espectadores.

A *Dramaturgia e os Grandes Autores*

Mais importante para a memorável dramaturgia do período elisabetano do que o aparecimento dos meninos cantores, no entanto, é o advento dos chamados *university wits*, um grupo que, oriundo de modesta classe média, mas formado nas universidades, deve ter tido contato com as tradicionais formas medievais na infância, e veio a conhecer bem os autores latinos na universidade. O grupo era formado por John Lyly, Robert Greene, George Peele, Thomas Nash, John Lodge, Christopher Marlowe e Thomas Kyd – esse último era uma exceção no grupo por não haver frequentado uma universidade, mas tendo cursado, em todo o caso, o famoso Merchant Tailor's School. Esses foram, realmente, os criadores do teatro elisabetano, produzindo uma considerável variedade de gêneros, como a comédia romântica, a tragédia doméstica, a peça crônica, a tragédia de sangue e a peça que se passava em ambientes oníricos.

O segredo desses *university wits* foi ter criado uma nova dramaturgia, na qual estavam presentes tanto elementos do teatro popular medieval quanto do teatro romano. Do primeiro eles usaram a ação em cena, com o público podendo ver, graças às convenções dramáticas e teatrais, duelos, mortes, aventuras, correrias, amor, batalhas, solenidades cívicas e religiosas. Assim também aconteceu com a mobilidade da ação em local e tempo; as personagens estavam onde diziam que estavam, e se mudavam de casa, de cidade ou de país, tudo acontecendo no tempo necessário, em dias, meses ou anos. Do teatro romano eles tiraram um arco de ação maior do que aquele dos pequenos episódios medievais: em cinco atos não só uma ação podia ser elaborada em motivação, crise e solução, mas também as personagens podiam ser mais individualizadas, o que resulta na criação de grandes papéis protagonistas. Também dos romanos eles buscaram a preocupação com a qualidade do diálogo, agora escrito por quem conhecia a literatura clássica e sabia da força da palavra bem usada. O catalisador da união dos dois filões foi a poesia, pois a nova dramaturgia apareceu quando os ingleses já estavam escrevendo poesia de grande categoria.

Todos os *university wits* nasceram antes de Shakespeare, até mesmo Marlowe, mais velho por apenas dois meses. Daquele grupo, o mais velho foi John Lyly (1534-1606) um dos mais prolíficos de todos os autores ingleses, tendo obtido os graus de Bachelor of Arts, em 1573, e Master of Arts, em 1575, em Oxford, e juntou ainda a isso o título de Master of Arts, em Cambridge, no ano de 1579. A publicação, no ano anterior de seu romance em prosa *Euphues, or the Anatomy of Wit*, seguido logo por *Euphues and His England* deixou-o muito famoso como o criador do *euphemism*, que é o gongorismo inglês. Sua prosa rica, elaborada, buscava mostrar tudo o que a língua inglesa era agora capaz de produzir. Lyly escreveu poesia também, e no final dos anos de 1580 ele produziu para o teatro, sendo lembradas dele duas comédias sobre o amor. A primeira foi *Alexander, Campaspe and Diogenes*, importante porque trata de um tema muito caro a Shakespeare, o da necessidade de o governante saber controlar a si mesmo a fim de poder governar bem. Alexandre encomenda ao pintor Campaspe um retrato de uma escrava que está querendo ter como sua amante; ao tomar consciência de que ela e o pintor se amam realmente, Alexandre abre mão de seu possível romance, que nunca seria mais do que passageiro, e assim conquista a admiração e a lealdade do jovem casal. Já a segunda, *Endymion*, por outro lado, é muito fantasiosa; ela se passa em um banco lunar, e sem dúvida abriu o caminho para *Sonho de uma Noite de Verão*, de Shakespeare.

Acalentando sempre o sonho de vir a ser Master of Revels, o responsável por todas as atividades comemorativas e festivas do reino, Lyly escreveu um sem-número de poemas laudatórios. Sem jamais atingir seu ideal, ele foi praticamente esquecido a partir de 1590, embora só viesse a morrer em 1606.

George Peele (1556-1596) era filho de um funcionário do Christ's Hospital e lá foi educado até ir para Oxford, de onde saiu bacharel (1577) e mestre (1579). Fez teatro amador na universidade, e chegando a Londres foi a tal ponto farrista e gastador que as autoridades do hospital ordenaram que seu pai o pusesse para fora de casa. Mas começou a ter fama de poeta brilhante e excepcionalmente espirituoso, chegando a escrever um livro chamado *The Merry Conceits of George Peele* (Os Alegres Conceitos de George Peele), que só foi publicado dez anos após a sua morte. Tendo sido sempre considerado baderneiro, mulherengo e vigarista, Peele, sem dúvida, tinha talento, mas desperdiçou-o com sua vida desregrada. Em *The Arraignment of Paris* (O Julgamento de Paris) apresentou mais um debate do que uma ação dramática, contendo, porém, algumas canções realmente lindas. Duas de suas peças são mais significativas, uma delas, *The Old Wives Tale* (corresponde a Contos da Carochinha), obra realmente original, por um lado, parodia os novos gêneros dramáticos, mas, por outro, é de encantador lirismo nos trechos que tratam de um velho casal de contadores de histórias. Outro imenso sucesso foi *Mucedorus*, que tem tudo para agradar o grande público: romance, príncipe disfarçado, princesa prometida a noivo errado, covardia, bruxos, ambiente campestre, e no fim tudo dando certo. Sendo do gênero pastoral, essa grande variedade de acontecimentos foi sucesso ao longo de quase um século, tendo sido montada dezessete vezes até 1668.

Robert Greene (1558-1592), a figura mais pitoresca de todo o grupo, hoje em dia é mais famoso por seu ataque a Shakespeare. Graduou-se em Cambridge, em 1578, e foi mestre, em 1583, ao que juntou um outro título de mestre, em Oxford, em 1588. Muito de sua vida é conhecido graças aos inúmeros panfletos que escreveu, tendo viajado muito pela Espanha e a Itália, e ficado fascinado pela corrupção que havia nessa última. Casou-se com uma moça de boa família, mas logo abandonou a ela e à filha quando foi para Londres, cujo submundo passou a frequentar, e onde então foi viver com a irmã do mais famoso criminoso de Londres. Foi um escritor prodigioso, produzindo incontáveis panfletos em prosa sobre o amor, no estilo gongórico de Lyly; igualmente farta foi sua produção de poesia lírica e, frequentemente, após meses de vida devassa, escrevia tratados morais e panfletos de arrependimento, para logo depois voltar à mesma vida anterior. Segundo consta, Greene morreu, em 1592, depois de se fartar com arenque defumado e vinho do Reno, quando, na miséria, vivia de favor. Em seus últimos dias, Greene escreveu uma carta de arrependimento à mulher que abandonara, assim como o famoso ataque a atores e a Shakespeare, o primeiro documento existente a respeito da carreira de William Shakespeare. Seu período criativo é curto, mas com *George a Greene, Friar Bacon and Friar Bungay* (Frade Bacon e Frade Bungay) e *Tiago IV* ele é sem dúvida o criador da comédia romântica. Seus enredos são, de modo geral, muito complicados, mas são sempre teatrais, e Greene consegue a todos os momentos segurar a linha mestra da trama principal.

Thomas Kyd (1558-1594) nasceu em Londres, filho de um escriba, e frequentou o Merchant Tailors School, quando o memorável Richard Mulcaster era o diretor. Deveria, parece, seguir a carreira do pai, porém conseguiu entrar para o círculo da rica e culta Condessa de Pembroke, interessada em desenvolver a tragédia literária de moldes senequianos. A primeira tentativa de Kyd foi uma tradução e adaptação da *Cornélie* de Robert Garnier, uma das primeiras experiências francesas com a tragédia clássica, mas foi com *The Spanish Tragedy* (A Tragédia Espanhola) que ele ficou famoso. É virtualmente junto com o *Tamburlaine*, de Marlowe, que estreia essa tragédia senequiana e violenta. A *Tragédia Espanhola* é muito teatral, modelo do gênero em que seria escrito o *Hamlet*: há nela um fantasma pedindo vingança, inclui hesitação, loucura real e aparente, uma comédia dentro da comédia, com os atingidos pelos assassinatos iniciais matando os culpados durante o espetáculo. É por ter escrito essa primeira tragédia de vingança que muitos consideram Kyd como o autor da peça desaparecida *Ur-Hamlet*.

Kyd, apesar de discretíssimo e conservador, dividia a moradia com Marlowe, foi preso e torturado, o que o levou a confirmar as denúncias de impiedade e possível traição contra Marlowe, com documentação encontrada na casa onde moravam. Tudo isso o deixou arrasado e ele morreu menos de um ano depois desses acontecimentos.

Christopher Marlowe (1564-1593), dois meses mais velho do que Shakespeare, com uma breve carreira de seis anos e número reduzido de peças é, depois de Shakespeare, o mais famoso dos elisabetanos. Poeta fantástico, marcou com o poder de seus versos sonoros ritmados, ricos de imagens – a famosa *mighty line* – o primeiro grande triunfo da dramaturgia elisabetana.

Filho de um sapateiro, nascido em Canterbury, Marlowe foi brilhante desde cedo, tendo patrocínio desde o *grammar school* que cursou na terra natal. A seguir recebeu uma importante bolsa para a Universidade de Cambridge, onde se esperava que fosse preparado para uma carreira na igreja, mas bem cedo ficou claro que suas ambições estavam em outros campos.

Na universidade, Marlowe já era aplaudido por sua poesia e traduções de poetas romanos como Lucano e, principalmente, Virgílio; e, ao que parece, ainda em Cambridge, ele teve sua primeira experiência com o mundo da espionagem inglesa, como agente de Francis Walsingham, uma das mais importantes figuras da segurança no governo de Elisabete I. As ligações de Marlowe com a espionagem não são documentadas, mas são prováveis, entre outros motivos, por Thomas, irmão de Walsingham, ter sido seu patrono durante algum tempo. São grandes as suspeitas a respeito da razão para ele ter sido morto ainda jovem, ostensivamente por uma briga em torno da conta em uma taverna em Depford. Crescem as dúvidas quanto à aceitação desse motivo tão fútil para o seu assassinato quando se sabe que, na ocasião da briga, todos os presentes e envolvidos trabalhavam para Walsingham.

O que se sabe com certeza é que Christopher Marlowe recebeu o título de bacharel em 1584 sem problemas, mas que houve muita relutância, por parte da Universidade de Cambridge, em lhe conceder o de Master of Arts, por um lado porque correu o boato de que ele se tornara católico e, por outro, em função de suas frequentes e longas ausências da universidade, tendo o título, afinal, sido concedido em 1587, graças a uma ordem direta da corte. Em Oxford, ele estudou muito, principalmente teologia e filosofia, tendo adquirido também noções de direito e medicina, além de haver aprendido o francês. Nada se sabe de como o jovem e talentoso poeta veio a ter seus primeiros contatos com o teatro, mas é possível que, antes de sua memorável estreia com os profissionais, talvez enquanto ainda estava na universidade, Marlowe tenha escrito, em colaboração com Thomas Nashe, para os Meninos da Capela Real, *Dido, Queen of Carthage* (Dido, Rainha de Cartago), e também, talvez, um plano para o que viria a ser o memorável *Tamburlaine*.

Diferentemente de Shakespeare, Christopher Marlowe não foi jamais um real talento dramático; a estrutura de *Tamburlaine* é linear e repetitiva, com praticamente toda a ação tendo lugar fora de cena, como na dramaturgia greco-romana. A peça é ainda muito presa à primitiva forma da *chronicle play*, que apenas dramatizava a biografia, sem usar a vida e a carreira do biografado para compor uma fábula, expressando uma visão autoral a ser transmitida ao público. Mas a poesia era extraordinária, e o público, até então habituado a obras medíocres e pouco sonoras, inevitavelmente ficava deslumbrado com o que ouvia. Em uma época de descobertas em tantos campos, Marlowe encantava o espectador não só com a sonoridade dos versos, mas também desafiando sua imaginação com frases como "To ride in triumph through Persepolis"; ninguém, é claro, saberia onde é Persépolis, mas a própria sonoridade do nome levava todos a imaginarem locais distantes e plenos de belezas e mistérios.

Marlowe estreou no teatro profissional em um momento no qual este ainda lutava por se firmar, com *Tamburlaine the Great* (Tamerlão, o Grande), em 1587, ao que parece pelas mãos da companhia dos Lord Admiral's Men, com Edward Alleyn, notável ator que viria a ser o protagonista ideal das peças de Marlowe. Todos os protagonistas são expressivos da própria personalidade do autor, todos ambiciosos, sonhando com variados tipos de poder, tudo isso enriquecido por imagens tiradas da Antiguidade clássica ou da mitologia. O sucesso foi estrondoso: o público ficou fascinado pela beleza de seus versos, e aplaudiu igualmente uma segunda parte de *Tamburlaine*.

A peça que ele havia escrito após *Tamburlaine the Great*, e da qual só resta um texto muito incompleto, foi *The Massacre of Paris* (O Massacre de Paris), que trata do massacre dos protestantes, porém sem fazer realmente uma defesa deles, recaindo mais sobre a linha da *chronicle play*, e recebida sem entusiasmo pelos ingleses.

A obra seguinte de Marlowe, *Edward II*, que trata dos caprichos, da derrota e do eventual assassinato do rei homossexual, é escrita em estilo mais simples, e revela certa preocupação com a forma dramática, porém sem deixar de reafirmar que a grande força de Marlowe é a poética. Ele elabora bem a patética figura do rei, porém nem uma só das personagens que o cercam, sejam elas suas favoritas ou suas inimigas, tem verdadeira força dramática. É possível notar sua tentativa consciente de estruturar melhor a trama, quando ele, ao tentar fazer do rei uma figura trágica, apresenta-o, primeiro, mais em relação a seu amante Gaveston, depois, em conflito com a rainha Isabella e Mortimer, o amante dela, outro representante da sede de poder. O incontestável é que Marlowe, mesmo sem o talento dramático adequado para realizar seu intento, tenta formar um quadro mais objetivo da relação do governante com seu universo, e com isso abre o caminho para, pouco depois, Shakespeare vir a criar a *history play*, que nasce da biográfica *chronicle play*.

Marlowe voltou, logo depois, a cultuar figuras monumentais, que buscam diferentes formas de poder: *O Judeu de Malta*, representando o poder do dinheiro, foi na época dada como tragédia, porém seu protagonista é de tal modo hediondo que, no século XX, a peça foi montada como comédia de humor negro, pois ninguém consegue levar a sério os incontáveis assassinatos do vilão ou os excessos retóricos dos cristãos, incompetentes governantes. Novamente a estrutura é frágil, com a ação restrita a episódios virtualmente isolados, como uma espécie de amostragem da maldade do judeu Barrabás, porém sem maior complexidade dramática e, ao que parece, terminada às pressas.

O *Doutor Faustus*, que busca o poder pelo conhecimento, pela ciência e, depois, pela magia, é a última das peças de Marlowe. Essa é a mais madura e, talvez, sua obra mais eficiente do ponto de vista dramático. São dessa peça final os versos mais lembrados de toda a sua obra dramática, que aparecem na visão que Fausto tem de Helena de Troia: "Was this the face that launched a thousand ships/ And burn'd the topless towers of Ilium?"[1]

Nos dias de hoje Marlowe é muito lido e pouco montado, o que atesta sua qualidade poética e a maior fragilidade de seu talento dramático.

A vida particular do poeta, que nunca foi discreta, contribuiu sem dúvida para sua fama, ou pelo menos notoriedade, já que, em diferentes ocasiões, foi acusado de ser ateu, blasfemo, subversivo ou homossexual. Ele era considerado perigoso para a ordem pública e, em 1589, passou treze dias na prisão, acusado por assassinato, acusação da qual conseguiu escapar, apesar de ficar provada a sua presença no local e momento do crime. Na prisão, ele conheceu um famoso falsário, e depois de sair declarou acreditar que qualquer um devia poder imprimir sua própria moeda. Em 1592 foi emitida uma ordem superior para que ele mantivesse um comportamento pacífico e, finalmente, doze dias antes de morrer, o conselho privado emitiu uma ordem de prisão contra Marlowe, sendo o escritor acusado de livre-pensador, blasfemo e ateu. Não era a primeira vez que as acusações de ateísmo apareciam e, infelizmente, um tal Baines, mau caráter conhecido, testemunhou que Marlowe afirmara que "Cristo era um bastardo e sua mãe desonesta", que as "irmãs da Samaria eram prostitutas, e que Cristo as conhecia de forma desonesta", além de dizer que "todos os que não gostam de tabaco e de meninos são tolos". Marlowe foi poupado de ter de enfrentar esse julgamento sendo assassinado antes.

Todo o grupo dos *university wits* escreveu com total liberdade para buscar os mais diversos caminhos. Formados em universidades, por alguma razão as teorias de Aristóteles e Horácio não encontraram replicadores ingleses; conhecedores da dramaturgia romana, sentiam que as formas latinas não alcançavam o público, reconhecendo a força do teatro popular medieval. Já que não obedeciam a qualquer regra, era permitido e adotado tudo o que fazia sucesso no palco,

---

1   Foi esse o rosto que lançou mil navios e queimou as torres sem-fim de Ilium?

sendo rejeitado tudo o que não fazia, sem podermos esquecer que a Inglaterra já tinha uns três séculos de atividade teatral contínua.

O catalisador que permitiu a esse grupo realizar a transição das antigas formas ingênuas para o grande florescimento do teatro elisabetano foi a poesia, cuja sonoridade era importante o bastante para que o espectador elisabetano fosse ao teatro ouvir, mais do que ver, uma peça. O teatro inglês dessa época, assim como o espanhol do mesmo período, merece realmente ser chamado de teatro popular, já que ele atraía todas as classes sociais do mesmo modo, refletindo um bom momento da vida social e política da Inglaterra. É sem dúvida revelador o fato de que o ano em que provavelmente William Shakespeare chegou a Londres ter sido o mesmo em que a Inglaterra derrotou a Armada que Felipe II da Espanha – em parte como braço armado do Vaticano – enviou com o intuito de destronar Elisabete I e que até mesmo pela vitória sobre a Espanha ia conseguindo içar seu país ao nível de potência de primeira linha.

Tendo conhecimento da força cênica do passado medieval e da criatividade daquele período de transição, pode-se constatar, sem qualquer dificuldade, que William Shakespeare foi sem dúvida um gênio e, por isso mesmo, pôde elevar a níveis até então inimagináveis as várias formas iniciadas por seus precursores, mas que ele não é de forma alguma anômalo. Muito pelo contrário, Shakespeare é a cristalização de um processo perfeitamente reconhecível: as obras de seus contemporâneos podem não ser tão boas quanto as dele, mas tanto ele quanto os outros escrevem no mesmo universo e com forma e conteúdo semelhantes. Muitas obras elisabetanas de boa ou ótima qualidade, infelizmente acabam sendo ignoradas simplesmente graças ao fato de seus autores terem escrito na mesma época em que um talento excepcional os deixa na sombra.

O Ator e as Companhias
no Teatro Elisabetano

Esse período de descoberta e experimentação foi acompanhado pelo caminho percorrido pelos mímicos, acrobatas, músicos, dançarinos, vagabundos e atores amadores, que viviam errantes, buscando ganhar um mínimo para sua subsistência com apresentações improvisadas, até o estabelecimento do profissionalismo no teatro. A Idade Média era compulsivamente catalogadora, mas não existia, em sua vasta lista de atividades, o ofício de ator. Os atores eram tidos como "homens sem mestre", isto é, não pertencentes a nenhuma das guildas das quais tinham de tomar parte os que se propunham a exercer qualquer ofício. Os primeiros grupos de atores que conseguiram alcançar alguma organização e permanência, a fim de se livrarem do perigo de serem presos por não terem "mestre", recorreram, ainda na segunda metade do século XV, à busca de nobres que se tornassem seus patronos. É esse sistema de patrocínios que explica o fato de todas as companhias profissionais do tempo de Shakespeare serem chamadas de "os homens do lorde...".

Uma companhia como a dos Lord Chamberlain's Men, à qual Shakespeare pertenceu na maior parte de sua carreira, tinha uma organização certa: o grupo controlador era formado por cotistas, e esse grupo contratava o núcleo básico de atores permanentes. Para as diferentes montagens seriam contratados atores eventuais e, como não havia atrizes no teatro elisabetano, a companhia teria sempre alguns aprendizes, que fariam os papéis femininos antes de mudarem a voz. Foi como cotista da companhia que Shakespeare entrou para o grupo dos Homens do Lorde Camerlengo, na qual eram majoritários os integrantes da família Burbage. O pai, James, tinha construído o primeiro teatro da cidade, e os dois filhos, Cuthbert e Richard, eram atores, vindo esse último a ser o maior de sua época.

O núcleo básico dos atores era bastante estável, porém também havia mudanças significativas, como por exemplo o caso do cômico Will Kemp, que esteve na companhia dos Burbage de 1594 até 1599. É possível que tenha havido algum problema sério dentro da companhia, pois quando Shakespeare estava escrevendo *Hamlet*, em 1600, ele incluiu, nos conselhos que o príncipe dá aos atores, uma clara reclamação de autor contra possíveis cacos feitos por atores cômicos: "E aqueles que fazem papéis de bobos não digam mais do que o que foi escrito para eles; pois há, entre os que querem rir a fim de fazer rir, também certo tipo de néscios expectadores, conquanto nesse ínterim algum ponto importante da peça devesse ser valorizado"[2]. Tendo Kemp saído da companhia, o novo cômico contratado foi Robert Armin, de arte bem mais sofisticada, para quem Shakespeare pôde escrever, por exemplo, o Touchstone de *Como Quiserem* e, principalmente, o Bobo de *Rei Lear*.

Os Burbage eram, além de majoritários da companhia que encenava as peças, também donos do teatro em que trabalhavam. Esse fora construído em um terreno arrendado por 21 anos, em um contrato segundo o qual, não havendo renovação, o que fora construído no terreno ficaria com o dono do que fosse construído nele, e com o sucesso que os teatros estavam fazendo, não interessava a Gilbert Alleyn, o dono do terreno, a renovação. Por outro lado, os puritanos, que já eram uma força considerável no quadro sociopolítico, acusavam o Theatre – embora ele estivesse cuidadosamente fora dos limites do município – de ser uma fonte de corrupção da moral da cidade, de propagar obscenidades, e assim por diante. Vendo que tudo estava ficando muito difícil, Cuthbert, que passou a administrar o teatro com a morte do pai, aproveitou uma viagem de Alleyn para mandar um mestre de obras desmanchar o Theatre. Ele já havia encontrado um terreno também fora das muralhas da cidade, ao sul do Tâmisa, e o material do Theatre serviu para a construção de um novo teatro, o Globe.

O Globe era bem mais elaborado e confortável do que o Theatre e, por precisar de dinheiro para a sua construção, os Burbage criaram uma nova sociedade, de dez cotas, oferecendo cinco delas a atores integrantes da companhia, sendo Shakespeare um deles. Com isso, Shakespeare tornou-se o único indivíduo, entre as várias centenas que labutaram no teatro elisabetano, a participar dele em todas as categorias possíveis: ator, autor, cotista da companhia e cotista do teatro.

É preciso alertar os que só ouvem o nome de Shakespeare em relação àquele período, para o fato de que nele se produziram centenas de peças. A frequência aos teatros era grande, mas o público sempre queria ver peças novas, como se observa no "Diário" de Philip Henslowe, que está preservado no Dulwich College em Londres.

---

2 Ato III, Cena 2. W. Shakespeare, *Tragédias e Comédias Sombrias*.

Henslowe administrava teatros e encomendava peças a vários autores, não hesitando em juntar até cinco ou seis autores para uma peça ser escrita rapidamente; seu diário anota com detalhe as peças montadas pelos Lord Admiral's Men (infelizmente os Chamberlain's Men não tiveram um equivalente a esse cuidadoso arquivista) e é umas das mais ricas fontes das atividades teatrais da época. Seu genro Edward Alleyn, um dos dois maiores atores da época (o outro sendo Richard Burbage), interessou-se pelas atividades do sogro, tornou-se seu sócio, enriqueceu na administração de teatros e ainda mais quando ele e o sogro foram nomeados Masters of the Royal Game of Bears, Bulls and Mastiff Dogs, um cruel passatempo no qual homens lutavam com esses animais presos por correntes. Alleyn, aposentado, comprou uma antiga propriedade e fundou o College of God's Gift, para cuja biblioteca deixou todos os seus papéis.

William Shakespeare

William Shakespeare (1564-1616) nasceu em Stratford-upon-Avon, possivelmente no dia 23 de abril, sendo batizado no dia 26. Com as frequentes epidemias da peste, as crianças deviam ser batizadas dentro de uma semana ou até o primeiro domingo depois de seu nascimento, e como Shakespeare morreu no dia 23 de abril de 1616, o dia 23 acabou aceito para o nascimento. Ele deve ter aprendido as primeiras letras em um dos vários *petty schools*, cujo nome vem de uma corruptela inglesa do francês *petit*, por ser uma escola limitada à alfabetização, entrando depois para o *grammar school*, no qual além de ter de virtualmente decorar toda a *Grammatica Latina*, de William Lily, teve contato não só com Plauto e Terêncio, como talvez tenha até tomado parte na montagem de alguma obra de um dos dois, frequentes nas escolas. E, sem dúvida, ali conheceu Ovídio, o poeta clássico que ele mais cita em sua obra. A universidade ainda era frequentada por uma porcentagem muito pequena dos ingleses daquele tempo, mas o excelente currículo do *grammar school* parece ter sido suficiente para tornar Shakespeare apto a aprofundar seus conhecimentos por sua própria conta, fazendo, como Górki, da vida a sua universidade.

É muitas vezes repetido que pouco se sabe a respeito da vida de William Shakespeare, mas por certo se sabe mais a respeito dele do que a respeito de qualquer outro escritor da época. Em novembro de 1582, aos dezoito anos, o jovem William casou-se com Anna Hathaway, com vinte e seis anos, de abastada família da aldeia de Shottery, vizinha a Stratford. Em maio do ano seguinte, nasceu Susanna, e dois anos mais tarde nasceram os gêmeos Judith e Hamnet. O menino morreu aos onze anos, as duas filhas casaram e tiveram filhos, sendo que com os netos acabou a descendência direta de Shakespeare.

Não se sabe exatamente quando ele resolveu deixar a família em casa e ir para Londres, o que deve ter acontecido por volta de 1588, já que, em 1592, Robert Greene, um dos *university wits*, na miséria e esquecido pelo teatro, escreveu um panfleto intitulado *A Groatsworth of Wit Bought with a Million of Suffering* (Um Vintém de Sabedoria Comprado com um Milhão de Sofrimentos) em que alerta seus colegas autores contra os atores, que se embelezam com as plumas que eles criam e depois se esquecem deles, sem reconhecer o quanto lhes devem. Em particular, Greene ataca Shakespeare, dizendo que não podem esperar nada desses

> Bonecos (quero dizer) que falaram com nossas bocas, essas caricaturas que se enfeitaram com nossas cores [...]. Mas não confiem neles, pois há um corvo arrivista, embelezado com nossas plumas, que com seu *Coração de Tigre envolto na pele de um Ator* supõe ser tão apto a produzir versos brancos bombásticos assim como o melhor de vocês: e sendo um absoluto *johannes factotum* é, em seu próprio conceito, o único Sacode-cenas do país.

É obvio que o termo "Sacode-cenas" brinca com o nome Shakespeare (literalmente, "Sacode-lança"), porém mais direto ainda é o fato de ele usar uma fala de Henrique vi, sobre Margaret: "coração de tigre envolto em uma pele de mulher". Deduz-se daí que, em 1592, Shakespeare já estava fazendo bastante sucesso, pois sem isso não haveria motivo para um tal ataque, pelo qual, aliás, o editor pediu desculpas dois anos mais tarde.

A essa altura Shakespeare, ao que parece, já havia escrito uma série de peças em tantos gêneros diferentes que temos a impressão de que fora intenção sua aprender a dominar todas as formas que estavam sendo usadas. Datam de seus primeiros anos, digamos de aprendizado, uma *comédia romana*, *A Comédia dos Erros*; uma *comédia romântica*, *Os Dois Cavalheiros de Verona*; uma *tragédia senequiana*, *Tito Andrônico*; quatro peças-crônica que ele acaba transformando em *peça histórica*, os três *Henrique VI* e já uma obra memorável, *Ricardo III*. Talvez seja também desse período inicial *Rei João*, em que ele continua a buscar a peça histórica, única forma criada por Shakespeare, nascida das várias obras biográficas escritas na década anterior a ele. É possível que, ao chegar a Londres, ele tenha ido trabalhar na companhia dos Homens de Lorde Pembroke, como ator, e vendido suas peças – que passavam a ser propriedade exclusiva da companhia – pelas seis libras que eram praxe.

Em 1592 uma forte epidemia de peste fechou todos os teatros, algumas companhias desapareceram, outras se fundiram para excursionar pelo país, mas Shakespeare ficou em Londres e aproveitou o tempo para firmar seu nome como poeta. Escreveu dois poemas de temas clássicos e um tanto eróticos, *Venus and Adonis* e *The Rape of Lucrece*, dedicando ambos ao Conde de Southampton, muito conhecido como patrono das artes. É possível que tenha sido o dinheiro que o Conde lhe deu em recompensa o bastante para que – quando os teatros foram reabertos e se reorganizaram as companhias – ele entrasse de sócio na Lord Chamberlain's Men.

O lorde Camerlengo, patrono da companhia, era George Carey, lorde Hunsdon, primo da rainha pelo lado de sua mãe, Ana Bolena, e para esse grupo Shakespeare trabalhou exclusivamente pelo resto da carreira. Essa exclusividade é caso único no teatro elisabetano, e se ela atesta a confiança que a família Burbage tinha no talento do autor. É espantoso que a obra de Shakespeare não pareça ter sofrido nada por ser escrita para um núcleo de elenco permanente.

Após aquela primeira fase, Shakespeare entra agora em uma segunda, em que sua própria visão e seu próprio estilo vão ficando mais definidos. Dedicado principalmente ao amor e às relações interpessoais, ele escreveu comédias muito bem-sucedidas, como *A Megera Domada* e *O*

Mercador de Veneza e enveredou por um lirismo brilhante em *Sonho de uma Noite de Verão*, concluindo o período com uma de suas mais populares obras-primas, *Romeu e Julieta*, sua única *tragédia lírica*.

Esse lirismo ainda transborda para o início da próxima fase de sua carreira, em que volta seu olhar para as relações do homem com a sociedade e o Estado no qual vive. Ao tratar de um delicado tema, o da abdicação forçada de um rei inglês, Ricardo II, o caminho de Shakespeare para escapar da censura foi usar um tom lírico e uma grande solidariedade para com o lado humano do rei, enquanto seu primo usurpador, Henry Bolingbroke, é apresentado como agindo sempre corretamente, do ponto de vista do governo e da política, mas sempre mais frio do ponto de vista humano. Tanto *Ricardo II* quanto as duas peças que se seguem, as duas partes de *Henrique IV*, falam sobre a relação entre o poderoso e o poder, e como aquele é afetado por este. Nessas últimas, Shakespeare mostra o rei usurpador integralmente dedicado às suas responsabilidades, mas amargurado por – depois de destituir o primo por sua futilidade irresponsável – ver Hal, seu filho mais velho, herdeiro da coroa, viver entre companheiros não só farristas mas até ladrões, como o velho e gorducho Sir John Falstaff, sendo este uma brilhante e viva reencarnação da corrupta figura de Boas Companhias, nas velhas Moralidades. Falstaff – que afirma na peça: "Eu não sou só espirituoso, eu sou a razão por que haja espírito nos outros homens" – é personagem tão brilhante que não faltam os que se revoltem quando o recém-coroado Hal, agora Henrique V, afasta-o de sua companhia.

Na tradição historiográfica inglesa, Henrique V sempre foi o grande rei-cavaleiro, e a peça *Henrique V* é épica, com os cinco coros que antecedem os cinco atos, juntamente com um epílogo, formando a narrativa que emoldura a pouca ação composta por episódios que ilustram as várias qualidades de um rei previstas em uma obra de imenso sucesso na época, *Of the Institution and Firste Beginning of Christian Prince's*, de Chelidonius, traduzida para o inglês por Chillester, em 1571. Se nas quatro peças históricas do início da carreira o incompetente governo de Henrique VI acaba levando ao pior dos reis, Ricardo III, as boas intenções do fútil Ricardo II seguidas pela seriedade de Henrique IV mostram que o bom governo leva ao melhor dos reis, Henrique V.

Aos trinta e cinco anos, tendo atingido seu pleno amadurecimento como homem e como artista, Shakespeare entrou na fase de ouro de sua carreira, enveredando pelo caminho da tragédia, a mais difícil de todas as formas dramáticas. Em 1599, no mesmo ano de *Henrique v*, Shakespeare escreve *Júlio César*, a mais abertamente política de suas peças, pois não sendo o protagonista nem inglês, nem cristão e nem rei ungido, o autor se sentiu muito mais livre para fazer sua trama girar em torno de posturas ideológicas que levam ao extremo do assassinato.

Brutus não chega realmente a ser um herói trágico, mas alguns aspectos dele serviram bem a Shakespeare quando ele criou o protagonista de sua primeira tragédia verdadeira, *Hamlet*. Tomando uma trama típica de tragédia de vingança, que nasceu por volta do século vi, nas lendas das Eddas islandesas, depois apareceu em *Saxo Grammaticus*, do século xii (publicado no xv), a seguir nas *Histoires Tragiques* de Belleforest e finalmente foi traduzida para o inglês por William Painter, em sua coletânea *The Palace of Pleasure*, temos a história de um menino que tem o pai assassinado por um tio e se faz de bobo para poder crescer e se vingar. Em Shakespeare, o antigo menino Amloeth agora é o príncipe Hamlet, que está na universidade de Wittenberg, e a preocupação com a tarefa da vingança é transformada em uma pungente reflexão sobre a condição humana.

Toda a experiência adquirida nos dez ou doze anos em que vinha escrevendo para o teatro permite que a primeira tragédia de Shakespeare seja uma obra-prima; as relações interpessoais das primeiras peças, as do homem com o Estado, das peças históricas, agora servem para a criação de uma trágica ação em que toda uma visão de valores fundamentais, de vida e morte, seja vivida por personagens ricas, tridimensionais, com um protagonista que, embora excepcionalmente dotado e multifacetado, em momento algum deixa de ser a imagem de um ser humano perfeitamente aceitável como tal. Hamlet é sem dúvida uma personagem fascinante, e mais ainda por não ser um incomparável paradigma de virtudes.

Em todo o período trágico, Shakespeare continua a examinar a presença do mal na vida do homem e como ele o enfrenta. Se Marlowe retratou heróis maiores que a vida e usou imagens tiradas predominantemente da mitologia clássica, do céu e das estrelas, em todos os protagonistas shakespeareanos o espectador encontra um irmão humano, e suas obras são enriquecidas principalmente com imagens buscadas no dia a dia do homem comum, o que aproxima a ação daqueles que a assistem.

Em *Otelo*, assim como em *Hamlet*, o mal é representado por um antagonista forte, e Iago talvez seja a melhor exemplificação de que o mal, tal como Shakespeare o vê, é estéril, enquanto o bem é fértil, o mal é egoísta, enquanto o bem é generoso, o mal é favorável à morte, enquanto o bem é favorável à vida. É possível que tenha sido por ter de apresentar Otelo vítima de um sentimento um tanto mesquinho, como é o ciúme, que Shakespeare fez desse protagonista, entre todos os seus heróis trágicos, o mais nobre de aspecto e comportamento. Se Iago acusa Desdêmona, a mulher de Otelo, de ser adúltera, ele só esperava, com sua falta de preocupação com valores morais, que o mouro lhe ficasse muito grato e por isso mesmo lhe desse o posto de lugar-tenente com que ele tanto sonhava. O fato de Otelo ter uma reação de dimensões inimagináveis para Iago e resolver matar a mulher, não faz a menor diferença para Iago, já que conquista, do mesmo modo, o cargo de Cássio.

Otelo é muitas vezes considerada a mais bem construída de todas as peças de Shakespeare. De fato, sua ação dramática se desenvolve implacavelmente, e vemos, de forma sucessiva, Otelo ser implacável para com Cássio porque acredita, sem qualquer investigação, no que o "honesto Iago" lhe dissera; a seguir com Desdêmona e, finalmente, consigo mesmo, pois quando Otelo se mata está, na verdade, dando forma mais a uma execução do que a um suicídio, já que não pode haver perdão para o que ele acaba de descobrir ter feito.

Em *Macbeth*, pela primeira vez, vemos o mal instalado no próprio protagonista, que fica cindido em si mesmo quando, no encontro que tem com as três "irmãs estranhas", as bruxas, estas lhe dizem que será rei. Isso deixa sua ambição sem controle. Antes desse evento, ele é tido como exemplar, seja como militar, seja como súdito, seja ainda como afetuoso primo do rei.

Em cada uma de suas tragédias Shakespeare encontra caminhos diferentes, cada um deles o que melhor possa expressar a essência da ação dramática e que melhor comunique seu pensamento dominante ao espectador. Se, em *Hamlet*, os famosos monólogos ressaltam o isolamento do príncipe na corte que agora gira em torno de seu tio, e se, em *Otelo*, a ausência de qualquer trama paralela deixa mais forte o conflito entre Otelo e Iago, em *Macbeth*, com o mal se manifestando no próprio protagonista, o poeta ressalta a intensidade da trama, criando para ele um *alter ego*, Lady Macbeth. Esta, apoiando o marido, insiste que matar é algo fácil de ser executado e, como o marido, acaba isolada pelo mal e enlouquece só por ver o rei assassinado. Ter perdido a alma por nada é o que a consciência diz a Macbeth, que – como todos os protagonistas trágicos de Shakespeare, é influenciado pelo estoicismo de Sêneca – aprende com o seu sofrimento e morre dono de uma visão mais equilibrada da vida e da morte.

Rei Lear é de todas as tragédias a de alcance mais amplo, e por isso mesmo considerada durante anos, ou melhor, séculos, impossível de ser montada, embora considerada obra-prima da humanidade, comparável à Capela Sistina, de Michelangelo, ou à Nona Sinfonia, de Beethoven. Essa visão estreita se inicia, é claro, no neoclassicismo, com seus limites determinados pelas dimensões e condições técnicas do palco italiano, para o qual Shakespeare não escreveu, assim como pelo desrespeito às unidades de tempo, lugar e tom. A montagem de Peter Brook, em meados do século XX, acabou com esse infeliz mito, e a obra tem sido desde então montada com regularidade.

No *Rei Lear*, uma pequena parcela do mal está presente no protagonista, que o reconhece quando afirma ser "more sinned against than sinning" (mais vítima de pecadores do que pecador, mas não sem pecado). Este se apresenta também fora dele, nas duas filhas mais velhas do rei e em seus maridos, como também no filho ilegítimo de Gloucester. O recurso particular da peça é o uso de um enredo paralelo graças ao qual Shakespeare tira da trama principal qualquer ideia de ser ela caso particularmente raro: Gloucester, tanto quanto Lear, não sabe distinguir o bom filho do mau, caindo os dois no engodo da aparência e da bajulação.

É preciso insistir: por mais ampla que possa ser, a trama de *Rei Lear* não deixa um só momento de seguir a história do rei que, em sua primeira cena, afirma que deseja "Livrar nossa velhice de cuidados, / Deixando-os para os jovens de mais forças, / Enquanto nós, sem cargas, rastejamos / A caminho da morte"[3]. O que ele deseja – deixar as responsabilidades da coroa, mas ficar com todos os privilégios dela – é impossível, pois, desde os idos dos *Henrique VI*, Shakespeare mostra que tudo vai mal se o poder não está nas mãos do titular do governo. O que a tragédia apresenta é o caminho que Lear percorre até que se cumpra, literalmente, o que ele afirma desejar. A crueldade e as humilhações a que Lear e Gloucester são submetidos, assim como a morte de Cordélia, tornam a peça a mais dolorosa de todas, porém mesmo aqui a obra não resulta deprimente, ficando reafirmada, no final, a dignidade humana, com a dura resolução de levar a vida avante, por difícil que seja.

Rei Lear e *Macbeth* datam ambas, no que seja possível saber, de 1606 e até 1608 Shakespeare continuará em seu período trágico, que inclui ainda *Antônio e Cleópatra*, *Coriolano* e *Timão de Atenas*, sendo as duas primeiras notáveis, mas um tanto ofuscadas pelo sucesso das "quatro grandes" anteriores, e a última, interessante, mas inacabada. Nas últimas décadas, no entanto, *Antônio e Cleópatra*, assim como *Coriolano*, tiveram seus méritos reconhecidos e mereceram frequentes montagens nos países de língua inglesa, tendo *Coriolano* sido montada em São Paulo, com Paulo Autran como protagonista e Henriette Morineau no papel de sua mãe, Volumnia.

Em sua fase final Shakespeare escreveu quatro peças que hoje são classificadas como *romances*, que apresentam de várias formas a ideia comum de um conflito que poderia ser trágico, mas acaba tendo um final conciliatório, provocado pelos filhos dos protagonistas do conflito. Estes fazem, digamos, o que Romeu e Julieta tentaram mas não conseguiram com seu casamento. *Péricles*, *Cymbeline*, *Conto de Inverno* e *A Tempestade* são os romances; as duas primeiras muito experimentais e com estrutura não muito satisfatória, mas a terceira já cheia de encantos e a última da mais alta qualidade. Dessas quatro, só *Cymbeline* ainda não foi montada no Brasil.

Dificuldades com os direitos de publicação fizeram com que *A Tempestade*, a última peça que Shakespeare escreveu sozinho, aparecesse em primeiro lugar na primeira edição das obras completas, o

3   Ato I, Cena 1.

famoso *First Folio*, de 1623. Juntando isso com uma história de aparência muito leve, levou gerações de crianças do mundo anglo-saxão a ter com *A Tempestade* seu primeiro contato com Shakespeare, o que acabou relegando a peça à categoria de quase conto de fadas. Na realidade, todo o pensamento de Shakespeare sobre a natureza humana, sua organização social e sua governança estão presentes nessa peça, em cujo final Próspero, para voltar a governar Milão, antes de embarcar para o ducado de onde fora expulso pelo irmão doze anos antes, abandona a mágica, tendo compreendido que para o bom governo é preciso que governante e governados operem em um mesmo plano, que não pode ser a mágica. É uma bela despedida.

É interessante lembrar que Shakespeare, que ganhou bastante dinheiro com o teatro, a não ser por uma única exceção, uma casa em Londres cuja utilidade ninguém conseguiu estabelecer, fez todos os seus investimentos em Stratford, sua cidade natal, que visitou regularmente durante toda a sua carreira em Londres, e onde voltou a viver quando se aposentou do teatro em 1611. Nada tanto quanto essa total integração com a vida teatral e a de sua cidade natal garante tão bem que sejam tolas e fantasiosas todas as teorias que não querem que "o homem de Stratford" seja o autor de sua obra, tendo sido sugeridas, até agora, pouco mais de cinquenta candidaturas inúteis.

Outros Autores
e o Reinado de Tiago I

A genialidade de Shakespeare leva infelizmente à quase total ignorância do público em geral a respeito de vários outros autores que escreveram até os puritanos de Oliver Cromwell acabarem com a monarquia e com os teatros na Inglaterra, tendo a destruição dos teatros ocorrido em 1642. Mas é preciso lembrar, por exemplo, Ben Jonson (1572-1637), o único autor inglês da época a escrever segundo as normas do classicismo. Não há dúvida de que sua única tentativa trágica, *Sejanus*, é um fracasso, mas pelo menos duas de suas comédias, *Every Man in His Humour* (Cada um Com Seu Humor) e *The Alchemist* (O Alquimista) são de grande qualidade, já tendo sido argumentado que o enredo da segunda seria o mais perfeito enredo cômico jamais concebido. O autor, enteado de um pedreiro e treinado para esse ofício, recebeu uma bolsa para estudar na Westminster School, e apesar de não ter frequentado qualquer universidade tornou-se o grande árbitro literário da corte de James I, e tendo recebido títulos de Master of Arts tanto de Oxford quanto de Cambridge.

É preciso não esquecer que, em 1603, morreu Elisabete I, que tanto orgulho tinha de ser *pure English*, e quem a sucedeu no trono foi o filho de Mary Stuart e Henry Stuart (lorde Darnley), por cuja morte Mary havia sido forçada a fugir da Escócia, buscando proteção com a prima Elisabete, que se recusou a recebê-la enquanto pesasse sobre ela a acusação do assassinato do marido.

Juntando a isso a participação incansável da rainha escocesa em todo tipo de conspiração que pudesse lhe dar a coroa inglesa, Mary ficou presa, a princípio em um grande palácio, cercado de vastas áreas onde podia cavalgar e se distrair, mas foi deslocada para um palácio bem menor, com restrições cada vez maiores, diante de sua incapacidade de ficar longe dos golpes políticos. Burghley, o principal conselheiro de Elisabete, assim como vários elementos importantes de seu governo, insistia para que ela mandasse executar Mary, mas a rainha hesitou por longo tempo; não que Elisabete não soubesse do perigo que Mary representava para ela, mas por medo de abrir com isso o precedente de se executar uma cabeça coroada, o que também seria perigoso para ela. No entanto, ao fim de dezenove anos, a rainha assinou a ordem de execução, mas depois condenou o secretário que encaminhou essa ordem aos que esperavam por ela havia anos. O filho de Mary, Tiago, interessado em herdar a coroa inglesa, fez um protesto formal, mas não tomou nenhuma atitude mais forte ou indignada em relação à morte da mãe, e assumiu o trono da Inglaterra quando Elisabete I faleceu.

Quando do advento dos Stuarts, com Tiago I, o clima político, social e cultural da Inglaterra mudou. O novo rei não tinha o interesse de Elisabete em fazer com que o povo se sentisse próximo ao monarca, e a corte passou a ser mais sofisticada em suas atividades. Foi nessas circunstâncias que John Fletcher (1569-1625) entrou para a companhia dos Chamberlain's Men, que com Tiago passaram a ser

The King's Men; ele colaborou com Shakespeare em *Henrique VIII* e *Two Noble Kinsmen* (Dois Parentes Nobres), tornando-se o autor principal da companhia depois que o Bardo se aposentou. Fletcher é um caso raro em seu tempo, o único poeta que se dedicou apenas ao teatro. Com Francis Beaumont ele colaborou em três imensos sucessos, *Philaster* (1611), *The Maid's Tragedy* (A Tragédia da Donzela, de 1610) e *A King and no King* (Um Rei e Não Rei, de 1611), o bastante para que durante séculos ficasse a impressão de que Beaumont e Fletcher formassem uma dupla permanente.

Thomas Middleton (1580-1627) e John Webster (1580-1634) são outros nomes que se firmaram em um novo nível de dramaturgia, a qual enveredou por delicadas comédias sobre os amores de jovens bem-nascidos, ou que – quando esses autores ainda tentavam seguir a linha de Shakespeare – produziu dramalhões que muitas vezes têm versos bonitos, mas aos quais falta a solidez dos temas e problemas elaborados pela maior figura já produzida pelo teatro inglês.

Durante o reinado dos primeiros dois Stuarts, ficaram muito em moda peças passadas entre jovens de alta categoria social e, principalmente as *masques*, entretenimentos que tiveram suas origens nas antigas cerimônias de recepção de visitantes importantes, as quais exigiam trajes formais e cumprimentos elaborados. Já no final do reinado de Elisabete I tais ocasiões haviam se transformado em pretextos para apresentações de canto e dança entremeando os discursos, que aos poucos se tornaram falas de um pequeno e leve espetáculo. A grafia francesa para máscara – *masque* – foi provavelmente uma opção de Ben Jonson para os entretenimentos elaborados pelo arquiteto e artista plástico Inigo Jones que, de suas viagens pela França e pela Itália, trouxera os cenários e as máquinas para criar todas as transformações e efeitos visuais que lá aprendera a apreciar.

Na corte dos Stuarts, as *masques* encontraram ambiente ainda mais propício a esse tipo de espetáculo, e a colaboração de Ben Jonson e Inigo Jones durou de 1605 até 1634. Dança, música, figurinos esplendorosos e versos superficiais e elegantes eram os elementos que habitavam o mundo dos cenários em perspectiva desses espetáculos, feitos por encomenda para agradar à corte, que já não se interessava mais pelos textos trágicos ou históricos que a Rainha Virgem tanto apreciara.

A Revolução Republicana
e a Restauração Monárquica

O PARTIDO DOS PURITANOS, chefiado por Oliver Cromwell, dominou o país a partir de cerca de 1640. Com um regime supostamente republicano, instaurou a Commonwealth, que derrubou duas grandes tradições inglesas: a monarquia e o teatro. A partir de 1642 foram fechados todos os dezesseis ou dezessete teatros que havia então em Londres. Mais grave ainda, os prédios foram todos destruídos, dando realmente fim ao mais brilhante período de teatro – isto é, dramaturgia mais montagem – que o Ocidente havia tido.

No entanto, com o tempo, a Commonwealth puritana e o próprio Cromwell permitiram, durante a república, que peças didáticas ou de moral elevada fossem montadas em escolas ou em casas particulares, para públicos selecionados. Em seus últimos anos, a situação ficou um pouco mais flexível, e William Davenant (que se gabava de ser filho ilegítimo de Shakespeare) conseguiu permissão para montar em um "teatro público", um tanto improvisado, duas óperas: *The Siege of Rhodes* (O Cerco de Rodes) e *The Cruelty of the Spaniards in Peru* (A Crueldade dos Espanhóis no Peru). Mas somente com a restauração da monarquia, em 1660, quando os Stuarts voltaram ao trono com Carlos II, é que foi possível tornar a existir uma atividade teatral regular para um público pagante. Quando chegou ao fim aquela ditadura cinzenta do puritanismo, e a monarquia foi restaurada na Inglaterra, não restava mais qualquer lembrança da preciosa forma dos destruídos palcos elisabetanos; a corte estivera exilada em países do continente, e quando os teatros obtiveram permissão para existir novamente, foram teatros e palcos italianos que passaram a ser, desde então, construídos na Inglaterra. Só no século XX se viu a redescoberta da antiga forma, o que provocou a construção de vários teatros com palcos inspirados nela.

Se no século XVII francês o nome que ainda hoje mais repercute é o de Molière, o prestígio da tragédia neoclássica foi o mais sentido na Inglaterra quando da restauração monárquica. Para a nova corte – boa parte da qual passara os anos da Commonwealth no continente europeu – apareceram salas com palco italiano, quando o rei autorizou a construção de teatros e a apresentação de espetáculos. Carlos II concedeu o privilégio da montagem de peças a William Davenant (1606-1668) e Thomas Killigrew (1612-1683), que se preocupavam quase exclusivamente com o público da corte. As tentativas de tragédia, no entanto, não foram bem-sucedidas, e só John Dryden (1631-1700) pode ser lembrado, mesmo assim com sérias restrições. Ele tentou criar uma nova forma, a *tragédia heroica*, tendo escrito o estudo *An Essay of Dramatic Poesy* (Ensaio sobre a Poesia Dramática), no qual procurou estabelecer as diferenças entre a tragédia francesa e a inglesa. Embora seja autor de cerca de trinta peças, hoje só é lembrada *All for Love* (Tudo por Amor), onde Dryden quis mostrar o que Shakespeare poderia ter feito se respeitasse as regras ditadas pelo classicismo. A peça contém alguns belos versos, mas não é bom teatro e por isso não é montada.

Quase duas décadas sem teatro e com farto proselitismo puritano acabaram com o antigo público ávido de novidades e aventuras, e a forma que mais refletia aquela nova corte alegre e um tanto irresponsável foi a que veio a se tornar um gênero em si, tal a sua especificidade, a *comédia da Restauração*, toda ela construída sobre comprometedoras intrigas amorosas, um bom retrato da dúbia moralidade daquela sociedade que parecia estar sempre buscando o prazer como se estivesse vivendo o seu último dia. Se os Stuarts já não eram ingleses antes da Commonwealth, muito menos o foram depois do exílio na França. Em torno deles vivia uma corte totalmente dissociada da vida do país, e a dramaturgia que ali apareceu era totalmente destituída de qualquer fundamento popular.

Não foi encontrado, desde logo, algum gênero dramático que ficasse em sintonia com o clima de um poder que se queria absoluto, mas se sentia inseguro, entregando-se a excessos e desregramentos. Houve, a princípio, certas tentativas de reviver a comédia de Ben Jonson, sem qualquer sucesso, e até mesmo a de imitar Molière mas, sem a clara visão moral desse autor francês, a forma não funcionava. Uma figura interessante que aparece então é a de Aphra Behn (1640-1689), a primeira escritora e autora teatral profissional. Ela cresceu nas Índias Ocidentais, e seu primeiro romance foi *Oroonoko*.

O casamento com um rico comerciante é que lhe deu entrada na corte, mas ficou logo viúva. Sua personalidade levou o rei Carlos II a enviá-la à Holanda em uma missão de espionagem. Consciente da força do preconceito, Behn publicou um grande número de obras anonimamente, mas seu talento acabou reconhecido até mesmo pelo respeitadíssimo Dryden. Ela é autora de uma série de comédias ricas de intrigas e aventuras, das quais a melhor é *The Rover* (O Errante), montada na década de 1970 pela Royal Shakespeare Company com um elenco chefiado por Jeremy Irons. Aphra Behn foi enterrada na catedral de Westminster, onde diz seu epitáfio: "Jaz aqui a prova de que o espírito não consegue nunca ser defesa suficiente contra a mortalidade"[4].

É possível que houvesse, nos primórdios da comédia da Restauração, uma intenção de crítica ou pelo menos de ironia em relação aos hábitos do momento, mas o que ficou realmente como características do gênero foram a imoralidade mais ou menos generalizada, as conquistas fáceis e os adultérios, tudo isso envolto em diálogos excepcionalmente brilhantes e sofisticados. George Etherege (1636-1692) foi o iniciador do novo gênero, que começa com *The Comical Revenge* (A Vingança Cômica), na qual manipula quatro tramas diferentes, e termina com *The Man of Mode* (O Homem da Moda), em que apresenta, com duas tramas, o conflito entre a sensualidade e o verdadeiro amor.

O mais interessante é que os mais conhecidos nomes de autores desse tipo de comédia escrevem anos mais tarde e, por isso, para falar do gênero é impossível não falar de escritores que pertencem, na verdade, ao século XVIII. Tudo começa, mais ou menos, com um autor sem grande importância, Colley Cibber (1671-1757), também ator e administrador de teatros, que foi o criador do estilo de personagem *fop* – um homem de sociedade tolo, elegante, fútil e intrigante – que oferece a qualquer ator grandes oportunidades para brilhar, e se tornou indispensável nas intrigas e imoralidades típicas do gênero, como a sua comédia *The Last Shift* (A Última Mudança). Como Cibber ainda estava tateando em seu caminho, o devasso herói tem

---

4   Tradução nossa. No original: "Here lies a proof that wit can never be defence enough against mortality".

uma grande cena de arrependimento no último ato. Logo depois apareceu *The Relapse* (O Relapso), de sir John Vanbrugh (1664-1726), provando que o arrependimento final não era permanente. Essas duas peças foram publicamente denunciadas por sua imoralidade e obscenidade; mas o clima geral não melhorou, como fica provado com as peças de William Congreve (1670-1729) e, principalmente, Richard Brinsley Sheridan (1751-1816), o qual voltou ao gênero após várias décadas e tem seu primeiro sucesso com a peça *The Rivals* (Os Rivais), na qual aparece a notável figura de mrs. Malaprop, que erra todas as palavras difíceis que quer empregar para ser elegante. Brinsley fechou o ciclo das "comédias da Restauração" com a brilhante *The School for Scandal* (A Escola de Escândalo), montada em 2011, no Rio de Janeiro, com adaptação e direção de Miguel Falabella.

As sucessivas crises políticas durante o reinado de Tiago II, o último rei católico da Inglaterra, deixaram as últimas décadas do século XVII incapazes de produzir obras mais significativas nas artes, e o teatro terminou o século rico em espetáculos, porém pobre em dramaturgia.

VII.

O Teatro na França: O Absolutismo

Da Idade Média à Renascença: Transformações

A TRANSFORMAÇÃO DO TEATRO medieval para o renascentista foi muito diferente na França, onde não houve a afirmação do povo pela luta contra os mouros como ocorreu na Espanha, nem a tradição parlamentar da Inglaterra. Na França, desde o início do século XVI, a estrutura medieval foi perdendo força, mas uma série de reis fracos e conflitos religiosos atrasou a real unificação política do país. A monarquia nacional só se consolidou quando, em 1593, foi coroado como Henrique IV, da França, o protestante Henrique de Navarra, após uma ardilosa conversão ao catolicismo, já que "Paris bem vale uma missa". Apoiado por seu grande ministro Duque de Sully, o próprio rei estimulou o comércio e a indústria. Infelizmente, Henrique IV foi assassinado em 1610, e a regência de sua viúva, Marie de Médicis, perturbou bastante a paz e a prosperidade que vinham sendo construídas.

Só quando Armand-Jean Du Plessis – o cardeal Richelieu – assumiu o controle do governo do jovem Luís XIII, com nove anos ao herdar o trono, a França reencontrou a estabilidade necessária para retomar a prosperidade que, a partir de então, não deixou de aumentar até o final do século. O cardeal cortou o poder da nobreza, instituindo um sistema de "intendentes", todos funcionários oriundos da burguesia, beneficiados pela boa educação que recebiam nos muitos colégios que então floresciam, e todos, é claro, fiéis ao cardeal, a quem deviam suas promoções. Foi na época de Luís XIII e Richelieu que foram plantadas as sementes do mais esplendoroso período das artes na França.

No reinado seguinte, durante a menoridade de Luís XIV, foi a vez de outro cardeal, Mazarin (na verdade Giulio Mazarino), apoiar e usar o absolutismo. Conseguindo derrotar o movimento de revolta da nobreza, conhecido por *Fronde*, ele acabou com a última tentativa, antes da Revolução Francesa, de se pôr em questão a monarquia absoluta. Luís XIV exemplificou a teoria e a prática da monarquia absoluta. Quando assumiu o controle do governo, ele procurou determinar pessoalmente toda a política governamental e, em questões domésticas, teve em Colbert um grande ministro. Certamente o novo rei foi um importante patrono das artes. Se Richelieu e Mazarin exigiam total obediência da nobreza ao rei, Luís XIV, por sua vez, recusou-se a dar a ela qualquer importância política, porém mantendo os nobres sempre sob seu controle, conferindo a eles importância militar e, acima de tudo, decorativa. Sem dúvida, a nobreza manteve inúmeros privilégios e isenções, e permaneceu sendo a fonte na qual o rei escolhia nomes para postos diplomáticos, militares e eclesiásticos; acima de tudo, no entanto, ele atraía os nobres para sua corte, onde a preocupação com o sucesso social os fazia esquecer, ou lamentar menos, o poder político perdido.

Em todos os níveis havia marcada separação entre os elementos da estrutura social da França: a nobreza ficava dividida entre a rica, que podia sustentar os luxos da vida na corte, e a rural, dos nobres que mal viviam de suas terras, mas não admitiam, por tradição, procurar ocupação lucrativa, com bem poucas compensações por seus supostos privilégios.

A Igreja era dividida do mesmo modo: os segundos ou terceiros filhos de nobres entravam para a Igreja, onde alcançavam os melhores postos, enquanto os padres que vinham do Terceiro Estado[1] eram encarregados das paróquias mais pobres e de quase todas as atividades essencialmente religiosas.

E assim também no Terceiro Estado, composto pela burguesia e pelo povo, somando dezoito e meio dos dezenove milhões franceses da época. Nele a burguesia – os grandes comerciantes, os profissionais liberais e os funcionários da administração pública – era rica e começava a aspirar a níveis mais altos, como se vê pelos frequentes

---

1   O Primeiro e o Segundo Estado eram, respectivamente, a nobreza e o clero.

casamentos "para redourar o brasão" entre um nobre empobrecido e a filha de um burguês rico, graças ao qual, diziam, o nobre ficava rico e a noiva passava a ter antepassados...

Até a sociedade chegar ao nível atingido ao tempo de Luís XIV (1638-1715), foram imensas as etapas a serem galgadas. Principalmente no teatro que, desde seu aparecimento na Grécia, é por excelência uma forma de arte tardia em relação às demais, já que necessita, por princípio, que a língua usada já esteja suficientemente evoluída e estruturada para ser apta a expressar bem um grande leque de emoções. As artes sempre precisam de certa tranquilidade no contexto sociopolítico, e mais ainda o teatro, para poder exercer plenamente sua função de analisar comportamentos humanos.

Durante todo o século até a maturidade de Luís XIV, as artes foram negligenciadas pelos que estavam no poder, e as últimas farsas críticas que tanto brilho deram ao teatro medieval, foram as de Pierre Gringoire (1475?-1538), cuja *Farce de dire et écrire* (Farsa de Dizer e Escrever) ainda honra o gênero, mas só com o teatro de bonecos, na Pont Neuf, Brioché tentou alguma sátira durante o reinado de Henrique IV.

Enquanto isso, os amadores, que vinham preservando nas feiras as antigas formas medievais e populares, foram tendo menos espaço e perdendo qualidade, enquanto o futuro da literatura e do teatro na França começava a ser traçado pelas mãos de um grupo restrito. Mesmo assim, na segunda metade do século XVI, ainda houve um breve período de liberdade de criação, enquanto o teatro popular, desprezado pelos nobres, fazia cada vez mais concessões à parcela mais ignorante do povo, sobrevivendo com as antigas farsas e, de novo, espetáculos de *Commedia dell'Arte*.

As Teorias e Convenções

AS CLASSES ALTAS FORAM ficando cada vez mais sofisticadas e mais afastadas dos setores populares graças ao humanismo, importado pelos franceses quando das guerras com a Itália. Influenciado por teóricos renascentistas como Scaliger e Castelvetro, no mesmo ano em que foi proibido o teatro religioso, Thomas Sebillet (1512-1590) publica sua *Art poétique*, um prenúncio das radicais mudanças na língua e literatura francesas responsáveis pelo repúdio ao teatro medieval e o eventual advento das formas do neoclassicismo.

O arauto das reformas, Pierre de Ronsard (1524-1585), destinado à carreira diplomática, teve educação esmerada e viajou muito a fim de aprimorar sua cultura. Ficando repentinamente surdo, ele se voltou para os estudos, especialmente de grego e latim, sob a orientação de Jean Durat (1508-1588). Em 1549, Ronsard, autor de uma agradável e leve poesia, passou a reunir em torno de si um grupo de jovens com interesses semelhantes aos seus, sempre sob a orientação do mesmo mestre. Sendo sete, os jovens passaram a ser conhecidos como a *Pléiade*, a constelação, e dentre eles é preciso destacar Joachim Du Bellay (1525-1560) e Etienne Jodelle (1532-1573). O primeiro publicou, em 1549, um ano depois do tratado de Sebillet, sua notável *Défense et illustration de la langue française*, que defende o francês como língua literária, e Jodelle foi o autor da primeira tragédia neoclássica, *Cleopatre captive* (Cleópatra Cativa), sem maiores méritos, e uma comédia, *Eugène*, com a qual gabava-se ele de finalmente repudiar as formas medievais. Embora formalmente mais clássico, Etienne Jodelle deve muito às farsas medievais e o melhor da sua comédia, em termos do futuro do teatro francês, está na divertida crítica a vários aspectos da vida contemporânea de seu país.

Quem afetou definitivamente toda a literatura francesa – e seu teatro, já que os dramaturgos também tinham de obedecer às novas regras – foi François de Malherbe (1555-1628), que, formado em Direito, fez carreira na corte, escrevendo poemas laudatórios hoje esquecidos. Assim como Du Bellay, ele também defendia a língua francesa, porém agora não mais qualquer língua francesa, pois estabelecia várias exigências, como a que excluía todas as formas que não o francês da Île-de-France – onde ficavam tanto a corte quanto a Universidade de Paris-Sorbonne, e onde se instalou a Academia Francesa – assim como a que estabelecia a imitação exagerada dos clássicos da Antiguidade ou dos italianos renascentistas.

Com o tempo, somou-se a isso a ideia de que não era permitido o uso de palavras tomadas de línguas estrangeiras, arcaísmos, jargões profissionais, palavras derivadas ou compostas. Dessa forma, acabava-se por criar uma prisão dentro da qual teriam os escritores de trabalhar, devendo sempre, em primeiro lugar, obedecer às regras, em benefício das quais ficava limitado até mesmo o recurso à imaginação. Em especial no teatro, o cerco era feito, além das regras literárias que Aristóteles delineou na *Poética*, pela *Arte Poética* de Horácio, na qual essas regras aparecem como dogma inflexível. Sob essas influências, foi possível que, em 1674, o teatro francês neoclássico fosse definido em dois versos, corretamente alexandrinos: "Que um lugar e um dia, um só fato tratado / Mantenha, até o fim, o seu palco ocupado"[2].

Ficou estabelecido que o poeta não tinha direitos, e a razão tinha de ser seu guia. As regras eram tidas como qualidades em si mesmas, os poetas eram feitos, não nascidos. O mais importante era obedecer às normas, que vieram a se tornar mais importantes para a obra de um poeta do que sua imaginação. Esses grupos intelectuais impuseram tais restrições que só no final do século é que o teatro francês começa a voltar à vida. Obras como as tragédias de Jodelle foram escritas para um grupo muito restrito, e a maior parte da população ainda preferia rir com as farsas singelamente montadas por grupos ambulantes. Estes visitavam quase todo o país, mas por certo eram vistos também em Paris nas duas grandes feiras que tinham lugar na primavera e no outono, atraindo um público imenso.

Se a dramaturgia teve de se disciplinar e só criar dentro das regras do neoclassicismo, também o espetáculo sofreu a influência das transformações artísticas e sociais que caracterizam o século XVI na França. Ainda ocorriam, na primeira parte do século, montagens das grandes *paixões* nas praças, onde eram construídas as várias *mansões*, ou seja, cenários individuais para cada episódio, que o povo seguia a pé; porém, em meio às lutas entre católicos e protestantes, as *paixões* foram perdendo força, e é por isso que foi uma das irmandades

---

2   Tradução nossa. No original: "Qu'en un lieu, qu'en un jour, un seul fait accompli / Tienne jusqu'à la fin le théâtre rempli." Boileau, *L'Art Poétique*, Canto 3, versos 45-46.

religiosas, a Confrérie de La Passion, que pela primeira vez apresentou espetáculos em recintos fechados.

A Confrérie de La Passion, responsável pelas grandes *paixões* medievais, foi obrigada a mudar de rumo com a proibição das montagens religiosas em 1518, e obteve da coroa, em 1548, o monopólio para a realização de espetáculos teatrais em Paris. Um antigo palácio do duque da Borgonha estava abandonado, assim, a confraria reformou e passou a ocupar o teatro do Hôtel de Bourgogne. A exclusividade da Confrérie não chegou a significar que não se fizesse teatro em Paris em outros locais; mas os grupos que se candidatassem à ocupação do Hôtel de Bourgogne, em dias nos quais a companhia residente não se apresentasse, teriam de pagar uma taxa. Pior, essa taxa se estendia também aos que levavam suas peças em palcos improvisados nas feiras.

Nesse novo teatro – onde foi instalado um palco em nível mais alto do que o da plateia – o aspecto mais pitoresco foi o respeito atávico pela antiga forma de encenação das paixões: em um espaço exíguo, o fundo do palco era coberto por um grande telão em que apareciam pintadas evocações de locais variados. Essa ideia serviria também de apoio às peças de Alexandre Hardy, em que a ação não raro se passava em vários locais.

A adoção pelo neoclassicismo francês dos três princípios de unidade de ação, tempo e espaço, atribuídos à tradição aristotélica – ou seja, um dia, um lugar, um único tom –, acabou fazendo desaparecer esse estranho vestígio da Idade Média, e todo o teatro francês em seu áureo período no século XVII é apresentado com o palco neutro, com pano de fundo e rompimentos laterais, geralmente pretos. É preciso admitir que tal convenção era também muito conveniente para o novo teatro profissional, tanto do ponto de vista econômico quanto do de mobilidade: sem cenários ou quaisquer outros elementos de construção de cena, os atores podiam apresentar-se tanto nos salões dos grandes palácios particulares, quanto em teatros.

Os Primeiros Autores
e Obras

É CLARO QUE AS restritivas regras que vieram a dominar toda a literatura francesa só poderiam ser aplicadas a uma arte voltada para um grupo restrito. É exatamente o que aconteceu no teatro francês dessa época em que o conceito de monarquia nacional, que fora socialmente inclusivo até certo ponto na Espanha e ainda mais na Inglaterra, se tornou na França cada vez mais absolutista e centralizador. Ao longo do século XVI, letras e artes reafirmaram de forma cada vez mais forte o clima do absolutismo, talvez mesmo porque o estabelecimento da monarquia nacional tivesse sido alcançado ao preço de tantas lutas domésticas.

Uma nobreza privilegiada continuava a explorar implacavelmente suas grandes propriedades, sem mostrar qualquer preocupação com aquela grande massa que sobrevivia apenas com o pouco que podia tirar, para comer, do que cultivava para os donos da terra, e os monarcas que ocuparam o trono ao longo desse século conturbado não tinham, eles mesmos, maior interesse na cultura ou nas artes.

Até os primeiros anos do século XVII, no entanto, ainda foi possível o aparecimento de um escritor teatral como Alexandre Hardy (1575-1632), de quem se tem as primeiras notícias em 1611, quando tinha emprego fixo como autor na companhia Valleran le Conte, que lhe comprava as peças por uma ninharia e o impedia de publicá-las, e são compreensíveis tanto sua revolta como suas muitas tentativas de escapar dessa espécie de prisão intelectual. Já em 1625, ele conseguiu, por um curto período, escrever para os Comédiens du Roi, de Bellerose, porém estes foram aglutinados por Valleran le Conte, e novamente Hardy ficou impedido de publicar. O resultado do egoísmo do empresário foi que, apesar de ter ele escrito, ao que parece, cerca de seiscentas peças, só sobreviveram 34 das obras dramáticas de Hardy, entre tragédias e melodramas. Grandemente influenciado pelo melodrama espanhol, esse é o único dramaturgo francês a corresponder, na época, à liberdade que tiveram os espanhóis do Século de Ouro e os ingleses elisabetanos.

Indiferente às notórias regras neoclássicas, Hardy usou, em suas obras, tanto a mitologia e os temas clássicos quanto o seu mundo contemporâneo. Se não se iguala aos maiores, ele tinha sem dúvida um considerável talento dramático e teatral, trazendo para o palco a ação viva, com grande habilidade para fazer caminhar a trama. Ele pode ter sido oficialmente ignorado, mas suas *tragédies irregulières*, irregulares por não obedecerem às regras, tinham uma vida cênica ausente da disciplina das tragédias de Jodelle. A facilidade do sucesso, a constante pressão pela composição de novas peças e o fato incontestável de não ter sido bom poeta trabalharam contra Hardy, que não conseguiu o apoio da corte, e acabou seus dias escrevendo dezenas de peças sem mérito para os teatros das feiras. É possível que o destino do teatro francês tivesse sido outro, se Alexandre Hardy houvesse tido a qualidade de um Lope ou de um Shakespeare mas, mesmo ignorado pela corte, ele foi exemplo para novos autores, que aprenderam com ele a escrever cenas de ação em lugar das imitações de Sêneca, que apenas debatiam o que acontecia fora do palco.

Uma figura que exemplifica bem o processo do abandono da obra barroca de Hardy até o classicismo característico do absolutismo francês é Jean Mairet (1604-1686), que começou a carreira escrevendo de forma "irregular", isto é, com total liberdade para a criação, e alcançando certo sucesso. Em 1629, no entanto, ele escreveu uma tragicomédia pastoral, *Silvanire*, em que já respeita cuidadosamente as novas regras, acompanhando-a de um prefácio defendendo a ideia de que essas regras passassem a ser respeitadas por toda e qualquer obra teatral. Em 1634, ele lançou *Sophonisbe*, a primeira tragédia neoclássica, verdadeiro modelo de obediência às unidades de local, tempo e gênero. Tendo alcançado bastante sucesso, a tragédia pesou muito na aceitação geral da virtual camisa de força imposta ao teatro. Foi muito azar, portanto, que esse sucesso se tenha dado dois anos antes da estreia de *Le Cid*, de Corneille.

Corneille e a Polêmica
do *Cid*

A PRIMEIRA FIGURA IMPORTANTE do novo teatro francês foi Pierre Corneille (1606-1684), um grande talento que muito sofreu por causa das exigências das regras que condicionavam o teatro. Nascido em Rouen, teve educação primorosa, estudou Direito e, uma vez formado, começou a exercer a profissão. Dois incidentes mudaram seu destino, sendo o primeiro uma peça de Alexandre Hardy a que assistiu e que o deixou entusiasmado; a seguir, meio por brincadeira, escreveu sua primeira peça, *Mélite*, para uma festa de amigos. O segundo incidente foi que, por acaso, a companhia de Le Noir e Mondory estava excursionando, parou em Rouen, quando foi montado o espetáculo, e comprou a peça para seu repertório. A peça alcançou tanto êxito em outros pontos da excursão, que a apresentaram em Paris.

Corneille experimentou compor, a seguir, uma tragicomédia, que foi um fracasso, depois da qual vem uma série de quatro comédias, todas elas montadas pela companhia de Mondory. O sucesso levou Corneille para Paris, onde ele escreveu, em 1631, sua primeira tragédia, *MédéeI*, que não é grande coisa e, logo a seguir, uma comédia altamente teatral, *L'Illusion comique* (A Ilusão Cômica), um texto magistral, influenciado pela *Commedia dell'Arte*, mas incomparavelmente mais elegante e sutil, que com imensa habilidade enlaça duas tramas. A essa altura ele é chamado pelo cardeal Richelieu para integrar um grupo de cinco autores, para escrever peças sobre ideias dele, ou aprimorar o que ele escrevia, grupo esse do qual fazia parte também Jean Mairet. Corneille cometeu o grande e imprudente deslize de discordar do cardeal sobre o desenvolvimento de uma trama, tendo não só sido afastado do grupo como, na verdade, obrigado a voltar para Rouen.

Foi enquanto estava em sua terra natal que Corneille escreveu sua obra mais célebre, a magnífica *Le Cid*, muito influenciada pelas tragicomédias espanholas. A trama dessa magistral tragicomédia, como seus modelos espanhóis, gira em torno da honra e do amor. Para vingar o velho pai em uma disputa de honra, o jovem Rodrigue mata o pai de sua amada Chimène e, quando está sendo procurado para pagar o que ela denuncia ao rei como crime, chega a notícia de que os mouros estão ameaçando a cidade. São de tal monta os atos de heroísmo de Rodrigue que os próprios mouros lhe concedem o título de Cid. Diante desses fatos, o rei julga não poder mais punir Rodrigue com a morte, perdoa-o e dá a Chimène um ano para se refazer da morte do pai e, depois, casar-se com o herói. A estreia de O *Cid* no Théâtre du Marais, no início de 1637, foi triunfal, e tudo indicava ser esse o início de um renascimento da liberdade formal no teatro francês, mas o sucesso provocou ciúmes em outros autores. O principal crítico da obra de Corneille foi justamente Mairet, o defensor das regras, que prolongou por tempo considerável a "querela do *Cid*". Pesou também, e muito, o desentendimento com Richelieu, que não só se recusou a apoiar Corneille como, ao submeter a questão à Academia Francesa, dava clara indicação de que essa devia condenar a obra.

O parecer da Academia é a confirmação de que as regras tinham de ser respeitadas, e aponta todos os "erros" de Corneille na composição de sua obra. Revelando não haver qualquer confiança na imaginação da plateia, a Academia Francesa condena o fato de a ação, no *Cid*, mudar de local mais de uma vez, e deixar o público, na opinião dos acadêmicos, sem saber "onde estava". Foi condenado, com horror, o comportamento de Chimène, tida como impudica por receber Rodrigue (mesmo que cerimoniosamente) em seus aposentos, e seu comportamento tachado de escandaloso. Acostumado a tragédias onde tudo acontecia fora do palco e em cena era apenas comentado, foi um choque para o público efetivamente ver o pai de Rodrigue levar uma bofetada do pai de Chimène. Pior do que tudo, na peça, o rei é contra os duelos e sua autoridade não é apresentada com o poder total que deveria ter, permitindo-se o autor, além do mais, incluir na obra a frase "Por grandes que os reis sejam, são só o que somos"[3]. Considerando prudentemente o que tais comentários poderiam causar à sua carreira de dramaturgo, Corneille se recolheu em Rouen.

Quatro anos mais tarde, Corneille volta ao teatro com uma tragédia, *Horace*, perfeitamente enquadrada em todas aquelas regras, e é

---

3   Tradução nossa. No original: "Pour grands que soient les rois, ils sont ce que nous sommes." Pierre Corneille, *Le Cid*, Ato I, Cena 6.

fortemente aplaudido. Seguiram-se *Cinna, Polieucte* e *La Mort de Pompée* (A Morte de Pompeu), podendo ser Corneille, então, consagrado como autor trágico. A disciplina foi compensada com sua eleição para a Academia Francesa. Corneille só viria a se deixar levar por seu entusiasmo pela dramaturgia espanhola mais uma vez, na comédia *Le Menteur* (O Mentiroso), inspirada em *La Verdad Sospechosa* (A Verdade Suspeitosa), de Alarcón. Foi longa a carreira de Corneille; porém, após anos de sucesso, ele foi se desgastando, suas peças passaram a atrair menos o público. Quando, em 1670, ele apresentou *Tite et Bérénice,* foi menos por falta de qualidade do que pelo resultado de uma teia de intrigas que a obra foi totalmente ofuscada pela *Bérénice* de Racine. As intrigas eram comuns na busca de sucesso; consta que Racine conseguiu ser informado sobre o tema da nova peça que Corneille estava preparando, escreveu a sua própria e a fez estrear uma semana depois da peça daquele autor, cujo sucesso começara trinta anos antes, ao tempo em que Racine nascia. Já tendo tido um outro fracasso pouco antes, Corneille se afastou do teatro, e após um período de silêncio ainda escreveu duas peças, porém estas também fracassaram e ele morreu triste e ressentido por ter sido abandonado pelo público.

A beleza e a força poética de *Le Cid* nunca mais foram igualadas, e só podemos lamentar que Corneille não tenha podido continuar a escrever com a liberdade e a imaginação dessa sua obra-prima. A maior parte das peças de Corneille já foi esquecida, mas com as poucas escritas entre 1636 e 1640 ele marcou definitivamente sua presença na dramaturgia mundial. É comum a afirmação de que Corneille criou homens como ele acreditava que deveriam ser, enquanto Racine viu os homens como eles são. Racine ficou mais famoso, mas o ímpeto da ação de *Le Cid* possui uma força teatral que não teve iguais em seu tempo.

A opção pelas regras literárias, depois de *Le Cid,* passou a ser obrigatória no panorama teatral. O que o autor tinha de obedecer pode ser assim resumido:

Uma tragédia deve ser uma imitação dos clássicos, em versos alexandrinos – de doze sílabas –, com poucas personagens em cena. Seu objetivo é o de "instruir agradando e ensinar de forma deleitável" por quatro meios diversos: o uso de sentenças; a retratação ingênua dos vícios e das virtudes, o que faz com que estas sejam amadas, e do que resulta o interesse psicológico da tragédia; o "feliz sucesso" da virtude, que convida à sua imitação por interesse; e a purgação das paixões, que Aristóteles chamava catarse.

O tema deve ser ilustre, extraordinário: as personagens, reis e príncipes, o que resulta na dignidade trágica, na nobreza dos sentimentos e na ausência de preocupações quotidianas, o que permite que fiquem em jogo grandes interesses, e que a decisão de um homem jogue a sorte de um império, proporcionando a ressonância, a amplificação da emoção. O amor é assunto insuficiente: é preciso alguma grande paixão "mais nobre e máscula", tal como a ambição ou a fome de vingança.

O assunto deveria ser tomado da história ou da fábula, pois a distância dá prestígio aos fatos. A história permite a apresentação de ações extraordinárias, e garante uma certa verossimilhança. Nada de detalhes, que podem ser alterados para que fiquem bem-adaptados ao efeito geral, que é o principal. O tema deve fornecer uma ação completa e acabada, uma situação na qual o herói entra e sai. É necessária uma certa amplitude, mas também concentração e intensificação. Nada de dramas latentes; tudo tem de ser claro e preciso.

A ação tem de ser uma e simples, sendo proibidos os enredos múltiplos. A intriga deve permitir a inclusão de uns poucos fatos destinados a pôr à prova a virtude do herói em suas decisões e, fora isso, se concentrar na análise psicológica. A ação deve ser limitada a uma crise: deve começar o mais tarde possível, desde que fiquem estabelecidas as premissas do conflito, e acabar o mais breve possível depois do acontecimento crucial. E tudo se passa em poucas horas.

Os dois princípios que regem a ação são a verossimilhança e a necessidade. Esses dois valores são conflitantes; a verossimilhança é a obrigação de se criar fatos nos quais o público possa acreditar, e a necessidade é aquilo que o poeta tem de fazer para alcançar seu objetivo na composição da obra. O equilíbrio entre os dois é o grande problema.

Era essa a interpretação detalhada da ideia das três unidades de local, tempo e decoro, e o próximo autor a alcançar a fama na época do absolutismo francês, escrevendo exclusivamente para o privilegiado público composto pela corte e pela nobreza – e minimamente pelo reduzido número de burgueses bem-sucedidos e ricos – foi Jean Racine (1639-1699), poeta incomparável, a quem nenhuma daquelas incontáveis regras jamais pareceu incomodar; muito pelo contrário, elas o motivavam ou desafiavam, e dentro delas ele criou toda a sua obra.

Racine: O Triunfo da Tragédia "Acadêmica"

NASCIDO EM LA FERTÉ-MILON, Racine estudou nas Petites Écoles jansenistas de Port Royal, onde aprendeu grego e latim, passando depois para o Collège d'Harcourt, em Paris, sendo seu plano entrar para a igreja. Completados os estudos, tentou alcançar, por intermédio de um tio, algum posto religioso, mas não conseguiu. Voltou-se então para uma vida de grandes prazeres mundanos, e dedicou-se a uma carreira literária. Ele já havia escrito alguns versos religiosos quando estudava em Port Royal, e agora, sonhando com a corte, começou a escrever versos laudatórios a possíveis patronos.

Em Paris, Racine passou a frequentar círculos literários, tornando-se amigo de La Fontaine e, o que é mais significativo, também amigo de Molière. Tudo em sua vida indica que Racine acreditava realmente que o poeta era feito, não nascido, e que a melhor poesia seria a escrita de acordo com o que já era, então, aprovado pela Academia Francesa. Intrigante, carreirista, é possível até mesmo que se diga mau caráter, Racine foi realmente mau colega tanto em relação a Molière quanto a Corneille. Alternando entre o deslumbramento pela corte e a austeridade jansenista a que foi acostumado em seus anos de formação, será possível, talvez, concluir que Racine foi um pouco Tartufo.

Foi a companhia do amigo Molière que montou, em 1664, sua primeira peça, *La Thébaïde, ou Les Frères enemis* (A Tebaida, ou Os Irmãos Inimigos). Um sucesso razoável justificou que a companhia montasse sua segunda tragédia, *Alexandre Le Grand*, no Palais

Royal. A peça fez bastante sucesso e imediatamente, Racine, privando o amigo do sucesso, passou-a para as mãos dos concorrentes de Molière no Hôtel de Bourgogne, que eram mais conhecidos como trágicos. Outras evidências de sua ambição e falta de escrúpulos aparecem quando ele escreveu um ataque inteiramente pessoal a Pierre Nicole, antigo professor em Port Royal, simplesmente porque esse havia escrito um ensaio em que denunciava os autores teatrais; ou quando fez sua amante do momento, mlle. du Parc, brilhante atriz, abandonar a companhia de Molière para ter um papel importante em sua tragédia seguinte, *Andromaque* (Andrômaca), que foi um grande sucesso em 1667.

Começou a essa altura o período áureo da produção teatral de Racine, iniciado com a comédia *Les Plaideurs* (Os Litigantes), de 1668, inspirada em *As Vespas*, de Aristófanes, seguida por *Britannicus* (1668), *Bérénice* (1670), *Bajazet* (1672) e *Mithridate* (1673, quando foi eleito para a Academia Francesa), e ainda *Iphigénie en Aulide* (1674) e *Phèdre* (Fedra, 1677). Se Racine havia agido mal para com Corneille quando este estreou *Bérénice*, justamente na estreia de *Fedra*, sem sombra de dúvida sua obra-prima, Racine pagou o mal que fizera a seus colegas. Tendo seu comportamento lhe gerado uma série de inimigos, e sendo as intrigas moeda corrente na corte, como nas artes, consta, então, que um grupo desses inimigos resolveu vingar-se de Racine, de forma contundente: compraram todas as entradas para a noite de estreia de *Fedra*, e deixaram o teatro inteiramente vazio. E assim, como Racine havia feito a Corneille, outra manobra contra ele fez com que Pradon estreasse ao mesmo tempo que *Fedra* sua tragédia *Phèdre et Hippolyte*, e esta fosse, de comum acordo, considerada muito superior à obra de Racine, o que é inteiramente falso.

O fracasso inicial de *Fedra* marcou Racine a tal ponto que ele nunca mais escreveu para o teatro, do qual se afastou, sendo posteriormente nomeado historiógrafo da corte, posto que ele ocupou por longos anos. Sempre pronto a buscar apoio e patrocínio na corte, Racine casou-se com uma herdeira rica, teve sete filhos, dos quais o último veio a ser um poeta de certo mérito, e passou a levar uma vida discreta, sempre a serviço do rei.

Doze anos depois de abandonar o teatro, Racine escreveu mais duas obras, ambas bem diversas daqueles intensos quadros de paixão que foram característicos de suas tragédias. A última amante e, na verdade, após alguns anos, efetivamente mulher de Luís XIV, embora este jamais proclamasse o fato ou desse a ela a condição de rainha, mme. de Maintenon havia mudado radicalmente a corte francesa; sob sua influência tudo ficou mais sério, mais tristonho, mais devoto. Ela criara, em St. Cyr, um colégio para filhas de nobres empobrecidos, e foi para essas jovens que pediu a Racine que escrevesse um texto teatral, mas piedoso. Em 1689 foi montada *Esther*. O estrondoso sucesso alcançado pelo espetáculo, ao qual assistiram membros da corte, foi o suficiente para que a piedosa patronesse da escola considerasse o resultado muito mundano, exigindo que a peça escrita dois anos depois, *Athalie*, fosse apresentada no estrito recinto da escola, sem a admissão de qualquer público, por mais nobre e importante que fosse, a fim de preservar com rigor a natureza religiosa e pura da apresentação. Naturalmente, mais tarde, Racine tomou as providências para que suas duas obras dramáticas de temas bíblicos se tornassem conhecidas e fossem publicadas. Dado o altíssimo nível da poesia e a harmonia da ação, seria uma perda grave o desaparecimento dessas duas inesperadas peças sobre temas bíblicos.

Depois de afastado do teatro, Racine, aos poucos, retornou à religião de seus primeiros anos, reconciliou-se com Port Royal, e seus últimos dias se passaram em clima de extrema religiosidade. Sublime poeta, cada obra sua é um triunfo dos princípios determinados pelo neoclassicismo. Obedecendo ele à risca todas as regras que acaso viessem ainda lhe serem impostas, ele as transcendeu, e suas peças demonstram o que um verdadeiro talento pode criar, mesmo quando cerceado por regras que parecem aptas a podar qualquer criatividade. Essa limitação do talento não aconteceu no caso de Racine. Ele usava as três unidades para concentrar a atenção da obra em uma única ação, para a qual poucas personagens, em um único local e mantendo em todos os momentos o tom adequado ao tema tratado, alcançavam a tensão crescente de uma "ação" que é a essência na obra – mesmo que sem ação propriamente dita no palco e só debatida em cena –, a qual terminava tão logo tinham sido apresentadas suas consequências. Esse passou a ser o modelo perfeito a ser imitado por todos os que sonhavam escrever tragédias, com a rigidez formal acabando por ter consequências negativas, por meio da multiplicação de maus poetas, persuadidos que respeitar as regras seria o suficiente para que se tornassem grandes autores.

Molière: O Espírito Cômico da Renascença Francesa

A ESSA ALTURA, QUANDO todos se preocupavam com a nobreza da tragédia clássica, aconteceu no teatro um fenômeno inesperado. De 1658 a 1673, o teatro de Paris foi dominado, e ficou devidamente deslumbrado, por um verdadeiro gênio cômico, que difere de Corneille e Racine não só pela têmpera de sua obra, mas também, e principalmente, porque realizou o mais extraordinário dos feitos. É um caso único, no qual chega a ser atingido um estilo obediente, sob quase todos os aspectos, às exigências da corte, sem jamais deixar de ser um teatro que buscava e alcançava um público muito mais amplo que o dela.

Apesar do que escreveram Corneille e Racine, o maior nome desse grande e generoso período do teatro francês, o maior deles todos, que só obedecia às regras em seus termos, recorrendo a pequenas brechas que descobria, aqui e ali, para poder escapulir – ao menos momentaneamente – de sua ditadura, opta pela comédia, que não devia ser tão rígida e, felizmente, tendo o apoio quase infalível do rei, ousou ao máximo, sendo repreendido e proibido ocasionalmente.

Jean-Baptiste Poquelin, mundialmente conhecido como Molière (1622-1673), nasceu em Paris, filho de um respeitado tapeceiro do rei. Sonhando o pai em ver o filho herdar sua importante posição na corte, sem dúvida ficou ele muito desapontado quando Jean-Baptiste, após ter completado sua ótima educação, resolveu dedicar a vida ao teatro, recusando-se a exercer a função paterna. Para alívio do pai, o rapaz mudou seu nome, quando se juntou a um grupo de amigos para formar uma companhia chamada L'Illustre Théâtre. O grupo, do qual fazia parte Madeleine Béjart, era ambicioso, e quis desde logo tentar fazer carreira nos palcos parisienses. Incapazes de concorrer com os profissionais estabelecidos no Hotel de Bourgogne, ao fim de dois anos estavam falidos e, apesar de o pai ter ajudado com as dívidas, Molière ficou por um breve período preso por elas.

Sem se deixar abater pelo fracasso inicial, Molière e alguns membros do grupo conseguiram ser aceitos como atores na companhia de Charles Dufresne. Esta era, segundo a nomenclatura teatral brasileira, mambembe, e com ela eles passaram quase catorze anos, todo esse tempo transcorrido em excursões, principalmente pelo sul da França. Ao longo desse período, Molière não só aprimorou e refinou seu trabalho de ator, como eventualmente tornou-se hábil cabeça da companhia. O acontecimento mais importante desse período, no entanto, foi o da iniciação de Molière como autor, precipitada, muito provavelmente, pela simples necessidade de novos textos para o repertório, sendo o seu talento desde logo reconhecido. As primeiras peças de Molière, todas elas curtas, tiveram como base intrigas da *Commedia dell'Arte*, o que não é de surpreender, já que consta que Molière fizera um aprendizado de ator com Tiberio Fiorelli, chamado Scaramouche, segundo a personagem que ele criara para atuar como *zanni* na companhia dos Comédiens Italiens du Roi. Dessa época restam *L'Étourdi* (O Atônito), *Le Dépit amoureux* (O Despeito Amoroso), *La Jalousie de Barbouillet* (O Ciúme de Barbouillet) e *Le Médecin volant* (O Médico Volante), todas escritas entre 1653 e 1657, e todas elas já reveladoras do gênio, do humor e da capacidade crítica do autor. São todas, sem dúvida, apenas divertidas e ligeiras, mas deve ser notado, acima de tudo, que nesse pequeno conjunto já encontramos vários dos temas que mais tarde serão tratados por Molière com outra profundidade, como o ciúme, a facilidade de engano dos tolos, a incompetência dos médicos.

Os anos de excursão acostumaram Molière a alcançar um público muito variado, ao qual eram apresentadas tragédias francesas, farsas italianas, ou peças de intriga espanholas, o que lhe foi oferecendo uma oportunidade extraordinária de adestramento cênico. Com esse contínuo aprimoramento, a certa altura o grupo já havia conquistado, primeiro, o patrocínio do Duque d'Épergon e, a seguir, o do irmão do rei, o Príncipe de Conti. Quando, em 1657, a companhia resolveu se arriscar em Paris, foi esse último quem conseguiu para o grupo a oportunidade de aparecer diante do rei. A estreia se deu com um espetáculo composto pela tragédia *Nicomède*, de Corneille, e a farsa *Le Docteur amoureux* (O Médico Apaixonado), do próprio Molière. O rei se divertiu tanto com essa última que imediatamente providenciou para que Molière e sua companhia passassem a ocupar o Petit-Bourbon, nos dias mais fracos da semana, em alternância com Scaramouche. Foi ali, portanto, que Molière alcançou seus primeiros grandes sucessos em Paris, com *Les Précieuses ridicules* (As Preciosas Ridículas), em 1659, e *Le Cocu imaginaire* (O Cornudo Imaginário), em 1660, a primeira expondo ao ridículo as jovens burguesas que queriam imitar os (também tolos) requintes da nobreza e a segunda denunciando os casamentos disparatados que conduziam a quase inevitáveis adultérios.

Não foram poucos os condicionamentos a que foi submetido Molière, e que afetavam tanto sua temática quanto sua forma. Por outro lado, dada a sua conturbada e sofrida vida emocional, é forçoso sentir o mais profundo respeito e admiração pela perfeita sustentação de uma exemplar posição de amor e compreensão pelo ser humano, tanto do homem Molière quanto do autor até o fim de seus dias. Esse apaixonado amor por seus semelhantes é o que mais transparece por meio de seu riso inteligente e responsável, que é crítico só quando dirigido ao excesso, ao desmedido, ao condenável, porque contra a natureza. Amar não é ser piegas, não é ignorar defeitos; amar é lutar pelo respeito ao ser humano quando ele é digno, é feri-lo com a fúria dos deuses quando ele é indigno. No emaranhado de regras, regulamentos, dispositivos, exigências, determinações, preconceitos e sandices generalizadas que dominavam o estranho mundo dos doutos, preciosos e doutrinários diversos que proliferavam na corte de Luís XIV, já é surpreendente que um autor de teatro conseguisse ao menos escrever uma peça; que ele escrevesse a memorável coleção de comédias, tão plenas de graça quanto de pensamento, que vivem até hoje, como fez Molière, é simplesmente estarrecedor.

Quando Molière já estava tendo um sucesso bastante sustentado, o Petit-Bourbon foi demolido, e a companhia de Molière foi devidamente instalada, nos melhores dias da semana, é claro, no Palais Royal, que fora todo reformado. Em 1661, Molière faz sua única tentativa de escrever obra mais séria, que ele chama de "comédia heroica", *Don Garcie de Navarre*, um retumbante fracasso, rapidamente tirado de cena e esquecido, substituído a toda pressa por *L'École des maris* (Escola de Maridos), que teve grande sucesso. Nessa comédia, como em *L'École des femmes* (Escola de Mulheres), Molière se mostra claramente oposto ao tratamento que era dado às mulheres e aos casamentos de homens já maduros com moças que, de acordo com a natureza, se apaixonam por jovens, mas sempre com todas as suas ideias expressas em termos dramáticos.

É preciso lembrar que Molière vivia em um mundo que se propunha especificamente a viver uma vida falsa, antinatural, na qual uma "preciosa" não podia falar de modo normal, já que as autoridades literárias decretavam que ela não deveria ser compreendida pelo povo, e onde o que levava o nome de "amor" tinha de passar por etapas preestabelecidas: começando como um prazer desinteressado, ele tinha de passar ao respeito, depois à assiduidade e, a seguir, à inclinação, para ao fim poder passar pela cidade da ternura e pelo mar dos perigos até chegar à sua coroação. Nesse mundo, é claro, não podia faltar matéria-prima para a comédia clássica que, por definição, deve punir o erro pelo riso.

Talento de primeiríssima água, Molière afirmou que seu intento era "pintar os hábitos, não as pessoas", e não faltou a seu mundo matéria para o seu riso crítico. Nada descreve tão bem o que Molière fez com sua obra quanto a definição da comédia, feita por George Meredith[4] em seu *Essay on Comedy*:

> O futuro do homem na terra não o atrai, e sim sua honestidade na conduta do presente; e sempre que os homens se tornam desmedidos, inchados, afetados, pretensiosos, bombásticos, hipócritas, pedantes, rebuscadamente delicados; sempre que ele os vê

4   Poeta e romancista britânico (1828-1909). O ensaio citado tem sua primeira publicação em 1877.

enganando a si mesmos, ou sendo tolamente enganado pelos outros, entregues a idolatrias, perdendo-se em vaidades, congregando-se em absurdos, planejando de forma míope, conspirando de forma demente; sempre que entram em conflito com sua condição e violam as leis, não escritas mas perceptíveis, que os ligam em relações respeitosas uns com os outros; sempre que ofendem a razão e a justiça; sempre que falseiam a humildade, que ficam minados pelo convencimento individual ou de grupo, um Espírito, que paira no alto, assumirá semblante sensatamente maligno e lançará sobre eles uma luz oblíqua, seguida de ondas de riso. É o Espírito Cômico.[5]

As condições descritas por Meredith estavam presentes, em grande parte ao menos, na corte de Luís XIV; e a partir de 1658, quando Molière voltou para Paris, até 1673, quando morreu, aquele mundo brilhante de privilégios, exageros e desmando, mas – é forçoso admitir – também centro de considerável atividade intelectual, teve a incrível sorte de possuir Molière como sua encarnação particular do Espírito Cômico. A corte do Rei Sol não poderia ter feito por menos.

Se afirmarmos que não é difícil definir a temática principal da obra de Molière estaremos, a um só tempo, dizendo a verdade e falseando-a totalmente. Senão, vejamos: em toda a sua carreira, Molière só fala de uns poucos temas, como o repúdio à falsidade e à hipocrisia, o repúdio ao desrespeito pelo ser humano e ao antinatural, a defesa do bom senso. É só isso. Basta que não se pense nas imensas complexidades contidas nessas frases, no que elas falseiam em sua supersimplificação, no mundo de implicações, de preocupações, de

---

5   Tradução nossa. No original: "Men's future upon earth does not attract it; their honesty and shapeliness in the present does; and whenever they wax out of proportion, overblown, affected, pretentious, bombastical, hypocritical, pedantic, fantastically delicate; whenever it sees them self-deceived or hoodwinked, given to run riot in idolatries, drifting into vanities, congregating in absurdities, planning short-sightedly, plotting demently; whenever they are at variance with their professions, and violate the unwritten but perceptible laws binding them in consideration one to another; whenever they offend sound reason, fair justice; are false in humility or mined with conceit, individually, or in the bulk—the Spirit overhead will look humanely malign and cast an oblique light on them, followed by volleys of silvery laughter. That is the Comic Spirit", *Essay on Comedy*, p. 87-88.

percuciência, de solidariedade humana, de riqueza de possibilidades que existe em cada uma delas.

Os riscos e tropeços da vida de ator devem ter pesado bastante no horror que Molière sempre nutriu por todos aqueles que, não tendo valor, aproveitavam-se de meios menores, bajulação, tráfico de influência, suborno etc., para fazerem carreira. O ator, o homem de teatro, deve ter valor por si; seu trabalho é testado diante do público a cada apresentação; ninguém o fará por ele, e a cada espetáculo toda uma carreira é posta em jogo, sem nunca ficar invulnerável, por sólida e definida que tenha conseguido ser. Para sobreviver, tanto como autor quanto como ator, Molière teve de agradar; mas não agradar bajulando, com subserviência: agradar por meio de seu trabalho, sua arte; e exatamente como consequência da crítica feita com suas comédias, ele foi sempre censurado com muito mais severidade do que aqueles que representam na vida real. Seja como for, não pode ser posto em dúvida o fato de os que progridem sem mérito terem sido um dos objetos prediletos da crítica molieresca.

Em todos os momentos é preciso que se diga, a maior preocupação de Molière sempre foi escrever bom teatro, pois tudo o que criou é exemplo vivo da célebre frase com que ele definiu sua posição em *La Critique de l'école des femmes* (A Crítica da Escola de Mulheres): "A grande regra de todas as regras é a de agradar". Para formar alguma ideia de sua obra, tem de ser levada em conta sua vivência de ator, os anos de excursão, a tarimba adquirida no uso dos talentos específicos de seus atores para distribuição de papéis que, com grande frequência, devem ter sido feitas a curtíssimo prazo, mas também tudo o que ele aprendeu a respeito de fazer arte e bilheteria ao mesmo tempo.

Das peças que Molière escreveu enquanto excursionava, só duas ficaram no repertório em Paris: *O Ciúme de Barbouillet* e *O Médico Volante*, fato significativo por dois aspectos diversos, mas relevantes. O primeiro é que elas já mostram temas favoritos na obra de Molière, que reaparecem periodicamente, passando por tratamentos sucessivos e variados; o segundo é o mais fascinante, por ser o que liga a evolução da forma dramática à do aprofundamento temático. Mais especificamente, *O Ciúme de Barbouillet* já traz no título um de seus temas favoritos, o ciúme, sentimento ao qual Molière empresta conotações particularmente abjetas, pois para ele o ciúme é sempre encarado como falta de respeito à pessoa amada, na melhor das hipóteses, uma prova de amor que torna a vida insuportável. Com ele, aparece o tema do *cocu* (corno), talvez o mais tradicional dos temas cômicos do Ocidente.

Depois do *Barbouillet* inicial, de 1558, Molière voltou ao ciúme em uma comédia já bem mais estruturada, *Le Mariage forcé* (O Casamento Forçado), de 1664, para finalmente tratá-lo na mais sombria e dolorosa das suas obras sobre esse tema, o *Georges Dandin*, de 1668. Outros temas básicos passariam por esse mesmo tipo de tratamento que vai se tornando mais profundo com o avançar dos anos. Em *O Casamento Forçado*, em que Molière junta o ciúme ao casamento antinatural, isto é, entre uma jovem e um velho, o novo protagonista, Sganarelle, pressente, até mesmo antes do casamento, que esse não pode dar certo, mas sua tolice o leva a insistir e, é claro, a pagar por ela. No *Georges Dandin*, o ciúme é ligado a outro tipo de casamento malfadado: a noiva não só é muito mais moça do que o noivo, mas este é um burguês rico e ela filha de fidalgos pobres que literalmente estão vendendo a filha para poder gozar do dinheiro do genro, a quem eles criticam e humilham, por pior que seja o comportamento da filha, porque são "nobres" e, portanto, automaticamente superiores a ele. Não é à toa, aliás, que Molière dá ao pai da noiva o nome de Sotenville (o tolo na cidade).

O Médico Volante trata de outro tema seminal, o desprezo ou o ódio que Molière nutria pelos médicos, que nunca souberam livrá-lo da tuberculose que o matou. Dessa semente ainda sairiam as ótimas *L'Amour médecin* (O Amor Médico), *Le Médecin malgré lui* (O Médico à Força) e, finalmente, em 1673, *Le Malade imaginaire* (O Doente Imaginário); na primeira, uma falsa doença, para evitar um casamento não desejado, é curada pelo namorado da jovem, que se finge de médico e, com meia dúzia de palavras em latim, convencem o tolo pai; a segunda, mostra Sganarelle buscando os mais loucos recursos para viver o papel do médico por quem tinha sido tomado; enquanto a última ataca diretamente um médico de verdade, expondo sua ignorância e mostrando o quanto é fácil arranjar um diploma.

É na maturidade que Molière escreveu suas obras mais notáveis, nas quais ele foi além da comédia de costumes para chegar ao nível da comédia de caráter, bem mais difícil. Pertencem a esse alto nível de qualidade suas obras principais, em que nos legou uma coleção de personagens notáveis. Aos 32 anos ele escreveu *Don Juan*, a primeira a lhe trazer problemas graves, pois houve na corte quem quisesse usar a peça para fazer crer que o ímpio era o próprio Molière. Este refutou as acusações dizendo que era entre os privilegiados, não nele, que achariam o grande pecador, considerando ele que Don Juan pecara não só contra Deus mas, também, contra suas criaturas, falhando com os deveres e responsabilidades que seus privilégios exigiam. Graças à influência do rei, a peça chegou a ser apresentada, mas teve logo de sair do repertório. Quatro anos mais tarde, Molière escreveu o que talvez seja sua verdadeira obra-prima, *Le Misanthrope* (O Misantropo), na qual o riso condena até mesmo quem é inflexível demais para o convívio humano, criando em Alceste uma personagem notável. Em 1668 aparece uma de suas obras mais famosas, *L'Avare* (O Avarento), na qual mostra exemplarmente o quanto o vício de um indivíduo pode prejudicar toda uma família, já que, para a personagem Arpagão, o dinheiro é muito mais importante do que os filhos, aproveitando-se o autor para criar também uma de suas várias empregadas que praticamente controlam a família e dizem as verdades que nem sempre os outros têm coragem para dizer.

Segue-se, em 1669, *Tartuffe* (Tartufo), que novamente trouxe problemas para Molière, já que denunciava a hipocrisia religiosa, sendo ele violentamente atacado pelo partido dos beatos, que sem dúvida eram bem retratados na figura do próprio Tartufo, deliciosamente completada pela tolice de Orgonte, pronto a acreditar nas aparências, resultando esse ataque em nova proibição. A próxima vítima do bom senso crítico foi exatamente *Le Bourgeois gentilhomme* (O Burguês Fidalgo), obra na qual a personagem criada por Molière foi denunciada por não se comportar de acordo com o que era, o que para o autor era um erro. Se o nobre tinha de agir como nobre, o burguês também devia agir como burguês, mesmo que com isso tenha ficado rico, e o resultado é uma das mais deliciosas comédias do autor.

A última obra de Molière foi *O Doente Imaginário*, onde além da incompetência médica é tratado também o segundo casamento, impensado, com uma jovem que só sonha com o dinheiro da viuvez, além do desrespeito do pai para com a filha, o qual deseja que ela se case com um médico só para tê-lo de graça à sua disposição sempre que precisar. O casamento disparatado também está presente nessa última obra, na qual Molière parece querer reunir todos os principais temas de sua obra.

Acusado de ímpio e de ateu, tudo indica que Molière tenha sido sempre um bom cristão, até mesmo frequentando a igreja e cumprindo pelo menos a comunhão anual da Páscoa. Pois esse suposto mau cristão, com a tuberculose já muito agravada, recebeu do médico a recomendação de não representar na noite de um dia em que passou particularmente mal; mas para Molière isso seria impossível, principalmente por saber que o dinheiro recebido pelo espetáculo era fundamental para os atores da companhia, os quais sustentavam suas famílias. Assim, ele subiu ao palco para interpretar *O Doente Imaginário*, teve uma hemoptise em cena, não pôde terminar o espetáculo, e morreu algumas horas depois.

Foi essa a última vez em que Luís XIV interferiu em favor daquele talentoso autor e ator que fora seu preferido desde sua chegada a Paris, tantos anos antes. Quando quiseram negar a Molière enterro em campo santo, o rei conseguiu contrariar a ordem. Mais tarde, o rei foi informado de que Molière fora enterrado como cristão, em segredo e sem pompa, não se sabe onde.

VIII.

O Século XVIII
e a Ascensão da Burguesia

O Contexto Histórico
Francês

OS ÚLTIMOS ANOS DO século XVII na França produziram um clima bem diverso do esplendor que geralmente é associado ao reinado de Luís XIV. A influência no governo exercida por mme. de Maintenon, primeiro amante e, depois, mulher do rei – porém nunca proclamada rainha –, foi marcada por extrema religiosidade, com a condenação de entretenimentos festivos, principalmente quando se pudesse entrever neles qualquer mínimo traço de imoralidade. A corte deixou de ser o centro de atração para escritores ou artistas, começando então a aparecer a moda dos *salons* das casas de senhoras que se destacavam na sociedade, onde havia estímulo tanto para a criatividade quanto para a formação de grupos artísticos, cada um deles se autonomeando o mais dotado e talentoso, superior a todos os outros.

O teatro não tem grande destaque nesse período, que vê grandes e rápidas mudanças sociais e políticas e, na primeira parte do século XVIII, a contribuição mais significativa é a de Voltaire – mais famoso por seus escritos não teatrais –, cujas peças foram esquecidas. Elas tiveram, porém, grande importância para as transformações do espetáculo, sendo Voltaire um pioneiro na busca do uso de figurinos adequados à época e às condições da peça apresentada. De igual importância é a expulsão do palco dos espectadores importantes, hábito que vinha de longe. Tirando proveito, para tanto, do tamanho reduzido dos teatros existentes em Paris, todos adaptados de outras atividades, Voltaire prestou serviço à arte que ele tanto apreciava, mas teve como aspecto negativo permanecer fiel aos temas e à forma do classicismo, continuando preso ao exemplo de Racine. Passando por um exílio de dois anos na Inglaterra, leu Shakespeare no original e foi um dos primeiros a divulgar suas obras na França.

Todo o século XVIII e o início do XIX oferecem uma grande variedade de movimentos, sejam políticos, sejam teatrais. O espetáculo teatral desse período, no que diz respeito à interpretação, passou por toda uma série de alterações significativas e, como toda fase de muita transformação, a dramaturgia ficou relegada a um plano inferior, pois as mudanças constantes não permitiam a cristalização de movimentos definidos que produzissem obras exponenciais. Por outro lado, apareceu uma vasta coleção de talentos menores, todos eles ligados às várias etapas dessa monumental transição, na qual foram marcantes a ascensão da burguesia, as transformações das monarquias absolutas em monarquias constitucionais e os movimentos de independência.

Mal apareceram as monarquias nacionais da Europa e já começavam a surgir os indícios de sua destruição, ao menos nos termos em que elas foram criadas. Derrubadas as forças do papado e do feudalismo, pelo protestantismo e pelo comércio, o aumento das populações e o crescimento de centros urbanos marcaram a ascensão da burguesia, que no final do século viria a destruir o absolutismo que antes ajudara a criar.

As transformações se deram não só por fatores econômicos básicos, mas também ajudadas pelo poder das ideias. Vinham do século XVII os pensamentos do Iluminismo, que solapavam as bases teóricas do absolutismo e floresceriam no século XVIII. Os filósofos do individualismo, da luta contra o obscurantismo, produziram frutos de conscientização da burguesia que a levariam a buscar um poder político correspondente à sua nova importância econômica. Em 1776, a independência das colônias inglesas que passaram a formar os Estados Unidos da América foi uma clara configuração das teorias que correspondiam, em essência, a seus anseios de liberdade. A Declaração de Independência, assim como a Constituição dos Estados Unidos são plenas dos ensinamentos europeus que, exportados para as Américas como colonialismo cultural, trabalharam contra o colonialismo político. As mesmas ideias levaram à Declaração dos Direitos do Homem da Revolução Francesa, e à Inconfidência Mineira, que se seguiu a ela.

O Teatro Francês do Século XVIII
e a Superação do Neoclassicismo

O TEATRO TINHA DE refletir, como sempre, o mundo em que era escrito, e a burguesia era a força que cada vez mais se fazia sentir. Nesse quadro surgiu a figura de Pierre-Claude Nivelle de La Chaussée (1692-1754), que parece ter tido uma vida particularmente devassa em seus primeiros anos, mas que, ao se voltar para o teatro, tornou-se preocupado com a respeitabilidade da burguesia e pleno de intenções edificantes. La Chaussée foi o criador da *comédie larmoyante*, a comédia lacrimejante, um estilo que evidencia forte influência da forma de exploração emocional presente nos romances, que fizeram sua primeira aparição no complexo século XVIII. Nessas comédias, o riso fácil era a todo momento interrompido pela exploração de cenas de cortar o coração, principalmente as de sofrimento nas relações conjugais, para depois chegar a um final feliz, com o objetivo moralizante das boas intenções acabando por mostrar uma grande disparidade entre a superficialidade dos acontecimentos e os excessos emocionais.

No entanto, La Chaussée teve o mérito de levar para a cena ambientes burgueses, o que o torna significativo para a contribuição que Denis Diderot (1713-1784) – mais famoso por seu preponderante papel na monumental *Encyclopédie* – viria a fazer ao teatro. De imensa importância foi a postura teórica de Diderot, cujo ponto central foi o abandono de todo o aparato artificial da dramaturgia neoclássica. Por outro lado, as obras apelativas de complicadas intrigas também não atraíam esse excepcional talento da época, e ele passou a defender uma dramaturgia intermediária, que fosse rica de ação, mas que tratasse mais a fundo de temas tirados à realidade do mundo em que se vivia. A esse gênero Diderot chamou de *genre sérieux*.

O mérito de Diderot foi o de aproveitar o toque de realismo de La Chaussée com mais seriedade. Sem ser um grande talento dramático, ele abriu o caminho de volta para obras sobre a vida real, no lugar de intrigas de deuses e heróis gregos que ocupavam a cena na decadência do neoclassicismo. Diderot compreendia bem que tais intrigas pouco ou nada tinham a dizer ao novo público, que já fervia de indignação por ter de arcar com os tributos que financiavam entretenimentos para aqueles que, por sua vez, não pagavam impostos, mas tinham todos os privilégios.

Duas peças de Diderot exemplificam o gênero que ele acreditava ser o mais indicado para seu tempo, *Le Fils naturel* (O Filho Natural) e *Le Père de famille* (O Pai de Família), hoje esquecidas. Como dramaturgo, ele tem, na verdade, bem pouca importância, mas é o autor do notável ensaio *Paradoxe sur le comédien* (O Paradoxo do Ator), publicado postumamente, em 1830, a primeira obra significativa a tratar do equilíbrio entre as emoções e seu controle e domínio na arte da interpretação.

Na mesma época, aparece ainda outro defensor da estética "moderna", em contraste com a antiga, que cultuava o classicismo. Formado em Direito e frequentador assíduo dos salões literários, foi só depois de já ser conhecido como articulista que Pierre Carlet de Chamblain de Marivaux (1688-1763) se voltou para o teatro, lançando em 1720 três peças, sendo duas comédias para a Comédie Italienne e uma tragédia para a Comédie Française. O sucesso foi apenas razoável, mas o bastante para que, até 1736, ele escrevesse mais oito comédias, a maior parte para os italianos. As mais famosas são *Le Jeu de l'amour et du hasard* (O Jogo do Amor e do Acaso) e *La Double inconstance* (A Dupla Inconstância). Distantes tanto das apelativas comédias lacrimogêneas quanto do moralizante drama sério, as tramas de Marivaux são sobre jovens apaixonados, as dores, os mistérios e alegrias da descoberta de si mesmo, e os encantos do amor, tudo em um estilo leve e sofisticado, verbalmente ágil, mas quase sempre tendo alguma verdade emocional como subtexto. Seu espírito e estilo são de tal modo pessoais que deram à língua francesa o termo *marivaudage* para o tipo de brincadeira verbal na qual ele brilha. Infelizmente, o gosto da época pendia para o sentimentaloide e Marivaux abandonou o teatro, dedicando-se exclusivamente a uma bem-sucedida vida literária. Ele só viria a ser redescoberto no final do século XIX, sendo frequentemente montado por todo o século XX.

O século XVIII na França ainda produziria outro autor significativo, Pierre-Augustin Caron de Beaumarchais (1732-1799), cujas primeiras obras dramáticas foram *parades*, formas simples, populares nos teatros das feiras. Suas *parades*, porém, foram escritas para amadores do círculo da corte. Em 1767, Beaumarchais conseguiu montar em Paris *Eugénie*, inspirada na história da sedução de sua própria irmã por um nobre. A peça teve sucesso, e levou Beaumarchais a instituir o pagamento de direitos autorais pelo produtor do espetáculo. Sua peça seguinte, *Les Deux amis* (Os Dois Amigos), de 1770, foi um quase fracasso.

Beaumarchais documentou bem a ascensão da burguesia, apontando com objetividade os abusos da aristocracia e a luta dos que trabalhavam e pagavam impostos por seus direitos na estrutura social e política. Suas mais famosas comédias têm fundamentos sólidos de observação da sociedade de seu tempo. Foram três anos de luta até a montagem de *Le Barbier de Seville* (O Barbeiro de Sevilha), com o autor reduzindo seus cinco atos para quatro, e tendo de defender seu texto contra os que perceberam a crítica social implícita no *Barbeiro*. Beaumarchais procurara evitar tais ataques fazendo a ação se passar na Espanha, sugerindo que lá, não na França, um barbeiro podia ser o orientador de um conde, capaz de inventar soluções para seus problemas amorosos e de enganar senhores supostamente respeitáveis.

Beaumarchais obviamente conhecia bem a *Commedia dell'Arte*, e é fácil ver Rosina e o Conde de Almaviva como os *amorosi*, enquanto Bartholo e Don Basílio são obviamente Pantalone e o Dottore, e Fígaro pertence claramente à estirpe dos *zanni*, que sempre foram mais espertos do que seus patrões.

Não é tão forte a crítica em *O Barbeiro de Sevilha*, com Almaviva apresentado como apaixonado honesto, que efetivamente casa com a apaixonada ingênua; e se Fígaro é esperto e se diverte em enganar os que merecem ser enganados, suas convicções e seu bom senso são parte da imagem honrada que então se queria transmitir da trabalhadora burguesia que lutava por um lugar ao sol. A solidez das personagens é verificada quando vemos que Fígaro, o Conde e Rosina – já então condessa – puderam ser desenvolvidos para a crítica muito mais aberta e focada de *La Folle journée* ou *Le Mariage de Figaro* (A Louca Jornada ou O Casamento de Fígaro). Aplaudidíssimo na estreia, com a nova peça, Beaumarchais percebia, bem mais claramente do que a entusiasmada e aristocrática plateia, que a Revolução Francesa estava para estourar.

Apesar de seu entusiasmo pelos sentimentos da Revolução de 1789, Beaumarchais em breve passou a ficar cada vez mais assustado. Sua riqueza fez o simpatizante das novas ideias parar por um breve período na cadeia. Livre, fugiu para a Holanda, deixando para trás a família, que foi presa. Em 1796 Beaumarchais voltou à França, mas, sem conseguir recuperar os bens que a Revolução lhe tomara, morreu pobre, em Paris, em maio de 1799, quase junto com o fim do século, cujas características ele tão bem expressou.

O Teatro Italiano
do Século XVIII

COM O PROGRESSO NOS transportes e comunicações, os novos movimentos dramáticos não ficam mais restritos a um único país, pois as transformações sociais e políticas se faziam sentir em todos os pontos da Europa ocidental. Na Itália, onde não houvera unificação, um extraordinário desenvolvimento cultural e artístico vinha tendo lugar, havia três séculos, nas unidades políticas que rivalizavam quanto ao número de cientistas e artistas que cada governante reunia em sua corte. A falta de unificação da língua e os constantes conflitos entre os vários principados e repúblicas pesaram contra a dramaturgia, mas houve grandes progressos nas linguagens do espetáculo.

A cenografia teve desenvolvimento notável. Se Giovanni Battista Aleotti (1546-1636), no Teatro Farnese, foi o criador do telão sobre trilhos, que permitia mudanças de cenário rápidas e eficientes, Giacomo Torelli (1608-1678), em Veneza, desenvolveu um sistema de rodas engrenadas que podiam trazer movimentação ainda maior. Durante seus anos em Paris, Torelli, que criou espetáculos com efeitos magníficos, com pássaros voando e barcos que cruzavam águas, entre outros tantos, foi chamado *Il Gran Stragone*, o grande mágico, e o teatro em que se apresentava era conhecido como *La Salle aux Machines*. Parte dessa imensa variedade de recursos cênicos apareceu no já citado livro que Nicola Sabbattini (1574-1654) publicou, em 1638, *Pratica di fabricar scene e machine nei'teatri*, obra notável de imensa repercussão.

No século XVIII, a influência do classicismo ainda é bastante sentida, e a Itália foi a fonte de tudo o que, no pensamento ou nas artes, veio a acontecer com o renascimento – ou a redescoberta – tanto das obras de arte da Antiguidade, quanto dos dois teóricos, Aristóteles e Horácio, à cuja sombra floresceu o novo pensamento estético, que não sofreu com a falta da unificação da língua. Na dramaturgia, aparece só um autor, e esse se entrega com empenho tardio à tragédia clássica. Vittorio Alfieri (1749-1803), poeta e dramaturgo, nasceu de família nobre, e abandonou a carreira militar pela de escritor. Autor de farta obra, ele escreveu para o teatro dezenove tragédias, das quais só são lembradas *Cleópatra* (1775) e *Orestes* (1778). A indiscutível qualidade literária da obra de Alfieri não foi suficiente para compensar sua falta de talento dramático, e a insistência nos princípios clássicos colaboram para deixar suas peças privadas de vida cênica.

Na comédia, por outro lado, aparecem dois autores que, com visões opostas sobre o que se poderia ainda fazer com a *Commedia dell'Arte*, enriqueceram e muito os palcos italianos, e em particular os de Veneza. O mais importante é Carlo Goldoni (1707-1798), um veneziano que, destinado a uma carreira de advogado, dedicou-se com paixão ao teatro e à literatura. Tendo sido destruída sua primeira obra dramática, uma tragédia musicada intitulada *Amalasunta*, recusada pelo teatro de Milão, Goldoni teve mais sorte com uma tragicomédia, *Belisario*, para um teatro em Veneza. Passou a dramaturgo residente da companhia, escrevendo comédias, interlúdios e roteiros para atores que improvisavam à moda da *Commedia dell'Arte*. Aspirando atingir níveis mais nobres, escreveu libretos para a *opera seria*, e chegou a diretor da mais importante casa de ópera de Veneza, a San Giovanni Crisostomo. Nada disso lhe dava muito dinheiro e, por isso, mudou-se para Pisa, onde exerceu a advocacia e de onde só escreveu para o teatro pequenas obras encomendadas.

Em 1743, a pedido do ator Antonio Sacchi, que ainda usava improvisos, Goldoni trabalhou um antigo roteiro, *Arlecchino, servitore di due padroni* (Arlequim, Servidor de Dois Amos), com parte do diálogo escrito e parte deixada só como roteiro. Só em 1753 finalmente Goldoni escreveu a peça inteira, na forma como ela é conhecida até hoje.

Goldoni voltou ao teatro pela mão de Girolamo Medebach, que o levou para ser o dramaturgo residente da companhia no teatro Sant'Angelo, em Veneza. Ali ele ficou de 1748 a 1752, onde, sozinho, implantou toda uma notável reformulação do teatro italiano. Trabalhando roteiros de improviso, Goldoni, aos poucos, foi limpando os velhos textos guardados por atores ou companhias que, com o tempo, tinham ficado cada vez mais grosseiros e obscenos, para compensar a falta de imaginação para improvisos novos e interessantes. Depois de quase dois séculos de constantes apresentações, a fórmula da *Commedia dell'Arte* estava desgastada e, aos poucos, Goldoni foi substituindo as personagens de máscara por outras que, de forma bastante realista evocavam figuras e hábitos da Veneza da época.

Goldoni é o mais expressivo representante da ascensão da burguesia na Itália, criador de uma comédia em prosa brilhante, sendo várias de suas obras montadas até hoje. Dessa época datam, entre outras, as notáveis *La vedova scaltra* (A Viúva Astuciosa), *I gemeli veneziani* (Os Gêmeos Venezianos) e *La locandiera* (Mirandolina, na tradução brasileira). Seu empenho na renovação do teatro foi muito criticado, o que só serviu para desafiá-lo a esforços ainda maiores. Para a temporada de 1750-1751, Goldoni anunciou que escreveria dezesseis comédias, todas com diálogo integral, promessa que ele não só cumpriu como incluiu, entre elas, *Il teatro comico*, um debate dramatizado entre atores e um chefe de companhia, onde ficam enunciados os princípios que orientavam a reforma a que Goldoni se propusera.

Não foi só essa a atividade dramática de Goldoni. A partir de 1748 ele passou a escrever para a nova forma da *opera buffa*, para a qual o compositor Baldassere Galuppi musicou nada menos que vinte libretos seus. Já na década de 1750, Goldoni se dedicou a uma moda momentânea de temas orientais; mas, cada vez mais, ele se voltava para a observação dos costumes de seu tempo, buscando sempre o maior realismo que o consagrou, datando dessa época, entre outras, as memoráveis *La villeggiatura* (As Férias) e *Le baruffe Chiozzotte* (As Brigas dos Ghiogias).

Com uma carreira bem-sucedida de mais de vinte anos, o sucesso e as reformas de Goldoni lhe haviam angariado vários críticos e inimigos. Pietro Chiari, também dramaturgo, manteve com Goldoni debates e conflitos de tal violência e desbocamento que determinaram o aparecimento da censura em Veneza. Mas foi outro rival, Carlo Gozzi, quem provocou a mudança de Goldoni para Paris em 1762. Convencido de que Luís xv era um grande patrono das artes, Goldoni pensou ter na França nova fase de sucesso; mas as coisas não se deram bem assim, embora o autor tenha lá ficado até o fim da vida.

Na França, Goldoni criou várias peças para a Comédie Italienne e, ocasionalmente, mandava textos para a Itália. Também nesse país, ele escreveu um de seus mais famosos textos, *Il ventaglio* (O Leque). Sem o sucesso com que sonhara, Goldoni aceitou ser o preceptor de italiano da filha mais velha do rei, mas a modesta pensão real que isso lhe deu, a Revolução lhe tirou, e ele morreu na pobreza.

O outro autor italiano importante foi Carlo Gozzi (1720-1806). De empobrecida família aristocrática, Gozzi se opunha radicalmente a Goldoni, proclamando-se defensor das mais puras tradições italianas. Seu teatro defendia o fantasioso em contraste com o realismo de seu rival, condenando que fossem vistos no palco representantes da burguesia e até mesmo de classes mais baixas, pois para ele tudo devia ser requintado. Se Goldoni escrevia textos para a preservação da comédia dos profissionais, Gozzi recorria à riqueza visual que os artistas italianos da cenografia haviam criado. Seu sucesso, embora menos duradouro do que o de seu rival, foi imenso e imediato, explorando o gosto do público pelo espetacular, misturando o mundo das máscaras consagradas com um clima de conto de fadas, fascinante para os olhos.

Trabalhando somente para o teatro veneziano, Gozzi criou, em particular para a companhia de Antonio Sacci, as fantasias que ele chamava *fiabi*, sendo duas delas ainda lembradas, embora graças a seu aproveitamento por outros artistas: *L'amore delle tre melarance* (O Amor das Três Laranjas), de Prokofiev, e *Turandot*, de Puccini.

Embora apresentando uma visão pessoal e preconceituosa dos acontecimentos, as *Memorie inutile*, de Carlo Gozzi, são preciosa fonte de informações sobre o teatro veneziano no século XVIII.

O Teatro e as Revoluções Burguesas na Europa

O NOVO TEATRO DE prosa apresentou, ao longo de todo o século XVIII, na Europa ocidental, a decadência da nobreza, e a ascensão da burguesia e das ideias libertárias. Na França, em meio a toda uma carga de sentimentalismo, duas peças pelo menos marcam o início de conflitos que culminariam na Revolução, ambas, no entanto, de autores medíocres: Florent Doncourt escreveu uma comédia de costumes, *Le Chevalier à la mode* (O Cavaleiro na Moda), dramatizando o conflito entre a nobreza falida e o sucesso do dinheiro; e René Le Sage, que, com *Turcaret* (1708), fez contribuição bem mais importante, atacando com violência o domínio da sociedade pelo dinheiro.

O ganancioso e desonesto protagonista da nova peça, Turcaret, o financista – como eram chamados aqueles primeiros especialistas de uma sociedade de dinheiro –, depois de subir na vida espoliando uma vítima após a outra, acaba sendo espoliado por seu próprio empregado. O sucesso e o escândalo foram igualmente grandes, tanto que ele teve de abandonar o Théâtre Français[1]. Sua posição o forçou a escrever para os teatros de feira e suas variantes, para os quais produziu dezenas, senão centenas de textos, nos quais ficou fixada a vida da burguesia, com suas qualidades e defeitos. Le Sage observava bem a sua época, e foi dito que sua obra era voltada para "os burgueses que não sonham senão com imitar os vícios dos nobres, ao que ele opõe as virtudes familiares, a dignidade e a honestidade".

---

1   Teatro fundado por decreto real, em 1680, conhecido atualmente como Comédie Française. Trata-se do único teatro estatal do país, inteiramente patrocinado pelo governo francês.

A revolução que se fazia prever na França, já tinha tido lugar na Inglaterra, embora com menor violência, e o teatro inglês refletiu bem as mudanças que houve desde a morte de Elisabete I e o advento dos Stuarts. Conflitos entre a coroa e o Parlamento, e a crescente força dos protestantes puritanos marcaram o reinado de Tiago I e acabaram por determinar a execução de Carlos I e a instauração da Commonwealth, sob o comando de Oliver Cromwell. Além das convicções puritanas, os anos dessa época foram de tal modo tomados por conflitos armados que nenhuma das artes teve qualquer oportunidade de expressão.

Apesar da interrupção puritana, a tradição teatral era muito forte na Inglaterra e, no século XVIII, o teatro inglês, que alcançara um alto nível de interpretação, viu a publicação, em 1719, do primeiro periódico sobre as artes cênicas, *The Theatre*, criado por sir Francis Steele, um modesto dramaturgo. Os teatros se multiplicavam com uma coleção de atores notáveis que dominavam todo gênero de interpretação, tendo a tragédia consagrado nomes como Sara Siddons, Thomas Betterton e David Garrick – favoritos do público de elite –, esse último ator responsável por grandes progressos na interpretação. Quando todos os atores ainda estavam presos à gesticulação e aos tons declamatórios da tragédia neoclássica, Garrick caminhou no sentido de maior naturalidade, relativo realismo e cuidado para transmitir o conteúdo do texto.

Nesse sentido, o principal legado do período da restauração da monarquia inglesa, em 1660, com Carlos II, é a chamada *restoration comedy*, da qual já falamos, uma forma que se define por tramas complicadas, que a um tempo apresentam e criticam a devassidão do universo da corte, com diálogos requintados e brilhantes, muitas vezes obscenos, mas quase sempre de grande mérito literário.

Vale lembrar que no, século XVIII, o teatro inglês percorreu um caminho confuso, principalmente na dramaturgia. A partir do final do século XVII aparecem vários autores, pois uma crescente atividade teatral ilegal, isto é, de teatro de prosa de sabor popular, continuava a florescer, contrariando os interesses dos concessionários dos dois únicos teatros autorizados, o Covent Garden e o Drury Lane. Nesses dois teatros "oficiais" eram montados clássicos e imitações da tragédia francesa, mas nos outros, de pequenos palcos, em espaços improvisados, foram montados dezenas de dramas ao gosto da conservadora nova burguesia. O teatro tinha tradição tão forte que não havia uma repressão verdadeira às atividades das várias companhias que não buscavam a plateia da corte, mas a da crescente burguesia. Eram vários os caminhos para escapar às limitações do privilégio dos dois teatros autorizados, e um deles era o de apresentar espetáculos que não podiam ser categorizados como "drama", o que estimulou bastante o teatro musicado. Foi notável, por exemplo, o sucesso de *The Beggar's Opera* (A Ópera do Mendigo), de John Gay (1685-1732), que é a base da *Dreigroschenoper* (Ópera dos Três Vinténs) que tanto sucesso daria a Bertolt Brecht no século xx. A crítica implícita naquela ópera, no entanto, foi percebida pelas autoridades, que proibiram a montagem de sua continuação, intitulada *Polly*, e as liberdades tomadas por vários desses espetáculos musicais provocaram uma interferência forte da censura.

O sentimentalismo moralizante do "drama sério", no entanto, era o que mais atraía as plateias da burguesia, chocadas com a imoralidade das comédias que tanto agradavam à corte. Justo nesse período, na Inglaterra, Henry Fielding virtualmente criou o romance moderno, em obras que ele descreveu como "épicos cômicos em prosa", dos quais *Tom Jones*, de 1749, é o mais célebre. Das dezenas de dramas sérios escritos ao longo do século, só vale a pena mencionar a peça de George Lillo (1693-1739), *The London Merchant* (O Comerciante de Londres), de 1741. O texto condenava os aprendizes que gastavam seu tempo livre com bebidas, jogatinas e mulheres, e acabavam morrendo na miséria, e louvava os méritos do trabalho e da economia, aconselhando todos e cada um a ficar satisfeitos com sua situação modesta no mundo. Consta que, durante anos, os grandes comerciantes londrinos financiavam uma montagem anual da peça, a que todos os aprendizes do comércio podiam assistir de graça.

O Teatro Alemão
do Século XVIII

ATÉ MESMO NA ALEMANHA politicamente desunida, a ascensão da burguesia foi determinante para transformações no teatro. Talvez por não ter um grande centro catalisador, como foram Paris e Londres, ou a Sorbonne e Oxford, o fato é que o teatro na Alemanha não tinha passado pelas mesmas etapas de desenvolvimento que o francês e o inglês. Até o século XVII praticamente só eram frequentes espetáculos da antiga forma popular do *Fastachtspiel*, comédias regionais ou imitações da *Commedia dell'Arte*.

Na primeira parte do século XVIII foi encontrada uma melancólica solução para a ausência de boa dramaturgia alemã na importação de tragédias francesas, que a essa altura já eram de má qualidade. Seguiram-se piores imitações escritas por alemães, e a única esperança da época veio do espetáculo, quando se consagrou a atriz Caroline Neuber, que tinha sua própria companhia e, além de apresentar um repertório de maior qualidade, literalmente conseguiu com que fossem expulsos do palco uns poucos profissionais que viviam de personagens caricatas, quase circenses, apelando para o pior das plateias, com gracejos grosseiros e obscenos.

Figura memorável a partir da segunda metade do século foi Gotthold Ephraim Lessing, que expressou na Alemanha o correspondente ao Iluminismo francês e procurou o palco como o melhor veículo para a divulgação de suas ideias. Imortalizado como crítico e reformador do teatro, Lessing teve sonhos de ser uma espécie de "Molière alemão" e, para conhecer bem o teatro, tornou-se, a princípio, ator. Suas primeiras obras foram comédias de crítica aos hábitos da época, porém sem que produzisse nada de muito marcante. Sua vida pessoal não foi fácil, e ele viveu em várias cortes diferentes, sempre almejando segurança e sucesso. Sua obra crítica é, sem dúvida, o que mais consagrou Lessing, cujo primeiro trabalho importante no gênero foi *Laocoonte* ou *Os Limites da Pintura e da Poesia*, de 1766; mas foram os dois anos que passou em Hamburgo (1787-1788), com o Teatro Nacional que ali fora criado, que resultaram na coletânea intitulada *Dramaturgia de Hamburgo*, sua obra mais famosa.

Em 1755, Lessing escreveu sua primeira peça significativa, *Miss Sara Sampson*, um "drama sério" que beira a tragédia, ainda no tema da sedução da jovem apaixonada, embora agora o próprio sedutor já tenha deixado de ser nobre. Mesmo datada e com sérios defeitos, a peça é bem superior ao que escreveram Diderot, na França, e Lillo, na Inglaterra, em matéria de drama burguês. Foi em 1767 que Lessing escreveu *Minna von Barnhelm ou Das Soldatenglück* (Minna von Barnhelm ou A Sorte do Soldado), que seria a melhor comédia do teatro alemão por muitos e muitos anos. A trama é um divertido e irônico comentário a respeito de códigos de honra e culto de virtudes em moda na Alemanha naquele momento: e a determinada e rica Minna passa por várias aventuras para conseguir se casar com o major que, dispensado do exército, vê seus bens retidos por uma investigação. Ele e seu esperto e sensato criado, Just, vivem em triste pobreza e, apaixonado, o major não se casa porque sua honra não permite que, pobre, tenha uma mulher rica, resolvendo-se o problema com a determinação de Minna. Nessa peça, Lessing apresenta personagens bastante vivas, principalmente os criados, bem mais humanos que seus complicados amos. *Emilia Galotti*, outra tentativa trágica, data de 1772 e transpõe para a Alemanha do século XVIII uma história que ele encontrou em Tito Lívio, transbordante de intrigas e paixões, que acaba com Galotti, o pai, matando Emilia para que não a visse caindo nas mãos do príncipe conquistador.

Lessing se preocupou com questões religiosas por toda a vida, e sua obra mais famosa, *Nathan der Weise* (Nathan, o Sábio), é um apaixonado apelo em favor da tolerância religiosa, com uma ação que tem lugar no tempo das Cruzadas, pondo em jogo cristãos, judeus e islâmicos. O sábio Nathan, em busca de paz e equilíbrio, conta a história dos três anéis, graças aos quais cada uma das três religiões acredita ser a única. Na peça, os cristãos, representados por um templário e um patriarca inescrupuloso, não se saem muito bem diante da sabedoria e integridade do islâmico Saladino e do caloroso e brilhante Nathan.

Os ideais que Lessing expressou em suas críticas, o equilíbrio e o comedimento de seu racionalismo, ficam longe da forma menos intelectualizada, mais lírica, indisciplinada e apaixonada que outros alemães – de uma nova geração – em breve levariam ao palco. Mas sem dúvida, ao contestar a dramaturgia que imitava o neoclassicismo francês e apresentar, com imenso entusiasmo, a dramaturgia de Shakespeare aos alemães, Lessing foi o responsável pela completa transformação do teatro em um intervalo de tempo surpreendentemente curto.

Faltou a Lessing real talento dramático, e *Nathan der Weise*, embora aplaudida quando publicada em 1778, não teve grande sucesso quando montada em Weimar, em 1783, pouco depois da morte do autor, nem é a obra-prima da dramaturgia alemã que seu autor sonhara que fosse.

Esse conturbado século, com suas imensas transformações políticas e sociais, estabeleceu mudanças duradouras e, no final desse período, ainda na Alemanha, apareceria um novo movimento dramático que, esse sim, seria um claro resultado da Revolução Francesa e da ascensão da burguesia, o romantismo.

IX.

O Teatro no Século XIX

Surgimento do Romantismo na Alemanha: O "Pré-Século XIX"

NÃO SE PODE TER uma ideia dos motivos das grandes transformações pelas quais vinha passando e ainda passaria o teatro sem uma referência à Revolução Francesa, em 1789, o grande divisor de águas, um dos acontecimentos cruciais da história do Ocidente.

A Revolução Francesa destruiu e reconstruiu as instituições francesas, as distinções de classe, as ideias políticas, morais e artísticas. Ela também espalhou as mesmas influências de destruição e reconstrução através de toda a Europa e, para além do mar, para os impérios coloniais. Em pouco mais de duas décadas, desde o início da Revolução Francesa até a queda de Napoleão, entre argumentação e sanguinolência, a estrutura social europeia se transformou, porém não tanto quanto a Revolução poderia prever, pois, em todo o caso, a habilidade política de Metternich – cuja atuação foi determinante no Congresso de Viena – ainda preservou uma posição forte para as classes mais altas.

Ao mesmo tempo, o teatro passava por vários estágios inovadores. No que diz respeito à sala de espetáculos, podemos comprovar o fato de a burguesia – nova classe em ascensão – ter buscado gozar dos privilégios da nobreza: com o advento do novo público, o da burguesia abastada, a relação entre palco e plateia continuou a mesma, mas aumentaram as dimensões das salas de espetáculos, que passaram a admitir uma nova plateia, mais numerosa.

O romantismo foi o movimento representativo dessa nova época e, muito embora todos pensem nele em termos de uma espécie de vida boêmia em Paris, a verdade é que ele tem suas raízes na Alemanha, nas últimas décadas do século XVIII. A influência de Gotthold Ephraim Lessing para o romantismo foi imensa, a partir do movimento Sturm und Drang, do qual foi o principal teórico. Esse rótulo é devido à peça de Friedrich Maximilian von Klinger (1752-1831), *Sturm und Drang* (Tempestade e Ímpeto), de 1776, um desatinado drama sobre a inimizade e eventual reconciliação de duas famílias. Os sentimentos, e não a razão, dominam tudo, e Klinger provocou o aparecimento de dezenas de peças de paixão e heroísmo. Posteriormente, essa dramaturgia incluiria apaixonados conflitos morais, mas o importante era contestar o domínio da razão, marca do Iluminismo, valorizando a natureza, o gênio e os sentimentos.

As últimas décadas do século XVIII foram de imensas transformações na Alemanha, com o aparecimento de uma série de autores e teóricos. August Schlegel (1767-1845) não só publicou um notável panorama do drama no Ocidente, intitulado *Palestras sobre a Arte Dramática e a Literatura*, como também foi responsável pela tradução de dezessete peças de Shakespeare, obra completada por Ludwig Tieck (1773-1853). Com seu irmão, Schlegel traduziu também Eurípides, Dante Alighieri e Calderón de la Barca. Junto a Klinger, autor do *Sturm und Drang*, eles abriram as portas para o romantismo, que o grande Lessing já prenunciara.

Outro grande nome do período é Friedrich Schiller (1759-1805), filho de um militar prussiano, feliz em sua infância, mas cujo brilho, logo aos sete anos, o levou a ser transferido para uma escola que preparava meninos bem-dotados para a carreira eclesiástica, a única tida como admissível para filhos de burgueses, quando talentosos. Contando treze anos, ele foi afastado da família, selecionado para frequentar o Karlschule, em Stuttgart, uma academia militar de elite. Lá ele se formou, com brilho, no novo departamento de medicina, e se envolveu na vida cultural da cidade. Afundado tanto em literatura quanto em medicina, conheceu as obras de Shakespeare e se integrou no movimento Sturm und Drang. O que fez com que o jovem Friedrich se voltasse para o teatro foi a obra da mocidade de Johann Wolfgang von Goethe (1749-1832), *Götz von Berlichingen mit der eisener Hand* (Götz von Berlichingen com a Mão de Ferro), que faz a apologia do cavaleiro livre, corajoso, heroico, defensor dos injustiçados, que morre por seu amor e sua causa.

A obra de Schiller divide-se em duas épocas. Em 1781, quando ainda era cirurgião do regimento, em Stuttgart, ele publicou sua primeira obra dramática, *Die Reuber* (Os Salteadores), que teve boa repercussão, tendo sido montada no ano seguinte em Mannheim. O grande sucesso da peça irritou o duque Karl Eugen, diretor da academia militar onde Schiller servia, que proibiu seu revolucionário oficial de exercer qualquer atividade literária. Ele não obedeceu e continuou a escrever, mas *Fiesco*, a segunda peça de Schiller, fracassou em Mannheim. Em 1884, *Kabale und Liebe* (Cabala e Amor), uma tragédia burguesa sobre as barreiras de classe como obstáculo para o amor verdadeiro, alcançou imenso sucesso e consagrou definitivamente o jovem Schiller. A primeira etapa teatral – da qual *Die Reuber* e *Kabale und Liebe* são as obras mais famosas – foi concluída em 1787 com *Don Carlos*, também um elogio ao herói individual que se revolta contra um poder absolutista, uma peça mais longa e pesada do que as primeiras.

Nesse mesmo ano, Schiller foi a Weimar e, apesar da ausência de Goethe, ficou encantado com a atividade intelectual e cultural da cidade, resolvendo mudar-se para lá, onde se casou. Em Weimar, tendo Schiller conhecido Goethe em setembro de 1788, o contato entre eles foi se tornando cada vez mais frequente e uma grande amizade os uniu. Até a morte de Schiller, em 1805, esses dois poetas maiores da Alemanha trocaram ideias e se influenciaram mutuamente.

Por alguns anos, Schiller abandonou o teatro e dedicou-se intensamente ao estudo da história e, com o apoio de Goethe, foi nomeado professor de história da Universidade de Jena. Professor apaixonado e apaixonante, Schiller tornou-se um ídolo dos jovens universitários. Foi o íntimo conhecimento da história que propiciou a volta de Schiller ao teatro com a trilogia Wallenstein: *O Acampamento de Wallenstein*, *Os Piccolominis* e *A Morte de Wallenstein*, esta ainda ocasionalmente montada em palcos alemães. A trilogia foi escrita entre 1798 e 1799 e expressa as novas teorias de Schiller sobre o teatro.

Abandonando o desatino revolucionário e autodestrutivo dos heróis de sua primeira fase, Schiller sentiu-se, na nova etapa, atraído pela forma grega clássica e começou a buscar um herói que aprendesse com o sofrimento, que alcançasse a regeneração moral assumindo sua culpa, sofrendo com ela e finalmente se aprimorando moral e emocionalmente. As duas peças que escreveu a seguir são exemplos de suas teorias sobre a forma e os objetivos do teatro. Em *Mary Stuart*, apesar das licenças que o autor tomou com os fatos históricos, a protagonista é obrigada a assumir sua culpa pela morte de Darnley para passar pelo progresso de expiação e regeneração ao enfrentar o processo que leva à sua morte por ordem de Elisabete I. Já em *Die Jungfrau von Orleans* (A Donzela de Orleans), Schiller tomou liberdades ainda maiores com a história, e leva Joana d'Arc a cometer alguns atos condenáveis antes de morrer heroicamente em batalha, expiando seus pecados.

Em suas duas últimas obras, Schiller continuou experimentando modelos que tentavam conciliar a forma clássica com os arroubos românticos. Em *Die Braut von Messina* (A Noiva de Messina) atingiu extremos de romantismo – com dois irmãos apaixonados pela mesma mulher que, a seguir, descobrem ser sua irmã – mas usa coros como na tragédia grega. Já *Wilhelm Tell* (Guilherme Tell) consagrou todos os preceitos românticos do herói que vive em estreita união com a natureza e não é corrompido pela cultura urbana. Esse texto é complexo, tem duas tramas diferentes, unificadas arbitrariamente, no final, pela figura de Guilherme Tell, e muito raramente alguém tenta montá-lo hoje em dia.

Quanto à outra grande figura do romantismo alemão, tanto a vida quanto a carreira de Johann Wolfgang von Goethe são mais longas e mais amplas que as de Schiller. Nascido em 1749, ele só morreu em 1832, depois de uma vida cuja excepcionalidade é indicada pelo fato de, aos oito anos, ele já falar e escrever em grego, latim, alemão, italiano e francês, tendo mais tarde ainda aprendido ídiche e hebraico. Educado a princípio pelo próprio pai, entrou, aos dezesseis anos, para a Universidade de Leipzig para estudar Direito, mas acabou dando preferência à Medicina e à Botânica. Uma vida social intensa, com alguma devassidão, abalou-lhe a saúde e ele teve de passar um longo período de recuperação em casa.

Transferido para a Universidade de Estrasburgo, Goethe acabou se formando em Direito e lá alcançou grande sucesso nos círculos literários e filosóficos, que fervilhavam com ideias revolucionárias. Já escrevendo com brilho nessa época, Goethe atingiu seu apogeu quando, aos 23 anos, criou, em prosa, a já mencionada *Götz von Berlichingen* (1773), peça que não só faria desabrochar o talento dramático de Schiller, como daria o impulso definitivo ao movimento Sturm und Drang.

Mudando-se para Frankfurt, onde foi exercer a profissão, Goethe teve seu primeiro grande caso de amor e escreveu seu primeiro e mais que famoso romance, *Die Leiden des jungen Werthers* (O Sofrimento do Jovem Werther), de 1774. Logo a seguir escreveu mais duas peças em prosa, *Clavigo* (1774) e *Stella* (1775); mais importante ainda, ele começou a escrever o *Ur-Faust* (1774), primeira versão de sua obra-prima, e iniciou *Egmont*.

O ano de 1775 é crucial na carreira de Goethe, pois visitou Weimar pela primeira vez e conheceu o Duque de Saxe-Weimar, a quem ficaria ligado para o resto de sua vida. O poeta não só passou a residir lá, como também participou intensamente da vida política, cultural e científica do ducado. Suas atividades levaram Weimar a se tornar um dos maiores centros culturais de toda a Europa. O jovem duque nutria grande admiração por Goethe e explorou, para o bem de seu ducado, seu talento, fazendo-o responsável por inúmeras atividades do governo. De Diretor do Departamento da Guerra, Goethe expandiu seu interesse para os campos da agricultura, horticultura e mineração, todos eles altamente relevantes para o desenvolvimento do ducado.

Na verdade, as tarefas no governo foram tantas que por algum tempo Goethe ficou afastado das atividades culturais, das quais começou a sentir falta. Em 1779, ele exibe grandes mudanças em sua visão do teatro, escrevendo *Iphigenie auf Tauris* (Efigênia de Tauris), inspirada na obra de Eurípides e buscando uma forma clássica, em versos, com uso de coros. Quando a peça foi montada, em 1779, o papel de Orestes foi feito por ele próprio que tinha visão bastante pessoal sobre a interpretação e instituiu, no teatro de Weimar, novos critérios de comedimento e elegância que vieram a influenciar vários outros teatros alemães com o título específico de "estilo weimarense".

Depois de viagens à Itália, Goethe elaborou uma nova filosofia teatral, que mesclava elementos clássicos com outros, pagãos, e, vendo-se distante do que pareciam ser as tendências artísticas do momento, pediu ao duque para libertá-lo de seus muitos deveres administrativos a fim de poder dedicar-se novamente à literatura e à ciência. Em 1781 ele começou a escrever *Torquato Tasso*, já com o clima do romantismo que estava por vir. Na segunda metade dos anos de 1780, Goethe voltou-se novamente para a literatura, viajou e publicou uma alentada biografia de Winckelmann, famoso professor e erudito alemão.

Em 1791 Goethe foi nomeado diretor do novo Hoftheater, o Teatro da Corte de Weimar, posto que ocuparia por 26 anos. Ao longo desse longo período, no Hoftheater foram montados cerca de seiscentos espetáculos, com uns poucos textos do próprio Goethe, outros de Schiller e vários de autores alemães contemporâneos, mas também de Shakespeare, Racine e Calderón de la Barca.

Sentindo o peso da idade e também que suas ideias ficavam cada vez mais afastadas das da sociedade de Weimar, que ele agora achava decadente, Goethe demitiu-se do Hoftheater para dedicar-se à ciência e à arte, vindo a publicar várias obras científicas significativas, inclusive uma *Teoria da Cor*. Foi também durante esse tempo que Goethe escreveu a segunda e monumental parte do *Fausto*, obra que, em sua totalidade, só foi publicada após sua morte. Após uma notável vida de realizações nos mais variados campos da atividade humana, Johann Wolfgang von Goethe morreu, na Weimar que tanto beneficiou com seus múltiplos talentos, aos 83 anos.

A Alemanha ainda teve um terceiro grande nome a oferecer à literatura e ao teatro: Heinrich von Kleist (1777-1811). Nascido em Frankfurt, educado por seu pai, que morreu quando ele tinha onze anos, ficou sua educação, a seguir, a cargo de Samuel Catel. Aos quinze anos, Kleist entrou para a Guarda de Potsdam, tendo lutado contra os franceses, depois servido em Potsdam. Não lhe agradando a disciplina militar, foi para a Universidade de Frankfurt e se entregou com tal empenho aos estudos que teve uma espécie de colapso nervoso e deixou a universidade em 1800.

Tentando viver de suas atividades culturais e literárias, Kleist passou por várias cortes e, a certo momento, por influência do pensamento de Rousseau, tentou uma existência voltada para a natureza, onde viveria como marido e mulher com sua meia-irmã Ulrike, mas o plano não deu certo. Nada, porém, desapontou tanto Kleist quanto o recebimento um tanto frio que teve por parte de Goethe, quando lhe apresentou suas peças, "com o coração de joelhos", em suas palavras. Após um período em Königsberg, na administração das terras da coroa, durante o qual ele estudou muito, Kleist resolveu demitir-se e tentou de novo viver de seus escritos. Foi preso em Berlim pelos franceses e, quando libertado ao fim de alguns meses, foi para Dresden; ali conheceu Ludwig Tieck, um dos poucos intelectuais a apreciar devidamente o talento de Kleist enquanto viveu.

Um novo golpe foi o fracasso de sua comédia *Der zerbrochene Krug* (A Bilha Partida), em Weimar, pelo qual culpou Goethe, que dividira a peça em três atos e a apresentara depois de uma longa ópera.

A invasão da Alemanha por Napoleão aumentou os sentimentos de Kleist contra a França, e como sua peça histórica *Die Hermannsschlacht* (A Batalha de Arminius) continha referências a um levante contra Napoleão, ele não conseguiu que a peça fosse montada. Em 1810, Kleist ainda teve o impulso e a força suficientes para escrever o apaixonado *Prinz Friedrich von Homburg* (Príncipe Friedrich de Homburgo), e após novas tentativas de criar periódicos literários e montar suas peças, Kleist acabou seus dias em Berlim. Em grande pobreza, sem conseguir que o rei lhe concedesse um posto no Exército, em seus últimos meses de vida Kleist chegou a passar fome. Acabou fazendo um pacto suicida com Henriette Vogel, uma mulher casada, que estava com câncer e, no dia 21 de novembro de 1811, ele a matou a tiros e depois se suicidou.

Desses três, Kleist veio a ser o mais montado no século XX. A divertida *Der zerbrochene Krug*, crítica da mesquinhez da burguesia de aldeia, é frequentemente encenada, enquanto *Prinz Friedrich von Hamburg* foi uma das mais memoráveis montagens da carreira do *Théâtre National Populaire*, na França, nas décadas de 1950 e 1960, com Gérard Philippe como protagonista.

O Romantismo na França

ENQUANTO A ALEMANHA PRODUZIA, nas duas décadas do entorno da passagem do século XVIII para o XIX, esse brilhante e polivalente grupo de autores, a França, durante o mesmo período, foi silenciada por sucessivas crises políticas, sociais e militares que se seguiram à Revolução e às incessantes guerras napoleônicas. É só a partir de meados da década de 1820, com uma monarquia incerta, mas constitucional, que a França gozou de um equilíbrio razoável em que houve, embora precária, a tranquilidade necessária para que as artes pudessem florescer.

Na primeira década do século, a prosadora Madame de Staël[1], culturalmente enriquecida por longos períodos de exílio, descobriu o romantismo e, ao escrever *De l'Allemagne*, apresentou aos franceses a obra de Lessing, Goethe e Schiller. Depois disso, na França, o romantismo se consolidou e tomou forma definitiva, dominando a poesia e o teatro até cerca de 1850. Nessa aparente calma, na qual a classe média finalmente se sentia à vontade, já começava, contudo, a tomar corpo uma inquietação da população proletária, o que levaria o realismo para o palco.

No teatro francês, o romantismo fez sua entrada com *Henri III et sa cour* (Henrique III e Sua Corte), de Alexandre Dumas *père* (1802-1870), montada pela Comédie Française, em 1829. A essência do movimento, porém, foi definida por Victor Hugo (1802-1885) no Prefácio de sua peça *Cromwell* que, escrita em 1826, jamais foi montada. Defendendo o abandono das famosas regras clássicas, que Voltaire havia tornado a valorizar, Hugo propôs que a imitação dos clássicos – com uso de heróis e deuses da Antiguidade – fosse abandonada, e que o assunto da nova dramaturgia devia ser buscado na história moderna do país onde fosse escrita ou de qualquer outro. Na prática, esse conceito de "história moderna" passou a incluir tudo,

---

1 Anne-Louise Germaine Necker (1766-1817), baronesa de Staël-Holstein, conhecida como Madame de Staël: escritora e ensaísta franco-suíça que, mesmo favorável aos ideais revolucionários, foi seguidamente impedida de residir na França após a Revolução.

desde a Idade Média, com o que autores e público poderiam sentir mais identidade do que com Grécia e Roma.

Igualmente significativo, o autor propõe o abandono da separação entre o trágico e o cômico, como já visto nas obras de Shakespeare e do Século de Ouro espanhol. Hugo insistia na coexistência do sublime com o grotesco, assim como na mescla de classes sociais, a fim de o teatro poder retratar o mundo à sua volta e apresentá-lo a uma plateia que, agora, era, ela mesma, composta por espectadores de várias classes sociais. A ação podia cobrir períodos de dias ou semanas ou meses, e cada ato se passar em local e momento diversos. Abandonadas as unidades de local e tempo, e misturados os gêneros, a obra devia ser unificada por seu tema, pela ação. A condução da ação pelo autor a levaria a se tornar a expressão da ideia, do conceito que o impulsionara a escrevê-la.

Devia ser abandonado, afirmava Victor Hugo, aquele ambiente neutro e impessoal da tragédia neoclássica. Era preciso que os espetáculos tivessem cor local, o que levou o teatro romântico a ser montado com cenografia de grande realismo para criar o ambiente onde pudessem ser plausivelmente apresentados os hábitos, os costumes, os gestos e o linguajar da época e do local onde se passaria a ação. Tudo isso, é claro, dentro das convenções teatrais necessárias, como estruturação da ação e linguagem adequada ao tom geral do espetáculo, e também um diálogo individualizado e uma expressão corporal que correspondesse ao caráter, hábitos e pensamento das personagens.

Seguindo essa linha de pensamento, pouco depois do sucesso inicial de *Henri III et sa cour*, em 1829, Dumas *père* escreveu *Antony*, uma tragédia romântica burguesa, tendendo para o melodrama, com incontáveis complicações de amor, traição, ilegitimidade, desentendimentos e um suicídio heroico no final. Já se abria o caminho para os excessos do melodrama, e o autor alcançou um enorme sucesso ao criar, em 1832, *La Tour de Nesle* (A Torre de Nesle), que desanda graças ao clima de ambientes soturnos, calabouços, arrastar de correntes, fantasmas, adultérios sonhados e concretizados, traições, ambição, ciúmes e tudo o mais que já estava levando o romantismo para o exagero que o destruiria em pouco tempo. A peça foi um grande sucesso, mas os envolvimentos políticos de Dumas acabaram por levá-lo ao exílio. Lá, ele se dedicou à poesia e à literatura, sendo desse período *Os Três Mosqueteiros*, seu maior e mais duradouro sucesso.

Quanto ao gestor intelectual do romantismo na França, Victor Hugo tinha apenas dezesseis anos quando, ainda na escola, escreveu sua primeira peça, *Inês de Castro*, em 1818. A obra é destituída de méritos em si, mas já situa a ação em um ambiente histórico e é plena de detalhes sombrios e ameaçadores, que seriam comuns no romantismo. Do início de sua criação adulta, *Cromwell*, escrita em 1826, era muito complicada e longa para poder ser montada; mas, em 1830, ele criou *Hernani*, que ficou célebre principalmente pela "batalha" entre os defensores do romantismo e do classicismo em sua noite de estreia.

O movimento romântico dominou as duas décadas seguintes, mas as peças de Victor Hugo eram por demais exageradas para continuarem a ser apreciadas depois do momento de glória do romantismo. *Hernani* e *Le Roi s'amuse*, foram transformadas em libretos para óperas de Verdi – tendo a segunda sido usada para a criação do *Rigoletto* –, e o Théâtre National Populaire de Jean Villar montou, na década de 1950, sua *Marie Tudor*, de 1833. Ainda em 1838, ele escreveu *Ruy Blas*, passada na Espanha e influenciada pela dramaturgia espanhola. Mas a fama verdadeira de Hugo vem de seus romances, escritos em seus longos anos de exílio na ilha de Guernesey, no Canal da Mancha.

Depois do colapso do Segundo Império, Victor Hugo voltou a Paris, foi eleito para a Assembleia Nacional e teve importante carreira como senador. Ao morrer, em 1885, teve honras de Estado, e o funeral foi seguido por centenas de milhares de admiradores, tanto do escritor quanto do homem público.

Muito mais lembrado como autor teatral dessa época, durante o século XIX, foi o poeta Alfred de Musset (1810-1857). O retumbante fracasso de sua primeira peça montada, *La Nuit vénitienne* (A Noite Veneziana) o fez resolver nunca mais escrever para o teatro, passando a escrever peças só para serem lidas, como *Andrea del Sarto* e *Les caprices de Marianne* (Os Caprichos de Marianne). Um dramático e instável caso de amor com George Sand[2], iniciado em 1833, parece ter sido inspirador de novas inventivas, pois nos dois ou três anos

---

2   Pseudônimo adotado pela escritora Amandine Aurore Lucile Dupin (1804-1876), em razão das dificuldades de publicação para as mulheres na época.

seguintes ele publicou não só dois de seus leves e divertidos "provérbios", *Fantasio* e *On ne badine pas avec l'amour* (Não se Brinca com o Amor), mas também sua mais significativa obra dramática, *Lorenzaccio*. Uma vida de inquietações, conflitos, má saúde e bebida levaram Musset à morte aos 47 anos.

Malgrado as tentativas anteriores, talvez a mais pura obra dramática romântica francesa, contradizendo a norma de o teatro refletir o universo no qual ele é escrito, aparece com mais de meio século de atraso. Correspondendo exatamente a todos os quesitos propostos em 1830 por Victor Hugo, Edmond Rostand (1868-1918) contestava vigorosamente o realismo de seu tempo e, em um esforço por fazer reviver o verso na dramaturgia francesa, escreveu *Les Romanesques* (Os Romanescos), de 1894, que teve um extraordinário sucesso no *off-Broadway* da Nova York moderna. Outra de suas obras, *Cyrano de Bergerac* (1897), um paradigma do romantismo, continua a aparecer periodicamente nos palcos de vários países.

A Transição Para o Realismo

O TEATRO JÁ APRESENTAVA, a partir da década de 1830, mudanças devidas não só às alterações na estrutura política e social, como também às novidades técnicas que afetavam a encenação. A impressão de espaço no palco foi criada, a princípio, pelos cenários pintados, assimétricos e oblíquos, da família Bibiena, nos séculos XVII e XVIII, na Itália. A luz podia ser alterada em intensidade ou cor por transparências, e árvores e colunas eram colocadas no centro da cena ocultando velas acesas atrás delas. Em 1835, no entanto, o uso do gás para iluminação transformou radicalmente o uso do palco.

O palco todo podia agora ficar igualmente iluminado. Com o uso de três grandes arcos, por exemplo – um logo atrás da ribalta, um a meio do caminho e um próximo ao fundo do palco, arcos esses perfurados a distâncias regulares, formando dezenas de bicos de gás –, podia-se deixar todo o espaço cênico iluminado, se assim fosse conveniente, ou iluminar mais ou menos este ou aquele ponto, já que o gás era facilmente controlado. A importância da mudança na iluminação do palco pode ser imaginada, em seu valor mais óbvio, pelo fato de que, pela primeira vez, foi possível usar móveis no palco, com os cenários passando a apresentar mais especificamente o local da ação. Também os figurinos tiveram, com isso, de ser alterados conforme o universo da obra encenada; e a possibilidade dos atores poderem se movimentar livremente por todo o espaço iluminado afetou, é claro, a interpretação. Os antigos telões pintados em perspectiva foram, a princípio, substituídos por telões que ilustrassem a parede do fundo do ambiente da ação, mas realismo e técnica foram se desenvolvendo juntos.

A dramaturgia dessa época passou, por isso mesmo, a ser escrita com maior dose de realismo. Mas nos anos centrais do século XIX, o resultado desse aparente realismo é a *pièce-bien-faite*, a "peça bem-feita", por ser altamente manipulada, com intrigas elaboradas que continham, no ponto central da ação, a *scène à faire*, a "cena obrigatória" de confrontação entre protagonista e antagonista, seguida de uma solução altamente manipulada, que premiava os bons e condenava os maus, e deixava toda a plateia satisfeita por se sentir retratada na posição moralizante do final. Alexandre Dumas *fils* (1824-1895), o filho ilegítimo do autor romântico, abriu o caminho desse gênero quando escreveu *La Dame aux camélias* (A Dama das Camélias) – obra inspirada em seu romance com Marie Duplessis – e mais ainda com *Le Demi-monde* (A Falsa Sociedade) e *La Question d'argent* (A Questão do Dinheiro).

Entretanto, o maior representante desse pseudorrealismo é Eugène Scribe (1791-1861), autor, sozinho ou em colaboração, de mais de quatrocentas peças. Consta que ele procurava nos jornais quais eram os assuntos em voga no momento e, em grande velocidade, produzia mais uma peça a respeito, com personagens superficialmente caracterizadas, diálogo divertido e muitas vezes irônico, e construção exemplarmente armada, do ponto de vista mecânico. Não há gênero que Scribe não tenha experimentado no teatro, escrevendo libretos para óperas e criando a ópera-balé, que não existia até então. O sucesso de Scribe foi imenso, tendo influenciado outros autores, que aprenderam com ele a manipulação de tramas complicadas. Seus dois mais notáveis seguidores já representam uma outra fase, com *vaudevilles* – pequenas comédias com elementos de música –, comédias e farsas; são eles: Eugène Labiche (1815-1888) e Georges Feydeau (1862-1921).

O prolífico Labiche, filho de abastada família da classe média, estudou em ótimos colégios e se formou em Direito, embora jamais viesse a exercer a profissão. Desde jovem tinha ele a ambição de pertencer à vida literária da França, mas teve um início de carreira lento e medíocre. Foi só em 1844 que resolveu se dedicar ao teatro, escrevendo desde logo textos divertidos e bem armados. Dedicada à retratação dos pecadilhos da burguesia, o segredo da dramaturgia de Labiche é o de fazer com que uma de suas personagens seja dona de uma informação que não deva ser revelada às outras. Seus protagonistas são quase todos homens, pois na sociedade do Segundo Império eles tinham bem mais liberdade e mobilidade que as mulheres, as quais, mesmo assim, também conseguiam acertar as contas com os maridos mulherengos. Autor de cerca de 170 peças, boa parte em colaboração com vários outros autores, entre as mais famosas estão *Le Voyage de M. Perrichon* (A Viagem de M. Perrichon), *Le Verre d'eau* ou *Les effets et les causes* (O Copo d'Água ou Os Efeitos e as Causas) e *Adrienne Lecouvreur*, essa última um grande "cavalo de batalha" de Sarah Bernhardt, que o tinha como seu autor favorito.

A dramaturgia nascida da mecânica da trama alcançou seu ponto mais alto com a obra de Georges Feydeau, que fez do uso de entradas, saídas e desencontros o veículo ideal para suas comédias sobre a classe média abastada do final do século XIX. Assiduamente montado ao longo de todo o século XX, Feydeau é um dos grandes representantes da comédia no teatro ocidental. Suas tramas são milimetricamente armadas e, para que possam ser devidamente montadas, é preciso obedecer fielmente às marcas que ele determina em suas rubricas, pois ele calculava o tempo necessário para que o diálogo e a ação física se integrassem. Feydeau escreveu 39 comédias e, ao contrário de Labiche, as mulheres são a grande força motora da ação em quase todas elas. Seu primeiro sucesso foi *Tailleur pour dames* (Alfaiate para Senhoras), de 1887, que ele escreveu quando ainda estava prestando o serviço militar; mas seu primeiro grande triunfo chegou com *Monsieur chasse!* (O Marido Vai à Caça!), de 1892, que teve mais de mil récitas em sua primeira temporada, e que faria grande sucesso no Brasil quando montada em 1971, com Fernanda Montenegro, Sérgio Britto, Ítalo Rossi, Jacqueline Laurence e direção de Amir Haddad.

Em seus primeiros dez anos de carreira, em cujas peças as protagonistas são mulheres respeitáveis da classe média, sempre à beira de uma aventura extraconjugal mas não chegando a concretizá-la, Feydeau ainda escreveu sucessos como *Le Dindon* (O Peru), *La Puce à l'oreille* (Com a Pulga atrás da Orelha) – grande sucesso no Brasil, primeiro com Maria Della Costa e depois com Fernanda Montenegro –, *Un Fil à la patte* (Preso pela Pata) e *L'Hôtel du Libre Echange* (Hotel Paradiso). Em 1899, ele começou uma nova série, na qual as protagonistas são *cocottes* espertas que se fazem de tolas e frágeis a fim de depenar homens ricos e realmente tolos. A esse período pertence *La Dame de chez Maxim* (A Dama do Maxim), sucesso com o qual entre nós brilharia Tônia Carrero. Em sua última fase, na qual se destaca *On purge bébé* (Purgando o Bebê), Feydeau retratou homens fracos e covardes sendo dominados por mulheres megeras. A crítica aos costumes da época é brilhante, e o seu humor é tão notável que não nos surpreende que tenha sido dito, sobre a montagem inicial de *Champignol malgré lui* (Champignol, a Despeito de Si Mesmo), em 1892, que as últimas cenas haviam sido representadas em mímica, já que o riso estrondoso do público não dava tréguas.

O Realismo

A FIM DE PODER continuar exercendo sua função de espelho da natureza – como diz Shakespeare, em *Hamlet* –, o teatro foi sendo levado a grandes transformações, já desde a segunda metade do século XIX.

A expressão "revolução industrial" foi usada pela primeira vez, em 1837, por Louis-Auguste Blanqui, para descrever as transformações por que passara a Grã-Bretanha desde o início do século, e se tornou mais específica quando empregada por Arnold Toynbee (1852-1883) em uma obra que falava dessas transformações desde o século XVIII. Ela marca a progressiva transferência da população do campo para a cidade e, principalmente, o advento do trabalho fabril, simbolizado, de certa forma, pelo uso do carvão como fonte de energia. O gás começou a iluminar as cidades, e tanto as máquinas industriais quanto as locomotivas passaram a funcionar a vapor, provocando alterações na fabricação e na distribuição de produtos e trazendo, naturalmente, mudanças na estrutura social.

O teatro acompanhou todas essas mudanças, seja no tema, seja nos recursos para a encenação, bem como na dramaturgia. O uso do verso e as falas literariamente elaboradas foram por centenas de anos bem-aceitos, enquanto o teatro tratava de reis ou heróis, pois, de um lado, a forma satisfazia aquela parte do público que vivia em ambientes privilegiados e gostava de vê-los assim representados e, de outro, toda aquela parcela que não tinha acesso a esses ambientes podia, caso assistisse a um desses espetáculos, acreditar que naquele mundo especial todos poderiam falar assim. Porém, a partir do romantismo, quando as personagens passaram a ser menos inatingíveis, o verso virtualmente desapareceu e até mesmo as formas literárias foram se modificando. O realismo surgiu para atender a todo um novo público que já não era restrito à alta burguesia e, quando começaram a aparecer peças a respeito de trabalhadores ou até mesmo de indigentes – como acontece em *Na Dne* (A Ralé) de Máximo Górki –, a linguagem teve de se adequar ao tema, por mais que o autor lhe desse a forma necessária para estruturar sua trama.

Essas transformações não se deram todas ao mesmo tempo, e muito menos de um dia para o outro. Se, com o gás, toda a área do palco passou a ser usada, foi necessário bastante tempo até que a parede do fundo, pintada, fosse finalmente substituída pelo que, no Brasil, foi chamado de "cenário de gabinete", isto é, um cenário que tinha três paredes construídas, onde todas podiam ter portas e janelas praticáveis. Por outro lado, o realismo cênico também teve seus excessos, como os "cenários arqueológicos" da Inglaterra, em meados do século XIX, que tentavam reproduzir, com exatidão, ambientes de outras épocas. Tais cenários podiam ser impressionantes, mas os intervalos entre os atos se tornavam infindáveis, e ainda podiam acontecer desmandos, como o da montagem de *O Mercador de Veneza*, de Shakespeare, que apresentava, primeiro, todas as cenas passadas no Rialto e, após um intervalo de mais de uma hora, todas as cenas com Pórcia em Belmonte, sem qualquer preocupação com a perda do sentido da obra. Com o tempo, é claro, a cenografia realista encontrou seu caminho e serviu muito bem ao teatro, mesmo depois do aparecimento do realismo seletivo, das deformações expressionistas, do despojamento épico, dos sonhadores ambientes do simbolismo, ou do espaço vazio do clássico e do experimental.

Para os novos tempos cênicos era necessária também uma nova interpretação. Um momento inovador foi o que teve lugar no pequeno teatro da corte do duque de Saxe-Meiningen. O duque Georg II, com sua mulher, Ellen Franz, atriz, e o diretor Ludwig Cronegk ficaram famosos na Alemanha a partir de sua montagem de *Júlio César*, de Shakespeare, sendo depois aclamados por toda a Europa. Financiando ele mesmo todas as montagens de seu teatro, o duque fazia questão de cenários e figurinos exatos para o ambiente e a época do texto, e usou sua experiência militar para planejar cenas de multidão: para os figurantes não ficarem parados sem saber o que fazer, ele os distribuía em pequenos grupos, cada um com um líder, que estimulava as reações adequadas. Os *meiningens*, como, eram chamados, viajaram por vários países, e muito embora ainda houvesse um longo caminho a ser trilhado para que a interpretação realista se tornasse rotineira, é preciso lembrar que tanto Antoine quanto Otto Brahm e Stanislávski, os grandes criadores da interpretação realista, viram seus espetáculos.

Uma primeira tentativa de realismo cênico, ainda fora de hora, foi realizada na Inglaterra por T.W. Robertson (1829-1871), ator, autor e produtor sem maiores méritos, que montou sua peça *Society* (Sociedade), em 1865, com extremos detalhes de realismo e que pormenorizou ainda mais em seu maior sucesso, *Caste* (Casta), em 1867. As críticas não o receberam muito bem, mas o público ficou fascinado pelo que veio a ser chamado de "teatro de xícara e pires". A interpretação realista, porém, só se afirmou realmente com o trabalho de André Antoine (1858-1943), que assistira a um espetáculo dos *meiningens*, em 1888, ficando profundamente impressionado pelo clima de equipe da encenação. Ele sentiu igualmente o impacto dos romances de Émile Zola (1840-1902), em particular com *L'Assommoir* (publicado no Brasil como *A Taberna*), bem como do que este dissera em *O Naturalismo no Teatro*.

Antoine começou como ator amador, no Cercle Gaulois, e a experiência o levou a convidar alguns amigos para buscar um repertório de peças de autores novos, longe das comédias de *boulevard*, dos melodramas e, principalmente, das "peças-benfeitas" que encantavam a burguesia. Ao contrário do que muitas vezes é dito, Antoine não se dedicou apenas a autores novos e realistas; uma interpretação mais interiorizada, mais contida, mais semelhante à vida real era aplicável a todos os gêneros teatrais, mas sua fama nunca deixou de estar ligada ao fato de não ter hesitado em pendurar uma enorme e sangrenta perna de boi no palco para sua montagem de *L'Assommoir*.

Um tipo de dramaturgia que apareceu graças à nova interpretação de Antoine foi a chamada de *tranche de vie*, pedaço de vida, que não tinha tramas complicadas, mas fascinava por captar quadros da vida de pessoas dos mais diferentes níveis sociais e econômicos, o que levava o público do teatro a ampliar sua visão dos comportamentos humanos. Foi por influência de Émile Zola que o naturalismo – onde são fundamentais os aspectos científicos de hereditariedade e meio ambiente – se afirmou. Trabalhando com a perspectiva de Zola, Antoine reformou tanto a interpretação quanto o repertório, e ficou famoso por ter apresentado, pela primeira vez na história do teatro, um ator falando de costas para a plateia, o que se justificava porque a "quarta parede", a "parede" invisível que separa palco e plateia, supostamente levaria os atores a se comportarem como pessoas que vivessem naquele espaço do palco, sem consciência da presença do público. Mais um elemento pesou para a fixação do realismo, a eletricidade que, poucos anos depois, substituiu o gás nos teatros, oferecendo possibilidades ainda mais amplas, além de causar menos incêndios.

Dentre os que frequentaram o Théâtre Libre de Antoine, estiveram Otto Brahm, que partiu para a criação do Freie Bühne (Teatro Livre) na Alemanha, bem como Nemirovitch-Dantchenko e Stanislávski, os fundadores do Teatro de Arte de Moscou, onde o último teve a oportunidade de desenvolver o seu famoso método de interpretação, crucial para a encenação dos textos realistas, em especial os de Tchékhov.

Nessa corrente, um fenômeno interessante é o do teatro inglês que, na segunda metade do século XIX, não aderiu ao drama realista, mas desenvolveu excepcionalmente o espetáculo, tanto em técnica quanto em interpretação e, sem produzir qualquer dramaturgo mais significativo, teve uma vida teatral intensa, marcada pela relevância de atores e espetáculos. Nas últimas décadas do século, graças a toda uma geração de bons editores e críticos da obra de Shakespeare, teve lugar, por exemplo, uma progressiva restauração de seus textos, que vinham sendo podados e deformados desde a época da Restauração.

Em meio a um mar de comédias sem maior mérito e *extravaganzas*, apareceram produtores de visão, como Samuel Phelps – que montou quase todas as peças de Shakespeare em seu teatro de tradição comercial –, ou o notável ator Henry Irving, que teve longa e triunfal carreira, sendo responsável pela descoberta de Ellen Terry, com quem contracenou durante duas décadas. Brilhante ator shakespeareano, Irving não hesitava, entretanto, em montar textos medíocres que lhe oferecessem a oportunidade para mais um sucesso pessoal como intérprete; a ele se deve, aliás, a ideia de serem apagadas as luzes na plateia durante o espetáculo.

Bem no fim do século XIX, no entanto, apareceu George Bernard Shaw, que condenava Irving por não estimular novos autores. Shaw, irlandês, erudito crítico de música e teatro, articulista brilhante e polêmico, socialista integrante do movimento fabianista, empenhou suas peças sempre a serviço de ideias, e publicou, em 1881, *The Quintessence of Ibsenism* (A Quintessência do Ibsenismo), reclamando contra a fria acolhida que Ibsen tivera na Inglaterra até então. Autodidata, Shaw – de cuja obra falaremos mais adiante, posto que foi no século XX que ele mais produziu – aprendeu música com a mãe, que o sustentou em seus primeiros anos em Londres quando ele passava todo o seu tempo lendo. O primeiro emprego de Shaw foi em uma firma que alugava apartamentos ou quartos baratos, mas quase inabitáveis, experiência que lhe deu o tema de sua primeira peça, *Widower's Houses* (Casas de Viúvos), de 1885. Montada em 1892, a peça denunciava as péssimas condições em que tinham de viver os que eram explorados pelos donos desses imóveis. Os conservadores o acusaram de explorador de escândalos, porém muitos outros aplaudiram esse teatro que prestava um serviço à sociedade.

A Dramaturgia

AFORA AS IGNORADAS INCURSÕES pelo realismo de Tom Robertson (1829-1871), na Inglaterra, foi por influência do trabalho de Antoine que o realismo e o naturalismo se firmaram em todo o Ocidente. Foi para o Freie Bühne que Gerhart Hauptmann (1862-1946) fez sua numerosa obra, que começou com *Vor Sonnenaufgang* (Antes do Sol Aparecer), de 1889 e atingiu o ápice com o notável *Die Weber* (Os Tecelões), de 1893, sobre a desesperada revolta dos tecelões que perdem seu ganha-pão com o advento dos teares mecânicos. Hauptmann não limitou seu teatro naturalista ao drama sério; no mesmo ano em que retratou a dor dos tecelões, ele escreveu *Der Biberpelz* (O Casaco de Castor), uma penetrante sátira à presunção e pomposidade de funcionários públicos de cidades pequenas.

Foi na Escandinávia, no entanto, que o realismo apareceu de forma definitiva. O caso de Henrik Ibsen (1828-1906) é anômalo, na medida em que sua carreira de autor cobre um período de cinquenta anos. Ele nasceu na pequena cidade de Skien, na Noruega, filho de um rico comerciante que bebeu até falir e deixou a família não só em extrema pobreza como também objeto do desprezo por parte da mesquinha sociedade pequeno-burguesa local. Ele estudou no pior colégio da cidade e aos quinze anos foi feito aprendiz de um farmacêutico, sem completar os estudos necessários para que pudesse realizar o sonho de ser médico. Fora do colégio, ele estudava sem parar, sacrificando o almoço em favor de aulas do latim indispensável para a admissão em qualquer universidade. Apesar de todo o seu esforço, Ibsen não conseguiu entrar para a Universidade de Cristiania – hoje

Oslo –, mas passou a frequentar as aulas como ouvinte e se revelou tão brilhante que conseguiu uma espécie de diploma.

Ibsen havia escrito em 1849 sua primeira peça, *Catilina*, publicada sem repercussão. No mesmo ano viu montada sua segunda peça, *Kjaempeholien* (O Carrinho do Guerreiro), com algum sucesso, e resolveu tornar-se exclusivamente escritor. Em 1851, conseguiu ser nomeado, como poeta, do novo Teatro Nacional de Bergen, mas a vida continuou difícil, seja pela precariedade do mundo teatral norueguês, seja pela estreiteza dos preconceitos de seus compatriotas. Quando finalmente conseguiu uma bolsa de estudos, partiu para Roma, onde ficou até 1884, mudando-se depois para a Alemanha. O exílio de Ibsen durou mais de trinta anos, com periódicas visitas ao país natal, onde constatava não ter mudado a sociedade que o rejeitava e ele abominava.

Nos primeiros quinze anos de sua carreira, Ibsen escreveu, em versos, peças de fundo histórico e comédias que tentavam dar forma nova a folguedos tradicionais noruegueses. Resultam desse período duas obras monumentais. *Brand*, de 1865, é o drama de um indivíduo cujo excessivo idealismo acaba destruindo a outros e a ele mesmo; ao morrer, soterrado por uma avalanche, ele lança um brado de angústia a Deus, e uma voz lhe responde "Ele é o Deus do amor". A obra deu fama a Ibsen, mas não funciona no palco. Em 1867, ele escreveu *Peer Gynt*, uma das obras-primas do teatro universal, que trata da história de um homem sem ideais, sem convicções, que vai vivendo sem pensar no amanhã ou nas consequências do que faz. A ação tem lugar em vários pontos do mundo e, após muitas aventuras, Peer Gynt resolve voltar para casa, onde ele encontra seu final inesperado: o Derretedor de Botões o encontra, explica que ele não é suficientemente mau para merecer o inferno; ele é apenas semelhante a um botão que sai com defeito da fábrica e, portanto, deve ser derretido. Salvo pela constância do amor de Solveig, a quem abandonou, nos braços dela ele encontra, finalmente, sua razão de viver.

Em 1868 Ibsen entra no período que lhe deu mais fama, o do realismo. Sempre afirmando que era um poeta – e ele foi, sem dúvida, o poeta dos ambientes fechados –, por muito tempo as obras dessa fase o fizeram ser tido primordialmente como um lutador na área da injustiça social, respondendo ele que apenas observava a humanidade que o cercava. Surpreendentemente, Ibsen afirmava que, para o realismo, era fiel e agradecido aluno de Eugène Scribe (1791-1861), o mestre da "peça-benfeita". A grande diferença entre esses dois mestres de todas as técnicas da dramaturgia é que o segundo é uma máquina de boas bilheterias e o primeiro, um dos maiores nomes da história do teatro, porque Scribe usava a carpintaria teatral para armar situações e manipular soluções facilmente aceitáveis e aplaudidas pelo público, enquanto Ibsen usava o mesmo domínio para conduzir toda a ação às suas reais consequências. Ele faz de cada peça não só uma exemplar experiência estética como também amplia nosso conhecimento e nossa compreensão do comportamento humano. Em todos os textos de Ibsen vemos expostos os males da hipocrisia, que caracterizou a sociedade de seu tempo, e como essa hipocrisia domina o universo das cidades pequenas, onde todos vivem preocupados com a opinião alheia.

Sua primeira peça realista, *Samfundets stotter* (Os Pilares da Sociedade), de 1878, deve ter sido um choque para o público da época, vindo logo depois do monumental *Kejser og Galilaeer* (César e Galileu), que investigava valores mundanos e religiosos. A nova peça fala da responsabilidade individual e social do homem e, como todas as que se seguiram, apresenta um problema entre indivíduos, que remete a uma indagação sobre os valores impostos pela sociedade e sobre a própria validade desses. De todas as peças de Ibsen *Samfundets...* é, em todo o caso, a de final mais otimista.

Se a primeira foi um choque, a segunda, *Et dukkehjem* (Casa de Boneca), de 1879, foi um escândalo, tendo sido proibida e só chegando aos palcos a muito custo. A peça é uma notável denúncia do que era a condição da mulher na Noruega daquela época e traça a trajetória de Nora, a "boneca" que passou das mãos do pai para as do marido, mostrando sua transformação desde a ignorante sujeição ao pomposo e ditatorial Torvald, seu marido, até sua corajosa decisão de deixá-lo para ir descobrir quem ela é realmente e o que é essa sociedade que a condena. A peça alcançou sucesso imediato em vários países, tornando Ibsen mundialmente famoso, e é com frequência montada até os dias de hoje.

Três anos mais tarde, Ibsen voltou sua atenção para a hipocrisia da classe média abastada em relação ao sexo, com a dolorosa e trágica *Gengangere* (Espectros) e pareceu, mais do que nunca, o apologista das reformas sociais quando, em 1883, escreveu *En Folkefiende* (Um Inimigo do Povo). Ele chamou de comédia essa trama que põe em jogo um indivíduo íntegro, corajoso e responsável, que enfrenta a pressão da sociedade de uma estação de águas que não acredita em abrir mão de qualquer de seus confortos em favor do bem comum, nem mesmo sabendo que pode estar pondo vidas em risco. Entre 1885 e 1889, Ibsen escreveu *Rosmersholm* e *Fruen fra haven* (A Dama do Mar), ambas realistas, mas com tendências ao simbolismo que marca as obras dos últimos anos do autor.

Em 1891 aparece, entretanto, a memorável *Hedda Gabler*, que denuncia a criminosa inutilidade de uma suposta classe superior. Sua última grande protagonista, ao contrário da Nora de *Casa de Boneca*, representa o que há de retrógrado e condenável na vida dessa mulher que se casa com um homem modesto, a quem domina e despreza, destruindo várias vidas, moral ou literalmente, por tédio e por não poder suportar o sucesso dos outros. A presença constante de duas pistolas que haviam sido de seu pai tem função simbólica, mas Hedda não age porque elas existem, apenas faz uso delas.

As últimas peças de Ibsen, *Bygmester Solness* (Solness, o Construtor), *Lille Eyolf* (O Pequeno Eyolf), *John Gabriel Borkman* e *Naar vi dode vaagner* (Quando Nós os Mortos Despertarmos) se voltam para culpas nascidas de ideais e amores perdidos, com um realismo atenuado por símbolos e ilusões. São todas interessantes e de alta qualidade, mas não gozam da fama das peças anteriores.

A ligação da interpretação com a nova dramaturgia do realismo fica exemplificada em um episódio acontecido com a primeira peça importante do russo Anton Pavlovitch Tchékhov (1860-1904), que escreveu na virada do século xix para o xx: o Teatro Alexandrinsky, de S. Petersburgo, montou sua primeira grande peça, *Chayka* (A Gaivota), em outubro de 1896. Nem o diretor nem os atores gostavam da contenção e sutileza da dramaturgia de Tchékhov, e a peça foi interpretada com o exagerado e declamatório estilo com que apresentavam Racine ou seus imitadores. O resultado foi um desastre, um fracasso criticado com tal violência que Tchékhov resolveu abandonar o teatro sério e ficar só no campo de suas comédias de sucesso. Quando Nemirovitch Dantchenko e Stanislávski resolveram fundar o Teatro de Arte de Moscou (TAM), tiveram de lutar muito e explicar em detalhe para Tchékhov sua nova visão do texto e como este deveria ser interpretado para arrancar dele a permissão para uma nova montagem de A *Gaivota*. A nova encenação foi um sucesso tão grande que uma gaivota passou a ser o símbolo do TAM.

Vale lembrar que, na infância de Tchékhov, a falência do negócio de seu pai levou a família a se mudar para Moscou, deixando-o, aos dez anos de idade, em Taganrog, sua cidade natal, onde sozinho devia dar um jeito de se sustentar a fim de terminar os três anos que faltavam de seus estudos de segundo grau. O menino deu aulas particulares, fez bicos aqui e ali, e aprendeu, mais que tudo, que o trabalho era o caminho para a sobrevivência e a esperança. É bem possível que venha dessa época o horror que Tchékhov nutre, em toda a sua obra, pela preguiçosa inércia do povo russo e, mais horror ainda, por aqueles que, tendo tido o privilégio da educação, se tornam apenas falsos eruditos, que falam e bebem vodca, porém jamais tomam uma só atitude concreta que possa, senão sanar, ao menos atenuar os problemas da Rússia.

O autoengano, a hipocrisia, a ilusão, a incapacidade para tomar consciência da verdade sobre si mesmo e dos males que vinham tradicionalmente corrompendo o país, formam a essência da obra de Tchékhov, contestador do dramalhão, que a França tanto usava em seu teatro, por entender que ele apenas servia para uma espécie de catarse menor, quando todos na plateia iriam chorar um pouco, sentir pena de si mesmos e deixar tudo como estava, sem levantar um dedo.

Desde a infância, Tchékhov divertira a família e os amigos com histórias que contava e, mais tarde, escrevia; e quando, aos dezenove anos, chegou a Moscou, seu irmão o estimulou a tentar vender seus contos. A partir de 1880, com a primeira publicação de um conto seu em um jornal humorístico, Tchékhov começou então uma atividade que sustentaria a ele e à família durante anos, com pequenas crônicas e histórias cômicas, enquanto estudava medicina. Em 1882 ele publicou seu primeiro conto sério, e sua farta produção, que lhe parecia ser apenas uma fonte de renda, proporcionou-lhe uma grata surpresa quando, ao visitar São Petersburgo, em 1885, descobriu que não só era popular como também já era bastante respeitado como escritor.

Não pode ser vista como exagerada a importância de ressaltarmos o fato de Tchékhov ter sido médico, pois sem dúvida o exercício da medicina foi influência crucial para seu modo de ver as pessoas. Da mesma forma, sua maneira de exercer a medicina reflete a vasta dimensão de sua solidariedade humana, dado altamente relevante para o melhor teatro que Tchékhov escreveu. Em 1884, justo quando recebia seu diploma de médico, soube que tinha contraído tuberculose, frequente em sua família e, na época, tida como incurável. Apto a clinicar, o novo médico não teve falta de clientela, porém, toda ela tão pobre que era indispensável que continuasse a escrever, produzindo centenas de crônicas e contos para jornais. A grande coleção de personagens que Tchékhov exibe em sua obra dramática sem dúvida se beneficiou da coluna jornalística "Fragmentos da Vida de Moscou" marcada por sua penetrante observação da cidade e seus habitantes menos privilegiados.

Aos dezoito anos Tchékhov só havia escrito uma peça de teatro, *Platonov*, que prenunciava, mesmo que ainda precariamente, as obras-primas de seus últimos anos. A partir de 1885 Tchékhov começa a escrever uma série de pequenas peças em um ato, às quais chamava de "brincadeiras", ou "piadas", como *Medved* (O Urso), *Predlpzheniye* (O Pedido de Casamento), *Yubiley* (A Festa de Aniversário) *e O vrede tabaka* (Os Males do Tabaco), todas elas satirizando a burguesia, muitas delas ainda hoje montadas nos mais variados pontos do mundo.

Cansado e desiludido com a vida em Moscou, Tchékhov fez uma viagem no mínimo assustadora: de carruagem ele atravessou a Sibéria para uma visita de inspeção das colônias penais da ilha Sakhalin; seu relatório foi suficiente para provocar uma grande reforma do sistema prisional russo. Voltando a Moscou, recomeçou a escrever, mas agora em tom sério e agressivo. A partir de então, tomou uma forma muito clara o horror que Tchékhov manteria para sempre em relação à inércia russa, aos integrantes da *intelligentzia* inútil, que ele chamava de "Hamlets moscovitas", a todos os que falavam muito e não faziam o menor esforço para alterar a situação do país.

Retomando a medicina, Tchékhov se dedicou a tratar os camponeses dos arredores de Moscou vitimados por uma epidemia de cólera e trabalhou exaustivamente até a tuberculose obrigá-lo a mudar-se para Yalta, no sul da Rússia, de clima mais quente. Foi quando escreveu sua primeira peça em quatro atos, a já mencionada A *Gaivota*, e nada poderia ilustrar tão bem o advento do realismo no teatro quanto o já relatado desastre em São Petersburgo.

Para aliviar sua tristeza, e acompanhando A.S. Suvorin, editor de um importante jornal e grande estimulador de sua carreira literária, Tchékhov partiu para a França a fim de observar de perto o famoso caso Dreyfus. A amizade dos dois ficou grandemente abalada na ocasião em que Tchékhov apoiou a posição radical de Émile Zola, e quando ele voltou para a Rússia, mudou-se definitivamente para Yalta.

No ano seguinte ao fracasso, 1897, Vladimir Nemirovitch-Danchenko (1858-1943) e Konstantin Stanislávski (1863-1938) fundaram o Teatro de Arte de Moscou (TAM); a primeira produção foi uma peça histórica de Aleksei Konstantinovich Tolstói (1817-1875), *Tsar Fyodor Joannovitch*, na qual era nítida a influência da companhia de Saxe-Meiningen na busca de um maior realismo cênico; mas foi só no ano seguinte, 1898, que o grupo realmente marcou seu aparecimento, justamente montando A *Gaivota*. O que convencera o autor fora a garantia que a peça seria encenada segundo uma nova visão de interpretação, mais realista e contida. Disse certa vez Michel Saint--Denis (1897-1971) que "estilo é fazer o que o texto pede", e acontece que o texto de A *Gaivota* pedia exatamente a visão concebida por Stanislávski, ou seja, o comedimento, a motivação precisa, o gesto justo e plausível.

O realismo de Tchékhov não tem nada a ver com a construção da *pièce-bien-faite* de Scribe, ou com os extremos adotados por Antoine, mas durante um bom tempo foi moda afirmar que as obras de Tchékhov não tinham ação. Porém, é só comparar, em qualquer de suas peças, a situação inicial com a situação final para constatar as mudanças havidas e o que as provocou. A qualidade das peças de Tchékhov vem de sua capacidade para ver suas personagens em estreita relação com a cultura que as formou e o mundo em que vivem; pode não haver grandes cenas de confronto, ou crises que abalem a plateia, mas são todas ricas em desgastes do quotidiano que determinam mudanças inevitáveis e implacáveis. Ação não é necessariamente agitação, e boa parte da crítica que esse extraordinário autor faz aos russos de seu tempo é justamente a inércia, a incapacidade para sair da estagnação em que viviam, sendo por isso mesmo arrastados pelas correntes de mudanças conjunturais. Nem por isso suas personagens são apenas vítimas: elas têm opções, mas optam pela omissão, que as destrói.

Os últimos quatro anos da vida de Tchékhov, em que ele esteve ligado ao TAM, foram os mais felizes e realizados de sua vida, e a Arkadina da versão bem-sucedida de *A Gaivota* foi interpretada por Olga Knipper, com quem ele se casou. O importante nas peças montadas nesses quatro anos é a compaixão de Tchékhov tanto pelos que sofrem quanto pelos que erram, todos vistos como produtos da cultura em que viviam. Importante também é seu completo abandono da ideia de que drama e comédia possam ser coisas separadas e estanques, já que na vida eles são tantas vezes mesclados. E sua experiência como médico parece ter sido crucial: o médico por certo não pode odiar um paciente só porque este sofre de alguma moléstia fatal. O calor humano que Tchékhov dedica também aos privilegiados decadentes não significa que ele não deixe claro seus erros e a inevitável derrocada que os espera, ou quais sejam os que gozam de sua maior solidariedade e quais os condenados por suas criminosas omissões.

A Gaivota se passa na propriedade de campo de Sorin, irmão de Arkadina, atriz famosa, que aí vem passar férias com seu amante, Trigorin. Este encarna um dos tipos mais condenáveis aos olhos de Tchékhov, o pseudointelectual, o escritor que degrada a arte por dinheiro ou sucesso pessoal. A peça fala de várias vidas frustradas, vítimas desses dois superficiais exploradores; de Konstantin, filho de Arkadina, que sonha ser escritor, e Nina, a namorada dele, que se apaixona pela aura de glória de Trigorin. Arkadina destrói, com um riso cruel o espetáculo simbolista que o filho monta em sua honra, e o vaidoso Trigorin explora a ingênua vulnerabilidade de Nina, abrindo o caminho para o suicídio do rapaz e a degradação de Nina.

A moça, fortuita amante de Trigorin, de quem tem um filho – que morre – e além de tudo é por ele abandonada, ainda assim é o único raio de esperança que resta na peça, porque trabalha, lutando por retomar sua carreira de atriz.

Em *Dyadya Vanya* (Tio Vânia), de 1899, a denúncia de Tchékhov é mais clara. Vânia e a sobrinha vivem sem prazer ou lazer, trabalhando sem cessar as terras que a moça herdou da mãe, irmã de Vânia. Eles remetem integralmente os magros lucros ao viúvo e pai da moça, Serebryakov, a quem teriam a obrigação de sustentar por ser um intelectual. Este se casou novamente, com Yelena, e a ação transcorre quando o casal vem passar o verão na propriedade rural. A velha mãe de Vânia é deslumbrada admiradora dos escritos de Serebryakov que, ao longo dos anos, Vânia constatou não ser mais do que um egoísta e medíocre compilador de ideias alheias. Acometido de louca paixão por Yelena, Vânia deixa finalmente explodir sua revolta contra a sacrificada vida em favor desse "Hamlet moscovita", que agora pensa em vender a propriedade, julgando que se aplicar o dinheiro terá uma renda maior.

A explosão de Vânia contra a complacência de Serebyakov, que na verdade iria roubar da própria filha seu único meio de subsistência, impede a venda, mas não a volta à rotina anterior, sem sequer a ilusão de fazê-lo por uma boa causa. O pouco valor dado ao trabalho é ilustrado também pelo médico Astrov, que se mudou para o campo por idealismo, e sente o quanto está sendo contaminado pela mediocridade e pela inércia da comunidade que ele sonhara redimir. A apaixonada denúncia de Tchékhov contra o desperdício e a corrupção é a essência do tom irônico de *Tio Vânia*.

Com o começo do século xx, em 1901, Tchékhov escreve nova obra-prima: *Tri Sestri* (As Três Irmãs). Filhas de um militar, Masha, Olga e Irina moram em uma cidadezinha do interior para a qual o pai fora destacado. Lá ele morreu e desde então, há onze anos, elas falam incessantemente em voltar para Moscou. O problema delas é exatamente este: elas falam mas não fazem, porque na realidade não há nem razões, nem condições para a sonhada ida.

O efeito do contraste entre os sonhos e a inércia das irmãs é cortante; o casamento do único e fraco irmão com uma pequeno-burguesa local, grossa e ambiciosa, é o que Tchékhov usa como instrumento crítico. A cunhada arrivista, egoísta e desagradável, por sua mera capacidade de agir acaba dominando a família, literalmente conquistando para ela o marido inútil e o filho, todo o espaço físico da casa, pois de nada valem a cultura e o refinamento das irmãs, incapazes de enfrentar a realidade. Masha, casada com um medíocre que, quando adolescente, ela pensou ser brilhante, tem um caso com o coronel Vershinin, marido de uma semi-inválida, ambos queixosos mas sem coragem para chegar a mudar de vida; Olga chega diariamente em casa com a dor de cabeça que lhe causa seu mesquinho emprego nos correios; Irina, a mais moça, hesita entre dois admiradores, mas acaba optando por Tusenbach, "apesar de feio". Tchékhov apresenta o trabalho como a única esperança para uma verdadeira mudança na vida; e a jovem Irina fica inspirada pelas ideias de Tusenbach, que resolveu deixar o exército para buscar um trabalho mais produtivo. Antes que eles possam partir, Tusenbach é morto em um estúpido duelo provocado pelo outro, boçal admirador de Irina, e a peça termina quando se ouve, ao longe, a banda da tropa de Vershinin que parte, e as três irmãs, sentadas, têm na música um último e pequeno momento de alegria.

Em 1903 Tchékhov, já corroído pela tuberculose, escreve *Vishnyouvy sad* (O Jardim das Cerejeiras). Liubov Andreievna Ranevskaia e seu irmão Gaev estão falidos, à beira de perder sua propriedade. Por uns restos de hereditária fidelidade à família da qual seu pai foi servo, Iermolai Lopakhin, um comerciante bem-sucedido, sugere que a solução para o problema seja derrubar o vasto cerejal – estando perdida a receita da geleia de cerejas que sustentava a família – e lotear o terreno para quem quisesse construir casas de veraneio. Mas o cerejal, para Liubov, é a lembrança de sua infância, de toda a sua vida hoje perdida, e ela o preserva como símbolo dos velhos hábitos e privilégios, que não pode mais sustentar. Gaev é um inútil total, cuja única ideia é pedir dinheiro a uma distante parente rica, que não poderia ser contatada antes de a propriedade ir a leilão público. Tchékhov aqui leva o problema para a nova geração; Varia, a filha adotiva, vê com horror o desperdício que, apesar de tudo, continua a reinar na casa, enquanto Anya, a filha mais moça, é influenciada pelo estudante Trofimov, um idealista ainda não totalmente liberto dos antigos defeitos russos. É dele a fala mais significativa da peça, quando responde a Anya, que falava da beleza daquele jardim:

> A Rússia inteira é o nosso jardim. A terra é grande e bela – e há lugares lindos em toda ela. Pense nisso, Anya: seu avô, seu bisavô e todos os seus antepassados eram donos de escravos – donos de seres vivos – e de cada cereja de cada cerejeira, em cada folha, em cada tronco, criaturas humanas estão olhando para você. Será que não ouve suas vozes? É tão terrível! Seu cerejal é uma coisa aterradora e quando, no crepúsculo ou à noite, se anda por ele, as cascas dos troncos brilham, tênues, na escuridão, e cada cerejeira parece estar sonhando com os séculos que se passaram, torturadas por visões dantescas. É verdade! Estamos atrasados no tempo pelo menos duzentos anos, na verdade ainda não produzimos nada, não temos sequer um ponto de vista definido em relação ao passado, não fazemos nada a não ser teorizar ou nos queixarmos de que estamos deprimidos, ou bebemos vodca. É óbvio que para começar a viver no presente vamos precisar, primeiro, expiar nosso passado e romper com ele; e só podemos expiá-lo pelo sofrimento e por um trabalho extraordinário e incessante. Compreenda isso, Anya.[3]

Pode ser que Anya venha a compreender, mas Liubov e Gaev não têm qualquer condição para mudar. O cerejal é vendido a Lupakhin no leilão, e Liubov, com o que resta depois das dívidas pagas, volta para o amante, em Paris.

Em um esforço supremo, e contra a opinião do médico, Tchékhov foi assistir aos ensaios finais de *O Jardim das Cerejeiras*, agravando muito seu estado de saúde. Tão logo terminou a primeira temporada da peça, Olga Knipper levou o marido para uma estação de águas na Alemanha com a esperança de que ele se recuperasse; mas Tchékhov morreu, ainda em Badenweiler. Dotado, mais do que qualquer outro autor de seu tempo, de solidariedade humana, de amor ao outro, de preocupação para com os que sofrem, daí vem sua compaixão por

---

3   A. Tchékhov, *O Jardim das Cerejeiras*, Ato II, Cena final.

todas as suas personagens, até mesmo as condenáveis ou condenadas. Nas mãos de Tchékhov o teatro cumpre como nunca sua função de documentário do mundo em que é escrito, e é por conseguir captar com profundidade a verdade ignorada pelos socialmente cegos que ele continua, e continuará sempre, a dialogar com novas plateias.

De importância quase igual a esses dois fundadores do realismo – Ibsen e Tchékhov –, vem da Suécia seu contemporâneo August Strindberg (1849-1912). Personalidade radicalmente oposta tanto à do norueguês quanto à do russo, inquieto, emocionalmente vulnerável, de formação um tanto caótica, ele tentou ser ator, estudou escultura e, por ser pintor, fez arriscados experimentos na cenografia. Sua ligação com o teatro foi intensa, mas instável, com períodos dedicados exclusivamente à sua vasta atividade literária. Indignado com os preconceitos e a hipocrisia da sociedade em que vivia, desde sua primeira peça – *Mäster Olof* (Mestre Olof), escrita aos 23 anos – Strindberg chocou a todos pela violência com que desmistificava lendas e heróis que a tradição acalentava. Além do mais, essa primeira obra foi escrita em prosa, inadmissível para quem quisesse ser levado a sério. Ironicamente, o sucesso de seu romance satírico *Röda rummet* (O Quarto Vermelho), que denunciava com violência ainda maior a vida política, cultural e religiosa da Suécia, fez dele figura conhecida, embora controvertida, e propiciou a montagem da peça antes recusada.

Strindberg foi muito influenciado por Zola; mas em sua segunda peça, *Fadren* (O Pai), ele agregou à precisão do detalhe físico, de ambiente e personagem, uma dimensão psicológica que emprestava à ação maior dramaticidade, impacto e significação do que a mera *tranche de vie*. A peça tem base na sua própria vida, sempre difícil, que constantemente deixava Strindberg em terrível depressão. Entre 1894 e 1896 ele passou por longos episódios de desatinado sofrimento, aos quais Strindberg chamou sua "crise de inferno", que terminou com um período de internação. Era pela literatura que Strindberg conseguia ressurgir desses terríveis sofrimentos, e a vastidão de sua obra completa se torna mais espantosa por ter sido realizada em tais circunstâncias.

O casamento dos pais – ele, um pequeno fidalgo com pruridos de aristocrata, ela, uma antiga empregada doméstica – foi uma estranha matriz que marca inúmeras obras, dos mais variados temas, com terrível guerra dos sexos, onde transparece a busca de Strindberg pelo que seria a mulher ideal ou aceitável, ao mesmo tempo amante, amiga e empregada doméstica. Em suas mais de sessenta peças aparecem três linhas principais: as da época do autor; as de temas históricos suecos; e as mais imaginativas, que deixam para trás o realismo, e podem, elas mesmas, ser divididas entre as de fantasia e as de peregrinação. As últimas, nas quais o protagonista passa por grande crise espiritual, anteveem o expressionismo.

Do primeiro grupo destacam-se *Fadren, Den Starkere* (A Mais Forte), as duas partes de *Dödsdansen* (A Dança da Morte) e, a mais frequentemente montada, *Fröken Julie* (Senhorita Júlia), onde pesam as lembranças familiares do autor. O grupo sobre a história da Suécia é desconhecido fora do país, e revela tanto o ressentimento contra erros e pecados de reis e heróis quanto o real amor à sua terra e suas mais autênticas tradições. Igualmente locais são as peças de temas folclóricos.

Foi a partir de sua "crise de inferno" que Strindberg se voltou mais para a religião, não para uma determinada forma ou igreja, mas para uma espécie de purificadora aceitação dos mistérios do destino da humanidade. Dessa fase, *Till Damascus* (A Caminho de Damasco) e *Ett Drömspel* (A Peça do Sonho) pertencem aos últimos anos de Strindberg e aos primeiros do novo século. A *Caminho de Damasco*, em três partes, fala da longa jornada do Estranho, em seu tortuoso caminho em busca da salvação. A obra é monumental e mais conhecida por leitura que por encenação, mas é, sem dúvida, uma notável expressão da dolorosa peregrinação de Strindberg por sua acidentada vida até a morte, por câncer no estômago, em 1912. A *Peça do Sonho* fala da experiência da filha do deus Indra, na Terra, que, não encontrando em lugar nenhum o mínimo consolo para a dor de ser humana, abandona a forma terrena concluindo que a Terra merece piedade. A importância de Strindberg para o desenvolvimento de todo o teatro ocidental é reveladora do quanto ele foi um desbravador de novos e significativos caminhos.

Outro forte ponto de ligação entre o mundo que acabava e o que com tanta dificuldade nascia é Máximo Górki (1868-1936), o primeiro grande autor soviético, que nasceu na mais extrema pobreza, em uma família grosseira e ignorante, perdeu o pai aos cinco anos e a mãe aos dez, quando o avô o botou para fora de casa para ir ganhar a vida. Aprendendo a ler com o cozinheiro de um navio a vapor do Volga, ele conquistou cada centímetro de sua educação, e suas andanças pela Rússia o levaram a conhecer profundamente o segmento mais pobre e mais sofrido de seu país. Górki lia vorazmente, tornou-se notável escritor de crônicas e romances e dedicou boa parte de seu talento ao teatro, usando todos os gêneros com o objetivo de informar e desafiar o público, sempre com o objetivo de divulgar o marxismo.

Máximo Górki esteve envolvido no levante de 1905, o que o conduziu à prisão. Porém foi logo solto, partindo imediatamente para um autoexílio que durou seis anos, passados viajando por vários pontos dos Estados Unidos, onde expressava suas ideias apesar de causar grande escândalo na imprensa. Em 1913 ele voltou à Rússia, mas perdeu sua popularidade porque estavam em moda experiências simbolistas e expressionistas. A insistência de Górki em expor sua posição ideológica irritava os marxistas ortodoxos, que condenavam sua indisciplina política, mas seu prestígio internacional o tornava importante para o partido. Depois da Revolução de 1917 ele apoiou Lênin, e tornou-se figura de proa do novo Sindicato dos Escritores. Suas peças, em geral, pecam pela ênfase didática, mas *Na Dne* (A Ralé) agradou tanto ao novo governo quanto ao Teatro de Arte de Moscou, por conter um bom número de papéis de importância mais ou menos igual.

Em contraste com o estilo sutil e delicado de Tchékhov, o de Górki é mais duro e incisivo, e os primeiros habitantes de seus universos dramáticos, os de *Na Dne*, deixam claro que são níveis sociais diferentes que ele retrata. A solidariedade humana de Máximo Górki, no entanto, o levou sempre a introduzir em suas obras algum elemento de esperança, mesmo que ilusória, e ele chegou mesmo a criticar Tchékhov por falta de compaixão para com algumas de suas personagens. Tanto em *Meshchane* (Os Pequenos-Burgueses), *Dachniki* (Os Veranistas) e *Vassa Zheleznova* (Os Filhos do Sol) quanto em outras obras menos conhecidas, Górki mantém com firmeza sua identidade de humanista preocupado com os mais fracos, condenando, assim como Tchékhov, o intelectualismo inerte da *intelligentzia*. A grande ironia de sua vida foi o fato de ter concebido o que chamava de "realismo socialista" como uma forma de investigar os problemas que o preocupavam – nascida do intenso desejo de ver uma nova dramaturgia russa que falasse dos problemas do momento – e ver a expressão transformada posteriormente na vasta dramaturgia de melancólica mediocridade, cada vez mais controlada e manipulada que, por ideia de Stálin, deveria sempre impingir imagens positivas da vida na União Soviética – na qual o partido era o responsável pela felicidade – para cantar as glórias da felicíssima vida a ser levada por um jovem casal porque este recebe um trator do governo, ou coisa semelhante.

Górki chegou a se tornar presidente do sindicato dos autores, mas sua posição sempre foi um pouco instável no partido por defender uma postura humanista que o levava a salvar peças da censura, mas que eram ideologicamente condenáveis. Assim, há duas teorias a respeito de sua morte, a 18 de junho de 1936. A primeira reza que ele morreu de morte natural, consequência de uma tuberculose, a outra é a de que durante os grandes expurgos de 1936-1938, sua morte fora ordenada por Stálin, por supostamente participar de uma conspiração trotskista. Yagoda, chefe de polícia nesse período, "confessou" que havia mandado matar Górki, mas o fato não foi comprovado. A riqueza de solidariedade humana de Górki sempre o tornou um corpo estranho no partido. Escrevendo no início do século XX, Máximo Górki como dramaturgo é, entretanto, mais ligado ao mundo de Strindberg e Tchékhov do que ao das experimentações do novo século.

X.

O Teatro no Século xx

O Contexto Histórico

TOMANDO O TEATRO COMO um documentário da história do mundo ocidental, podemos aprender muito a respeito de seus usos e costumes, de seus códigos morais e culturais, e assim por diante, com os dramaturgos de várias épocas. Nenhuma nova forma de teatro aparece sem afirmar que as que lhe são anteriores não mais satisfazem por não mais corresponderem à sociedade que as produz. Tais mudanças não são realizadas do dia para a noite, e para falar sobre o teatro no século XX é preciso analisar o último quartel do século XIX e as mudanças sociais e econômicas que a revolução industrial provocou. O romantismo já estava totalmente degradado e reduzido a lacrimejantes dramalhões sobre amores contrariados, castelos sombrios, fantasmas, ruídos de correntes arrastadas e coisas do gênero.

A vida vinha mudando com o início do processo fabril, com a ascensão de uma burguesia enriquecida pelas novas atividades comerciais e o aparecimento de um proletariado que aos poucos ia ficando mais informado e organizado. Isso sem contar o cientificismo nascido com os progressos equivalentes no mundo da ciência, que afetavam diretamente tanto a qualidade quanto a expectativa de vida.

É preciso aqui parar e fazer uma ressalva: o realismo foi criado para representar o novo mundo da revolução industrial, mas não para "copiá-lo"; por mais que a escritura teatral tenha mudado, o realismo, em última análise, é simplesmente um estilo, como qualquer outro que o tenha antecedido. O teatro é uma forma de arte, e o que é apresentado no palco é "à imagem de" um problema ou situação. Tanto quanto em qualquer outro estilo, para escrever uma peça realista o autor tem de selecionar e organizar seu material para formar o enredo, e todos nós sabemos que a vida não se apresenta em cenas ou atos: toda a matéria irrelevante que interfere no nosso quotidiano real tem de ser cirurgicamente retirada, para que a peça faça sentido e tenha a duração adequada; mas recriar com maior precisão o clima da vida real não torna a tarefa menos difícil. Infelizmente, essa ilusão da realidade exterior tem permitido que incontáveis incompetentes se acreditem capazes de escrever para o teatro, poder criar um simulacro do realismo de Ibsen, enquanto é menos provável que alguém tenha a ilusão de poder criar os alexandrinos rimados de Molière ou Racine, ou os decassílabos, mesmo sem rima, de Shakespeare. O que caracteriza o bom realismo é a capacidade do criador para manipular palavras de tal modo que elas venham a compor uma imagem plausível da realidade, com uma forma significativa e uma economia própria que a tornem instrumento de transmissão da obra ao público.

A dramaturgia, por vezes chamada literatura dramática, é uma forma muito difícil, pois um texto teatral é como uma página de música, apenas sem o código específico como acontece com as notas. Como na música, o autor tem de ter consciência de que está escrevendo algo que não apenas será lido, mas só deverá ficar completo com sua interpretação, em um palco, por um grupo de atores que usam as várias linguagens cênicas. A interpretação costuma mudar, tanto quanto a dramaturgia, buscando refletir a sociedade que reflete, e no século XX foi abandonada a maior parte das convenções que agradavam as plateias do século XIX.

As Inovações Introduzidas na Interpretação e na Dramaturgia: O Naturalismo

Essas inúmeras e radicais mudanças não acontecem em um dia, e um ponto de partida conveniente para o estudo do teatro, que vai refletindo todas essas transformações, é a figura de André Antoine (1858-1943), o funcionário da companhia de gás de Paris que se tornou o verdadeiro líder das mudanças de dramaturgia e encenação. Começando a atuar em um grupo amador, Antoine convenceu alguns companheiros a fazer novas experiências, adotando para o novo empreendimento o nome de Théâtre Libre. O primeiro espetáculo do grupo foi uma adaptação de *Jacques Damour*, um conto de Émile Zola, conhecido de Antoine. Até mesmo Antoine e seus amigos ficaram surpreendidos com o sucesso que fizeram, e nada poderia comprovar de modo tão patente a necessidade do aparecimento de uma nova forma para o teatro. Continuando suas atividades, eles profissionalizaram-se em 1887 e passaram a apresentar um repertório inovador, voltado para a realidade de seu tempo e, principalmente, para a crítica das irresponsáveis comédias de intriga de alcova, que eram as favoritas da burguesia da época.

Hoje em dia todo mundo pensa em Antoine como exclusivo expoente de um realismo imbatível – com o famoso quarto de boi pingando sangue –, mas seu repertório incluiu autores clássicos e estrangeiros e, aos mais variados gêneros, ele trouxe, com sucesso, sua nova visão da linguagem cênica, que abandonava as tonalidades operísticas e os gestos exagerados consagrados pela Comédie Française e dominantes em todos os teatros franceses de então. Em lugar de declamar para o público, Antoine fazia questão que seus atores se comprometessem apenas com a realidade do palco, relacionando-se uns com os outros como fazemos na vida real, criando com isso a famosa ideia da "quarta parede" invisível e que às vezes ele tornava real em ensaios, a fim de que os atores encontrassem o clima certo. O tom – embora permanecesse consciente das exigências que o palco fazia mesmo no caso do realismo – tentava imitar a forma do quotidiano e, pela primeira vez na história, atores disseram falas de costas para a plateia, dirigindo-se a outros que estivessem mais para o fundo do palco, o que foi um choque considerável.

É preciso não esquecer que o trabalho realizado por Antoine não foi o resultado de qualquer preocupação em chocar ou com supostas originalidades superficiais que não servem para esclarecer ou para fortalecer a compreensão do texto; foi uma consciência real da necessidade de um novo teatro para expressar um novo modo de viver. Pensemos um pouco no significado do movimento *art nouveau*. Ele não é um capricho, uma arbitrariedade, mas, sim, a consciência de que havia toda uma nova classe de pessoas que desejava viver bem e com elegância, mas que não se tratava mais daquele número restrito que podia pensar em termos de mármore e ouro: a elegância com vidro e ferro era acessível, podia ser desfrutada por um grupo muito mais amplo, como acontecia, em números, entre a nobreza de dois séculos antes e a burguesia emergente. Do mesmo modo, a nova concepção de Antoine para o teatro era voltada para o mundo de um novo público, já crítico dos excessos burgueses e que nutria novas ideias. Para a nova interpretação que então surgia tinha de haver novos autores, porque era para essa nova visão do mundo que as mudanças cênicas estavam sendo feitas.

O trabalho de Antoine teve imensa repercussão, e precisamos aqui lembrar alguns nomes que o foram aplaudir na França e tiveram suas carreiras profundamente influenciadas por ele. Quem refletiu mais diretamente essa influência de Antoine foi Otto Brahm, que voltou para a Alemanha e fundou o Freie Bühne, seu próprio "teatro livre", com os mesmos objetivos de crítica e renovação e com a apresentação de textos de autores novos. Quem também visitou o Théâtre Libre foi o Duque de Saxe-Meiningen, que já vinha criando seu próprio redimensionamento da interpretação. Casado com uma atriz e proprietário de um teatro, o Duque de Saxe-Meiningen ficou famoso por montar grandes espetáculos, nos quais cenas de multidão eram cuidadosamente planejadas para imitar o que se vê na vida real em tais ocasiões: ele dividia os extras em grupos de três a cinco, com um encarregado de conduzir o comportamento de sua pequena equipe.

Todas essas alterações nas linguagens cênicas foram determinantes para quem talvez tenha sido o mais famoso dos visitantes do Théâtre Libre: Stanislávski, o grande teórico do teatro moderno. Stanislávski, pseudônimo adotado de Konstantin Sergeevitch Alekseev (1863-1938), filho de pais ricos e de mentalidade arejada, cedo começou a frequentar balé, teatro e ópera, e acabou fazendo do teatro a sua vida. A atividade de ator começou em casa mesmo, quando fazia comédias e operetas com um grupo que se chamava O Círculo de Alekseev. Já com 22 anos fundou a Sociedade de Arte e Literatura de Moscou, na qual desempenhou vários papéis e, sendo muito exigente, começou a constatar as graves limitações da interpretação russa, que imitava a declamação francesa, decorada e mais preocupada com a sonoridade do que com o conteúdo da fala. Stanislávski notava em seu próprio trabalho o resultado desses problemas e foi, com isso, alterando sua linha de interpretação. Ele observou com paixão o trabalho de dois grandes intérpretes, os quais usou como modelo – Fyodor Chaliapin e Tommaso Salvini –, e acabou voltando-se para uma aparente naturalidade que nascia da maior preocupação com a natureza dos textos de novos autores que refletiam as inquietações e mudanças de seu tempo.

A primeira direção de Stanislávski foi de uma adaptação de *Os Frutos do Esclarecimento*, de Tolstói, e seu trabalho pareceu promissor a um dramaturgo e professor chamado Vladimir Nemirovich-Dantchenko (1858-1943). Uma famosa conversa de quase 24 horas ocorrida em 1897 levou os dois a constatarem que tinham ideias muito semelhantes a respeito do que precisava ser feito no teatro, e foi assim que nasceu o conjunto mais importante do final do século XIX e início do XX: o Teatro de Arte de Moscou. A preocupação dos seus fundadores era com a concepção de espetáculos simples, claros, inteligentes e sem gritarias ou exageros, preocupação essa que levou Stanislávski à criação de seu chamado método, que ele relutou muito em publicar, pois considerava que toda interpretação deve estar sempre evoluindo, segundo as necessidades do teatro.

A inquietação do novo século já se manifestava com muita força na Rússia, e além de Tchékhov, mais famoso como romancista, Máximo Górki, que fez uma grande contribuição ao realismo teatral, também foi levado à cena pelo TAM.

Bem contemporânea desses representantes russos do realismo é uma figura que pouco escreveu para o teatro, mas cuja presença no panorama literário é fundamental: Émile Zola (1840-1902), notável escritor naturalista. É preciso mais uma vez lembrar que é enganosa a ideia de que o naturalismo é um realismo mais desagradável; ele nasce do cientificismo, no final do século XIX, e em lugar de apenas querer representar de forma mais plausível o quotidiano, o naturalismo tem como aspecto primordial a ingerência, tanto da hereditariedade quanto dos condicionamentos sociais e psicológicos no universo a ser retratado.

A primeira tentativa teatral de Zola, *Madeleine*, foi escrita em 1865, mas só conseguiu ser montada pelo Théâtre Libre, de Antoine, em 1889. Antes disso, Zola a transformou em um bem-sucedido romance. Não podemos nos esquecer de que ele foi crítico teatral e que, portanto, teve muitas oportunidades de observar as transformações que ocorriam nos textos e encenações da época, tendo publicado dois volumes, *Nos auteurs dramatiques* e *Le Naturalisme au théâtre*, antes de escrever sua única peça muito bem-sucedida, *Thérèse Raquin*, na qual a dita Thérèse é casada com o semi-inválido Camille. Sendo ela saudável e jovem, se apaixona pelo maior amigo do marido, Laurent, e os dois armam o plano de matar Camille, o que conseguem, fazendo parecer um acidente. Quando os assassinos se casam, a culpa impede a consumação do casamento. Ela é altamente explorada e os dois acabam confessando o que fizeram a mme. Raquin, mãe de Camille. Esta chega a pensar em delatar o casal, mas percebe que a culpa em si os condena. Os dois se envenenam na frente da implacável mme. Raquin. É claro que não deixa de ser um dramalhão, mas o estilo de Zola traz uma força de realidade aos acontecimentos, e a obra teve uma longa vida no palco. Essa foi a época do crescimento dos impérios; as mudanças passam a se dar com maior rapidez, o culto à ciência é em grande parte responsável pelo aparecimento de uma obra naturalista como a de Zola, que denunciava os hábitos e vícios da burguesia.

Enquanto isso, na Inglaterra, apareciam também novas formas de dramaturgia: a crítica à sociedade vitoriana feita por Oscar Wilde (1854-1900) não passa de uma brincadeira divertida de quem, na verdade, dependia daquela mesma sociedade; mas um outro irlandês, já mencionado anteriormente, George Bernard Shaw (1856-1950), apaixonado pela obra do norueguês Henrik Ibsen, em seu caminho no teatro rejeita tudo o que não era comprometido com questões sociais ou morais. Dedicado a um teatro de ideias, e condenando veementemente a intriga fácil do dramalhão-benfeito – que ele chamou de *Sardoodledoom*, o mundo das obras do bem-sucedido Victorien

Sardou, autor preferido de Sarah Bernhardt –, Shaw acusava Sardou de ter feito de Napoleão, na mais que exitosa *Madame Sans-Gêne*, apenas mais um dos maridos ciumentos das peças comerciais, mesmo que "falando bonapartês".

A pouca frequência das peças de Shaw nos palcos contemporâneos demonstra o quanto ele foi um autor de seu tempo: depois de *Widower's Houses* (Casas de Viúvos), sua primeira peça, na qual acusa a exploração pelos ricos de núcleos habitacionais mais parecidos com as nossas antigas cabeças-de-porco, ele escreve *Mrs. Warren's Profession* (A Profissão da Sra. Warren), na qual a protagonista, que fez carreira como prostituta, é agora dona de uma cadeia de bordéis. Condenada pela filha, que ela pôde educar até se formar na universidade, a sra. Warren defende-se acusando a sociedade que, diz ela, premia o vício e oprime a virtude, e considera imoral seu bordel, mas recebe nos melhores círculos os fabricantes de armas. Vivie, a filha da sra. Warren que, graças ao lucros auferidos pela mãe com sua cadeia de prostíbulos, estudou e se tornou o que Shaw chama de *new woman* – acaba repudiando os confortos do dinheiro malganho, resolvida a se entregar a uma carreira como matemática.

Só o brilho do diálogo salva as peças de Shaw do puro didatismo, sendo ele incapaz de escrever sem algum alvo em mente. Em *A Doctor's Dilemma* (O Dilema de um Médico) denuncia a incompetência consagrada que, segundo ele, ainda vigorava como ao médico de Molière, escondendo a ignorância com latim. Em *Cândida*, Shaw mostra a vulnerabilidade do verdadeiro poeta, que é esquecido ou repudiado pela sociedade, enquanto a oca oratória do pregador de boa aparência faz sucesso e em *Major Barbara*, Shaw atacou a piedade que substituíra a luta contra a pobreza, dizendo ser esta o único verdadeiro pecado.

Às vezes, como em *Homem e Super-homem*, Shaw exagera, pretendendo abranger o universo em seu teatro; mas em *Pygmalion* (Pigmaleão) – a base de *My Fair Lady*, o paradigma dos musicais – ele denuncia lindamente a distinção de classes por meio do modo de falar: Elisa Doolittle começa como uma vendedora de flores em Covent Garden, falando como uma *cockney*, e é convertida em inútil moça de sociedade quando aprende a falar *the king's English*. O espírito de *Pigmaleão* é expressado por Higgins quando este argumenta que, se não trata uma vendedora de flores como duquesa, trata uma duquesa exatamente como trata uma vendedora de flores, e que assim deveria acontecer com todos.

Nada ilustra tão bem a mudança dos tempos, refletida em uma mudança de visão e estilo como duas obras sobre Joana d'Arc. Nada contrasta mais com os delírios românticos de Schiller em *Das Mädchen von Orleans* quanto a sensata *Santa Joana* de Shaw que, segundo ele, foi condenada por viver à frente de seu tempo: ainda na feudal Idade Média, de nobres independentes, Joana fala de um país, a França, e, em uma época de intenso catolicismo, Joana se julga com direito de se comunicar diretamente com Deus, sem a intermediação dos padres, como um pouco mais tarde fariam os protestantes. Os textos de Shaw ficaram um pouco intelectualizados demais para o teatro moderno, mas o valor de *Santa Joana*, por exemplo, é incontestável, e a maior parte de suas peças proporciona ótima leitura.

Todas essas mudanças ocorridas no teatro – sobretudo as de encenação, originadas nos meados do século XIX por Saxe-Meiningen e fixadas por Antoine e por todos os "teatros livres" que apareceram depois do seu, são o produto da Revolução Fabril das últimas décadas do século XIX. As mudanças sociais provocadas pelos novos métodos de produção em massa lograram a criação de uma classe operária que aos poucos vinha conquistando senão um lugar completamente ao sol, pelo menos já atingindo uma nesga de luz. A carreira de Shaw durou mais de cinquenta anos e alcançou também outras crises e rupturas da sociedade.

De todas as formas de literatura dramática, a que com maior facilidade pode ser reduzida a uma fórmula é justamente o realismo, e qualquer frequentador de teatro sabe a dimensão do manancial de peças ruins que vêm sendo escritas desde que esse modelo se tornou popular. Ironicamente, a fórmula serve, também, para escritores sérios, mas destituídos de um grande talento; um exemplo disso é um contemporâneo de Shaw, o inglês Arthur Wing Pinero (1855-1934). De família abastada, Pinero estudou direito, mas após vender a primeira peça entrou para o teatro, a princípio como ator, o que lhe deu um bom domínio dos segredos da estrutura dramática. Ele escreveu farsas, que hoje gozam de maior respeito do que seu período sério. *Trelawney of the 'Wells'* (Trelawney da 'Wells') e *The Second Mrs. Tanqueray* (A Segunda Sra. Tanqueray) são ambas admiravelmente trabalhadas, e ele alcançou grande sucesso pelo brilho de sua forma, que havia emprestado às peças um prestígio imerecido. Bom artesão, ele entretanto não abre novos caminhos, antes confirma e aprova todos os hábitos e preconceitos da mais conservadora sociedade de seu tempo.

A Evolução das Transformações Mundiais

TODAS ESSAS MUDANÇAS CORRESPONDEM a um período que vai desde as raízes dessas mesmas transformações, ainda no século XIX, até, no caso de Bernard Shaw, meados do século XX. Mas o realismo tem de ser considerado, realmente, como a imagem das mudanças econômicas e sociais advindas da Revolução Industrial, e com o período do capitalismo chamado "selvagem". O enriquecimento da burguesia ampliou o número de frequentadores do teatro, mas também afetou a matéria-prima e a forma da dramaturgia: se a Revolução Francesa fez os autores esquecerem a Antiguidade clássica e os deuses pagãos, em prol das culturas nacionais e da história mais recente, trocando o alexandrino por versos menos rígidos e, a seguir, pela própria prosa, o quadro nas últimas décadas do século XIX se alterou novamente de forma radical e exigiu que o palco falasse de problemas gerados pela economia, das novas alterações na estratificação social e da ciência.

As forças dominantes desse período são também as da expansão do imperialismo e, a partir da primeira década do século XX, o panorama mundial ficou cada vez mais sombrio. A Primeira Grande Guerra, como foi chamado o conflito que abalou a Europa entre 1914 e 1919, foi o resultado de novas pressões e necessidades, e isso iria provocar o aparecimento de um novo teatro que refletisse os novos sentimentos e as novas condições.

Um Realismo Imaginativo

ANTES DE FALAR DAS novas alterações, no entanto, temos de fazer um largo parênteses para ir até a Itália e falar de um outro autor que muito inovou no teatro, Luigi Pirandello, que nasceu em Agrigento, em 1867, mas cuja vasta produção teatral pertence ao século XX. A luta de Pirandello com a realidade de seu tempo era diversa da dos alemães; a farsa, ele aprendeu com a *Commedia dell'Arte*, e a dramaturgia séria, em parte com o realismo de Antoine. A maioria de suas peças tem algo de misterioso, e seus retratos das incoerências criadas pela hipocrisia por vezes beiram o absurdo. O elemento fundamental de sua visão é o ódio à falsidade. Ele investiga sem parar o mistério da personalidade humana, e observa que o homem se cria constantemente na busca do melhor comportamento, a melhor composição de caráter, para poder se sair bem na sociedade em que vive.

A sociedade – observava Pirandello – por seu lado, também se altera, a fim de encontrar o melhor arranjo para que os homens possam viver em grupo; e os caminhos básicos que a sociedade encontra são a religião, a lei e a moralidade. Esses três elementos, no entanto, aos poucos se fossilizam e passam a agir como camisas de força, tornando-se instrumentos da destruição do homem que quer evoluir. Pirandello é fascinado pela capacidade de autoengano de cada um de nós, e nos mostra assumindo máscaras de comportamento social ao preço da repressão de nossos sentimentos mais verdadeiros.

Outro conflito que Pirandello trata com fascínio é aquele entre a arte e a vida: por fixar personagens para todo o sempre, julga ele, nenhum retrato é fiel, porque o retratado ou a retratada já continuou em seu processo de encontrar novas máscaras para novos condicionamentos. Muitas vezes, Pirandello é acusado de ser excessivamente cerebral, mas toda a sua infância e adolescência passadas no campo, na Sicília, propiciaram a ele observar a fúria da emoção espontânea e a força cerceadora da organização social em cidades pequenas e aldeias que preservam, por muito mais tempo que as grandes cidades, tradições, na verdade, já superadas.

Pirandello escreveu nada menos que 44 peças, se incluímos a inacabada *Os Gigantes da Montanha*. Algumas são merecidamente famosas e motivo de várias montagens, sendo *Seis Personagens à Procura de um Autor* a principal dessas. Nela, um grupo formado pelo Pai, a Mãe, a Enteada, o Menino e a Menina, todos sem nome – vejam aí a influência do expressionismo –, vem pedir a um grupo de atores que está ensaiando uma peça, que consiga uma solução para eles, que são parte de uma obra inacabada, interrompida quando o conflito entre eles estava em seu ponto mais agudo. Raramente foi tão bem-tratada a questão da criação e vida de personagens e atores, pois esses, em lugar de serem fixos, são intérpretes de um sem-número de papéis, para os quais precisam recriar suas personalidades constantemente.

Assim É se Lhe Parece enfrenta com grande lucidez a ilusão, o autoengano, o engano dos outros e a realidade, enquanto em outra grande obra de Pirandello, *Henrique IV*, o protagonista acaba tendo de assumir sua máscara de louco para o resto da vida, já que se não for louco será preso como assassino. Na comovente *Vestir os Nus*, uma jovem, antes de se suicidar, inventa toda uma história falsa, que quer usar como uma espécie de vestido novo, que lhe empreste alguma dignidade, pelo menos na morte. Menos conhecida é a *Pensaci, Giacomino* (Imagine Só, Giacomino), em que um velho se casa com uma jovem para obrigar o governo a pagar pensão por muito tempo. A moça tem um amante, Giacomino, de quem está grávida ao casar--se, e o velho concorda em manter o triângulo amoroso. Pressionado por uma irmã carola e pela igreja, Giacomino está a ponto de acabar com o caso e se casar para ter a respeitabilidade sonhada por sua família, mas o velho o chama de volta para a amante dizendo: "Mas pense só, Giacomino, se você fizer isso vai deixar ao desamparo uma moça com a reputação liquidada e sem pai seu filho ilegítimo"[1]. O bom senso domina os preconceitos e ele volta para a amante.

Foi a grande aceitação de Pirandello tanto na América do Norte quanto na do Sul o que ajudou a firmar a fama desse mais que

---

1   Livre tradução nossa. No original: "Pensaci, Giacomino! Io sono buono, ma appunto perché sono così buono, se vedo la rovina d'una povera donna, la rovina tua, la rovina di questa creaturina innocente!". *L. Pirandello, Pensaci Giacomino*, Ato III, Cena final.

talentoso italiano, o qual fez o teatro investigar o submundo das convenções sociais e das ambições pessoais, com uma dramaturgia de extraordinária competência e uma linguagem maravilhosa.

O *Agit-Prop*

MAS FOI NA ALEMANHA que se deu o principal desenvolvimento das décadas centrais do século XX, sendo preciso para isso, antes de tudo, falar do diretor Erwin Piscator (1893-1966), a maior influência no aparecimento do teatro político ou didático, exímio criador do *agit-prop* – a arte da agitação e da propaganda –, uma colagem de notícias e trechos de discursos, cartas e declarações, que logo chamou a atenção. Ele foi trabalhar no *Volksbühne*, mas acabou saindo e fundou o *Piscator-bühne*, que se opunha ao primeiro. Em 1927 ele fez sua histórica direção de *Hopla, Wir Leben!* (Ora Viva, Estamos Vivos!), onde apareceu boa parte da parafernália do teatro político: o cenário tinha quatro andares, com projeçãode filmes, textos escritos etc. Há uma foto histórica, na qual um perfil é projetado ocupando toda a tela que forma o fundo dos quatro andares. No mesmo ano ainda aparece "o" exemplo dos exemplos do teatro agit-prop, *Rasputin*. Piscator tinha um imenso domínio sobre toda espécie de tecnologia, cênica ou não, e o novo espetáculo se passava dentro de um hemisfério, a metade de uma imensa bola, que representava tanto o globo terrestre quanto o domínio da máquina: havia filmes, slides, fotografias, com uma série de datas e frases informativas, cujo objetivo era situar o espectador objetivamente em relação ao que era apresentado.

O Expressionismo

É PRECISO ESCLARECER AS condições e os antecedentes dramáticos que motivaram e permitiram o aparecimento do expressionismo, essencialmente alemão. Ao tempo da ascensão da burguesia, como desde sempre, aparece na Alemanha toda uma série de grandes nomes em várias artes, o que faz com que se deixe de levar em conta a ausência de um centro cultural nacional catalisador, ao contrário do havido na França, por exemplo, que teve Paris como ponto focal. É possível que em nenhum outro país europeu a corrupção pelo dinheiro e os excessos da burguesia abastada do século XIX se tenham mostrado tão fortes em seu crasso materialismo quanto na Alemanha; e no último quartel do século, o realismo no teatro se apresentava ali como subserviente servidor dos interesses do grupo dominante, devotado ao dinheiro e à aparência de respeitabilidade.

O movimento romântico não teve forças para dominar o ambiente, nem é o romantismo que precisamos examinar como ponto de partida para o expressionismo. Dois autores em particular, no final do século XIX, escreveram obras que entraram pelo caminho da sátira social: Frank Wedekind (1864-1918) e Carl Sternheim (1878-1942). O primeiro escreveu uma série de peças hoje esquecidas, exceto duas, que periodicamente ainda são montadas e que viriam a influenciar o futuro do teatro: *Fruhlings Erwachen* (O Despertar da Primavera) e *Erdgeist* (O Espírito da Terra); Sternheim, por outro lado, embora tenha sido muito significativo no início do expressionismo, com uma trilogia crítica sobre a hipocrisia e a ambição da burguesia, hoje só é lembrado pela primeira das três peças, *Die Hose* (As Calças).

As duas peças mais conhecidas de Wedekind, de uma dramaturgia forte e criativa, têm cunho muito pessoal e marcam o interesse do autor: *O Despertar da Primavera* trata diretamente de sexo na puberdade, enquanto em *O Espírito da Terra* o sexo é encarado como elemento libertador, sendo ambas as posições usadas em contraposição à hipocrisia da última década dos anos de 1800. O aspecto mais importante de *O Despertar da Primavera* como elemento constitutivo do expressionismo é formal: consiste no abandono da argumentação e do discurso lógico no diálogo em favor de uma expressividade altamente teatral, ou seja, os adolescentes, cuja tragédia a peça relata, falam em uma linguagem poética, intensificada, cuja própria forma traduz sua angústia, enquanto os professores e adultos em geral – os opressores – têm uma linguagem paupérrima, sem qualquer imaginação, que os reduz a um estado de quase imbecilidade. Importante em *O Espírito da Terra*, e representando a vitalidade do instinto sexual, temos a protagonista Lulu, símbolo da mulher, que Wedekind sempre defendeu contra os preconceitos da sociedade pequeno-burguesa, mesmo que ela possa acabar na prostituição, como na peça *Die Buchse der Pandora* (A Caixa de Pandora), continuação de *O Espírito da Terra*. As tomadas de posição de Wedekind e a postura crítica de Sternheim, que se afirmam contra a sociedade em que os autores viviam, expressam boa parte das forças que levaram ao aparecimento do expressionismo.

August Strindberg, do qual já falamos brevemente, em sua monumental trilogia *A Caminho de Damasco*, usa uma série de recursos que serão típicos do novo gênero, tais como a redução das personagens a meros tipos, tão sem individualidade que não têm nome, sendo chamados de: o mendigo, o estranho, o juiz etc. Além disso, em lugar do desenvolvimento lógico e discursivo das ações dramáticas que pode, no realismo de Ibsen, por exemplo, formar todo um ato, Strindberg cria uma série de cenas independentes que se sucedem velozmente e correspondem à progressão real do estado de espírito do protagonista. Este, por sua vez, pode ser – e é muitas das vezes – identificado com o autor.

Daí a algum tempo já apareceriam peças nas quais todos as personagens secundárias apresentavam-se apenas como projeções da personalidade e da problemática dos protagonistas, estes, sim, investigados e retratados com grande acuidade, mesmo que sempre expressados em termos exagerados ou distorcidos. A mistura dessas influências é importante, pois foi por meio de alterações formais, de caráter radical, que os expressionistas puderam chegar a configurar seu repúdio aos valores da sociedade dominante.

Wedekind e Sternheim criticam as estruturas de seu tempo, mas usam-nas para a construção de suas obras. Suas críticas, até certo ponto, fazem parte do próprio *establishment*, condenando-o, sem chegar a pô-lo realmente em dúvida. Só o expressionismo, com novas formas para novos conteúdos, representa realmente, no teatro, as transformações por que passava a sociedade.

O expressionismo não foi o primeiro a contestar os valores daquele decantado *fin de siècle*, mas foi o mais radical, construído sobre premissas revolucionárias. O realismo fora a expressão do capitalismo e do imperialismo; a sociedade produzida por eles já havia sido contestada de várias formas, como no neorromantismo e no simbolismo, ambos um tanto escapistas, e pelo impressionismo. Este, mais notável por seu fantástico florescimento na pintura e artes plásticas em geral, porém igualmente partindo do pressuposto de um mundo material; de bom gosto, sem dúvida, mas com uma visão na qual a matéria é básica, pois é ela que causa a "impressão" a ser transformada em obra de arte.

O expressionismo é muito mais radical e revolucionário: o pressuposto desse movimento que floresceu na materialista Alemanha do kaiser Guilherme II, tacanhamente nacionalista, destituída de metas culturais, tinha como premissa básica a prevalência do espírito sobre a matéria. Foi um movimento contestatório, que se afirmava por meio da negação das próprias bases do mundo no qual aparecia. Sob esse aspecto, o expressionismo, cujos primórdios já aparecem em 1910, pode e deve ser considerado como profundamente revolucionário, embora só em sua segunda fase, iniciada por volta de 1916, é que comecem a aparecer suas manifestações ideológicas mais concretas, em termos de reformulação social.

De início tratou-se de um repúdio puro e simples – porém total – dos valores que imperavam até então. Nessa omissão de uma ideologia política programática, o expressionismo tem uma correspondência bastante exata com os primórdios do movimento *hippie* nos EUA, que primou pela contestação, por parte dos jovens, de todos os valores da *goal society* de seus pais. A semelhança aparece também no fato de o movimento não ser privativo de qualquer arte específica, correspondendo a uma insatisfação generalizada, que antecede outros movimentos já politicamente mais definidos, e só tomaram corpo, em ambos os casos, diante de uma crise político-militar anteriormente apenas prenunciada.

Os principais núcleos motivadores do expressionismo alemão tomam forma na Primeira Grande Guerra (1914-1919) e na revolução de 1918[2]. A hipocrisia que o movimento contesta desde 1910 é a aparente satisfação e tranquilidade da Alemanha do início do século que encobria as insatisfações geradas por seu materialismo. Os artistas – cuja sensibilidade fazia deles os melhores termômetros de sua época – intuíram os horrores da guerra, enquanto o grupo dominante apoiava, com complacência, os sonhos imperiais de um kaiser que ainda funcionava na base do direito divino dos reis.

A poesia lírica já vinha expressando o repúdio ao excessivo peso do dinheiro, bem como a preocupação com valores espirituais, refletindo a inquietação e a efervescência de um grupo a princípio pequeno, mas que eventualmente se tornaria muito grande – o dos descontentes. Em 1912, apareceram as primeiras peças teatrais expressionistas, e uma delas, *Krieg* (Guerra), de Carl Hauptmann (1862-1946), prevê com acuidade impressionante a hecatombe que viria a acontecer em 1914-1919. Até antes disso, o pintor Oskar Kokoschka (1886-1980) e o escultor Ernst Barlach (1870-1938) também haviam começado a escrever peças perfeitamente integradas ao movimento expressionista.

Kokoschka não teve no teatro a importância que exerceu na pintura mas, em 1907, ele escreveu *Sphinx und Strohmann* (A Esfinge e o Homem de Palha), que mais tarde – em 1917 – foi transformada em *Job* (Jó), onde a mulher é apontada como a fonte de todos os males; e a extravagante *Mördere, Hoffnung der Frauen* (Assassino, a Esperança das Mulheres), sobre a batalha dos sexos, provavelmente a primeira peça realmente expressionista; enquanto em *Der Brennende Dornbusch* (A Sarça Ardente), de 1911, surge a história de um casal – apenas o homem e a mulher –, com um coro anônimo, em uma série de cenas que os mostram passando por toda uma gradação de emoções extremas, que os purificam, a caminho de um nível mais alto de existência.

---

2   Designa-se pelo nome de Revolução Alemã a série de acontecimentos que se produziu naquele país entre 1918 e 1919 e que, depois da abdicação do imperador Guilherme II e de um grande período de turbulências e incertezas provocadas pelos conflitos entre sociais-democratas e comunistas, conduziram à instauração, em 1919, da República de Weimar.

Barlach, por sua vez, em 1912 escreveu a estranha *Der Tote Tag* (O Dia Morto), passada em um sombrio castelo onde tudo é cinza, e onde mãe e filho vivem em luta, em um crepúsculo perene, cercados por figuras e símbolos, com o filho finalmente reconhecendo que sua eterna busca pelo pai é, na verdade, sua busca de Deus. O ponto característico de Barlach – aliás, fundamental para o expressionismo – é a ideia da transformação, do vir-a-ser, da escalada para um plano espiritual mais alto e da capacidade do homem influenciar, por meio da força espiritual, o mundo em que vive. A crise espiritual purificadora é essencial na maioria das peças expressionistas.

Transformações do Espaço Cênico

TODA ESSA VISÃO PRECISOU, para florescer, de uma nova percepção do espetáculo. Deformações cênicas, violentos jogos de luz explorando o conflito claro-escuro, seres e objetos, tornados símbolos ou metáforas dos processos de transformação, passaram a habitar os palcos, bem opostos à precisão detalhada da cenografia realista, que começou a aparecer com o advento da iluminação a gás em 1835 e que tomou forma definitiva com os chamados "teatros livres", que abrigavam o realismo quando este era a novidade.

No início do século, dois nomes são fundamentais na área da cenografia. O primeiro, Gordon Craig (1872-1966), chocou os ingleses com cenários de linhas simples, o oposto dos enfeites vitorianos. Apesar de suas ideias serem excepcionais, nem tudo funcionava por ser tecnicamente impossível com os recursos da época. Seus desenhos, no entanto, sempre expressam a preocupação com o espaço livre para o ator e com uma visão grandiosa da cena. Craig trabalhava também com luz e foi o primeiro a experimentar a iluminação com fontes móveis. Depois da Primeira Guerra Mundial, ele se dedicou mais à gravura e à ilustração, mas suas ideias ainda tiveram grande influência no teatro.

Igualmente importante foi o segundo, o suíço Adolphe Appia (1862-1928), que investigou com particular empenho o uso de áreas contrastantes de luz e sombra para conseguir efeitos dramáticos de grande impacto. Tinha muito mais base técnica do que Craig, e era menos sonhador e mais profissional. Juntos, eles alteraram de forma definitiva a cenografia teatral. Appia publicou dois livros; o segundo, *A Música e a Encenação* (1892), mesmo que redigido com a complexa erudição alemã, é rico em ilustrações que deixam clara a sua visão, que inclui a ideia de que um dos aspectos mais importantes da luz é sua capacidade para criar sombras.

Essa digressão sobre a cenografia renovadora de Craig e Appia tem como objetivo deixar claro que o expressionismo não foi o único movimento renovador da época; a renovação cênica não é o grande objetivo do expressionismo, muito embora ela precisasse acontecer para corresponder às exigências do que havia no texto. O cinema expressionista alemão nos dá uma boa ideia do que aconteceu então. Mas na França, por exemplo, nessa mesma época aparece o trabalho de Jacques Copeau (1879-1949) no teatro Vieux Colombier, fundado em 1913, com um cenário fixo simplificado, um caminho completamente diferente, mas que também se afasta do realismo e busca uma linguagem teatral mais imaginativa. Alterações na dramaturgia foram muitas, e as pesquisas da cenografia foram exigidas por todas elas.

Novamente a Dramaturgia

A MUDANÇA PROPOSTA PELO expressionismo, no entanto, é radical: na temática, na dramaturgia, na encenação e na interpretação. Em sua primeira fase, houve textos criados e representados por alemães nas próprias trincheiras onde estavam lutando. Era fundamental deixar bem claro seu repúdio ao realismo alemão e exibir características específicas. Fica estabelecida uma temática fundamentalmente subjetiva, por meio da qual são explorados e enaltecidos valores espirituais em detrimento dos materiais; é rejeitada a personagem condicionada por ambiente ou hereditariedade; o diálogo lógico e discursivo é substituído por outro, fracionado e primordialmente poético, no qual os expletivos – pequenas frases exclamatórias, refletindo a essência emocional e espiritual do protagonista – têm cada vez mais valor. Sendo fundamentais a liberdade e o não conformismo, no diálogo não se buscou qualquer tipo de fórmula, e cada autor tinha seu idioma pessoal. Com as cenas curtas, desaparecem os cenários realistas e surgem campos neutros, rampas, degraus, eventuais elementos indispensáveis à apresentação do significado da obra, com a luz determinada pelas emoções e pelo tom.

Assim se caracteriza o primeiro expressionismo, seguindo os acontecimentos da Primeira Guerra Mundial, que não acabou em poucas semanas como haviam previsto tanto alemães quanto ingleses. Na arrancada inicial da guerra, campanhas patrióticas haviam conseguido envolver a maior parte da população, impressionada com a certa afluência do país, e persuadida de que a Alemanha havia sido arrastada a uma guerra que não desejava, mas da qual sairia vitoriosa, já que os longos preparativos militaristas levavam a essa convicção. Porém, a partir de 1916, com a certeza da vitória já um tanto abalada, o clima patriótico começou a desmoronar, e as ideias daquele grupo contestatório, antes reduzido e combatido, alcançaram maior popularidade e mais voz.

As montagens expressionistas passaram a ser mais frequentes e bem-sucedidas e o expressionismo começou a se transformar. Em sua segunda fase, o subjetivismo espiritual foi aos poucos substituído por ideias que agora não só condenavam o sistema vigente, mas também começavam a propor uma nova ordem social, obviamente por influência de movimentos de esquerda e sob o estímulo da Revolução Russa de outubro de 1917. Tudo culminou na revolução comunista alemã de 1918, cujo fracasso determinou o declínio do expressionismo, que estaria totalmente esgotado por volta de 1923 ou, no máximo, 1924.

Os autores dessa segunda fase são variados; Franz Werfel (1890-1945) foi influenciado por sua rica experiência religiosa, mas não ocupa lugar tão expressivo nessa transição quanto Reinhard Sorge (1892-1916), Paul Kornfeld (1889-1942) ou Walther Hasenclever (1890-1940). A única obra famosa de Sorge, que morreu aos 24 anos, é *Der Bettler* (O Mendigo), de 1912. O protagonista, chamado apenas de "O Poeta", vive em conflito com os valores de seu pai, que o autor cria de forma original: o Pai, um engenheiro bem-sucedido, é chamado de louco porque confia que na ciência e na tecnologia está o caminho para o futuro. Tal caminho, o filho odeia. A luta do filho na busca de sua regeneração moral e espiritual é apresentada em uma série de cenas contrastantes em cafés, em prostíbulos, que são os lugares em que ele acredita achar a pureza. No final, o pai, aceitando que é louco, pede ao filho que o mate, a fim de se livrar de uma existência inútil. O filho o mata, sem qualquer sentimento de culpa, porque estaria com isso apenas obedecendo à natureza. A peça é um tanto ingênua e primária de forma, mas o jovem autor estava desbravando um território novo no teatro.

O conflito de gerações é tratado por Paul Kornfeld em *Die Verführung* (A Sedução), de 1913, com personagens secundárias com nomes apenas funcionais e uma linguagem imaginativa e poética, fracionada, que se apresenta já mais desenvolvida. Bitterlich, o protagonista, tem repugnância pelos valores à sua volta, mata um desconhecido – que lhe parece um exemplo de tudo o que odeia –, e vai para a cadeia. Ali, guardas e representantes de todo o poder constituído – tão importantes no expressionismo tardio e no teatro político – fazem sua primeira aparição, deformados pela caricatura. A peça é alucinatória, fantasmagórica, e concebida para expressar a repulsa do artista pelos valores burgueses.

A nova fase do expressionismo, de preocupação política, afetada pela guerra, aparece pela primeira vez em *Der Sohn* (O Filho), de Walter Hasenclever. A partir daí, a guerra e, naturalmente, a derrota da Alemanha serão o núcleo principal, e o conflito entre filho protagonista e pai antagonista muda da busca da renovação espiritual para a da renovação social. O tema central é agora uma batalha entre o homem de uma nova visão social e o defensor do militarismo, ou do estado tal como era constituído até então e uma nova estrutura. A mudança da situação da Alemanha é crucial: a partir de 1916 começaram a aparecer peças antiguerra, muitas delas escritas nos próprios campos de batalha.

A quebra das convenções realistas acabou levando a desmedidas impossíveis de serem montadas, como *Die letzten Tage der Menscheit* (Os Últimos Dias da Humanidade), de Karl Kraus (1884-1936), que exige dez dias para ser encenada, com centenas de personagens sem nome, identificadas por tipo ou função, além de praticamente todas as personalidades importantes da guerra de 1914. Construída com recortes de jornal ao lado da ficção, seu objetivo era mostrar como a guerra corrompe indivíduos e sociedades; e Kraus termina a peça sem qualquer vislumbre de caminho ou esperança.

Na nova fase revolucionária, como em qualquer período renovador, há um grande número de autores de uma peça só ou, no máximo, duas. A guerra e a revolução alemã de 1918 são o grande núcleo motor de todo o movimento. Nesse sentido, *Seeschlacht* (Batalha Naval), de Reinhard Goering (1887-1936), passa-se em um navio de guerra, na batalha da Jutlândia. Sete marinheiros sem nome têm um diálogo áspero e fracionado, ocasionalmente explosivo. Falam da vida, discutem a justificativa, ou não, do conflito, até que um deles levanta a possibilidade da desobediência, já que a guerra é uma tragédia revoltante. Quando está acabando seu raciocínio, começa a batalha; um a um eles são mortos, e o último, o da ideia de desobediência, morre dizendo que, na hora da batalha, atirar nos outros parecera a opção mais fácil.

Aparece na época um grande número de peças sobre o homem ser bom em si, mas corrompido pela estrutura social em que se insere. A grande maioria, escrita porque o tema em si era tão atraente, foi de obras medíocres ou simplesmente ruins. Em seus últimos anos, entretanto, já existindo um equilíbrio instável, é que o expressionismo produziu seus três maiores autores: Georg Kaiser (1878-1945), Fritz von Unruh (1885-1970) e Ernst Toller (1893-1939).

Unruh, de família nobre prussiana, entrou muito jovem para o exército, como previsto, mas sua sensibilidade pessoal, aliada à experiência da guerra, fez com que, já em 1914, ele tivesse graves dúvidas sobre a situação da Alemanha. Em 1917 ele escreveu *Ein Geschlecht* (Uma Raça), que o colocou na vanguarda do expressionismo, unindo a nova visão política ao individualismo subjetivo dos primeiros anos. Na peça, uma mãe está enterrando o filho favorito, morto na guerra. Seus dois outros filhos chegam, presos por insubordinação: o mais velho se revoltou por razões pessoais; e acreditando na liberdade sem limites, após tentar o incesto com a irmã, se mata. O mais moço é politicamente engajado. Quando vêm os soldados para levar o corpo do morto, a mãe, espiritualmente transformada, passa a defender um novo mundo, contra o obscurantismo, a guerra etc. Morta pelos soldados, sua mensagem é tomada pelo filho mais moço, que leva os soldados a se rebelarem. Um dos comandantes do destacamento adere ao novo ideal a fim de preservar entre eles a lei e a ordem, e o outro arranca de si todos os símbolos de autoridade, que abandona ao solo para que ali envelheçam.

Georg Kaiser é o mais famoso representante da escola expressionista alemã. No novo formato do *stationen drama*, onde cada cena é uma "estação" no caminho do protagonista, ele escreveu *Von Morgen bis Mitternacht* (Da Manhã Até a Meia-Noite), que segue o dia de um homem que, em um repente, rouba uma grande quantia de dinheiro. Em breves cenas ele vê todos os aspectos da podridão e da corrupção, mas o que realmente o choca é perceber que a mesma multidão que vibra e grita com uma corrida de bicicleta fica cabisbaixa e muda com a simples presença de alguns membros da realeza. Após vários desatinos, descobre que o dinheiro não compra nada que valha a pena e joga fora o que sobra, do alto de um palanque do Exército da Salvação. Vendo a multidão brigar pelo dinheiro, ele se mata, balbuciando algo que dá a impressão de que está dizendo *Ecce Homo*. Outras peças suas importantes são: *Neben Einander* (Um ao

Lado do Outro), que tem três enredos: em cada um deles, uma pessoa sabe de algo que salvará alguém em um dos outros, mas a indiferença dos homens uns pelos outros, mesmo próximos, faz com que ninguém se dê ao trabalho de revelar o que sabe; e *Die Burger von Calais* (Os Burgueses de Calais), calcada em famosa história medieval que afirma que qualquer humilhação que salve vidas humanas é melhor do que qualquer heroísmo militar.

O "novo homem" é o tema principal da trilogia *Gas*, que fala da regeneração do indivíduo, denunciando a industrialização. Na primeira peça da trilogia, o filho do patrão bilionário passa pela famosa crise transformadora e, quando a fábrica explode, opta por não reconstruí-la, a fim de que todos vivam uma vida mais pura; mas um engenheiro fala das vantagens da industrialização e tudo volta a ser como antes. O filho acaba morto por uma pedrada, e a esperança é que o novo homem traga grandes transformações sociais. Na última peça da trilogia a industrialização chega às suas últimas consequências, fabricando armas e munição.

Ernst Toller é o mais político dos expressionistas. Ele entrou para o exército com 21 anos, e essa experiência o transformaria completamente. Ligou-se à extrema esquerda e, em 1917 e 1918, quando estava na prisão, escreveu *Die Wandlung* (A Transformação), em que, com breves cenas, mostra a transformação de um patriota em um revolucionário: o jovem Friedrich, em conflito com a família, sente alívio em partir para a guerra; daí por diante a ação é apresentada em dois planos: o da realidade e o do sonho. Neste último, Friedrich vê um carro de trem carregando soldados feridos, ele mesmo sendo um deles e, como em todas as visões de sonho, logo a seguir ocorre uma cena da realidade, na qual se cumpre o que ele viu.

Toller criou outras obras importantes, sendo suficiente apenas mencionar que, já em 1927, ele escreveu a peça chamada *Hopla, Wir Leben!* (algo como Ora Viva, Estamos Vivos!), cuja maior importância foi ter sido encenada por Erwin Piscator, o criador do teatro político, tão determinante para a obra de Brecht.

Bertolt Brecht e o Teatro Épico

O JOVEM AUTOR BERTOLT Brecht (1898-1956) trabalhou tanto na produção de *Rasputin* quanto nas *Aventuras do Bom Soldado Schweik*, e as ideias do diretor Piscator foram determinantes para seu futuro, que até então fora o de um boêmio aventureiro. Eugen Berthold Friedrich Brecht nasceu em Augsburg, e, tendo estudado medicina, serviu na Primeira Grande Guerra como enfermeiro em um hospital militar. A grafia Bertolt foi um ato de rebeldia contra um nome burguês. Em etapas distintas, ele escreveu mais de quarenta peças, de formas variadas.

Em 1920, Brecht começou a produzir mais regularmente, sendo nomeado dramaturgo do München Kammerspiele (Teatro/Ópera de Munique); aos poucos, se tornou mais conhecido e, em 1922, recebeu o Prêmio Kleist por *Trommeln in der Nacht* (Tambores na Noite). Em 1924, Brecht começa sua importante carreira de diretor, montando o seu *Leben des Eduards des Zweiten von England* (A Vida de Eduardo II da Inglaterra), adaptado de Christopher Marlowe, e, pouco depois, muda-se para Berlim, onde logo se torna membro ativíssimo da vida cultural.

Suas peças escritas no final da década de 1910 e início da de 1920 são, em grande medida, expressões de desencanto ou contestação generalizada. A primeira delas, *Baal*, de 1918-1919, é uma espécie de cínica paródia da romantização da vida de artista. Baal é um mulherengo bêbado que destrói todos os que passam por sua vida; e acaba matando seu melhor amigo e morrendo sozinho em uma cabana na floresta, onde se escondia da polícia. *Die Kleinbürgerhochzeit* (O Casamento do Pequeno-Burguês), de 1919, e *Im Dickicht der Städte* (Na Selva das Cidades), de 1921-1923, parecem ser investigações sobre conflitos gratuitos, sem motivo ou sentido. Já *Tambores na Noite*, (estreia em 1922), tem muito do cínico desapontamento de *Hopla! Wir Leben!*, de Toller. Na peça de Brecht, o soldado chega em casa e encontra a noiva já grávida e pronta para casar com outro. Uma série de atribulações levam o soldado a ter de fazer uma opção, e ele prefere casar com a noiva de segunda mão do que voltar para a guerra.

A debochada versão do *Eduardo II*, de Marlowe, de 1923-1924, e *Mann ist Mann* (Um Homem é um Homem), de 1924-1925, são confusas em seus objetivos, mas com a passagem do tempo sua posição vai se alterando. Em 1927 ele se divorciou e imediatamente se casou com Helene Weigel, uma comunista convicta, daí em diante a mais significativa intérprete de Brecht. A década se encerrou com uma das suas obras mais conhecidas: *Die Dreigrochenoper* (A Ópera dos Três Vinténs), de 1928, com memorável música de Kurt Weill (1900-1950).

Em 1930 ocorreu uma mudança radical do processo criativo de Brecht com sua conversão ao comunismo. A esse momento pertencem as Lehrstücke (peças didáticas), comprometidas com a ideologia apaixonadamente adotada. Dessas, todas de 1930, a maioria é muito fraca; mas algumas são realmente interessantes: *Der Jasager* (Aquele Que Diz Sim), *Der Neinsager* (Aquele Que Diz Não) e *Die Massnahme* (As Medidas Tomadas).

No início dos anos de 1930, é importante chamar a atenção para duas inesperadas fontes de inspiração na obra de Brecht: Rudyard Kipling (1865-1936) com suas histórias de aventura no Império Britânico – inspiração da qual *Um Homem é um Homem* é exemplo clássico – e os Estados Unidos da América, por seu crescimento industrial e também seus gângsters e seus esportes, inspiradores da "ópera épica", *Aufstieg und Fall der Stadt Mahagonny* (Ascensão e Queda da Cidade Mahagonny), de 1928-1929, que estreia em 1930. Nesta, um bando de ladrões, fugindo da polícia, resolve criar uma cidade onde poderão roubar todos os que se aventuram na histórica busca do ouro, mas não têm sucesso porque os novos ricos do ouro acham a cidade chata. Na véspera de um furacão, Paul Ackermann, o chefe, inventa o que considera ser a fórmula ideal para a felicidade: não haverá limites, leis ou proibições na cidade. Mahagonny se transforma, então, em um reino de devassidão, porém Ackermann joga tanto que perde todo o seu dinheiro. Incapaz de pagar suas dívidas, ele é condenado à morte, pois não ter dinheiro é crime. A cidade acaba se incendiando, e seus habitantes deixam bem claro que formam uma sociedade completamente escravizada ao acúmulo de bens materiais. A ação é bastante dinâmica; a magistral música é de Kurt Weill, e ocasionalmente a peça continua a ser montada.

Destino diverso tem a obra provavelmente escrita entre 1929-1931, *Die Heilige Johanna der Schlachthöfe* (A Santa Joana dos Matadouros), hoje totalmente esquecida. Segundo Martin Esslin, o texto não pode funcionar fora da Alemanha por ser escrito em versos que parodiam os excessos dos mais extremados momentos românticos de Schiller: o desencontro de forma e conteúdo é perdido em tradução. A trama, passada em Chicago, envolve dois reis da carne enlatada, que lutam para dominar o mercado. A jovem Joana Dark – do Exército da Salvação, que fascinava Brecht – tenta fazer com que um deles, Pierpoint Mauler, trate melhor seus operários e evite o desemprego. Ele fica comovido, mas continua em seu caminho; compra outras fábricas e acaba se expandindo demais os negócios e falindo. Rivais de Mauler querem que Joana, com seu prestígio, invente um projeto que distraia os desempregados, mas ela se recusa e acaba expulsa dos Black Straw Hats. Ela chega a pensar em ser comunista mas, ao ver que estes não hesitam em usar a violência, desiste e não entrega uma carta crucial para dar o início a uma greve geral. Os líderes trabalhistas são presos, e Mauler consegue reabrir sua fábrica. Totalmente desiludida, Joan acaba morrendo de pneumonia. Em seus últimos instantes, repudia Deus e afirma que no sistema vigente de exploração só a força pode trazer mudanças. Suas palavras de convicção radical acabam encobertas por um coro formado pelos donos das fábricas, os criadores de gado e os Black Straw Hats. Com suas complicações, a peça permanece uma obra meramente didática.

O processo pessoal de Brecht é muito significativo para seu trabalho: esse período em que o autor, formalmente ou não, envolveu-se com o comunismo, corresponde exatamente ao da ascensão do nazismo, o que tornou cada vez mais difícil a montagem de suas peças. No dia 28 de fevereiro de 1933 Brecht e sua família fugiram da Alemanha. Foram primeiro para Paris, onde se deu a montagem de *Die sieben Todsünden der Kleinbürger* (Os Sete Pecados Mortais do Pequeno-Burguês), a última colaboração entre Brecht e Kurt Weill, e a seguir ele se instalou na Dinamarca. Apesar de respeitado e admirado, poucos países na Europa tinham interesse em montar suas peças. Nada expressa tão bem a mudança de postura política de Brecht quanto a publicação, na Holanda, em 1934, de *Der Dreigroschenroman* (O Romance dos Três Vinténs) que, alterando o final da ópera, faz Mac the Knife e o chefe de polícia se aliarem e se tornarem o que então Brecht via como os realmente criminosos, ou seja, os banqueiros. Em 1935 sua cidadania alemã foi formalmente caçada.

Tanto Brecht quanto Kurt Weill fianlmente foram para os Estados Unidos, e seus destinos lá ilustram o que seria um problema fundamental para o escritor. O compositor Weill em pouco tempo estava totalmente integrado no *show business* americano, compondo para vários musicais como *Lady in the Dark* e *Knickerbocker Holiday*, e ninguém se lembra que a *December Song* foi composta por um alemão quase que recém-chegado. Atores e diretores alemães, como Peter Lorre e Billy Wilder adaptaram-se e fizeram carreira; mas o que acontece a um autor que aos quarenta anos tem de mudar de cultura, de país e de língua, principalmente ao se estabelecer em um país em que suas convicções políticas não são bem-vindas? Ainda por cima, Brecht, em Hollywood, recusava-se a aprender a falar inglês, vivendo exclusivamente na seleta colônia de alemães expatriados que tanto fizeram pelo cinema americano. Seu único trabalho que chegou às telas foi o roteiro de *Hangmen also Die* (Carrascos Também Morrem), filmado por Fritz Lang em 1943.

É estranho, mas é justamente durante os anos de exílio que Bertolt Brecht atingiu seu pleno apogeu como autor. Até 1945, é bom lembrar, a não ser na Suíça, todos os palcos para a língua alemã estavam fechados para Brecht. E um autor de teatro escreve para ser montado, particularmente um autor que foi um dos maiores diretores do seu século. Sob a influência de Piscator, do teatro chinês, do teatro medieval e de Shakespeare, Brecht criou um estilo muito pessoal de encenação, cujo aspecto mais famoso até o hoje é o *v-effekt*, abreviação de *verfremndungseffekt*, ou seja, o efeito de distanciamento, ou estranhamento, responsável por infinitas divergências quanto ao que Brecht queria realmente dizer com isso. Muito relevante foi ele ter dito que quem vai ao teatro deve assistir à peça com o mesmo interesse objetivo que aquele que vai assistir a uma luta, ou qualquer evento esportivo. Seu grande argumento seria o de que a aceitação do envolvimento emocional do espectador com o que acontece no palco, que ele considera característico do teatro aristotélico, não comporta a lição implícita no teatro didático.

O *v-effekt*, segundo Brecht, daria à encenação e à interpretação uma objetividade em relação ao que é apresentado que conduziria a plateia à reflexão e ao aprendizado da postura política que o texto quer expressar. Ele fez uma catalogação das diferenças entre o teatro dramático e o épico, embora, na prática, nem mesmo nas peças de Brecht seja fácil constatar essas diferenças:

DRAMÁTICO

O palco "encarna" os acontecimentos.
Envolve a plateia na ação, usando sua atividade.
Ajuda-a a sentir.
Comunica experiências.
A plateia é projetada para dentro de um evento.
A sugestão é usada.
As sensações são preservadas.
A personagem é uma quantidade conhecida.
O homem é imutável.
Não revela o que motiva a ação.
Os eventos se dão em linha reta.
A natureza não muda
O mundo é como é.

ÉPICO

Relata o evento.
Faz a plateia observar, provoca sua atividade.
Leva o espectador a tomar decisões.
Comunica *insights*.
A plateia é confrontada com um evento.
A argumentação é usada.
A plateia é impelida para novos níveis de percepção.
A personagem é submetida à investigação.
O homem pode mudar e fazer mudanças.
Deixa claras as motivações.
Os eventos se movem em curvas irregulares.
A natureza muda.
O mundo é aquilo no que ele está se transformando.[3]

3   B. Brecht, *Estudos Sobre o Teatro*, p. 16.

Nos anos de exílio, foram raras as montagens de peças de Brecht; mas teve lugar na Califórnia, por iniciativa do ator Charles Laughton, uma primeira montagem de *Galileu,* que não chegou a ser um sucesso. Esse só viria depois da guerra e do embaraçoso espetáculo do interrogatório de Brecht na Comissão de Atividades Antiamericanas, no qual ele confundiu todo mundo, fingindo que não entendia as perguntas ou dando respostas propositadamente confusas e voltando para a Europa logo depois. Sua obra só foi realmente apresentada ao mundo no final dos anos de 1940, com a inauguração do teatro do Berliner Ensemble, na Berlim oriental, para onde Brecht se mudou depois de obter cidadania austríaca, a fim de poder entrar e sair do país quando quisesse, e de ter deixado os direitos sobre sua obra nas mãos de uma editora na Alemanha ocidental.

Ao lado de sua nova concepção de dramaturgia, Brecht via também um palco diferente; se o arco do proscênio emoldurava uma cena de ilusório realismo, a nova dramaturgia queria que o público tivesse plena consciência de que estava presenciando um espetáculo. Abolindo o arco do proscênio, Brecht deixava toda a frente do palco aberta, de modo a permitir que a plateia visse o urdimento e os refletores, que só usavam luz branca. Com isso, ele acreditava alertar o espectador para a objetividade desejada. E para chamar ainda mais a atenção para a artificialidade do teatro, criou a meia cortina, cujo varal ficava a meia altura do palco e deixava sempre à vista a parte superior dos bastidores.

A partir da década de 1930, Bertolt Brecht havia escrito uma série de peças significativas, entre elas: *Die Mutter* (A Mãe), baseada no romance de Máximo Górki; *Die Gewehre der Frau Carrar* (Os Fuzis da Senhora Carrar) e *Das Verhör des Lukullus* (O Julgamento de Luculus), esta montada em 1951. Em 1938-39 veio a primeira de suas quatro obras mais famosas, *Leben des Galilei* (Galileu), sua incontestável obra-prima, e nos anos seguintes temos *Der aufhaltsame Aufstieg des Arturi Ui* (A Resistível Ascensão de Arturo Ui), *Mutter Courage und ihre Kinder* (A Mãe Coragem e Seus Filhos), *Der gute Mensch von Sezuan* (A Alma Boa de Setsuan) e *Der kaukasische Keiderkreis* (O Círculo de Giz Caucasiano).

A importância de Brecht para o teatro ocidental na segunda metade do século XX é imensa. Sua obra teórica, profundamente germânica, é menos difundida, muito embora seu teatro épico e a interpretação voltada para ele, que Brecht elaborou, sejam largamente debatidos. A presença de Brecht como diretor foi decisiva para a repercussão que tiveram os espetáculos do Berliner Ensemble no Theater am Schiffbauerdamm enquanto ele foi vivo; com seu desaparecimento o grupo perdeu boa parte de seu prestígio, pois nem mesmo seus seguidores e discípulos imediatos conseguiram repetir a qualidade de suas históricas encenações.

Brecht não é montado hoje com a frequência de outros tempos, pois a era do teatro do discurso ideológico passou com a aversão à guerra e a angustiante busca da paz; mas a qualidade de sua obra, em seus melhores exemplos, é incontestável e continua apreciada.

A Maturidade da Forma Livre

LOGO QUE TERMINOU A Segunda Guerra Mundial, em 1945, houve na França e na Inglaterra uma imediata volta ao teatro de seis anos antes, no tom da chamada "alta comédia". Essa posição, no entanto, não servia mais para a realidade social e econômica que o teatro teria de refletir. Na França, temos duas etapas diferentes para a transformação: Jean-Paul Sartre (1905-1980) e Albert Camus (1913-1960), pensadores originais dos novos tempos, deram parte de seu tempo ao teatro, mas nem o primeiro, criador do conceito de absurdo para a condição do homem contemporâneo, nem o segundo, figura mestra do existencialismo, buscou formas novas no teatro. Mesmo que escrevendo no intuito de apresentar novas ideias, ambos usaram a dramaturgia tradicional de seus anos formativos, antes da guerra.

De Sartre o único texto realmente bem-sucedido é *Huis clos* (Entre Quatro Paredes), onde, no inferno, Garcin, Stella e Inês se veem condenados a, por serem quem são, torturarem-se uns aos outros. A questão da dura liberdade do homem em um mundo sem Deus, que o obriga a reconhecer a responsabilidade por seus atos, propicia uma tensa situação dramática, para a qual não há saída. Muito presas a seu conteúdo político, mas interessantes, são *Les Mouches* (As Moscas), uma versão moderna de *Electra*, referente ao domínio nazista da França, e *Les Mains sales* (As Mãos Sujas), que analisa crises internas entre comunistas por causa de mudanças em posições ideológicas. *Kean* é uma adaptação da peça de Alexandre Dumas, que teve sucesso graças à atuação de Gérard Philippe no papel-título, mas suas outras obras dramáticas são pesadas e hoje completamente esquecidas.

Camus, grande colaborador de Sartre em atividades *undergrounds* durante a ocupação nazista, tem seus melhores momentos de teatro com *Le Malentendu* (O Mal-Entendido), onde o filho desconhecido volta ao lar, transformado em hospedaria pela mãe e pela irmã que, sôfregas pelo dinheiro com que poderiam comprar um sítio, o matam e atiram seu corpo no rio, e *Les Justes* (Os Justos), que levanta a questão do sentimento humano, quando um revolucionário não cumpre sua tarefa de assassinar o grão-duque com uma bomba porque perto deste aparece uma criança.

O que marcou realmente a mudança do teatro para refletir os novos tempos, no entanto, em 1953, foi quando, ao sucesso de *La Cantatrice chauve* (A Cantora Careca), de Eugène Ionesco (1909-1994), que estava em cena em um teatrinho de 55 lugares desde 1950, juntou-se o de *En Attendant Godot* (Esperando Godot) de Samuel Beckett (1906-1989), ambas radicalmente novas em termos de dramaturgia, ambas abandonando o desenvolvimento da coerência psicológica, da trama bem-armada – de começo, meio e fim – para facilitar o aplauso do espectador.

A peça de Ionesco, franco-romeno residente em Paris, a quem é atribuído o aparecimento do "teatro do absurdo", foi inspirada, segundo afirmou, nos insensatos livros do tipo "inglês sem mestre", em que o objetivo é ensinar palavras e não transmitir uma ideia. Ionesco criou o alucinatório diálogo de A *Cantora Careca*, na realidade um preciso retrato de uma existência sem sentido, uma ferina crítica ao mundo absurdo de que falara Camus. O sucesso de Ionesco, nos primeiros anos de sua carreira, foi enorme e é então que ele escreve suas melhores obras, como *La Leçon* (A Lição) e a notável

Les Chaises (As Cadeiras). Essa última, que classificou como "farsa trágica", fala de um casal morador de uma ilha, que enche, longa e dolorosamente, seu salão de cadeiras para os ouvintes invisíveis do Orador, que vai fazer um grande pronunciamento sobre a condição humana. Após levar o Orador ao lugar de onde deve falar, o casal se suicida pulando de uma janela para o mar; e quando a grande fala começa, constatamos que o Orador é mudo, só abre e mexe a boca como se estivesse falando, e sua mensagem fica reduzida a palavras sem nexo que ele escreve em um quadro negro.

Ionesco ainda escreveu por vários anos, mas sem o mesmo sucesso, a partir do momento em que virtualmente retoma uma dramaturgia tradicional como em *Rhinoceros* (O Rinoceronte), entre outras. O sucesso de suas peças iniciais e a influência de sua dramaturgia, no entanto, não podem ser negados, pois são um marco nítido na história das transformações do teatro.

De carreira bem mais longa e bem-sucedida, nome maior da segunda metade do século xx, é Samuel Beckett (1906-1989), irlandês que viveu a maior parte da vida na França, inclusive durante toda a Segunda Guerra Mundial. Nessa época, ele primeiro trabalhou com o movimento da resistência em Paris, porém, sendo muito procurado pelos nazistas, acabou se escondendo no sul da França. Com frequência ele escrevia seus originais em francês, por considerar que ao expressar-se em uma língua adquirida podia alcançar uma disciplina e um despojamento que a facilidade da língua natal não permitia. Rotineiramente as obras escritas em francês eram traduzidas para o inglês, e as em inglês para o francês, sempre por ele mesmo.

Apontado por Martin Esslin como nome principal do teatro do absurdo, Beckett discordava dessa catalogação (de "absurdo"), e suas obras dramáticas podem ser ricas de humor, mas não com a facilidade com que o usava Eugène Ionesco. Muito provocadora é a afirmação enfática feita por Beckett em relação à quantidade e variedade das críticas sobre seu trabalho: "minha obra é uma questão de sons fundamentais emitidos o mais plenamente possível"[4].

---

4 Tradução nossa. No original: "Mon œuvre est faite de sons fondamentaux [...] émis aussi complètement que possible". Lettre à Alan Schneider sur *Fin de partie*, décembre 1957.

Dominante na obra dramática de Beckett é o conflito básico entre a aceitação da morte inevitável e um indestrutível instinto de sobrevivência, com a "ação dramática" cada vez mais longe das estruturas tradicionais. Tempo, espaço e decoro, dos quais Aristóteles falou e Horácio insistiu, são cada vez mais irrelevantes para Beckett, porém em suas primeiras e mais longas obras ainda há resquícios de localização de personagens, para dentro dos quais cada vez mais é transferida a essência da obra.

Beckett havia escrito uma única peça, *Eleutheria*, em 1946, jamais montada ou publicada, e já era figura firmada no panorama literário quando, com quase cinquenta anos, escreveu seu primeiro grande sucesso dramático, *Esperando Godot*, de 1953. Em uma estrada deserta dois vagabundos, Vladimir e Estragon, estão à espera de uma misteriosa personagem, Godot – com provável referência a God, Deus em inglês –, e o diálogo com o qual preenchem a espera é a essência da peça. Os dois são um pouco diferentes um do outro: Vladimir é mais extrovertido e prático, Estragon mais poético e mais dependente. O primeiro ato é todo gasto em variantes do mesmo tema, o da espera, e no final chega um menino para avisar que o sr. Godot não pôde vir naquele dia, mas que com certeza virá amanhã. No segundo ato, os dois vagabundos continuam esperando, mas têm a visita de uma nova dupla, Lucky e Pozzo, o primeiro, o senhor, o segundo, o escravo, um totalmente dependente do outro, tão complementares e tão perdidos quanto a primeira dupla. A certa altura, Vladimir e Estragon resolvem ir embora, chegam mesmo a dizer "Então, vamos", mas permanecem no mesmo lugar, sempre esperando por Godot, que há de solucionar todos os seus problemas e dar sentido às suas vidas. A peça acaba quando novamente a vinda de Godot é anunciada para o dia seguinte.

Endgame (Fim de Partida), de 1957, mostra um quadro mais limitado, se possível, que o de *Esperando Godot*. Hamm, o dominante senhor ou pai, não pode andar, enquanto Clov, o acompanhante, ou escravo, ou filho, não pode sentar, e temos ainda os pais de Hamm, Nagg e Nell, que moram em duas latas de lixo. O local onde tudo se passa tem duas pequenas janelas bem no alto da parede, dificultando a tarefa de Clov, que faz imenso esforço para descrever o deserto em meio do qual eles estão. Clov empurra Hamm em uma cadeira de rodas, e os dois discutem a finitude do homem, a degradação do ambiente à sua volta, a decadência física dos homens, o amor e o sofrimento, enquanto os pais falam sobre o acidente que os deixou sem pernas, e Nagg promete ameixas a Nell para que escute sua história sobre um homem que busca abrigo para seu filho em um mundo totalmente destruído. A certa altura, Clov resolve partir, faz grandes preparativos para a viagem, mas a peça acaba com ele parado no lugar de sempre e Hamm, com o rosto coberto por um lenço ensanguentado, quieto em sua cadeira.

A próxima peça significativa é *Krapp's Last Tape* (A Última Gravação de Krapp), de 1959, na qual um velho ouve a gravação de acontecimentos passados a respeito dos quais ele tem certas dúvidas, e que o emocionam intensamente, sendo a passagem do tempo a mais impactante emoção. Em 1961, Beckett escreve *Oh, les beaux jours/Happy Days* (Dias Felizes), em que a luta de Winnie para fazer valer a vida a despeito de toda e qualquer circunstância tem sua expressão mais precisa em uma ininterrupta rotina de atividades. Presa em um monte de areia até a cintura, no primeiro ato, Winnie elabora todo um ritual para preencher o tempo que passa – ou para dar sentido a ele. Uma campainha marca a hora de acordar e de dormir, e ela começa o dia com uma oração, depois se ocupa intensamente em se maquilar ou fazer um cuidadoso levantamento de tudo o que tem em sua bolsa, e conversar com Willie, imóvel ali perto. Ela relembra o passado, conta histórias, tenta se lembrar de poesias que decorou outrora, tudo para conseguir arrancar alguma reação dele que, em seu buraco, não mostra interesse em se comunicar com ela. A dupla alcança um auge de divertimento quando brinca com um trocadilho em torno da ideia de "formigação". No segundo ato, Winnie está enterrada até o pescoço. Não podendo mais executar sua rotina mecânica, ela depende apenas de suas lembranças, agora bem mais confusas, e das histórias que tenta inventar. Tudo isso ela conta a Willie que, sem ela saber, tinha saído de sua toca. Em determinado momento, ele volta e vai se arrastando em direção a ela, que por isso começa a cantarolar. Mas a peça acaba sem que fique claro se Willie está querendo se aproximar para beijá-la ou para alcançar o revólver que ficou na areia, entre outros objetos caídos da bolsa.

A progressiva concisão e o crescente despojamento já fizeram a obra dramática de Beckett ser chamada de minimalista, e na verdade ele produziu uma série de pequenas obras-primas como *Acte Sans Paroles* (Ato Sem Palavras), *Come and Go* (O Balanço) ou *Not I* (Eu Não), entre muitas, que compõem um dos conjuntos de obra mais significativos do século XX, expressando exemplarmente a abrangência das transformações por que passou o teatro do período. O caminho de Beckett continuou sendo sempre o de buscar novos modos de se expressar sobre o mundo absurdo e desamparado, e não o de criar arbitrariamente novas formas de dramaturgia. Em Beckett. cada conteúdo, cada ideia exige a forma que eventualmente lhe é dada, e suas dezenas de peças curtas, da mais alta qualidade, apresentam sempre novos caminhos para a comunicação.

Um breve período do teatro de linhas tradicionais no pós-Segunda Guerra também teve lugar na Inglaterra, no qual foram inúmeros os sucessos de Terence Rattigan (1911-1977), que incluiu dramas como *The Winslow Boy* (O Menino Winslow), vítima de falsa acusação no colégio interno, *The Browning Version* (A Versão de Browning), comovente história de um professor dedicado, mas impopular, e comédias agridoces como *Separate Tables* (Mesas Separadas), dois atos passados entre os hóspedes de um medíocre hotel balneário. Porém não foi com ele que o teatro encarou a difícil realidade de pobreza e racionamento na vida real.

Embora mais poeta que dramaturgo, T.S. Eliot (1888-1965), um americano naturalizado inglês e convertido ao anglicanismo, lançou, nessa mesma época, um movimento de teatro poético, no qual se destaca, como a mais consagrada, a peça *Murder in the Cathedral* (Assassinato na Catedral), que trata do assassinato de Thomas Beckett, no próprio altar da catedral de Canterbury, por quatro cavalheiros que acreditavam ser esse o desejo do rei Henrique II. Aparecem na igreja Quatro Tentadores, que buscam persuadir Beckett a sua posição religiosa, aceitando os termos do rei. Thomas resiste aos prêmios que eles oferecem de prazeres mundanos, poder e prestígio, porém ele cede à tentação da glória do martírio. Em um grande momento, Beckett faz seu belo sermão da Páscoa; terminado o sermão, os Quatro Cavalheiros o matam e, a seguir, dirigem-se à plateia para tentar justificar seu ato em termos modernos. Eliot ainda escreveu *The Cocktail Party* (O Coquetel), *The Confidential Clerk* (O Secretário Confidencial) e *The Elder Statesman* (O Velho Estadista), todas complexas e plenas de problemas intelectuais, morais e até mesmo religiosos, que as tornam um tanto difíceis. Delas todas, só a primeira ainda é apresentada.

No mesmo caminho do teatro poético, porém em tom mais leve, apareceu Christopher Fry (1907-2005). Muito religioso (era quaker, um estranho no ninho inglês), começou escrevendo peças para grupos amadores de várias igrejas e para o colégio onde era professor, mas devagar começou a ser conhecido e a ter encomendas. Uma de suas peças mais alegres é A *Phoenix Too Frequent* (Uma Fênix Muito Frequente), uma divertida versão da história da madona de Éfeso; mas sua peça mais famosa e bem-sucedida é *The Lady Is not for Burning* (À Luz de uma Fogueira). Sucesso em Londres e Nova York quando foi escrita em 1948, e incluída entre as melhores cem peças do século xx, foi montada no National Theatre em 2001. Fry ainda escreveu várias outras peças e fez brilhantes traduções de peças francesas, mas saiu de moda, e o trabalho de seus últimos anos foi com roteiros para o cinema. Os tempos estavam mudados, o teatro poético, de momento, calado.

A necessidade sentida de uma mudança na dramaturgia aparece igualmente nas linguagens cênicas, sendo muitos textos novos – e também muitos dos tradicionais – apresentados em um espaço cênico que buscava um contato mais íntimo com o público, o teatro de arena. A proximidade física e a ausência de marcos de afastamento tais como o arco do proscênio, ou mesmo o poço de orquestra existente em muitos teatros, fizeram com que a arena fosse logo aceita e largamente usada, exigindo uma nova postura tanto da direção quanto dos atores, agora vistos muito de perto, muito mais vulneráveis à reação do público. A forma do palco, portanto, continuou a acompanhar as mudanças na sociedade e no teatro que a expressava.

A arena, no entanto, continua sempre a ser uma alternativa, e tão importante quanto ela foi o advento de uma cenografia não realista,

Esquema do teatro de arena.

mais despojada e imaginativa, mesmo que para o palco italiano, com o desaparecimento da cortina servindo para não deixar o público esquecer que está em um teatro, onde é apresentada uma obra de ficção. Há a possibilidade também do uso do palco vazio, tornado um campo neutro que, na verdade, é uma volta às origens.

Todas essas mudanças foram resultado do mundo em que se estava vivendo depois do final da guerra em 1945. Na Inglaterra, o grande introdutor de um novo teatro foi George Devine (1910-1966), ator e diretor com carreira sólida. Convencido de que o teatro não poderia refletir a nova, dura e pobre realidade inglesa sem autores novos, em 1956 fundou a English Stage Company, dedicada à encenação de autores contemporâneos. A princípio ficou muito preocupado porque não estavam aparecendo candidatos bons, voltados para o momento. Quando já estava quase desiludido, Devine leu uma peça, recusada por todos os produtores do West End, na qual viu o teatro da nova realidade inglesa. Apesar de algumas críticas negativas, *Look Back in Anger* (Geração em Revolta), de John Osborne (1929-1994), explodiu como uma bomba no palco do Royal Court, e alterou definitivamente a dramaturgia inglesa moderna.

Osborne começou como ator em uma companhia modesta que excursionava pela Inglaterra. Por isso, foi com uma dramaturgia perfeitamente tradicional que ele, consagrado após essa primeira peça montada, fez seu implacável retrato de jovens que, como ele mesmo, agora tinham, por um lado, amplo acesso ao ensino superior graças à criação de várias novas universidades, mas, por outro, se viam sem horizontes, em um país empobrecido e desiludido. Jimmy Porter, o protagonista, jorra uma torrente de invectivas contra o mundo no qual se vê forçado a uma humilhante pobreza material e espiritual, revoltado contra as condições de uma Inglaterra sem império.

A seguir, Osborne escreveu *The Entertainer* (O Entretenedor), especificamente para Laurence Olivier, que teve uma atuação memorável como Archie Rice, o patético cômico de *music-hall*, uma forma de teatro de revista, cuja decadência o autor usa como imagem da queda do próprio Império Britânico. Autor ainda de algumas outras peças interessantes, sempre marcadas pela força da revolta ou da indignação, depois da prematura morte de Devine em 1966, Osborne perdeu seu caminho e sua criatividade.

Também descoberto no Royal Court foi Arnold Wesker, nascido em 1932, mais claramente engajado em uma ideologia de esquerda do que Osborne, e que teve grande sucesso com sua trilogia *Chicken Soup with Barley* (Sopa de Galinha Com Cevada), *Roots* (Raízes) e *I'm Talking about Jerusalem* (Estou Falando de Jerusalém), que se passam no mundo em que ele cresceu, de proletários judeus comunistas. Wesker fez grande sucesso também com a peça *Kitchen* (Cozinha), inspirada nos anos em que ele trabalhou como pasteleiro na cozinha de um grande hotel londrino. Depois desses sucessos iniciais e de se desapontar com o comunismo, Wesker escreveu ainda toda uma série de peças, mas nenhuma com a força ou o interesse da explosão inicial.

Um começo mais difícil, porém uma carreira mais significativa e duradoura, teve Harold Pinter (1930-2008), filho de judeus portugueses que alteraram para uma forma mais inglesa seu nome Pinto. Em lugar de uma universidade, Pinter entrou para a Royal Academy of Dramatic Arts, mas abandonou o curso pela metade; vindo mais tarde a completá-lo na Central School of Speech and Drama, e a trabalhar bastante como ator.

Suas primeiras peças, *The Room* (A Sala) e *The Birthday Party* (A Festa de Aniversário), foram condenadas como obscuras, e a segunda fracassou em sua primeira montagem londrina, de 1958; malgrado duas críticas publicadas na imprensa, nas quais era reconhecido, desde logo, o talento dramático do autor. Pinter nunca procurou maiores originalidades formais de estrutura na dramaturgia, mas sua linguagem e suas famosas pausas tornam seu teatro um óbvio produto das inquietações das últimas décadas do século xx.

Em *A Festa de Aniversário*, fica muito bem-ilustrada a ideia que dominou todas as primeiras obras dramáticas de Pinter, que já foram chamadas de "peças de ameaça", segundo uma declaração dele de que duas pessoas podem sentir-se seguras dentro de quatro paredes, mas se há uma porta, nunca se sabe qual perigo pode entrar. Nessa peça, Meg e Petey, um casal de meia-idade, possui uma pensão à beira-mar. Têm um único hóspede, Stanley, de uns trinta anos, desocupado, desleixado e preguiçoso, que Meg trata com carinho ora materno, ora sensual, e que não reage sequer às provocações sexuais da vizinha Lulu. Nesse mundo letárgico, o anúncio da chegada de dois hóspedes, Goldberg e McCann, assusta Stanley que, aliás, tinha o hábito de assustar Meg com misteriosas ameaças. A dupla chega afirmando que veio por ter "uma tarefa" a cumprir e começa logo a atacar Stanley, inclusive com um diabólico interrogatório sem nexo que leva o rapaz a um acesso de desespero que o faz agredir Goldberg. Para acalmar os ânimos, a ingênua Meg sugere que façam uma festa de aniversário para Stanley, que nega ser essa a data.

Na ridícula festa o clima vai esquentando e, quando as luzes se apagam, Stanley tenta estrangular Meg e estuprar Lulu, sendo dominado por Goldberg. Na manhã seguinte, Goldberg explica que Stanley teve um problema cardíaco e que ele próprio e McCann o levarão a um hospital, apesar de Stanley aparecer bem-vestido e barbeado, contudo incapaz de falar. Goldberg e Mccann dizem a ele, em um dueto que relembra o interrogatório do primeiro ato, tudo o que farão por ele, coisas sem nexo às quais ele reage apenas com grunhidos. Petey ainda tenta impedir que Stanley seja levado para um grande carro preto que os espera, mas é fraco e não consegue. A peça acaba com

Petey enganando Meg, dizendo que Stanley ainda está dormindo, para poupá-la da verdade.

O primeiro sucesso de Pinter veio em 1960, com *The Caretaker* (O Zelador), na qual um vagabundo, salvo de uma briga pelo quase débil mental Aston, se vê hospedado no depósito de jornais antigos e ferro-velho em que Aston mora com o irmão Mick, esperto e provavelmente vigarista. O vagabundo, querendo ter onde morar, tenta agradar separadamente os dois irmãos, e os dois, cada um por si, lhe oferecem o emprego de zelador. Há, em surdina, uma violenta luta pelo poder, mas o vagabundo não percebe que Mick na verdade é muito ligado ao irmão, de quem cuida desde que este passou por uma lobotomia frontal, e acaba expulso pelos irmãos. A força da linguagem é extraordinária graças à permanente sugestão de um significado maior em tudo que é dito.

Pinter escreveu uma série de peças em um ato, muitas para o rádio, e tem grande impacto em 1965 com *The Homecoming* (A Volta ao Lar), em que um filho, que se doutorou e ensina filosofia em uma universidade americana, volta à Inglaterra para visitar a família em um bairro pobre e corrupto de Londres. Ele traz consigo a mulher, também londrina e "modelo de corpo", como ela se define, antes do casamento, e o texto dá a impressão de que esse filho só voltou por ter a ilusão de possuir agora estrutura para enfrentar a família, principalmente o pai. Na casa onde moram o pai, um filho cafetão e outro muito burro e candidato a lutador de boxe, não vivia uma mulher desde a morte da mãe. Agora, a recém-chegada também "volta ao lar", pois resolve – apesar de ter três filhos na América – deixar o marido partir e ficar ela na casa como prostituta, mãe e cozinheira.

Ao longo da carreira, Pinter criou vários roteiros de alta categoria para o cinema; porém, em 1975, ele escreveu outra peça memorável, *No Man's Land* (Terra de Ninguém). Esta é a mais notável de suas chamadas "peças de memória", na qual as situações vividas remetem para lembranças, sempre muito imprecisas, de fatos passados, que podem ou não ter tido lugar, e que põem em dúvida a verdadeira identidade das personagens que, quase sempre, estão mentindo, a fim de transmitir aos outros o que gostariam que eles pensassem a seu respeito.

Acusado de gratuita ambiguidade, Pinter afirmou que só escrevia o que a vida à sua volta lhe dizia. Seu estilo é muito individual e, se ele parece ter sido muito influenciado, no início da carreira, por Samuel Beckett, fica bem claro que encontrou caminho próprio quando já se fala, na Inglaterra, de um estilo "pinteresque". Depois de prêmios recebidos, entre outros, na Alemanha e na França, e doutoramentos em nada menos que dezoito universidades, Harold Pinter recebeu o Prêmio Nobel de Literatura em 2005.

XI.

Américas

América do Norte

O INÍCIO DO TEATRO nos EUA é interessante porque, na colônia inglesa, a ocupação dos novos territórios foi centrada, de início, em torno do que veio a ser o estado da Virgínia, e se espalhou pelas boas terras do sul. Ali floresceu a agropecuária de alguns latifundiários escravocratas, para lá foram enviados também os mesmos degradados de que fala a colonização brasileira, e os que ali enriqueciam sonhavam reproduzir na colônia a vida inglesa, com os mesmos requintes e passatempos. No final no século XVII, em grande contraste com as amenidades do sul, estabeleceu-se na parte da colônia ainda vazia, justamente a das áreas mais frias, um novo e diferente viés, resultado do autoexílio dos puritanos, após a restauração da monarquia inglesa em 1660 e, com ela, da religião anglicana. Esses novos habitantes se instalaram na faixa do nordeste americano até hoje chamada de Nova Inglaterra. Para eles, o trabalho e uma rígida vida dominada pela religião eram tudo, e o teatro, como praticamente qualquer outra forma de diversão, era pecado abominável. Na costa oeste, que só mais tarde viria a ser americana, apareceu, com os espanhóis, um tipo de teatro religioso (o mesmo que Anchieta utilizou no Brasil), mas que também não foi determinante para o aparecimento de uma atividade teatral regular.

O que torna o clima cultural da colônia no hemisfério norte realmente diferente do de toda a América Latina, mesmo para o segmento menos instruído e mais aventureiro, é a farta herança de dramaturgia e atividade teatral recebida da Inglaterra. Data já do século XVII o primeiro texto dramático americano (isto é, escrito por um habitante da colônia, na colônia) de que se tem notícia. De toda forma, sempre apareceu alguma atividade teatral entre os colonizadores e, mais tarde, foram bem-vindos os imigrantes de outras culturas, também ricas em tradições teatrais.

Depois da independência dos Estados Unidos da América (1776) é que, aos poucos, começam a despontar personagens americanas nos textos teatrais. O primeiro dos quais foi o "ianque", personagem um tanto rude, desastrada, sentimental, pão-dura, grande contadora de "causos", de fala regional, sempre patriota e com aquela esperteza característica de memoráveis personagens simplórias, como Schweik ou João Grilo. Esse tipo teve uma grande consagração até o século xx, sendo o tom dominante da carreira do ator Will Rogers, sucesso no palco e no cinema, que brilhava pelo tom crítico, cuja assinatura era a frase "Eu só sei o que leio nos jornais". O ianque teve incontáveis encarnações, sendo ótimo veículo para comediantes, que o exploravam em monólogos e peças.

Um pouco mais tarde, começa a aparecer no palco o mito do selvagem nobre, mas o grande acontecimento foi, em 1825, o ator T.D. Rice começar a imitar o jeito e as piadas de um velho negro, que costumava ficar na rua perto do teatro onde ele atuava. Dessa imitação é que nasceu o *minstrel show*, que pensam alguns ser uma tradição negra, mas sempre foi obra de brancos com a cara pintada de preto. A cara pintada chegou aos palcos e ao cinema no século xx com Al Jolson, aliás intérprete do primeiro filme falado.

O teatro cresceu de tal modo no século xix que nem a Guerra Civil norte *versus* sul conseguiu interrompê-lo inteiramente, e já havia pelo menos uma grande família teatral, a dos Booth, na qual somente Junius Brutus, o pai, era inglês. Os três filhos foram notáveis: Edwin foi o mais famoso dos irmãos atores, Junius Brutus Jr. também muito bem-sucedido, enquanto o instável John Wilkes acabou famoso por assassinar Abraham Lincoln.

O teatro já era parte consagrada da vida americana e, com tanta paixão que, ainda no final do século, em Philadelphia, dois famosos atores ingleses estavam montando *Macbeth* ao mesmo tempo, e a luta entre os admiradores de um e outro para determinar qual o melhor chegou a ponto de gerar um conflito no qual morreram doze pessoas.

A atividade profissional já estava de tal modo difundida na virada do século XIX para o XX, que o esperto Charles Frohman organizou o que chamou de Sindicato, na realidade uma firma de gerenciamento teatral: a organização controlava salas de espetáculo, atores e organizava pautas, determinando o fim das velhas companhias permanentes. Em 1896, a firma já controlava trinta teatros importantes e muitos outros menores e, em 1903, de costa a costa, direta ou indiretamente, controlava setenta teatros e ainda determinava a pauta de um total de cerca de setecentas casas. O Sindicato sempre foi acusado de ter a bilheteria como sua maior preocupação, dando preferência ao riso fácil e à apelação, e o gosto duvidoso de Frohman favoreceu o aparecimento de uma outra organização, a dos irmãos Schubert, firma que existe até hoje, também gerenciadora e produtora, porém mais preocupada com a qualidade do que era apresentado em suas salas. Para garantir sucesso, os Schubert importavam para Nova York o que de melhor havia em Londres, ou pelo menos o que alcançara maior sucesso, juntando o lucro ao prestígio.

Nos primeiros anos do novo século, como aconteceu na Europa, no teatro americano – também com o objetivo de enfrentar o influxo de montagens inglesas – começaram a aparecer grupos amadores ou semiprofissionais interessados em apresentar repertórios de maior categoria artística e em estimular uma dramaturgia americana. Em 1904, levantou-se a ideia de um "National Art Theatre for America" e alguns anos depois tentou-se novamente, agora com a direção de Winthrop Ames. Seu primeiro espetáculo foi *Antônio e Cleópatra*, de Shakespeare, com os já consagrados Julia Marlowe e E.H. Sothern. O New Theatre, onde se apresentavam, tinha péssima acústica, e como o resto do elenco era bastante despreparado a ideia fracassou.

A insatisfação com a má qualidade aumentou muito na segunda década do século, principalmente pela comparação com companhias estrangeiras que visitaram o país: o Abbey Theatre, da Irlanda, apresentou-se em 1911, a companhia de Max Reinhardt, em 1912. Houve toda uma temporada com a companhia inglesa de Granville Barker (que mais tarde se estabeleceria nos Estados Unidos), em 1915, e a companhia do Vieux Colombier, de Jacques Copeau, apresentou-se em 1917. Todas essas deixavam bem claro que o teatro podia ser não só um entretenimento barato mas também, e mais ainda, uma gratificante e enriquecedora experiência artística.

Nesse movimento, grupos amadores começaram a aparecer em toda parte, inspirados pelo Chicago Little Theatre, criado em 1912. Em 1914 aparecem os Washington Square Players, que montam Ibsen, Tchékhov e Shaw, além de autores americanos e, finalmente, em 1916, nasce a memorável companhia dos Provincetown Players, que monta *Bound East for Cardiff* (Rumo Leste, Para Cardiff), a primeira peça de Eugene O'Neill (1888-1953) a ser encenada. O prolífico O'Neill tem de ser enfrentado em separado: ele foi reverenciado como autor de primeiríssima linha durante décadas; e embora hoje em dia haja maior consciência de suas limitações, não se pode pôr em dúvida sua importância.

O'Neill teve vida dolorosa e caótica, começando por ficar, aos doze anos, morando em Nova York (com a mãe viciada em morfina). Seus estudos foram desorganizados, mas era leitor voraz e talvez por isso tenha escrito em incontáveis estilos e sobre muitos temas. O autoengano, a ilusão e o desastre que disso resultava para a vida, no entanto, é que parecem formar o núcleo de sua criatividade, desde seu primeiro sucesso, *Beyond the Horizon* (Para Além do Horizonte). Levado por seu irmão mais velho, O'Neill teve uma juventude de desmandos, com bebedeiras apoteóticas e grande frequência a bordéis; e parece ter passado a vida convencido de que todas as prostitutas têm coração de ouro, como em *Ana Christie*.

É impossível fazer um panorama realmente satisfatório da carreira de O'Neill, que atravessou décadas: ele usou o expressionismo, as máscaras, experimentou técnicas como as de *Strange Interlude* (Estranho Interlúdio), mas há toda a série de peças em que O'Neill explora suas próprias e variadas experiências. Essas peças são as mais espontâneas e satisfatórias, que resultam, já no fim da vida, em sua verdadeira obra-prima. *Long Days' Journey into Night* (Jornada de um Longo Dia Noite Adentro) faz um doloroso retrato da vida em família, em um verão em Groton, no estado de Connecticut, quando a mãe volta ao vício da droga.

Em 1919, elementos dos Washington Square Players, que havia falido, fundam a primeira companhia profissional dedicada a um teatro de alto nível artístico, o Theatre Guild, que ainda continua em atividade e que se tornou importante por trazer para a Broadway textos que os velhos produtores não consideravam indicados para o teatro comercial. Em 1919 é criada a Actors Equity, agora um verdadeiro sindicato de atores, depois de uma greve que parou os teatros (os técnicos de bastidores já se haviam sindicalizado desde 1891). Foram acertadas as condições do contrato teatral mínimo, com melhores salários e melhores condições tanto nos ensaios quanto no espetáculo.

Os musicais, que mais ou menos por esse tempo começaram a alcançar popularidade, serão vistos em separado, e por isso vamos ver o destino do teatro de comédia, ou falado, ou teatro *straigh* ou *legitimate*. Na década de 1920, os famosos *roaring twenties* foram a consequência delirante do fim da Primeira Grande Guerra e de dinheiro fácil, tão fácil que acabaria provocando a lei seca, o império dos gângsters, e a quebra geral de 1929. Durante essa década, o fator mais significativo para o desenvolvimento do teatro americano foi a torrente de estreias sucessivas de peças do acima mencionado O'Neill.

Evoluíram dramaturgia e interpretação; logo em 1920 foi montado o histórico *Ricardo III*, de John Barrymore, que dois anos depois alcançou maior sucesso ainda com seu *Hamlet* que, depois de aplaudido em New York, foi fazer sucesso em Londres. Vale lembrar que, assim como até a década de 1930, os atores brasileiros, a fim de serem tomados a sério, falavam com um leve sotaque português, todos os atores americanos, até o início da década de 1940, usavam algo parecido com o inglês da Inglaterra para montar peças de maior categoria e serem aceitos como intérpretes de primeira linha.

Outro grande estímulo às encenações de maior qualidade foi a visita do Teatro de Arte de Moscou em 1923, pois mesmo em russo o trabalho da equipe foi suficientemente forte para deixar a marca do método de Stanislávski em todo o desenvolvimento subsequente da interpretação americana. Dois de seus elementos, o diretor Boleslávski e a atriz Maria Ouspenskaya permaneceram no país, fazendo carreira no teatro e no cinema. A eles se juntou também Michael Tchékhov, sobrinho do autor, que atuou e ensinou com grande sucesso.

Pouco depois foi fundado o American Repertory Theatre, que apresentou Shakespeare, Ibsen, Tchékhov e até mesmo o *Cyrano de*

Bergerac, de Rostand, entre outras obras de natureza não comercial. A atriz Eva Le Galienne organizou sua própria companhia, o Civic Repertory Theatre, com atores experientes, estreando com As Três Irmãs e, contra todas as previsões, e um incrível desinteresse da crítica, manteve o grupo intacto por seis anos e 34 produções.

De maior sucesso e duração é o Theatre Guild que, com elenco chefiado pelo famoso casal Alfred Lunt e Lynn Fontanne, não só foi o grande promotor das obras de Shaw nos EUA, como também responsável pela descoberta de *The Adding Machine* (A Máquina de Somar), uma farsa experimental expressionista, de Elmer Rice, que conta a história de um antigo "guarda-livros" – como era chamado então o contador – que fica revoltado ao se ver substituído pela máquina de somar. Rice foi mais tarde consagrado por sua super--realista *Street Scene* (Cena de Rua), que vê as condições de vida da pobreza como uma espécie de prisão. George Kelly alcança reconhecimento em 1925 com *Craig's Wife* (A Mulher de Craig), vencedora do Prêmio Pulitzer, uma crítica já muito americana à mulher que cultua as aparências e o dinheiro em prejuízo de qualquer sentimento de solidariedade humana.

Por essa época começa a aparecer um tipo de comédia americana mais refinada do que as que antes exploravam o ianque e outros tipos regionais. O mesmo Kelly faz um retrato crítico, mas amoroso, dos ricos de Nova York em *Holiday* (Férias). Sua carreira se prolongou por muitos anos e, em 1939, ele escreve sua comédia mais famosa, *The Philadelphia Story* (A História de Filadélfia), que Katherine Hepburn fez no palco e teve suficiente visão para comprar pessoalmente os direitos para o cinema, onde atuou com Cary Grant e James Stewart, dois dos maiores astros da época.

Foi ainda nos anos de 1920 que começou outra carreira, ainda mais bem-sucedida, a de George Kaufman, que via de regra optava por escrever em parceria com outros autores e criou uma série enorme de sucessos. Talvez o mais lembrado desses seja *You Can't Take It with You* (Do Mundo Nada se Leva), de 1928, que se tornou também um clássico do cinema, com direção do notável Frank Capra.

O teatro mais sério também progrediu durante esses loucos anos; em 1924 Maxwell Anderson, em parceria com Laurence Stalling, escreve *What Price Glory?* (O Preço da Glória) que o notável crítico George Jean Nathan considerava a melhor de todas as peças escritas sobre a Guerra de 1914. No mesmo ano O'Neill escreve *Desire under the Elms* (Desejo), e ainda um outro autor aparece também para retratar a vida americana, Sidney Howard que, em 1924, escreve *They Knew What They Wanted* (Eles Sabiam o Que Queriam) e mais adiante *The Silver Cord* (O Cordão de Prata), ambas de grande sucesso. Um aspecto que evidencia o diálogo mais íntimo com a cultura americana é o fato de essas peças começarem a ser transpostas para o cinema.

É significativo falar sobre o clima em torno da época do *crash* de 1929 e a crise que a ele se sucedeu; a Revolução Russa e a insatisfação com a "guerra que acabaria com todas as guerras", como se dizia a respeito da de 1914-19, tinham provocado uma onda de preocupação com problemas sociais e políticos. Quando a isso se juntaram a crise de 1929, a ascensão de Mussolini na Itália ainda nos anos de 1920 e a de Hitler na Alemanha no início dos anos de 1930, estava criado um clima de inquietação que afetou profundamente o teatro nos EUA.

Dentre suas importantes datas, os anos de 1920 viram o aparecimento do Harlem Renaissance, que montou peças de negros e/ou por negros, tais como o famoso *Green Pastures* (As Pastagens Verdes), de Marc Connely, uma visão onírica de Deus, do céu e da vida no paraíso por uma comunidade negra paupérrima. O Senhor, "De Lawd", grafia de The Lord que o autor encontrou para sugerir o sotaque dos negros do sul, aparece de sobrecasaca, como usaria o pregador das igrejas que frequentavam. A peça mostra que a visão que aquele grupo tem do paraíso é a da vida quotidiana que conhecia, apenas um tanto mais confortável; a humilde dimensão dos sonhos de luxo daquela comunidade fica expressa na ideia de que De Lawd fuma um "ten cent cigar", ou seja, um charuto de dez centavos, muito caro para eles. O mesmo grupo apresentou depois o *Emperor Jones* (O Imperador Jones), de Eugene O'Neill, interpretado pelo memorável ator e cantor Paul Robeson.

Dentro do esquema do Work Progress Administration, o esquema de Franklin D. Roosevelt, eleito em 1932, para reerguer a vida econômica do país, em crise desde 1929, foi criado o Federal Theatre

Project, que promoveu espetáculos de clássicos, bons autores europeus modernos e novos autores americanos. Estes eram comprometidos com problemas sociais, e levaram o FTP a criar o *Living Newspaper* (Jornal Vivo), uma forma de *agit-prop* em que as notícias recentes eram debatidas no palco. A popularidade e a liberdade do FTP foram sempre combatidas pelos republicanos no Congresso, que acabaram conseguindo fazer passar uma lei acabando com suas atividades em 1939.

A dramaturgia que começa com a crise se manifesta também como um repúdio ao número excessivo de peças inglesas importadas, como ao de peças americanas que acabavam parecendo apenas peças inglesas escritas nos EUA. O movimento mais significativo foi o do chamado Group Theatre, fundado em 1931 por Harold Clurman, Lee Strasberg e Cheryl Crawford, cuja base foi não só o engajamento com a temática social como também um conhecimento mais profundo da própria arte dramática, a respeito da qual até então pouco havia sido publicado. O grande exemplo para o grupo era o do Teatro de Arte de Moscou e o tipo de interpretação criado por Stanislávski, e ele se tornou muito exigente na formação de atores e revelou muitos atores e autores. O principal entre esses últimos foi Clifford Odets, que teve seu primeiro grande sucesso com *Awake and Sing* (A Vida Impressa em Dólares); retratou a luta dos movimentos sindicais em *Waiting for Lefty* (Esperando Por Lefty) e os estragos causados pela ambição em *Golden Boy* (O Menino de Ouro), em que o protagonista, por cujo talento a família se sacrificou, troca o violino pelo boxe, por este trazer dinheiro e sucesso tão fáceis quanto destruidores.

Se a década de 1920 acabou com o *crash* de 1929, a dos anos de 1930 acaba com o início da guerra na Europa, em 1939. Os americanos só participariam dela a partir de 1941, com o ataque japonês a Pearl Harbour, mas aos poucos ela foi se fazendo presente em suas vidas. É nos anos de 1930 que o teatro começa a ser realmente americano. Em 1934 desponta no horizonte uma importante dramaturga, Lilian Hellman, que fascinou e chocou o público nova-iorquino com *The Children's Hour* (Calúnia), a história de uma menina maldosa que destrói a carreira e até mesmo a vida particular de duas professoras, fazendo correr um boato de lesbianismo no colégio. O tema era tão chocante para a época que, indo para Hollywood, onde adquiriu o título *These Three*, a acusação passou a ser apenas de sedução por uma do noivo da outra. Em 1937, Hellman escreve *The Little Foxes* (A Malvada), que previsivelmente, para quem se declarava radicalmente de esquerda, denunciava os piores aspectos da ganância do capitalismo. Lilian Hellman, principalmente graças às suas primeiras peças, foi chamada a "Ibsen" ou a "Strindberg" dos EUA. Sua carreira foi longa, fez traduções como a do *Canto da Cotovia*, de Anouilh, foi responsável pelo delicioso roteiro de *Candide*, adaptado de Voltaire e musicado por Leonard Bernstein, e assinou incontáveis roteiros cinematográficos. Nos anos de 1950, com o inefável senador McCarthy na Comissão de Atividades Antiamericanas, Hellman foi imediatamente inserida na notória lista negra que tirou o emprego de atores, autores e diretores.

Logo depois, e nada engajada em questões políticas, uma outra autora, Clare Booth Luce, faz um retrato divertido, mas venenoso, da sociedade em que penetravam os novos ricos, nos EUA, chamada de *café society*, em *The Women* (As Mulheres), que Dulcina montou no Rio de Janeiro com grande sucesso.

No final da década dos anos de 1930 e principalmente nos anos de 1940, o teatro americano produz uma safra riquíssima de autores. Muito conhecida no Brasil e marcando o início d'O Tablado é *Our Town* (Nossa Cidade), de Thornton Wilder, muitas vezes considerada a peça mais lida e mais montada de toda a dramaturgia americana. Usando recursos antirrealistas, poucos elementos concretos e bastante sugestão mímica, Wilder conta uma história simples da vida em uma cidade pequena, por meio de um elenco que cobre vários tipos de atividade e modos de vida. No início dos anos de 1940 ele escreve *The Skin of Our Teeth* (Por um Triz), uma deliciosa história da humanidade em três atos, o primeiro se passando na Idade do Gelo, o segundo durante o Dilúvio e o terceiro na guerra.

A principal figura a aparecer, nos 1940, é Arthur Miller (1915-2005), brilhante seguidor de Ibsen, com um sólido realismo muito bem elaborado para temas e problemas para os quais não oferece soluções suas mas, antes, desafios à plateia. Miller estreia em 1944 com um retumbante fracasso, *The Man Who Had All the Luck* (O

Homem Que Tinha Toda a Sorte), que fala de um jovem neurótico que, obcecado pelo fracasso de outros, se fixa na ideia de que alguma desgraça está por atingir seu sucesso nos negócios e no casamento. É em 1947 que Miller alcança pela primeira vez algum sucesso com *All My Sons* (Eram Todos Meus Filhos), que trata de responsabilidade e culpa: o jovem Chris quase enlouquece, durante a guerra, quando descobre que seu pai, para aumentar sua margem de lucro, fabrica com equipamento defeituoso aviões para a Força Aérea. Responsável pela morte de 21 pilotos, ele ainda tenta botar a culpa no sócio. O desespero de Chris atinge o auge ao saber que seu irmão, piloto, foi dado como desaparecido em ação; ele se suicida, tentando expiar o crime do pai, e este acaba se matando também.

A consagração de Miller vem em 1949, com sua, hoje clássica, *Death of a Salesman* (A Morte de um Caixeiro-Viajante). Willy Lohman, que passou a vida acreditando no mito americano de que o vendedor tem sucesso quando consegue que todo mundo goste dele, cria seus dois filhos no culto da popularidade, mas Happy é um "boa-vida" que não faz nada, e o musculoso Biff não consegue ficar empregado. Willy, a ponto de começar novo *tour* de vendas, está exausto, mas não quer enfrentar o fato de que outros vendedores, com novas visões de vendas, já o deixaram para trás. Quando Biff e Happy têm mais um sonho impossível, Willy tenta pedir um adiantamento ao chefe da firma para financiar os filhos, mas descobre que está sendo despedido. O que seria um jantar de congraçamento se transforma num pesadelo de conflito e Willy se lembra de quando ele perdeu a confiança de Biff, que o encontrou com uma prostituta em um hotel, durante uma de suas viagens. Sem saída, Willy se mata em um desastre de carro para a família pagar as dívidas com o dinheiro do seguro e recomeçar. Quando a dedicada Linda, que sempre apoiou Willy, mesmo conhecendo seus erros e limitações, diz aos filhos que estão com a ficha limpa, Happy resolve ir para o oeste, trabalhar em uma fazenda, mas Biff opta por ficar em Nova York e realizar o sonho de Willy.

Em 1953 Arthur Miller produz outra obra-prima, uma das maiores peças de todo o século xx, *The Crucible* (As Feiticeiras de Salém). A peça é extraordinária por vários motivos, não o menor deles Miller denunciar o macarthismo de forma absolutamente objetiva. Com base em fatos acontecidos entre os puritanos fundadores da Nova Inglaterra, Miller defende a liberdade de pensamento e denuncia o culto da aparência e da hipocrisia, com uma trama que é tão mais universal por ser absolutamente contida em si mesma, e se transforma em uma história exemplar justamente por ser exclusivamente uma obra de arte, e não um veículo de fórmulas moralizantes. A histeria anticomunista usada para os pouco informados deixarem de identificar as verdadeiras causas de problemas na vida americana é magistralmente retratada pelas adolescentes que se dizem tomadas pelo diabo para que todos se esqueçam de sua verdadeira transgressão do ritual puritano, as danças na floresta, ao luar, com leves toques sensuais de vodu jamaicano. O resultante sacrifício de bons cidadãos mostra os tentáculos da mentira abraçando toda a aldeia, cobrindo mentira com mentira. A importância, o alcance e a qualidade de *The Crucible* são atestados pelo número de vezes que o texto é montado nos mais variados cantos do mundo.

O período dourado da carreira de Miller ainda produziria a memorável *A View from the Bridge* (O Panorama Visto da Ponte), que mereceu no Brasil uma histórica montagem pelo TBC. Miller usa aqui sua forma mais flexível de realismo, misturando a ordem da narrativa feita pelo advogado que acompanhou os acontecimentos e suas consequências. Eddie Carbone, casado com Beatrice, criou a sobrinha Catherine, agora com dezessete anos, e nutre por ela um amor que nem ele mesmo reconhece como incestuoso. Quando Beatrice abriga em sua casa dois primos sicilianos, imigrantes ilegais, enquanto eles esperam papéis falsos com que tentar ganhar a vida nos EUA, Eddie fica desesperado de ciúmes quando Rodolpho e Catherine se apaixonam.

Sem querer admitir a verdade de sua reação, Eddie combate o namoro, acusando o rapaz de ser homossexual e, não conseguindo acabar com o romance, denuncia os dois jovens sicilianos ao Serviço de Imigração. A situação de Rodolpho é salva por um casamento precipitado, mas o irmão, Marco, que só queria ganhar dinheiro para enviar à sua família na Itália, tem de partir. Indignado com a traição de Eddie, Marco quer pedir-lhe satisfações. A sobrinha e o marido, temendo o pior, querem evitar o encontro dos dois e, no auge da crise, Beatrice explode e faz Eddie reconhecer seu real sentimento; a indignação e revolta de Eddie contra si mesmo são tais que ele propositadamente sai para ser morto por Marco.

Essas peças são o melhor de Miller, que continuou a escrever para o teatro, mas com menor frequência e sem nunca mais voltar ao nível dessa época.

Tennessee Williams (1911-1983) também aparece nos anos de 1940. Como Miller, ele também começou a carreira com um fracasso mas, em 1945, foi montado o seu primeiro sucesso, *The Glass Menagerie* (traduzido no Brasil como Algemas de Cristal), que enveredava por um caminho que até então o teatro americano não trilhara: em um melancólico retrato da decadência do sul dos EUA, mesmo usando um tom lírico, o autor fala, com a maior franqueza, a respeito de sexo. Os disfarces sulistas em torno da repressão sexual, em conflito com um mundo que abandonou as mesuras e as hipocrisias, aparece, ainda mais, na obra seguinte de Williams, a consagrada A *Streetcar Named Desire* (Um Bonde Chamado Desejo), objeto de inúmeras montagens no Brasil. Aí, como ao longo de toda a sua carreira, ele foi fiel ao mundo sufocado por problemas sexuais, pelas frustrações, repressões e homossexualismo, ostensivo ou não.

Ele mesmo, de quem o pai debochava chamando-o "Miss Nancy", foi o conflituoso produto do infeliz casamento de uma pudica filha de pastor protestante com um mulherengo incurável. Assim, foi sempre, em última análise, o seu mundo individual que o inspirou. Entre outras, em 1948, ele escreveu *Summer and Smoke* (O Anjo de Pedra) e em 1951, *The Rose Tattoo* (A Rosa Tatuada). *Cat on a Hot Tin Roof* (Gata em Teto de Zinco Quente) é de 1955; *Orpheus Descendind* (Orfeu Descendo) e *Suddenly Last Summer* (De Repente no Verão Passado) de 1958, e *Sweet Bird of Youth* (O Doce Pássaro da Juventude), de 1959. Ele abandona o Sul como temática em 1961 com a peça *The Night of the Iguana* (A Noite da Iguana), que transcorre no México e, a seguir, em 1963, em *The Milk Train Doesn't Stop Here Anymore* (O Trem do Leite Não Passa Mais Aqui), a ação transcorre na Itália. Depois disso, Williams continua até o fim voltado para o sexo como salvador ou destruidor, mas sua carreira entra em declínio, e mesmo escrevendo sem parar, ele nunca mais tem real sucesso.

Um aspecto do teatro americano do século xx a ser notado é o da sua pura e simples quantidade. Herdeiros, como já dissemos, da tradição dramática e teatral da Inglaterra, desde o século xviii os americanos escrevem para o teatro; no século xix produzem ainda mais, e no século xx os autores são centenas: no cinema, no rádio e na tv, o mercado para a forma dramática é imenso, e a facilidade do uso das formas realistas ajuda. Os autores de peças rotineiras para a Broadway são dezenas ou centenas, e não se pode ignorar quantas são escritas sobre e para a realidade americana. Toda a mais que prolixa carreira de um autor como Neil Simon (1927-), cuja competência em técnica e humor é indiscutível, fala de americanos para americanos, e ele coleciona sucessos de bilheteria. A partir dos anos de 1960, infelizmente, o teatro da Broadway passa a ser um mundo de negócios, e um alto percentual do que é ali apresentado se inclui na chamada dramaturgia para o *tired businessman*.

Na verdade, parte da responsabilidade pela mediocridade do teatro na Broadway recai sobre as exigências dos vários sindicatos, que determinaram a certo momento, por exemplo, que A *Tempestade*, de Shakespeare, teria de ser classificada como um musical porque as canções duravam mais de 4,5 minutos ou coisa do gênero. Sendo musical, além dos executantes do que é ouvido em cena, é obrigatória a contratação de uma segunda orquestra, mínima, que fica sem fazer nada, mas cujos componentes podem ser chamados no caso de um músico ficar doente. Foi atingido o mais alto nível de paranoia quando o sindicato passou a querer que a tal orquestrinha fosse contratada mesmo quando a música fosse gravada. Disparates semelhantes de exigências sindicais é que tornam o custo de um espetáculo na Broadway de tal monta que ou a plateia está lotada todos os dias ou o espetáculo tem de ser suspenso (e é muito alto o percentual de fracassos que terminam em três dias).

Foi graças a esse tipo de condições para a montagem que apareceu um novo ciclo no teatro americano, o dos espetáculos "off-Broadway" e "off off-Broadway". No primeiro caso, o teatro pode até ser na própria Broadway, mas não pode ter mais de 199 lugares; dentro desses limites os sindicatos abrem mão de uma série de exigências. Mas todos os atores são *equity*, quer dizer, profissionais sindicalizados. Já os espetáculos *off off* são em salinhas alternativas e têm elencos ao menos parcialmente amadores ou quase.

A verdade é que ninguém pode montar peças experimentais quando abrir a cortina custa muitos milhões de dólares, e talvez seja essa a causa de um número menor de experimentos formais no teatro americano. Mesmo assim, a Broadway continua a ser o lugar onde melhor se pode observar determinados fenômenos teatrais, dividindo o panorama em três categorias bem definidas: no teatro de comédia, o que domina é o repertório para o homem de negócios cansado, que continua no mesmo tom não importa o que aconteça; a par disso, um espaço cada vez maior é ocupado pelos musicais; enquanto uma parcela pequena, porém teimosa, ainda oferece textos de alta qualidade, esses sempre condicionados ou por uma consistente consagração do autor, elenco estelar, ou pelo caminho do sucesso fora da Broadway.

O "off-Broadway" propiciou o aparecimento de toda uma geração de novos autores, a partir, por exemplo, de Edward Albee (1928-). Albee é um caso estranho: sua primeira peça *The Zoo Story* (A História do Zoológico) não foi aceita por ninguém, nem off-Broadway, e a primeira montagem foi alemã. Só depois ela apareceu nos EUA, fora da Broadway, o mesmo acontecendo com *The American Dream* (O Sonho Americano), de 1961, que já chamou muita atenção e ganhou prêmios. Em 1962, com o prestígio do que já tinha sido visto de seu trabalho, Albee estreia na Broadway com sua obra-prima *Who's Afraid of Virginia Woolf?* (Quem Tem Medo de Virginia Woolf?), na qual ele mostra um casamento só preservado pela constante encenação de um ritual de violência verbal, crise e reconciliação, e pelo mito da existência de um filho. Com excepcional justeza de construção e diálogo a um tempo enxuto e brilhante, a peça foi um triunfo mundial no palco e na tela.

A carreira de Albee é muito desigual: logo depois de *Virginia Woolf* ele escreveu *Tiny Alice* (A Pequena Alice), uma estranha tentativa simbolista à qual ninguém consegue dar sentido, mas em 1966 ele torna a brilhar com A *Delicate Balance* (Um Equilíbrio Delicado).

Depois disso ele passa longos períodos sem escrever, mas alcança considerável sucesso quando retorna com *Three Tall Women* (Três Mulheres Altas), e sua carreira ainda continua.

A ausência de formas mais experimentais, no entanto, não impede que aconteçam na dramaturgia americana, e mesmo no que chega à Broadway, mudanças correspondentes ao quadro social: a euforia do final da Segunda Guerra Mundial vai aos poucos se desgastando, nos anos de 1950 a guerra da Coreia já dá uma freada no tom de festa, mas é a guerra do Vietnam que marca definitivamente a mudança de tom, o clima desencantado e sombrio que se torna a marca registrada de todos os melhores autores que vêm aparecendo nos Estados Unidos.

David Rabe (1940-), por exemplo, escreveu sobre a guerra: *The Basic Training of Pavlo Hummel* (O Treinamento Básico de Pavlo Hummel) mostra a violência que prepara o endurecimento dos recrutas, humilhados e torturados por sargentos sádicos que alegam estar formando assim soldados prontos para a guerra e, a seguir, *Sticks and Bones* (Paus e Ossos), que começa com uma família recebendo em casa, e tendo de assinar o devido recibo, um caixão com o filho que morreu no Vietnã. O mais surpreendente e claro choque dessa mudança é a montagem de *Hair*, de James Rado (1931-) e Gerome Ragni (1942-1991), que estreia off-Broadway em outubro de 1967 e na Broadway em 1968, acabando por fazer sucesso no mundo inteiro, mas que nos EUA tinha um significado especial, já que tudo girava em torno da queima do cartão de inscrição no serviço militar em sinal de protesto contra essa infeliz guerra.

Mais recentemente, o ganho como único objetivo, com o sacrifício de todo e qualquer valor humano, também se tornou tema favorito e aparece em peças como *Other People's Money* (O Dinheiro dos Outros), de Jerry Sterner (1938-2001), que também foi apresentada no circuito off-Broadway em 1989. A peça mostra a indiferença com que companhias especializadas compram fábricas que estão beirando a falência exclusivamente para desmontá-las e vender separadamente todos os seus componentes e equipamento, sem levar em conta as vidas dos que deixam desempregados. Sua justificativa são os acionistas, que querem lucro, e não se pode brincar ou ser sentimental com o dinheiro dos outros, razão que dá título à peça.

Não há limite para a forma ou para os temas desse novo teatro americano, a não ser pelo fato de ele ter sempre alta qualidade em produção e interpretação, e mesmo assim cerca de 70% dos espetáculos que abrem na Broadway fecham em três dias. A linha de interpretação americana é menos sofisticada que a inglesa, e é bem verdade que os ingleses têm mais preparo para peças de época ou obras de estilo; mas em termos de realismo, é muito difícil bater os americanos. Esse alto nível é conquistado ao custo de uma média altíssima de desemprego de milhares de profissionais. Como disse Dustin Hoffman ao ganhar um Oscar, há uma imensa dose de sorte, de oportunidade em obter um pequeno papel no qual o ator é notado, por exemplo: ele dedicou o Oscar a todos os outros atores que ele considerava terem tanto talento quanto ele, mas simplesmente não tiveram a sorte que abriria a porta do sucesso.

É preciso notar que há também um incontável número de autores, mas creio que há dois que merecem atenção. Sam Shepard (1943-) tem mesclado alta consagração crítica com ocasional insucesso na bilheteria. Intensamente crítico da cultura americana, já escreveu sobre todo o leque de temas favoritos: o oeste bravio, os conflitos familiares, o sonho americano, a aparência e a superficialidade. Como ator e roteirista cinematográfico, Shepard tem tido bastante sucesso, mas sua carreira de autor anda um tanto bissexta.

A partir dos últimos anos do século passado se tem destacado ainda David Mamet (1947-), cuja crítica aos valores americanos é bem mais incisiva: um diálogo ágil, enxuto, preciso já marca o seu primeiro grande sucesso, *Sexual Perversity* (Perversidade Sexual). *Glengarry Glen Ross*, outro grande sucesso, revela um quadro assustador de desonestidade e traição na busca de sucesso pelos corretores de imóveis de uma mesma firma. Mamet é implacável, e sua carreira está em pleno desenvolvimento. Ambos os autores já entram pelo século XXI fora do escopo aqui previsto.

O musical é uma das principais vertentes do teatro americano no século XX, e a principal contribuição anglo-americana para o teatro. O teatro musicado vem a ser produto de uma proibição do século XVII: depois da Restauração da monarquia, em 1660, só dois teatros em Londres tiveram permissão de montar peças. O caminho que restou para quem quisesse entrar no ramo do entretenimento foi o da apresentação de espetáculos musicais, que obtiveram muita popularidade. Assim nasceram o *music-hall* inglês e o americano e, depois, já no século XIX, quando desapareceu o privilégio para o teatro de prosa, começaram a aparecer espetáculos nos quais as canções eram ligadas por um fio de enredo, mera desculpa para ligar os números.

Confirmando o surrado e dúbio mito de que há males que vêm para o bem, em 1866, uma companhia francesa de balé, ao chegar a Nova York, constatou que o teatro em que ia se apresentar tinha sido destruído pelo fogo; um empresário esperto juntou as dançarinas a um melodrama barato, *The Black Crook* (O Vigarista Preto), que contava a história de um vigarista que fizera com o Diabo um contrato que lhe entregaria uma alma por ano. Luzes, dançarinas de *collant*, cenários espetaculares criaram não só um estouro de bilheteria como também outorgaram ao espetáculo o título de "primeiro musical americano".

É preciso pensar também no sucesso das operetas na Europa e que com frequência viajavam para os Estados Unidos, no original ou em tradução: em 1906, a *Viúva Alegre*[1], traduzida, foi um sucesso estrondoso. Durante a primeira metade do século, o *music-hall*, de atos variados, com música e dança, e o que veio a ser chamado de revista (com espetáculos anuais referentes a acontecimentos do período) foram muito populares.

Parece ser inevitável a confusão que se dá quando um gênero passa de um país para outro; na França, sua mãe-pátria, o *vaudeville* era uma farsa na qual eram introduzidos números musicais mais ou menos irrelevantes, mas nos EUA o nome parece que começou a ser usado para dar um ar um pouco menos grosseiro, ou mais elegante, a um tipo de ato-variado grosso e fácil; eles passaram a ser apresentados em cafés-concerto dedicados a plateias masculinas e, sabidamente, áreas favoritas de prostituição. Aos poucos, os espetáculos foram se sofisticando, em forma e conteúdo, até se tornarem

---

1   No original, *Die lustige Witwe*. Opereta em três atos do austríaco Franz Lehár, com libreto de Victor Léon e Leo Stein. O espetáculo é um enorme triunfo desde sua estreia, em Viena, em 30 de dezembro de 1905, e a obra é imediatamente representada em outros países europeus e do mundo.

o grande entretenimento da classe média americana: o pai adotivo de Edward Albee, Reed Albee, por exemplo, era um dos principais sócios de uma firma dona de uma cadeia de casas de *vaudeville*. Também não é possível esquecer que essa foi a fonte de formação, a grande escola de incontáveis comediantes americanos como W.C. Fields, Eddie Cantor, George M. Cohan, Will Rogers, e que, com o tempo e a respeitabilidade, essas casas abrigaram talentos como Alla Nazimova e Ethel Barrymore, para não falar da vedete Lily Gantry.

Nos anos de 1920 o musical estava fazendo grandes progressos em forma e conteúdo e, aos poucos, foram aparecendo aqueles nos quais as músicas não só eram integradas na ação, mas usadas para fazer a ação caminhar, ou seja, usadas como elemento da estrutura dramática. Na década de 1910, compositores como Rudolf Friml e Sigmund Romberg foram responsáveis por famosos sucessos como *Rose Marie, The Vagabond King* (O Rei Vagabundo) e *The Desert Song* (A Canção do Deserto), todas essas beirando a opereta; mas nos anos de 1930 a mudança já era completa. Nesse momento, entre outras coisas, aparece Jerome Kern (1885-1945) que, adaptando o romance de Edna Ferber, cria *Showboat*, um clássico volta e meia remontado, no qual já aparecem números que ficaram no repertório permanente do cancioneiro americano, como *Old Man River, Make Believe, Can't Help Loving That Man of Mine* e *Why Do I Love You?*

Em 1924, o musical entra em cena com *Lady Be Good* (Senhora, Seja Boa), dos irmãos Gershwin, estrelado pelos irmãos Fred e Adele Astaire. George (1898-1937) e Ira (1896-1983) Gershwin serão os responsáveis por letra e música de toda uma série de grandes sucessos em colaboração com diversos autores dos enredos. Com George Kaufman, por exemplo, eles fizeram, em 1931, *Of Thee I Sing* (Sobre Ti Eu Canto), o primeiro musical a fazer crítica política, enquanto, em 1935, aparece *Porgy and Bess*, mais que um simples musical, que hoje em dia está incluído no repertório do Metropolitan Opera, de Nova York, e de várias outras casas de ópera.

Também na época, Richard Rogers (1902-1979) começa sua carreira estabelecendo então uma memorável colaboração com Lorenz Hart, que só termina com a morte deste em 1943, quando nasce a nova parceria com Oscar Hammerstein (1895-1960), igualmente bem-sucedida. O engajamento social dos anos de 1930 chega ao musical com *Johnny Johnson*, de 1936, uma obra pacifista e expressionista de Paul Green, com música do recém-imigrado Kurt Weill. Em 1938 Weill escreve a música para *Knickerbocker Holiday*, única aventura musical de Maxwell Anderson, da qual faz parte, composta pelo alemão, aquela mais americana de todas as canções americanas, *September Song*. Em 1941, o mesmo Weill compõe a música para *Lady in the Dark* (Uma Dama no Escuro), um musical psicanalítico esplendoroso, com atuação de Gertrude Lawrence, no palco, e de Ginger Rogers, no cinema (onde fez falta Danny Kaye, que no palco cantava o divertido número *Tchaikovsky*).

Em 1943, Rogers e Hammerstein fazem história com a estreia de *Oklahoma!*, tida por muitos como o nascimento do que veio a ser chamado o musical americano. A história, cujo enredo foi tirado do romance de Lynn Riggs *Green Grow the Lilacs* (Os Lilases Crescem Verdes), era situada no oeste e bastante elaborada, uma verdadeira trama teatral. E não só a música era realmente parte orgânica da ação como, em lugar do número arbitrário de dança, aparece a coreografia de Agnes de Mille, que também integra um todo essencial para a plena realização do espetáculo. *Oklahoma!* bate todos os recordes até então, com 2.248 récitas na Broadway e 1.500 em Londres. Em 1949, a dupla apareceria com *South Pacific*, que estabeleceu novos recordes de permanência em cartaz.

A essa altura já estava também consagrado o fantástico Cole Porter (1891-1964), que compôs sua primeira comédia musical em 1916, mas é parte importante dos anos de 1930, 40 e 50, bastando citar, entre seus sucessos, *The Gay Divorcee* (A Alegre Divorciada), em 1932, *Anything Goes* (Vale Tudo), em 34, *Kiss Me Kate* (Beija-me, Kate), em 1948 e, finalmente, *Can-Can* e *Silk Stockings* (Meias de Seda), nos anos de 1950. De família rica, graduado em Yale, tendo passado anos vivendo na Europa, Porter trouxe um requinte para as suas letras que elevou o musical para outro nível cultural.

Na década de 1960, o musical enverada por novos caminhos com a aparição de Stephen Sondheim (1930-), cujo primeiro sucesso conhecido é o das letras de *Westside Story* (Amor, Sublime Amor), com música de Leonard Bernstein e alguma colaboração de William

Shakespeare. Ele escreve também as letras para *Gipsy* (1959), mas é em 1962 que ele tem a oportunidade de escrever todo um musical sozinho, A *Funny Thing Happened on the Way to the Fórum*, inspirado na comédia do romano Plauto. O aspecto mais significativo de Sondheim é sua coragem de ser mais experimental em forma e conteúdo: em *Company* (Companhia), que data de 1964, ele faz uma espécie de colagem de canções e situações sobre o casamento moderno em Nova York. Em *Follies* (Folias) ele junta um grupo de veteranos do teatro musical para refletir sobre a influência da idade na carreira e na vida particular. Em 1973 ele cria A *Little Night Music* (Uma Pequena Serenata), fazendo o que pareceria impossível para um musical americano moderno: toda a música é em ¾². Em 1976, Sondheim compõe *Pacific Ouvertures* (Abertura Para o Pacífico), sobre a chegada dos ocidentais ao Japão no século XIX, e faz uso de alguns aspectos do kabuqui, o que deixou muita gente desconfiada em termos de musical. O espetáculo é, hoje em dia, montado em casas de ópera europeias. E em matéria de tema pouco provável para musical, em 1979, ele compõe o fenomenal *Sweeney Todd*, baseado em um melodrama vitoriano, no qual um barbeiro (que no musical tem angústias existenciais) mata seus clientes, tornando-se fornecedor de uma vendedora de bolinhos de carne. Ainda em 1979, Sondheim envereda pela investigação do processo da criação artística, com *Sunday in the Park with George* (Domingo no Parque Com George), durante o qual se forma, no palco, o quadro do pintor pontilhista Georges Seurat sobre o passeio na tarde de domingo. Em *Into the Woods* (Pela Floresta), de 1987, ele procura desmistificar os clássicos das histórias infantis, e já atravessou o século ainda compondo.

Não seria possível sequer ter uma ideia da abrangência das experiências americanas com os musicais sem lembrar o repentino aparecimento do já citado *Hair*, de Gerome Ragni e James Rado, com música de Galt MacDermot, que não são famosos por nada mais. Como já comentamos, embora começando no off-Broadway, a fama e o sucesso levaram o espetáculo para a Broadway, e daí para o mundo.

---

2   Métrica musical composta por três tempos, o ternário. O compasso em ¾, embora conhecido como "ternário simples", não é normalmente utilizado nas canções dos musicais.

Hair tornou-se o ícone do movimento contra a guerra do Vietnam, dos *hippies* e da contracultura, e provou que o musical pode fazer de tudo, ser tão expressivo quanto o texto de prosa, desde que tenha um conteúdo e um objetivo.

Se já nos anos de 1950 vão começar a aparecer os musicais de grandes montagens como *My Fair Lady* e *The Sound of Music* (A Noviça Rebelde), de certa maneira esse vai ser também o início do fim, em matéria de experimentação no musical: com *Hello, Dolly!*, de 1964, e *Man of La Mancha* (O Homem de La Mancha), em 65, o caminho aberto antes vai se mostrando cada vez mais insistente: o puro e simples custo da montagem vai tornar o musical cada vez mais dependente da plateia lotada por anos seguidos a fim de poder se pagar. Nesse sentido, *Cabaret* e *Barnum* ainda são relativamente simples, mas cada vez mais se fala em milhões de dólares. A fórmula americana já vinha há muito tempo sendo popular na Inglaterra, onde estavam as raízes do musical, e de lá apareceram na Broadway os fenômenos como *Cats, O Fantasma da Ópera* e *Les Misérables* (adaptação de um musical francês), *Miss Saigon* e congêneres. Sua única forma de sustentação: ficam anos e anos em cartaz e são exportados em forma de clones pelo mundo afora.

Para os palcos americanos o custo tem sido traduzido em um número fenomenal de remontagens: o próprio prêmio Antoinette Perry, o famoso Tony Award, já adotou a categoria "a melhor remontagem", e essas vêm com a quase certeza do sucesso – quase, porque nem os empresários, nem os anjos da Broadway (aqueles que investem em espetáculos teatrais regularmente) ainda descobriram bola de cristal para o teatro, e o sucesso nunca é totalmente garantido.

A identidade cultural do Canadá tem ficado sempre prejudicada por dois graves tropeços; por um lado, a proximidade dos Estados Unidos, principalmente pelo uso da mesma língua, leva um alto percentual dos artistas talentosos do país a fazer carreira lá, principalmente em Nova York e Chicago; por outro lado, a presença forte de duas línguas, inglês e francês, tem sido um tropeço, cuja falta de real solução transparece na adoção de duas línguas nacionais, sendo obrigatória a presença de ambas em textos de discursos e documentos oficiais, com o uso de parágrafos alternados. Assim, o teatro canadense tem de incluir o teatro em inglês e o teatro em francês, o que leva toda uma série de pequenos centros teatrais espalhados pelo imenso país a produzir autores voltados para seus temas locais particulares.

As mais antigas referências a teatro no Canadá estão nas narrativas do capitão Edward Hayes sobre a viagem que fez em 1583 na expedição de *sir* Humphrey Gilbert, na qual declara "era-nos fornecida música em boa variedade, sem serem omitidos os mais ínfimos dos jogos como os dançarinos de Morris, Hobby Horses[3], e danças de maio, com as quais deleitamos o povo Selvagem"[4]. Os selvagens, é claro, eram os nativos daquela vasta área que é hoje o Canadá, cujos ritos foram preservados por muito tempo e ocasionalmente elaborados e executados por grupos de dançarinos usando figurinos e máscaras. Estas, de madeira talhada, por vezes eram grandes e a certo momento se abriam para revelar outra máscara, sendo o espetáculo enriquecido por monstros que voavam sobre o palco.

Com os colonos é que chegou o teatro europeu, com a "Nova França" sendo estabelecida ainda no século XVII. Só no século XVIII é que são encontrados os primeiros traços de teatro inglês. E as constantes guerras entre os dois países impediam um desenvolvimento mais harmonioso, não sendo de surpreender o fato de os primeiros espetáculos em inglês terem tido lugar em destacamentos militares. Em 1760, com a derrota da Nova França, o teatro feito pelos militares e pelos grupos de *gentlemen amateurs* passou a ser apresentado também em Québec e Montreal, muito embora a população local fosse quase que exclusivamente francófona.

Outro conflito teve importância imensa para o desenvolvimento do teatro de língua inglesa no Canadá; milhares de colonos anglófilos, após a independência dos Estados Unidos, em 1776, ansiosos por continuarem fiéis à coroa inglesa, mudaram-se para o norte, não só aumentando a população como fazendo sólida contribuição

---

3   Um tradicional folguedo britânico que tem semelhança com o Bumba meu Boi.

4   Tradução nossa. No original: "We were provided of music in good variety; not omitting the least toys, as Morris-dancers, Hobby-Horses, and May-like conceits to delight the savage people [...]." Edward Hayes, Sir Humphrey Gilbert's Voyage to Newfoundland, em C. Eliot (org.), *Voyages and Travels*, p. 282.

para a prosperidade da colônia, com maior concentração na área de Ontário. Não demorou muito para que os grupos amadores de língua inglesa se solidificassem, o que se torna evidente pelo fato de os espetáculos, a princípio apresentados no salão da Assembly House, como era chamado o prédio em que se estabeleciam as administrações municipais, dentro de relativamente pouco tempo já terem teatros construídos para eles, sendo o primeiro teatro erguido pelos militares ingleses em Halifax, em 1789. Há documentação sobre a montagem de mais de cem peças teatrais em Halifax nos últimos quinze anos do século.

Com a construção de teatros, começa a rotina de visitas de companhias inglesas e americanas, e na primeira parte do século XIX os mais famosos nomes do teatro inglês, Edmund Kean, Charles Kemble e George MacReady, todos se apresentaram em excursões pelas principais cidades canadenses. Os grupos formados por militares, compostos sempre, ou quase sempre, por oficiais, dedicavam-se a um repertório sofisticado para as plateias de classe mais alta, mas na mesma época aparecem vários pequenos grupos profissionais, geralmente formados em torno de um casal, que buscavam público mais amplo; em geral, eles excursionavam por vários pontos do território no verão, e no inverno se fixavam nas cidades que cresciam junto à região dos lagos, com o inverno impedindo qualquer possibilidade de viagem.

As companhias profissionais que se fixavam em um determinado teatro propiciavam o aparecimento ocasional de autores canadenses, mas a verdade é que, desde a metade do século, a vida teatral era basicamente sustentada por companhias inglesas ou americanas, que traziam estrelas conhecidas e com isso garantiam grande sucesso. A vida teatral do Canadá crescia a olhos vistos, e por volta de 1879 já havia teatros com plateia em torno de dois mil lugares em Toronto, Montreal e Halifax, onde eram frequentes os espetáculos tanto de teatro quanto de ópera, enquanto a exploração de minas no oeste, que ocasionou a chamada "corrida do ouro", provocou o aparecimento de teatros e companhias profissionais na costa do Pacífico. No entanto, o desenvolvimento de talentos locais continuou reduzido, principalmente pela facilidade crescente dos meios de transporte. Nas últimas décadas do século XIX e até o início da Primeira Grande Guerra, em 1914, o panorama foi alterado porque em lugar de companhias excursionarem com vários espetáculos para fazer temporadas mais prolongadas, apareceu a novidade de uma companhia fazer uma única grande montagem e visitar todo o país com ela, como acontece até hoje nas chamadas "companhias nacionais" que excursionam com os grande sucessos da Broadway.

Dois elementos trabalharam contra o desenvolvimento do teatro canadense na primeira parte do novo século: por um lado a Primeira Grande Guerra impediu as constantes viagens de diversas companhias, inglesas ou francesas, que mantinham alimentados os vários teatros, e, por outro, apareceu o cinema, que se espalhou com extraordinária rapidez e podia levar entretenimento a todo o território habitado, sem o problema do transporte de atores e material cênico. A partir daí torna-se mais marcante a partida de talentos canadenses para carreiras no palco ou na tela americanos, enquanto pequenos grupos profissionais lutavam bravamente, por um lado, para apresentar um repertório mais sério, de textos de alta qualidade e, por outro, para promover os raros autores canadenses.

O panorama permaneceu o mesmo até o final da Segunda Guerra Mundial, em 1945, depois da qual houve um momento de grande e entusiástica movimentação artística no país. Em 1931, o Canadá tornou-se politicamente (quase) independente, o que veio a estimular o desenvolvimento de uma consciência nacional e, em 1951, reconhecendo a necessidade de uma política cultural, uma Comissão Real investigou o panorama das artes, o que resultou no Relatório Massey, que reconhecia a importância das artes na vida do país e que isso exigia que o governo federal fornecesse meios para o estímulo necessário para seu desenvolvimento. Resultou daí a criação do Canada Council em 1957, seguido da criação de Arts Councils regionais em várias províncias. Aos poucos, núcleos de teatro de alto nível foram aparecendo em vários pontos, como também organizações como a New Play Society, a primeira dedicada especificamente a autores canadenses.

Desde então, o progresso teatral tem sido lento, porém sólido, com certo equilíbrio entre os visitantes, novos autores e atores, e a inevitável fuga de talentos para o sucesso nos Estados Unidos. E também no Canadá francês a receita continua parecida com essa, mas importando companhias francesas e sem o tipo de evasão de talentos que se dá com os de língua inglesa.

América Central

O PROCESSO TEATRAL NA América Hispânica é a princípio muito semelhante ao do Brasil, com o teatro aparecendo no processo de catequese, principalmente nos pontos em que atuou a Companhia de Jesus, sem que isso venha a semear qualquer desenvolvimento ulterior. Apesar de a Espanha ter uma tradição teatral considerável, e o processo de colonização ter começado na segunda metade do Século de Ouro, isso não foi realmente determinante para o teatro no Novo Mundo. O principal é reconhecer que o teatro, depois de chegado da Europa, sofreu grandes alterações para poder fazer o que é a obrigação de todo teatro, expressar a sociedade na qual ele é escrito. É verdade que, em um mundo globalizado, às vezes as diferenças culturais são esquecidas, mas no tempo das descobertas elas realmente existiam, e o teatro teve efetivamente de se alterar a fim de encontrar as formas necessárias para que pudesse atender a esse novo público.

De todos os países americanos de língua espanhola, o México é o que tem atividade teatral mais numerosa e constante. Só no México é que o teatro catequético dos jesuítas não permaneceu um fato isolado, pois a força da cultura asteca, mesmo dominada pelos espanhóis, era rica o bastante para que, pelo menos com música e dança, os elementos nativos se tenham mesclado aos trazidos pelos conquistadores para qualquer criação teatral, mesmo que sem alcançar individualmente um desenvolvimento mais significativo. Não nos esquecendo jamais que o ardor catequético implicou na trágica destruição de uma cultura abundante e requintada.

Por outro lado, a comunicação constante com a Espanha, onde o teatro estava em pleno esplendor, desde logo trouxe ao Novo Mundo, com regularidade, companhias teatrais. É ainda na segunda metade do século XVI que aparece Fernán González de Eslava (ou padre Fernán, c. 1534-c. 1601), o primeiro autor teatral nascido nas Américas, autor de colóquios, entremeses e loas, de estilo leve, efetivamente dedicados ao teatro, mesmo que ele mantivesse em suas obras uma forte orientação religiosa.

O século XVII oferece uma surpresa para a dramaturgia centro-americana, com o inesperado talento da irmã Juana Inés de la Cruz (1651-1695), autora de *autos sacramentales* como *El Divino Narciso*, mas também de *comedias* na linha de Lope e Calderón, como *Amor Es Más Labirinto* (O Amor É um Labirinto Maior) ou *Los Empeños de uma Casa* (As Obrigações de uma Casa), o que sugere uma paródia do título usado por Calderón *Los Empeños de um Acaso* (As Obrigações de um Acaso). Durante todo o século XVIII, no entanto, não aparece ninguém na dramaturgia mexicana, embora as atividades teatrais continuassem fortes.

Todo o início do século XIX, entre 1810 e 1821, foi empenhado na luta pela independência, sem deixar ambiente propício a manifestações artísticas. Mas ainda na primeira metade do século o romantismo europeu é refletido no México com uma manifestação cultural independente, o *costumbrismo*, uma literatura típica da América Hispânica em que alguns temas europeus são utilizados com hábitos, costumes e figurinos de um universo campestre e com caráter nitidamente regional. Com características reais de romantismo, aparece a obra de Fernando Calderón (1809-1845), que se volta para ambientes medievais europeus e, mais interessante, Ignacio Rodriguez Galván (1816-1842), que em sua curtíssima vida se volta para os contos tradicionais e as lendas do Novo Mundo, sendo a melhor obra de sua promissora, mas breve, carreira, *Muñoz, Visitador de Mexico*, a primeira peça histórica das Américas. Há alguma dramaturgia mais realista no final no século, sem que apareça qualquer figura realmente significativa. A verdade é que a riqueza do teatro espanhol e um contato muito íntimo entre a antiga colônia e Madrid retardam o desenvolvimento de uma dramaturgia mexicana, fornecendo material farto para que pudesse haver sempre uma considerável atividade cênica. Os conflitos políticos, ou a malfadada ocupação do trono mexicano por Maximiliano e Carlota, só viriam a servir ao teatro como temas já em meados do século XX.

Nem a tranquilidade política e econômica proclamada por Porfírio Diaz nos primeiros anos do novo século, nem a Revolução Mexicana de 1910 tiveram consequências maiores para o teatro, que seguia dominado pela presença espanhola; mas quando, no final da década de 1920, terminaram o período revolucionário e a Primeira Guerra Mundial, uma nova onda de entusiasmo e procura por temas nativos teve lugar, e se manifestou principalmente em um grande número de leves e divertidos *sainetes* e *zarzuelas*, com o Teatro del Murcielago promovendo manifestações calcadas em formas indígenas de dança, canto e antigos rituais.

Um considerável progresso foi alcançado quando o conjunto do Grupo de los Siete Autores procurou abandonar convenções antiquadas como apartes dirigidos ao público e, finalmente, foi aceito, como veículo válido para uma dramaturgia mais séria, o espanhol tal como é falado no México. Com isso foi possível criar uma dramaturgia mais autêntica, e o *Padre Mercador* (O Pai Negociante), de Carlos Diaz Dufoo (1861-1941), tornou-se a primeira peça de autor mexicano a merecer uma temporada de cem récitas.

Na segunda parte do século, com os progressos nos meios de comunicação de toda natureza, o México passou a ter de enfrentar uma nova onda de influência externa, agora dos grandes diretores e cenógrafos europeus como Gordon Craig, Reinhardt, Piscator e Brecht, que levaram a um considerável aprimoramento nas encenações e também estimularam a dramaturgia. A essa época pertence Xavier Villaurrutia (1903-1950), que se voltou principalmente para problemas da classe média mexicana, escrevendo um conjunto cujo título geral era *Autos Profanos*.

O principal nome na dramaturgia desse momento, no entanto, é Rodolfo Usigli (1905-1979), também poeta, ator e diretor. Escritor desde a época de 1930, Usigli foi estudar nos Estados Unidos, agraciado com uma bolsa e, ao voltar para o México, traduziu e montou várias peças americanas. É em 1943 que ele escreve *Corona de Sombra* (Coroa de Sombra), que ele classificava como "anti-histórica", cuja ação se passa na mente da enlouquecida imperatriz Carlota. Com uma obra de pura ficção, o autor mostra Carlota como ambiciosa e egoísta, enquanto Maximiliano é visto como realmente bem-intencionado e voltado para os interesses do México. No momento de sua execução, o infeliz imperador deseja que sua morte possa trazer algum benefício para o Estado. A obra-prima de Usigli é, entretanto, *El Gesticulador* (1938), complexa trama de um professor fracassado que, se aposentando cedo e se mudando para o campo, é confundido com um herói da Revolução Mexicana. Graças a isso, ele faz uma bem-sucedida carreira política e, quando é ameaçado por um antigo inimigo de ter revelada a sua verdadeira identidade, prefere ser assassinado. É quando Navarro, o mandante de sua morte, se apresenta como seu sucessor, com boas possibilidades de se eleger.

Na segunda metade do século XX, a atividade teatral mexicana foi bastante intensa, com um número crescente de mexicanos aparecendo em montagens do Instituto Nacional de Belas Artes, que estimulava o aparecimento de novos autores, da linha *costumbrista* ou expressionista. A principal figura desse movimento foi Emilio Carvallido (1925-2008), que retrata a vida mexicana em *Rosalba y los Llaveros* (Rosalba e os Llaveros), peça sobre o conflito entre uma moça da cidade e seus parentes provincianos. Nesse mesmo período destacou-se Carlos Solórzano (1919-2011), um guatemalteco integrado na cultura mexicana que, à parte uma série de peças curtas, investiga problemas de liberdade individual em peças como *El Hechicero* (O Feiticeiro, 1954) e *Las Manos de Dios* (As Mãos de Deus, 1957).

Nas últimas décadas do século XX, a influência de autores americanos, como Arthur Miller e Tennessee Williams, foi forte inspiração para uma nova dramaturgia mais realista ou engajada em problemas sociais e políticos, cada vez mais ligada à busca de uma realidade nacional.

O processo teatral em todos os outros países da América Central é muito semelhante: textos religiosos encenados por ordens empenhadas na conversão das populações nativas ao cristianismo, domínio da dramaturgia espanhola nas atividades teatrais locais, alguma dramaturgia logo após a independência, lento progresso a partir do romantismo e, no século xx, maior desenvolvimento, com ênfase em temas políticos e sociais.

Cuba é o único país que apresenta aspecto ligeiramente mais ativo desde antes da colonização espanhola, com os *areytos*, uma espécie de dança-teatro que, deve-se deduzir, expressava a riqueza da cultura e religião nativas de forma positiva, sendo, por isso mesmo, proibidos pelos espanhóis. Alvo de ocupação inglesa e imigração de refugiados franceses nos primeiros séculos após a descoberta, Cuba tem uma explosão de construção de teatros no século XVIII, mas virtualmente só para a montagem de textos espanhóis. A mais interessante exceção é o chamado pai do teatro cubano, Francisco Covarrubias (1775-1838), ator, autor e empresário, que ficou famoso com sua personagem "negrita", em que se apresentava com o rosto pintado de preto, bem antes dos famosos *minstrel shows* americanos, de brancos pintados de negro.

Na virada para o século xx Cuba passou ao controle americano por quatro anos, aos quais se sucederam vários governos corruptos que resultaram no advento do ditador Fulgêncio Batista, que governou de 1934 a 1959, e os esforços em favor do teatro, nas primeiras décadas, foram desfeitos pela progressiva decadência política, social e moral do país.

A Revolução liderada por Fidel Castro trouxe um novo clima para Cuba, e o teatro teve apoio do governo, assim como as outras artes, muito embora tudo sob rígido controle ideológico. O primeiro autor a se destacar foi Abelardo Estorino (1925-), que ficou conhecido por sua primeira peça *El Robo del Cochino* (O Roubo do Porquinho), de 1961, sobre o clima de tensão que antecedeu a Revolução, seguido por Antón Arrufat (1935-), que em 1957 escreveu, na linha do teatro do absurdo, *El Caso se Investiga* (O Caso Se Investiga), e foi censurado sob alegação de espírito contrarrevolucionário, o mesmo se dando com *Los Siete contra Tebas* (Os Sete Contra Tebas, de 1968). Depois de catorze anos impedido de publicar, Arrufat volta a escrever regularmente para o palco, mas sem maior sucesso a partir de então. O único autor que teve repercussão internacional foi José Triana (1931-), com a peça *La Noche de los Asesinos* (A Noite dos Assassinos, 1965), em que três jovens criam e desempenham vários papéis para si durante a noite em que planejam o assassinato de seus pais. A obra foi montada em vários países, porém Triana só voltou a escrever para o teatro depois de 1980 e hoje em dia vive na Espanha, onde publicou notáveis livros de estudos sobre o teatro espanhol.

A maior parte da atividade teatral da Cuba revolucionária, no entanto, tem sido a de incontáveis grupos de jovens, com orientação governamental, e voltados para a cor local e tradições populares, ricas em canto e dança. O teatro adulto, inclusive grupos organizados em fábricas, ficou sempre preso ao didatismo ideológico, e embora haja um grande número de autores, nenhum deles se destaca ou escreve de modo a poder ultrapassar suas fronteiras.

América do Sul

NA AMÉRICA DO SUL, o processo geral de aparecimento do teatro é semelhante, mas em certos países houve maior desenvolvimento, aliado, via de regra, a maior atividade própria do país em sua evolução política. Na Colômbia está documentada a apresentação de uma pequena comédia crítica, *Laurea Crítica*, em 1580, de Fernando Fernandez de Valenzuela, mas a par disso só deixaram marca certas comemorações religiosas, sendo construído, em 1790, o Coliseo Ramirez, onde eram montadas quase sempre *zarzuelas*, mas permanecendo fraca a atividade teatral até o fim do período colonial. Como de hábito, a independência traz um momento de entusiasmo, que provoca o aparecimento de alguns autores, quase todos *costumbristas*. De José Maria Semper (1828-1888) é a peça *Un Alcalde a la Antígua* (Um Alcaide à Antiga), uma espécie de *zarzuela*, voltada para o típico conflito entre tradição e novidades em uma sociedade que está passando por transformações significativas.

O século XX continuou morno até o final da Segunda Guerra Mundial, quando a influência de Brecht é cultivada por todos os movimentos de esquerda que, no momento, eram estimulados pela União Soviética. A um grande número de montagens de traduções do autor alemão juntaram-se vários movimentos jovens não só em Bogotá como em outras cidades, marcados, via de regra, por forte viés político e influenciados por Cuba. Exemplo desses é o Teatro Experimental de Cali, de Enrique Buenaventura, expoente da renovação do teatro colombiano que, como autor e diretor, marcou presença não só em seu país como também em outros vizinhos da América de língua espanhola. A atividade teatral colombiana tem sido mais contínua, porém não produziu ainda nenhuma dramaturgia realmente notável.

A instabilidade política, marcada por uma série de governos corruptos e ditadores, parece ser a explicação para o fato de a Venezuela ter demorado ainda um pouco mais do que outros países da América Latina a desenvolver um teatro nacional mais sólido. Passando pelo mesmo processo colonizador de seus irmãos de continente, não aparece nada de válido sequer na segunda metade do século XIX. Na primeira metade do século passado houve um considerável crescimento no número de espetáculos e na qualidade de suas montagens, mas apenas em torno de textos estrangeiros. Só na década de 1950 aparecem os primeiros autores, que refletem o surgimento de uma consciência cultural independente.

O primeiro nome a ser notado é César Rengifo (1915-1980), que fez uma espécie de revisão da história venezuelana em uma série de trilogias sobre diferentes épocas, nos anos de 1940 e 50. Mas é na década seguinte, depois de se imporem as influências do teatro do absurdo, das ideias de Artaud e da dramaturgia de Brecht, que aparecem três autores significativos chamados a "Santíssima Trindade", Isaac Chacrón (1930-2011), Román Chalbaud (1931-) e José Ignacio Cabrujas (1937-1995). O primeiro é responsável por um grande número de peças, pela fundação da principal escola de teatro da Venezuela, por obras literárias de ficção e ensaísticas, e definia a si mesmo como "judeu, homossexual e escritor"; o segundo abandonou o teatro após intensa participação no início do movimento renovador para se tornar figura maior do cinema de sua terra; o terceiro, notável por sua erudição e humor, atuou em todas as áreas das artes cênicas, inclusive empenhando-se na divulgação da ópera por meio de um brilhante programa radiofônico.

Em 1966, os três colaboraram em uma peça, "Triângulo". A partir de então tem sido bastante regular a produção teatral venezuelana, sempre subordinada às frequentes crises políticas que exercem a censura com maior ou menor empenho, e entre os autores que atuaram a partir da década de 1980 se destacam José Gabriel Nuñez, Rodolfo Santana e Mariela Romero. No entanto, a dramaturgia venezuelana continua restrita aos limites de seu próprio país.

Em matéria de teatro pré-colombiano, é no Peru que parece ter havido mais atividade dramática, segundo comentários suficientemente antigos para merecerem confiança; mas mesmo assim não resta nenhum traço dessas possíveis obras. A ideia parece encontrar apoio no fato de aparecerem manifestações cênicas de provável origem inca no tradicional teatro religioso do período colonial de catequese cristã. Isso não impede, no entanto, que o perfil do teatro peruano seja perfeitamente semelhante ao dos outros países da América Latina, tanto pelo longo domínio da cultura espanhola quanto pelos graves problemas sociais criados pelo abismo que separava uma pequena elite de origem espanhola e uma vasta massa sempre ligada às populações nativas. Como nos outros países, é em meados do século XX que o teatro adquire mais força, primeiro na área do espetáculo, mas a seguir no aparecimento de uma dramaturgia fortemente ligada aos conflitos sociais e ao protesto contra governos ditatoriais.

A partir da década de 1970 aparece no Peru todo um grupo de autores com pouca ou nenhuma preocupação com técnica de dramaturgia ou estética, mas que cria o que veio a ser chamado "o novíssimo teatro do Peru", com incontáveis peças de forte cunho social, nas quais todos os temas e ações têm como base um único conflito, o de "nós", os proletários e camponeses, e "eles", os ricos capitalistas que, na opinião desses novos autores, são continuamente responsáveis pelo que chamam a morte do Peru, já que impedem, com sua postura, que a massa do povo escape do círculo vicioso de pobreza, virtual analfabetismo, desemprego, alcoolismo e exploração sexual.

Desses autores, o mais consagrado é Gregor Diaz (1933-2001) que, a partir de 1968, com *La Huelga* (A Greve), é o maior nome desse teatro que, inevitavelmente, é por demais local em seus temas e forma para poder alcançar níveis internacionais, o que tampouco seria seu interesse, dada a força com que se entrega à proposta de estimular transformações sociais dentro de seu país. Sua primeira peça, *Los del Quatro* (1966) é, na verdade, longa demais para ter grande popularidade, mas inclui todos os temas que são caros ao autor, e as muitas peças que escreve a seguir têm grande força no sentido de estimular o seu público eleito a lutar contra a injustiça a que por tanto tempo vinha sendo sujeitado. Julio Ramón Ribeiro (1929-1994) e Alonso Alegria (1940-) são outros nomes destacados no teatro engajado do Peru.

Em 1975 o quéchua foi reconhecido como uma das línguas oficiais do Peru, e o Teatro da Universidade de San Marcos instituiu um prêmio para peças escritas na língua; até o final do século elas ainda eram relativamente poucas, mas já começavam a ser presença marcante no teatro peruano. Na realidade, são poucos os escritores peruanos que se têm voltado para o teatro, porém Mario Vargas Llosa (1936-), que tem vivido, em boa parte, longe de seu país, escreveu, em 1981, *La Señorita de Tacna* (A Senhorita de Tacna) e, em 1983, *Kathie y el Hipopótamo* (Kathie e o Hipopótamo), que são títulos menores em seu conjunto de obra.

Em contraste com o Peru, a Bolívia até o final do século não parecia ter encontrado um caminho para estabelecer sua identidade cultural no teatro. Durante o período colonial, o teatro religioso atesta a presença das culturas nativas por apresentar peças por vezes trilíngues, em espanhol, quéchua e aymará. Os colonizadores importavam teatro espanhol, e a independência, em 1825, não interrompeu esse domínio nem conseguiu estabelecer qualquer mínimo equilíbrio social ou político. Alguns raros autores aparecem ainda no século XIX, mas todos apenas escrevendo uma dramaturgia artificial, copiada da espanhola. No início do século XX, começa a aparecer uma maior atividade cênica, porém ainda sem buscar uma expressão realmente nacional. O nome que ressalta no panorama da época é o de Antonio Diaz Villamil (1897-1948), que teve uma longa e bem-sucedida carreira de escritor. Villamil foi o primeiro a escrever peças voltadas para temas locais e, pela primeira vez, adota a linguagem popular da Bolívia, em lugar da insistência em uma forma pura da língua espanhola.

A guerra do Chaco (1932-1935) resultou em maior afirmação de identidade e a partir dos anos de 1950 começa a aparecer uma dramaturgia que, ao menos, se volta para fatos históricos ligados ao país. A instabilidade política, caracterizada por incansável sucessão de ditaduras e golpes, impediu, ao logo de todo o século, que houvesse um clima propício à preocupação artística, mas Raul Salmón (1926-1990), que veio a ser figura muito importante na vida cultural e política da Bolívia, escreve, em 1969, *Tres Generales* (Três Generais), uma interessante reflexão sobre o peso do passado no presente político do país. Salmón foi autor de várias peças, dedicou-se ao rádio, escrevendo radionovelas, e continuou atuando até o final do século. Apareceram ainda alguns outros nomes, mas continua faltando melhor infraestrutura para que o teatro boliviano alcance um plano mais sólido.

No Chile, os espanhóis encontraram índios nativos muito menos evoluídos do que os do Peru e os do México, mas dispostos a enfrentar corajosamente a invasão espanhola e, se acabaram dominados, sua bravura provocou o aparecimento de algumas peças voltadas para os valentes *araucos*. De modo geral, no entanto, o processo teatral no Chile é semelhante ao de seus irmãos, com a frequente presença do teatro espanhol ao longo dos séculos de colonização, com ligeiro ímpeto nos anos que se seguiram à independência, em 1818. O primeiro teatro permanente aparece em 1820 e, nos primeiros anos da nova era, Valparaíso tinha mais vida teatral que Santiago, mas Bernardo O'Higgins (1778-1842), o grande herói nacional, fez muito para promover o teatro em sua terra.

Teve também grande importância a presença de Andres Bello (1781-1865), um venezuelano que se radicou no Chile e veio a ser reitor da maior universidade do país, por ele criada e que hoje tem seu nome. Grande humanista, Bello liderou uma esclarecida reforma da educação e escreveu algumas peças nessa época, com estilo entre o neoclassicismo e o romantismo. A segunda metade do século XIX transcorreu sem grandes novidades, mas com o início do aparecimento de obras voltadas para temas locais, como *Ernesto* (1842), de Rafael Minvielle (1800-1887), que teve sucesso. Um pouco adiante começam a aparecer os *costumbristas*, que produzem dúzias de peças sobre figuras populares muitas vezes usadas para criticar os hábitos e costumes do momento, mas sem qualquer grande obra a ser produzida.

O século xx trouxe grandes mudanças e forte presença estrangeira no desenvolvimento da economia do país, o que fez, por um lado, serem montados autores ingleses e franceses em tradução, e por outro, eventualmente, aparecerem peças sobre os problemas sociais do quadro econômico resultante.

A grande mudança começa lentamente, com a criação do Teatro Experimental de la Universidad de Chile, dirigido por Pedro de la Barra (1912-1976) desde sua fundação, em 1941, até 1958. Com o nome mais tarde mudado para Instituto de Teatro de la Universidad de Chile (ITUCH), apareceram as influências de Piscator, tanto quanto de Antoine e Stanislávski, tendo a passagem de Louis Jouvet, com sua companhia que buscava angariar fundos para o movimento da França Livre na Segunda Guerra Mundial, também colaborado para o fortalecimento desse novo teatro chileno. A Universidade Católica do Chile criou, em 1943, por sua vez, o TEUC, Teatro Experimental de la Universidad Católica, e esses dois núcleos, até mesmo por uma certa rivalidade, estimularam grandemente o aprimoramento do teatro no Chile. Como parte inesperada da atividade dramatúrgica chilena, em 1966, Pablo Neruda faz uma única experiência teatral, com um intrigante texto intitulado *Fulgor y Muerte de Joaquin Murieta* (Esplendor e Morte de Joaquin Murieta), mas, fora isso, não aparece nenhum autor mais destacado.

O advento do governo Allende estimulou as atividades do jovem teatro chileno, provocando sua participação nos processos políticos e sociais, e sua queda, em 1973, foi abaladora. O período da ditadura Pinochet foi de repressão e censura, que prejudicaram e muito o movimento que vinha se desenvolvendo no teatro e em outras artes, mas vários autores continuavam, mesmo que silenciados oficialmente, a criar uma dramaturgia voltada para temas chilenos. A partir de 1976, aos poucos, o teatro foi tomando um pouco mais de coragem e encontrando brechas para apresentar textos relevantes.

Mas o perigo não estava de todo passado e, em 1978, *Lo Crudo, lo Cocido y lo Podrido* (O Cru, o Cozido e o Podre), de De la Barra, a ser montada pelo grupo da Universidade Católica, foi proibida pela censura na véspera da estreia, com a alegação de linguagem grosseira. Durante esses anos de atividade virtualmente *underground* apareceram incontáveis criações coletivas, resultado de reuniões informais de grupos que contestavam a ditadura. Até o final do século XX, foi aparecendo com maior regularidade, também, uma dramaturgia mais tradicional, e com o fim da ditadura, na volta à democracia, a atividade teatral chilena vem se tornando cada vez mais apta a produzir uma dramaturgia mais constante.

As atividades culturais do Uruguai são de tal modo entrosadas com as da Argentina que é praticamente impossível falar de um teatro uruguaio separado do argentino. O primeiro fenômeno teatral mais marcante do país foi a carreira de José J. Podestá (1858-1937), criador em cena da figura de Juan Moreira, imaginada pelo argentino Eduardo Gutiérrez: um *gaúcho* romantizado, íntegro e perseguido pelas autoridades, que foi contratado pelo North American Circus, da Argentina, e cujo sucesso é bem uma expressão da mescla cultural dos dois países.

Nas últimas décadas do século XIX, o autor uruguaio mais importante, aliás, naquele momento, o mais importante de toda a América do Sul, é Florencio Sanchez (1875-1910), autor de toda uma série de peças de sucesso em todos os países hispânicos, mas trabalhando sempre na Argentina, onde suas obras tinham a possibilidade de serem bem montadas e apresentadas a um público numeroso. No século XX o Uruguai segue o modelo teatral e dramático de seus vizinhos, mas sempre em total sintonia com a Argentina, onde autores, diretores e atores vão rotineiramente buscar sucesso.

A Argentina tem o mais sólido panorama artístico, principalmente em música e teatro, de toda a América do Sul hispânica, tendo mais tradição que o Brasil; a trajetória geral, porém, é em tudo e por tudo semelhante à de todos os países do continente. Menção é sempre feita a supostas manifestações dramáticas de índios nativos, porém sem qualquer comprovação, e as primeiras manifestações teatrais são as religiosas, trazidas pelos missionários que, junto aos colonizadores, impuseram a cultura espanhola como matriz de todo o desenvolvimento da Argentina, que, na realidade, jamais foi rica na prata que aparece tanto em seu nome como no de seu mais famoso rio. As mais antigas atividades teatrais não aparecem em Buenos Aires, que ainda era pequena e insignificante ao tempo da independência, em 1816; mas há atividades dramáticas jesuíticas documentadas em Córdoba desde 1610 e, a seguir, dali sendo irradiadas para outras cidades.

Documentos de 1757 dão notícia da construção, em Buenos Aires, de uma casa de espetáculos para o teatro musical e, em 1783, é construído o Teatro de la Rancheria, em local que nunca mais deixou de ser ocupado por teatros. Antes de a casa inicial ser consumida por um incêndio em 1792, ali foi apresentada *Siripo* (1789), tragédia de um autor argentino, Manuel José de Lavardén (1754-1801), da qual resta apenas um pequeno fragmento. Na realidade, largamente documentada é a apresentação de loas e outras formas de dramaturgia espanhola ao longo de todo o século XVIII. É um pouco mais tardio (1818) o sainete *El Amor de la Estanciera* (O Amor da Estancieira), provavelmente a matriz de toda uma série de dramas em verso, passados entre *gaúchos* nos pampas.

Na primeira metade do século XIX aparece, logo em 1817, a Sociedad del Buen Gusto del Teatro, cujo meritório objetivo era o estímulo do desenvolvimento de uma dramaturgia e de um teatro nacionais, mas que durou apenas dois anos, graças a grandes brigas internas em torno da questão da censura. Mas a atividade teatral continuou a ser bastante regular, com frequentes montagens de sainetes e peças, assim como o aparecimento de novos autores, dos quais Juan Cruz Varela (1794-1839), em seus tempos de estudante, compõe uma leve e agradável comédia, *A Río Revuelto Ganância de Pescadores*, que ainda resiste até hoje. Mais tarde ele tenta imitar a tragédia neoclássica francesa com *Dido* (1821), o que ilustra o clima cultural das classes média e alta da época.

Durante o governo de Juan Manuel de Rosas (1829-1853) o teatro teve forte apoio e se desenvolveu bastante, com um considerável número de peças *costumbristas*, seguindo o exemplo espanhol. Vários nomes se consagram na literatura e por vezes visitaram o teatro, como é o caso de Bartolomé Mitre (1821-1906), sendo a obra de Juan Bautista Alberdi (1810-1884) *El Gigante Amapolas*, de 1841, um único e divertido ato de sátira a Rosas e aos mitos do poder. Com comicidade contagiante, a peça provocou o aparecimento de toda uma série de obras fazendo crítica por meio do grotesco. A par desse sucesso, o governo de Rosas foi asperamente criticado e caricaturado por Pedro Echagüe (1821-1889) em *Rosas*.

Echagüe continuou sua carreira durante os governos de Mitre e Sarmiento, período em que, aliás, poucos autores produziram, pois essa foi uma época de transição para o advento do realismo. O período foi marcado por frequentes visitas de companhias europeias, e o século foi, de modo geral, propício à construção de novos teatros, como o Colón, para a ópera, e culminando com o Cervantes para teatro.

No final do século, vários grupos de atores, abandonando uma Europa um pouco menos rica, buscaram abrigo nos palcos de Buenos Aires; o caso mais significativo talvez seja o de Maria Guerrero, que, após várias visitas, resolveu se estabelecer na capital argentina em 1897. Como um ato de gratidão ao público portenho, que sempre tão bem a acolhera, e vendo que faltava à cidade uma grande casa para o bom teatro de maior porte, Guerrero e seu marido compraram um grande terreno e se entregaram de corpo e alma à construção do Cervantes. Sem procurar apoio do governo argentino, ela recorreu a particulares, que fizeram grandes contribuições, e acabou buscando o apoio do rei da Espanha, que enfrentou a questão com seriedade suficiente para determinar que iria da Espanha todo o material de acabamento. Telhas, ladrilho e mármores, entre outros, eram enviados em navios cargueiros que, por ordem de Alfonso XIII, não podiam deixar portos espanhóis para a Argentina sem levar algum material para o teatro. Não se trata mais, hoje em dia, do mesmo prédio, mas até hoje, no mesmo local, há um Teatro Cervantes. E quando o primeiro ficou pronto, em 1921, Guerrero o inaugurou com *La Dama Boba*, de Lope de Vega, em que desempenhava um dos grandes papéis de sua carreira.

As primeiras décadas do século XX se passaram com grande presença de textos estrangeiros, o que habituou seu público a espetáculos de boa qualidade profissional e a uma dramaturgia melhor e mais recente do que a que aparecia não só em toda a América Hispânica, mas também no Brasil. Como produção local, dentro dos limites de uma dramaturgia sem maior qualidade, houve dúzias de autores escrevendo em todos os gêneros, e com farta participação do que veio a ser chamado de *sainete criollo*, no qual a forma popular espanhola era usada para tratar de temas populares locais. O que mais diferencia o teatro argentino daquele do resto do continente é o fato de ali chegar, já na década de 1930, a influência do teatro político e socialmente engajado, a par das formas mais fáceis que exploravam pequenas tramas de costumes. O resultado dessa mais intensa atividade cênica era visto principalmente em Buenos Aires.

O movimento do chamado "teatro independente" deu novo impulso à cena e à dramaturgia argentinas. O primeiro grupo a aparecer, em 1930, foi o Teatro del Pueblo, de Leónidas Barletta (1902-1975), cujo nome indica interessar-se na descoberta de um novo público. Ao mesmo tempo, o grupo lutava por uma posição mais forte para o diretor enquanto introduzia em seus espetáculos novas formas de produção e novas técnicas cênicas. Voltados para a vanguarda, todos os novos grupos independentes que começaram a aparecer então eram influenciados pelo marxismo e trabalhavam sempre temas sociais e políticos. Já em 1933 aparecia outro novo grupo, o de Juan B. Justo, e, em 1939, La Máscara se apresentava com ideias idênticas às do Teatro del Pueblo.

Ao todo apareceram, nas décadas seguintes, cerca de cinquenta grupos independentes, e em tão grande número seria impossível que não houvesse considerável variedade de ideias e caminhos. Muitos deles eram herdeiros de grupos amadores ou *filodramáticos* que já existiam desde a virada do século XIX para o XX. E mesmo nesses grupos jovens não faltou a presença de autores estrangeiros, agora os ligados a movimentos europeus mais recentes. Durante esse período destacou-se Roberto Arlt (1900-1942) como o mais consistente dos autores de vanguarda. Romancista de vida relativamente breve, em cuja obra os limites entre realidade e imaginação são invadidos várias vezes, ele escreveu oito peças, dentre as quais se destaca *Saverio el Cruel* (1936), uma interessante exploração de técnicas metateatrais que faz incursões experimentais pela ilusão e pela loucura.

Em 1949 aparece *El Puente* (A Ponte), de Carlos Gorostiza (1920-), uma obra significativa sobre a tensão entre as classes sociais argentinas, em parte explorando sua própria história, já que quando seu pai abandonou sua mãe, ela e os dois filhos se viram desamparados e, de uma confortável classe média, passaram a ter de buscar trabalho, sendo ele e o irmão ainda muito jovens. Em 1958 é premiado por sua tragédia *El Pan de la Locura* (O Pão da Loucura) e se torna importante figura do teatro realista. Ele passou algum tempo na Venezuela, mas voltou para se tornar diretor e, mais tarde, professor universitário, sendo demitido por Perón.

A partir de 1950 houve considerável desenvolvimento no teatro argentino e o nome de Osvaldo Dragún (1929-1999) se destaca já em 1957 com *Historias Para Ser Contadas*, composta por uma série de cenas breves que tratam da exploração e maus-tratos ao trabalhador humilde e que alcançou repercussão fora da Argentina; reflete uma clara influência de Brecht. Temas sociais e políticos têm dominado a dramaturgia argentina, mesmo através dos longos períodos ditatoriais, quando a repressão parece ter estimulado um protesto, que, conforme a censura, se manifesta mais ou menos aberto, ou subreptício.

Tanto Gorostiza quanto Dragún foram fundamentais para o aparecimento de um grupo de autores, diretores e atores que fundou o Teatro Abierto, que sonhava tirar o país do que pensavam seus participantes ser uma estagnação corruptora. O projeto inicial foi de um conjunto de vinte peças em um ato, montadas por vários diretores, apresentadas em sete dias e remontadas semanalmente, ainda que o Teatro Picadero, que seria a sede permanente do grupo, tenha se incendiado misteriosamente no final da primeira semana. O trabalho, no entanto, não foi interrompido, e após apenas alguns dias o projeto foi transferido para o Teatro Tabaris.

Apesar de uma atividade de surpreendente regularidade, diante do abalador quadro político do país, a dramaturgia argentina, com raras exceções, não tem conseguido ultrapassar suas próprias fronteiras, a não ser no caso dos outros países de língua espanhola, mas mesmo assim não com muita frequência. Como em toda a América Latina, também na Argentina não tem sido fácil o estabelecimento de uma identidade cultural madura o bastante para produzir dramaturgia de primeira qualidade. Isso não quer dizer que a atividade teatral portenha não seja considerável e, antes do final do século XX, pelo menos dois diretores argentinos fariam carreira internacional, dirigindo espetáculos importantes na Europa e no Brasil: Victor García e Jorge Lavelli.

Victor García (1934-1982) nasceu em família abastada, com grandes propriedades no campo, e se recusou a continuar na tradição familiar, voltando-se primeiro para a pintura e, logo a seguir, para o teatro. Lutou até conseguir dinheiro para tomar o caminho da Europa e, pouco depois de chegar à França, em 1960, tornou-se o responsável pelo espetáculo que estreou o Teatro do Louvre, *Ubu roi*, de Alfred Jarry (1873-1907), um bom indício do rumo de sua carreira. A partir de então ele viveu na França, dirigindo também em Portugal. Entre 1967 e 1974, García, trazido por Ruth Escobar, realizou vários espetáculos memoráveis no Brasil, sendo os dois principais *O Cemitério de Automóveis*, com texto de Fernando Arrabal, em 1967, e *O Balcão*, de Jean Genet, em 1968, ambos momentos cruciais na história do teatro brasileiro. García era o diretor preferido de Arrabal, que afirmava não ser Artaud, mas sim Victor García, o grande transformador do teatro moderno. Victor García morreu em Paris, onde foi um dos maiores nomes em todo o processo da vanguarda teatral que marcou os ano de 1960.

Jorge Lavelli, nascido na Argentina, em 1932, e filho de imigrantes italianos, mudou-se para a França ainda jovem, onde se consagrou como diretor. Tem trabalhado por toda a Europa, e depois do teatro dedicou-se à direção de ópera na França, na Itália e na Áustria. No Brasil, realizou pelo menos um espetáculo que marcou época, *A Gaivota*, de Anton Tchékhov, tendo instalado tanto o espaço cênico quanto a plateia no palco do Teatro Municipal do Rio de Janeiro. Em 1977, Lavelli naturalizou-se francês e, em sua nova pátria, cumpre ainda o resto de sua notável carreira.

XII.

O Teatro no Brasil

O Contexto do Descobrimento
e o Teatro de "Evangelização"

O TEATRO REFLETE PARTICULARMENTE bem o desenvolvimento político e social do Brasil. Vista pela coroa portuguesa apenas como fonte de exploração dos vários tipos de riquezas naturais, não cuidaram os colonizadores de um desenvolvimento social ou cultural da nova colônia. A concessão inicial de capitanias hereditárias fixou--se como tradição, com grandes latifúndios esparsamente habitados, um sistema diametralmente oposto à atividade teatral, que depende da presença de um público. Por outro lado, Portugal não tinha uma tradição de dramaturgia ou de encenação que levasse os colonizadores a sonhar com sua reprodução nas novas terras conquistadas, e foram os padres jesuítas, com seu furor catequético, que primeiro trouxeram para o Brasil o teatro, como instrumento de educação. A figura jesuíta que nos importa, ao falar de teatro, é a do padre José de Anchieta (1534-1597). Pertencendo sua mãe a uma família de cristãos--novos, isto é, de judeus convertidos, ele foi mandado, aos catorze anos, já que era talentoso e mostrava tendências religiosas, a estudar em Portugal, pois na Espanha, onde nascera, a Inquisição provavelmente o veria com desconfiança. Aos dezessete anos, Anchieta entrou para a Companhia de Jesus, como irmão, e pouco depois foi transferido para o Brasil.

O primeiro objetivo de Anchieta era a cristianização das populações indígenas e, para isso, não só aprendeu tupi, como redigiu a primeira gramática de uma língua nativa brasileira. Comunicador habilíssimo, Anchieta usou o teatro, forma didática apta a conquistar corações e mentes, para disseminar o universo que sonhava criar. Sua obra teatral é variada, dado seu objetivo, e em nada se mostra tão bom comunicador quanto no uso que fez das quatro línguas que dominava – português, espanhol, latim e tupi – na elaboração de suas peças: para os índios, escreveu pequenos autos de ação objetiva e pensamento fácil, em tupi, usando com habilidade nomes usados por tribos inimigas, para identificar diabos ou elementos do mal. Em latim, ficavam as peças restritas a cerimônias e comemorações dos próprios religiosos, ou para os alunos mais avançados dos colégios e dos seminários; para o comum dos gentios vinham os autos sacramentais, em português ou espanhol, nos quais não só a língua era diferente mas, também, ele não hesitava em criar tramas complexas, de moralidades, plenas de personagens alegóricas, que pediam maior capacidade de compreensão.

Já ordenado no Brasil, em 1635, Anchieta não fez mais do que se integrar à tradição jesuíta de usar o teatro na educação, com seu interesse nessa última evidenciado por ser ele um dos fundadores do Colégio de São Paulo, em 1555. Ao longo de sua longa carreira no Brasil, Anchieta esteve sempre ligado às "escolas de ler e escrever" e aos colégios de humanidades que a ordem mantinha nos principais centros de colonização. Vale notar que os doze fidalgos e membros da corte, donatários iniciais das capitanias hereditárias, recebiam, a par do ato de doação, um outro documento que explicava, em detalhes, seus direitos e deveres e que, embora cuidassem esses de impostos e de justiça, não há uma única palavra sobre educação. Conhecidos educadores na Europa, os jesuítas é que se dedicaram à mesma atividade na colônia. A ordem já possuía um repertório de dramatizações pronto que serviria em qualquer lugar para o ensino religioso, a alfabetização e o que poderíamos chamar ensino social e moral.

Em 1556, foi apresentada a primeira obra dramática do padre Anchieta de que se tem notícia, o *Auto da Pregação Universal*, do qual sobrevivem apenas dois pequenos fragmentos, não sendo possível saber qual seria seu tema ou forma. A relação das personagens das duas moralidades da década de 1580, que datam de quando o autor já tem mais intimidade com a forma dramática, e que ainda sobrevivem em forma mais completa, atestam o nível cultural de Anchieta.

Na Festa de São Lourenço, além dos santos Sebastião e Lourenço, e de um anjo, temos um par de tamoios, Guaixará e Aimberê – óbvios inimigos que lutaram do lado dos franceses invasores – e ainda aparecem, além de deuses como Júpiter e Plutão, figuras históricas como os romanos Valeriano, César e Nero, e o grego Esculápio. É preciso considerável talento para reunir um elenco tão eclético, mas Anchieta logrou organizar todos em um único conflito, o de serem a favor ou contra a Igreja Católica, o que os catequizadores, aliás, enfrentavam a todo momento não só na conquista dos índios, como também na pouca religiosidade daqueles que da colônia só queriam tirar riquezas.

Na Festa de Vitória é mais voltada para a situação política da colônia. Em grande parte em português, que aqui foi largamente usado (embora haja partes em castelhano), a peça reafirma a obediência ao rei, com sua consequente ordem no Estado. A obra dramática de Anchieta é essencialmente didática, e não há nela qualquer intenção de estimular a presença das artes cênicas no Brasil; ele não fazia mais do que usá-las como um recurso pedagógico. Em todo caso, embora o teatro fosse parte do ensino entre os jesuítas, depois que Anchieta morreu, quase junto com seu século, não se tem notícia de textos criados no e para o Brasil por um largo período.

Esparsas Tentativas Antes do Surgimento do Teatro no Brasil

QUASE EXATAMENTE UM SÉCULO mais moço do que Anchieta, e nascido em Salvador, na Bahia, Manuel Botelho de Oliveira (1636-1711) foi o primeiro brasileiro a ter um livro publicado (*Música do Parnaso*, Lisboa, 1705) e o primeiro a escrever peças efetivamente concebidas como obras de literatura dramática, ou seja, ao menos teoricamente destinadas ao palco. Tendo estudado em Coimbra ainda no período em que Portugal esteve subordinado à coroa espanhola, e vivendo na riqueza que ainda restava do que viria a ser chamado de Século de Ouro, não espanta que Botelho tenha escrito suas duas peças conhecidas nos moldes que Lope de Vega havia consagrado, das "comedias de capa y espada", que falavam dos hábitos urbanos dos cidadãos mais privilegiados.

Também não é estranho que o baiano tenha escrito em castelhano, pois nasceu ainda sob o domínio da Espanha. Além do mais, foi graças a essa união fortuita que entradas e bandeiras puderam penetrar e desbravar as terras que deram a forma quase definitiva do Brasil, ignorando a barreira virtual do meridiano que, segundo o Tratado de Tordesilhas, separava o mundo em duas partes, uma para a Espanha e outra para Portugal. Os próprios títulos de suas comédias – *Hay Amigo para Amigo* e *Amor, Engaños y Celos* (Amor, Enganos e Ciúmes) – mostram o quanto o baiano estava integrado ao domínio cultural espanhol do momento, sendo a primeira uma resposta à *No Hay Amigo para Amigo*, de Rojas Zorilla. *Hay Amigo para Amigo* fala de amor, amizade e abnegação, bem à moda da época, e a segunda, com enredo de intrigas muito complicadas, é obviamente inspirada na frase "amor, engaños, y celos" de uma fala de *La Dama Boba*, peça de Lope de Vega.

Não foi Botelho, tampouco, portanto, o iniciador de uma atividade dramática regular no Brasil, e o século XVIII só viu, no Brasil, um certo aumento no número de espetáculos. A ausência de autores brasileiros é total, pois hoje já não é mais cultivado o mito de se considerar Antônio José, o Judeu (1705-1739), como brasileiro, apenas por ter ele nascido aqui. Vivendo em Portugal a partir dos dez anos, ele é em tudo e por tudo um interessante autor europeu, perfeitamente integrado na cultura portuguesa, em cuja obra não aparece uma só ideia ou palavra que se refira ao Brasil.

Duas fontes diversas nos informam a respeito do teatro por estas bandas no século XVIII, a primeira delas são os viajantes estrangeiros que deixaram testemunho de espetáculos de má qualidade, interpretados em sua maioria por "crioulos e mulatos" de origem humilde e nenhum preparo, sempre apresentando, muito mal, textos europeus. O tom desses viajantes é sempre de desprezo, mas registram a realização de folguedos populares, a par das tristes imitações do teatro europeu. Essa mescla de obras tão díspares corresponde a um nível inicial de atividades culturais que depois iria separar completamente os dois valores, rebaixando o folguedo para a categoria de diversão das camadas populares e restringindo para as "cortes" locais as imitações de teatro europeu. Considerando que o ensino universitário continuava proibido no Brasil, os brasileiros com condições para isso iam estudar em Coimbra, o que os tornava, via de regra, cabeças portuguesas vivendo na colônia.

A outra fonte é a história das vilas, cuja população crescia e pedia divertimentos e lazer para os que se lembravam ou tinham informações das atividades culturais da matriz, e existe farta documentação sobre os cantos e danças dos folguedos populares, dos quais o Brasil é particularmente rico. Há registro de incontáveis montagens de autores, principalmente franceses, muitas vezes por companhias portuguesas que começavam a visitar a colônia, sendo que vários atores optaram por permanecer no Brasil. Sem dúvida esses não seriam os melhores mas, sim, aqueles que viam as plateias deste lado do Atlântico como mais fáceis de satisfazer. São documentadas montagens de vários autores espanhóis, além de Molière ser montado em Cuiabá na década de 1770. O único outro autor clássico francês nomeado é Voltaire, cuja *Zaira* teve grande sucesso.

A grande e contagiante novidade do final do século, no entanto, foram as óperas de Pietro Metastasio (1698-1782), cujos libretos haviam fascinado vários compositores, e que eram ouvidas em toda parte, na íntegra ou apenas nos trechos mais famosos. A atividade artística, portanto, estava crescendo pois, bem treinados ou não, os músicos eram importantes em todas as principais cidades da colônia. O teatro, sabemos, é uma forma tardia em todas as culturas; ele aparece quando corresponde ao anseio de uma sociedade, e embora os Inconfidentes tenham produzido prosa e poesia, faltavam a eles tanto o amadurecimento dos instrumentos indispensáveis à criação de uma boa dramaturgia quanto, até mesmo, que o sentimento libertário abrangesse um percentual bem maior da população. Não existia ainda uma sociedade brasileira, e a imitação da Europa era ainda a ambição cultural comum.

De Cláudio Manoel da Costa (1729-1789), tradutor e imitador de Metastasio, só restou um *Parnaso Obsequioso*, um texto nada teatral, inundado de musas e deuses, escrito para saudar o Governador da capitania de Minas Gerais, d. José Luís de Meneses, conde de Valadares; se ele escreveu tragédias, como consta, são todas desconhecidas. Igualmente desaparecida é a incursão pelo teatro feita por Alvarenga Peixoto (1744-1793), *Eneias no Lácio*. Na ausência de uma tradição de teatro, ambos estavam, em arte, muito mais ligados a Metastasio e ao quadro social e político em que engajaram suas vidas de cidadãos. Em matéria de teatro, o século XVIII terminaria em silêncio.

A Consciência de Nação e o Nascimento do Teatro Brasileiro

MUITAS E SIGNIFICATIVAS FORAM as mudanças que tiveram lugar no Brasil a partir de 1808 com a elevação da colônia a "Reino Unido", quando da vinda da família real para o Brasil. Com a Abertura dos Portos, novas possibilidades foram abertas para a educação, a indústria e o enriquecimento cultural. Tudo isso acabou criando o clima para a Independência; e foi só depois desta, refletindo os primórdios de uma tomada de consciência da nova identidade, que finalmente nasceu o teatro brasileiro.

Dois autores, que em conjunto expressam bem o Brasil de então, são os fundadores do teatro nacional: o mais erudito dos dois é Domingos José Gonçalves de Magalhães, visconde de Araguaia (1811-1882), nascido não mais em uma colônia, mas no Brasil, reino unido a Portugal e Algarves. Formado em Medicina, não mais em Portugal, mas na nova Escola Médico-Cirúrgica da Corte, viajou para a Europa no momento em que lá explodia o romantismo, e foi responsável por sua introdução no Brasil. Quando voltou, foi professor de filosofia no Colégio D. Pedro II, trabalhou no governo do Maranhão e em Porto Alegre, mas sua principal carreira foi a diplomática, tendo representado o Brasil no Reino das Duas Sicilias, na Espanha, na Rússia, nos Estados Unidos e no Vaticano, onde faleceu.

Dada a importância do teatro no romantismo europeu, não é de espantar que Araguaia tenha tomado esse caminho. Em sua peça *Antonio José ou O Poeta e a Inquisição* (1838), o conflito aberto de emoções e ideias, assim como o herói nacional, estaria devidamente representados. Sua obra gira em torno de um conflito religioso não local, é ambientada em Portugal e tem como protagonista Antonio José, do qual já falamos. Assim, se Araguaia tinha razão, ao afirmar no Prefácio do texto impresso, "Lembrarei somente que esta é, se não me engano, a primeira tragédia escrita por um Brasileiro", ele não é exato na continuação de sua frase "e única de assunto nacional".

A trama armada por Araguaia é bastante bem-elaborada, muito embora com momentos de exagero de palavra e situação; e é incompreensível, embora lamentável que, desde os tempos de João Caetano, a peça nunca mais tenha sido montada. Ao íntegro e ingênuo Antonio José, o autor contrapõe Frei Gil, monge corrupto e vil, que denuncia o jovem judeu ao tribunal da Inquisição, não por ser judeu ou constituir ameaça ao cristianismo, mas apenas para conquistar para si Mariana, a amada de Antonio José. Com isso, ao menos, temos aqui a ligação de uma intriga pessoal, a do ciúme, conectada a outra maior, a Inquisição, o que é positivo para a estrutura da ação, com os valores conflitantes bem-estabelecidos nos dois níveis.

Araguaia expressa, assim, a continuidade cultural inevitável, dada a manutenção dinástica que atravessa o corte da independência. A formação de Araguaia era portuguesa e europeia, e ele refletiu a força da cultura recebida, mesmo em alguém que, como ele, sem dúvida era apaixonadamente brasileiro. Assim, Araguaia não se ateve a temas brasileiros; sua única outra obra dramática, *Olgiato*, em que o heroísmo em nome da honra é o tema do conflito, também se passa na Europa, na Itália renascentista. Além disso, traduziu "Otelo", não do original, mas na adaptação do francês Ducis.

O outro autor é, esse sim, o grande fundador do teatro brasileiro: Luís Carlos Martins Pena (1815-1848), também já nascido cidadão do Brasil reino. Perdendo o pai ainda menino, foi encaminhado pelo tutor para a Escola de Comércio, mas frequentou também a Academia de Belas-Artes. Leitor voraz de história, assim como de teatro, aprendeu francês, inglês, italiano e alemão. Funcionário público, como a maioria da burguesia mais modesta sempre foi, serviu na corte, na Secretaria de Negócios Estrangeiros, sendo depois mandado, como adido de 1ª classe, para a Legação Brasileira em Londres. Lá trabalhou de fevereiro a outubro de 1848 mas, com o agravamento da tuberculose de que sofria, tentou voltar para o Brasil, falecendo, porém, em Lisboa, que seria a primeira etapa da viagem.

Foi durante um bom tempo um forte hábito no Brasil a acusadora queixa de que não tivemos teatro pelo menos até meados do século XX, sempre com base na comparação com outros países, principalmente a França e a Inglaterra; mas se a função do teatro é a de refletir a natureza, essa natureza é principalmente social, e seria impossível existir um teatro brasileiro nos moldes dos grandes clássicos europeus simplesmente porque não havia aqui uma sociedade a ser refletida naqueles termos. Se podemos dizer que o teatro brasileiro começa com Martins Pena, é porque, em suas comédias, ele foi brasileiro, refletindo a modéstia e a fragilidade da vida cultural no Rio de Janeiro entre quinze e vinte anos depois da Independência.

Voltando a atenção para os seus terríveis dramas, todos falsos porque ele não fala ali do que realmente conhece, teremos de voltar a negar a existência de teatro no Brasil, isto é, do fracasso brasileiro em escrever e montar peças aptas a serem comparadas, em forma e conteúdo, às produzidas pelas maduras culturas europeias da época. Examinando esses enganos da carreira de Martins Pena, entre *Fernando ou O Cinto Acusador*, *D. João Lira ou O Repto*, *Itaminda ou O Guerreiro Tupã*, *D. Leonor Teles* e *Vitiza ou O Nero de Espanha* fica difícil dizer qual o pior, mas fácil reconhecer que esse autodidata tinha, na certa, mergulhado na leitura do teatro romântico europeu. Depois de *O Juiz de Paz na Roça* (que estreia em 1838), sua primeira, ingênua e deliciosa comédia nascida da observação, o jovem Martins Pena deve ter sonhado em ver seus dramas representados por João Caetano, que preferia as tragédias; porém após esses cinco desastres – escritos entre 1838 e 1941 –, ele definitivamente aceitou não ser esse o seu caminho, e que a comédia seria um veículo ótimo para expressar sua amorosa e crítica visão do Brasil de então.

É importante o fato de Martins Pena voltar seus olhos para a nascente classe média brasileira, e não mais para o pretensioso círculo da corte imperial, pois, longe de rapapés e cerimoniais, a população se adaptava mais fácil e rapidamente às duras realidades do clima, em trajes e hábitos. Martins Pena abandonou as falas longas e partiu para um diálogo de frases curtas e vocabulário mais informal, perfeitamente adequado às condições sociais e econômicas dos ambientes nos quais tem lugar a ação de cada obra, condições que variam não só entre si, como também entre personagens de cada peça em particular.

A peça de estreia, *O Juiz de Paz na Roça*, já revela um talento em seus primeiros passos, em vocabulário e forma, tanto quanto no tema que espontaneamente lhe ocorria e viria a ser o principal da grande maioria de suas obras, o universo do Rio de Janeiro nas décadas de 1830 e 1840. Escrita quando o autor tinha apenas dezoito anos, a comédia deixa transparecer sua inexperiência no uso da forma dramática, embora desde logo evidenciando sua grande capacidade para criar personagens plausíveis, as mais diversas. Nessa obra inicial de Martins Pena, uma trama é o universo onde mora Aninha, que quer se casar com José, que, por ser solteiro, está na mira do serviço militar; a outra trama é um divertido retrato da precariedade da Justiça em suas instâncias mais primárias e despreparadas. Para unir e resolver as duas, o autor recorre a uma festa, um tanto quanto arbitrária, mas mesmo assim deixando forte impressão da vida teatral contida no texto. É importante, para isso, a preocupação que Martins Pena demonstra, desde essa obra inicial, com o cenário e os figurinos, na medida em que esses são parte integrante da caracterização das personagens.

Depois dos anos dos dramalhões, Martins Pena, já com 27 anos, retomou o caminho certo para seu talento. Em *Os Dois ou O Inglês Maquinista* já aparece uma nova faceta do que é observado na vida carioca, e pela primeira vez é criticado o culto brasileiro a tudo o que é estrangeiro. O título, naturalmente, refere-se ao desembaraço imperialista com que ingleses espertalhões abusam dos brasileiros, e é preciso lembrar que o termo "maquinista" é usado no sentido de intrigante, armador de "maquinações"; mas o autor ataca também, e com grande eficiência, o negreiro, cuja atividade lhe dá o nome. É surpreendente a habilidade com que Martins Pena, em um país sem qualquer tradição de dramaturgia, usa o recurso sutil de denunciar o tráfico de escravos por meio de sua apologia, deixando a personagem marcada como negativa, sem necessidade de qualquer esclarecimento.

Em um ambiente ingênuo como o que Martins Pena retrata, é bem possível que tivesse sucesso um inglês que quer capital brasileiro para criar uma indústria que, em seu início, transformará ossos de boi em açúcar e, a seguir, fabricará uma máquina que sozinha, sem necessidade de mão de obra ou qualquer outro auxílio, irá transformar um boi nos mais diversos produtos, tais como rosbife preparado, botas prontas, pentes etc. Gainer, o inglês, insiste que tudo o que faz é com grande sacrifício pessoal e para único benefício do Brasil... Felício, a quem é feita a proposta, com promessa de um lucro de cinquenta por cento, declara-se muito interessado mas, logo, em aparte, mostra não ser tão ingênuo assim, quando diz: "Assim eras tu tolo..."

Quando, a seguir, Martins Pena escreve uma de suas obras mais famosas, *Judas em Sábado de Aleluia,* seu domínio da forma dramática já era total, e a trama se desenvolve com total coerência. A peça confirma sua fama de leitor voraz, pois as diferenças de temperamento de suas moças, uma discreta, a outra namoradeira, lembram certas comédias de Molière, enquanto Shakespeare parece estar em mente na carta de "um admirador", que em tom e estilo se assemelha à que Hamlet enviou a Ofélia. Nesse *Judas* é também possível sentir com clareza a preocupação do autor com a vida cênica do texto, como fica marcado na rubrica inicial da peça:

> Sala em casa de José Pimenta. Porta ao fundo, à direita, e à esquerda uma janela; além da porta da D. uma cômoda de jacarandá, sobre a qual estará uma manga de vidro e dois castiçais de casquinha. Cadeiras e mesa. Ao levantar do pano, a cena estará distribuída da seguinte maneira: Chiquinha, sentada junto à mesa, cosendo; Maricota à janela; e no fundo da sala, à direita da porta, um grupo de quatro meninos e dois moleques acabam de aprontar um judas, o qual estará apoiado à parede. Serão seus trajes casaca de corte, de veludo, colete idem, botas de montar, chapéu armado com penacho escarlate (tudo muito usado), longos

bigodes, etc. Os meninos saltam de contentes ao redor do judas e fazem grande algazarra.[1]

Sendo o Judas crucial na resolução da trama, a apresentação tem todo o cuidado necessário para a encenação correta da peça. A ação se desenvolve toda em torno do comportamento das duas irmãs, e o primo Faustino, com sua escolha de noiva, aprova a recatada, além de ser responsável pela denúncia da corrupção que grassa no país, tema favorito de Martins Pena. Refere-se à corrupção uma fala notável de Chiquinha: "Quando meu pai trabalhava pelo ofício e tinha um jornal certo, não podia viver; agora que não tem ofício nem jornal, vive sem necessidades. Bem diz o Capitão Ambrósio que os ofícios sem nome são os mais lucrativos." "Jornal", no caso, significa salário, mas o termo estranho não impede que o significado da fala continue a ter força.

Não é possível comentar as 23 comédias de Martins Pena, e algumas delas, como *As Desgraças de uma Criança* e *Quem Casa Quer Casa* têm sido montadas eventualmente. O mesmo acontece com a obra-prima do autor, *O Noviço*, que denuncia não só o ganancioso Ambrósio, que deseja encaminhar para a vida eclesiástica os três filhos da viúva Florência, com quem se casa, a fim de ficar com o dinheiro que eles teriam por herança, mas também a Igreja, que compactua porque também lucra com o golpe. A construção dessa comédia é exemplar, e se antes ele já mostrara conhecer grandes autores do mundo moderno, o monólogo de Ambrósio que inicia *O Noviço* é o perfeito equivalente do prólogo típico das comédias de Plauto.

Cabe a Carlos, o revoltado noviço do título, uma fala brilhante, de particular valor por não só falar da situação imediata do jovem, mas por tratar também de um mal mais amplo, que afeta o país. Quando Emília, sua amada, lembra que ao seguir carreiras que não querem, mas lhes são impostas, os filhos – dizem – acabam acostumados a elas pelo tempo, responde ele:

> O tempo acostumar! Eis aí porque vemos entre nós tantos absurdos e disparates. Este tem jeito para sapateiro: pois vá estudar medicina...

1   M. Pena, *Judas em Sábado de Aleluia*, Ato I, Cena 1, em Darcy Damasceno (org.), *Teatro Completo de Martins Pena*.

Excelente médico! Aquele tem inclinação para cômico; pois não senhor, será político... Ora, ainda isso, vá. Estoutro só tem jeito para caiador ou borrador; nada, é serviço que não presta... será diplomata, que borra tudo o quanto faz. Aqueloutro chama-lhe toda a propensão para a ladroeira; manda o bom senso que se corrija o sujeitinho, mas isso não se faz: seja tesoureiro de repartição, fiscal, e lá se vão os cofres da nação à garra... Estoutro tem uma grande carga de preguiça e indolência e só serviria para leigo de convento, no entanto vemos o bom mandrião empregado público, comendo com as mãos cruzadas sobre a pança o pingue ordenado da nação.

Carlos ainda inclui em sua crítica o descaso com que são tratados os artistas, notando que os escritores morrem de miséria no Brasil. O *Noviço* é uma comédia de alta categoria, em forma e conteúdo, merecendo ainda mais montagens do que já teve até hoje.

Infelizmente Martins Pena foi um fenômeno isolado; é irônico que, quando o Brasil teve seu primeiro bom autor para teatro, com uma produção constante, infelizmente cedo ceifada pela tuberculose, o primeiro grande ator brasileiro, João Caetano (1808-1863), quisesse ser chamado de o "Talma brasileiro" e por isso mesmo preferia atuar nas montagens que, ao que parece, eram péssimas "adaptações" de Shakespeare, do francês. Nem por isso podemos desmerecer João Caetano, cuja preocupação com o teatro brasileiro o levou, em 1833, a formar uma companhia de atores brasileiros, muito especificamente no intuito de livrar nossos palcos do que não hesitou em chamar dependência de atores estrangeiros, ou seja, tendo como estrangeiros os atores portugueses. Ele criou também um prêmio de estímulo ao autor nacional.

João Caetano foi unanimemente louvado ao longo de sua carreira, o que não significa que ela toda não tenha sido de lutas. Entre o despreparo das plateias para um teatro mais sério, o preconceito contra os atores e a falta de estímulo inteligente por parte do governo viveu o primeiro grande ator brasileiro. Ele atuou durante alguns anos no teatro amador, e foi no palco que ele aprendeu e aprimorou sua arte; tudo indica que ele encarava o teatro com muita seriedade, e que lia tudo o que encontrava a respeito. Como não havia concorrentes na interpretação de tragédias nem uma riqueza teatral que permitisse a existência de opiniões mais abalizadas, a visão atual sobre o ator tem de levar em conta o que ele próprio pensava sobre o teatro e a interpretação e que encontramos nas *Reflexões Dramáticas* e nas *Lições Dramáticas* que escreveu. É interessante, em particular, a visão crítica que o próprio João Caetano tem de suas atuações na juventude, e como ele encarava com seriedade seu ofício de ator; se suas lições não são totalmente originais, elas pelo menos mostram que o autor leu o que pôde a respeito, o que é um depoimento positivo sobre sua postura em relação à sua arte.

O Século XIX:
Perseverança na Descontinuidade

INFELIZMENTE, ESSE FLORESCIMENTO DE texto e espetáculo, que se seguiu logo à Independência, não teve continuidade. Porém, embora não ficasse instalada uma atividade constante, em meados do século começaram a aparecer novos nomes a serem lembrados na dramaturgia brasileira, nomes esses, via de regra, bem mais famosos por suas obras literárias do que por suas incursões pelo teatro. Em grande parte, a maior influência é a do romantismo, mas em algumas dessas obras já aparecem indicações de certa preocupação com temas brasileiros.

O primeiro que merece atenção é Álvares de Azevedo (1831-1852), cujo *Macário* não chega bem a ser teatro, mas, segundo afirma o próprio autor, é influenciado por vários autores que usaram a dramaturgia mais ampla e variada do Século de Ouro espanhol e da Inglaterra elisabetana.

Seria possível talvez aceitar que, com a maior parte do texto voltada para o sonho que tem Macário, na taverna aonde chega exausto, o jovem autor recorra à forma da comédia dentro da comédia; mas falta economia dramática à indisciplinada amplitude de encontros, que indagam sobre a vida, a morte, o amor e mais todas as inquietações que, sem dúvida, sentia o próprio autor. Mal saído de sua adolescência, Álvares de Azevedo morre antes dos 21 anos e deixa em *Macário* apenas a possibilidade de um talento dramático, para além do poético, que deixou confirmado.

Dedicou-se um pouco mais ao teatro Gonçalves Dias (1823-1864), obviamente por influência do sucesso de Victor Hugo. Ainda estudante em Coimbra, escreveu dois dramalhões em que protagonista e antagonista são o bem e o mal em ação, de acordo com o que pretendia ser o exemplo shakespeariano, que seguira o francês. O número reduzido de personagens – cinco no primeiro, quatro no segundo – sugere mais o caminho neoclássico do que o romântico, mas a variedade de locais está mais de acordo com esse último. Nem *Patkull*, que se passa na Polônia, em 1707, nem *Beatriz Cenci*, que se passa na Itália, em 1598, jamais chegaram ao palco e, além do despreparo na forma dramática, é possível que sejam ambos prejudicados pela distância cronológica, geográfica e cultural que têm do autor, a par das complicadas traições causadas por paixões contrariadas e casamentos que pais impõem às filhas. *Beatriz Cenci*, o melhor dos dois, esteve a ponto de ser montado, mas a censura de então, com característica miopia, proibiu, por alegados motivos morais, sua apresentação. Não seria nem a primeira, nem a última prova da lamentável interferência da censura no teatro, a arte que sempre lhe parece mais ameaçadora todas as vezes em que o teatro se aproxima mais desabridamente daquilo que é sua função essencial, a de ser o espelho da natureza, e com isso observando e esclarecendo comportamentos humanos.

Poucos anos mais tarde, ao escrever *Leonor de Mendonça*, Gonçalves Dias mostra uma considerável evolução no domínio da estrutura dramática, e a distância no tempo não pesa a alguém que tem intimidade com a cultura portuguesa. Mais integrado no romantismo, Gonçalves Dias abandonou a concentração do classicismo em poucas personagens e ampliou seu campo de ação, o que lhe permitiu ligar os protagonistas do drama a seus universos de origem, que determinam serem como são d. Jaime, Leonor e Alcoforado. É provável que venha da influência de Victor Hugo, além do tom e da estrutura da peça, a ideia de haver ele escrito um Prólogo, no qual apresenta sua visão estética e ética do tema que escolheu para sua nova incursão pela literatura dramática, que dessa vez é bem-sucedida e cumpre bem seu destino no palco.

No Prólogo de *Leonor de Mendonça* há ecos de Aristóteles, quando Gonçalves Dias afirma que não há vícios em seus protagonistas, mas apenas defeitos, e também quando ele afirma ter como "fatalidade" a lógica implacável de causa e efeito, com cada personagem sendo de fato responsável pelo que lhe acontece, sempre em função de suas próprias ações. Que tais ações sejam condicionadas pelas circunstâncias das convenções do momento é o que as torna plausíveis, e os quadros sociais em que são situadas as personagens validam a ação de cada uma. Formulando um quadro geral que inclui essas exigências, Gonçalves Dias cria sua obra-prima dramática, a única de suas peças que se iguala ao nível de sua poesia.

Surpreendentemente, quando Gonçalves Dias, com *Boabdil*, voltou ao teatro, quatro anos mais tarde, mais uma vez ele se direcionou para uma cultura estranha. Dessa vez, os árabes, que dominaram a Espanha, agora estariam a ponto de ser expulsos pelos cristãos; assim como em suas primeiras tentativas dramáticas, o resultado fica falso e pesado, com longas falas explanatórias, que nada têm de teatral.

Nessa época, quem mais se dedicou ao teatro foi Joaquim Manuel de Macedo (1820-1882), interessante figura que estudou Medicina no Rio de Janeiro, mas foi professor de Geografia e História do Brasil no Colégio Pedro II, deputado, membro do Instituto Histórico e Geográfico, da Sociedade Auxiliadora da Indústria Nacional, do Conselho Diretor da Instrução Pública e sócio do Conservatório Dramático do Rio de Janeiro. Sendo bem homem de sua época, Macedo se deixou tentar pelo drama, mas nem *O Cego*, com o qual desaprova a tirania dos pais em relação aos casamentos de suas filhas, nem *Cobé*, que condena a escravidão do índio, nem mesmo *Lusbela*, que na linha da *Dama das Camélias* trata da expiação de uma seduzida, conseguem em forma ou conteúdo alcançar um nível aceitável de teatro.

Nas comédias, no entanto, Macedo tem muito mais sucesso, ao seguir a trilha de Martins Pena, tanto em *O Primo da Califórnia*, que denuncia com humor o culto das aparências, como em *O Macaco da Vizinha*, cuja trama envolve um possível adultério, impedido quando o marido percebe que não pode dar mais atenção a seus canários do que à sua mulher. O ponto mais alto de sua dramaturgia denuncia o culto ao que é estrangeiro, que Martins Pena já aproveitara tão bem em Os Dois ou O Inglês Maquinista. No centro da divertida crítica de A Torre em Concurso (1863), estão dois brasileiros espertos e desempregados, que se apresentam como engenheiros ingleses em uma cidadezinha, cujo prefeito impunha tal condição a quem quisesse ser contratado para construir a torre da igreja. A incompetência dos dois pseudoingleses e da polícia que os procura fazem parte do final feliz, no qual eles fogem justo quando chega a notícia da nomeação do jovem engenheiro brasileiro para comandar a construção da torre e, naturalmente, casar-se com a eleita até então inatingível.

A disputa, na comédia, é usada para denunciar tanto a corrupção quanto a ignorância dos políticos, além de expor ao ridículo uma tia quase velha ainda querendo namorar. Macedo é ainda autor de outros títulos de comédia, e devemos lembrar que seus dramas, embora sem maior mérito, marcaram uma clara etapa de desenvolvimento da dramaturgia brasileira por ter o autor abandonado as apaixonadas ações de época do romantismo, passando a escrever sobre seu próprio tempo, o que o fez o criador dos "dramas de casaca", assim chamados por usarem os trajes do momento, Mesmo que não seja muito bom teatro, é positivo encontrar marcas de vida brasileira em sua obra.

Temos ainda de lembrar o talentoso cearense José de Alencar (1829-1877). Sem dúvida, o fato de podermos encontrar em sua obra tão forte dose de brasilidade se deve ao fato de ele ter estudado Direito, não em Coimbra, mas, sim, em São Paulo. Com sólida carreira no serviço público, ele é mais famoso como autor de romances como O Guarani e Iracema, entre outros, mas é relevante notar que dedicou ao menos uma parte de seu talento ao teatro. O fato é interessante porque várias de suas peças foram montadas durante sua vida, o que atesta ter ele sido um autor popular, ou de prestígio, na época. Paradoxalmente para os dias de hoje, porém, ao que parece, aceitável à época, Alencar foi também censor do Conservatório Dramático Brasileiro que, ao mesmo tempo, estimulava o teatro e lhe fazia uma rígida censura moral.

As duas primeiras obras dramáticas de José de Alencar são, na verdade, as melhores de toda a sua produção: O Demônio Familiar, em quatro atos, montada em 1857, faz parte do empenho que o autor sempre teve na campanha pela abolição da escravatura que, nessa comédia, se apresenta de modo muito interessante: Pedro, o "moleque" escravo, provoca um desastre atrás de outro, produzindo toda espécie de confusão, mas fica afinal concluído que ele não pode ser responsabilizado, porque é escravo, já que nunca foi preparado para raciocinar ou ter responsabilidade por nada. Assim sendo, ele "obedece" de forma desastrada e, no final, é "condenado" à liberdade, sendo o termo usado justamente para ficar claro que essa última implica responsabilidade, o que por sua vez demanda compreensão e raciocínio. A comédia não chega a ser realizada em um nível que favoreça sua montagem; a própria relevância de seu tema empresta ao texto um certo tom didático e moralizante que prejudica o todo, mas não há dúvida de que ela foi realmente significativa a seu tempo.

Mais agradável e divertida é *Rio de Janeiro – Verso e Reverso*, de 1857, comédia em dois atos, na qual um paulista visita o Rio e, durante quase todo o primeiro ato, só vê os defeitos e erros da cidade. Apaixonado por uma carioca, o rapaz passa, no segundo ato, a reconhecer todos os muitos encantos que podem ser encontrados na corte. Escrita em versos, a comédia é leve e divertida, com bastante variedade em suas personagens e um sabor local muito especial, que certamente revela a constante brasilidade do autor.

Data ainda dos primeiros anos voltados para o teatro, uma "ópera cômica" intitulada A *Noite de São João*, para a qual Elias Álvares Lobo compôs a música, e que foi apresentada no Teatro Provisório em dezembro de 1860, quando José de Alencar já havia passado a escrever seus dramas.

Em O *Crédito* busca-se um retrato de um novo aspecto da vida na corte, sendo a trama elaborada em torno das mudanças econômicas, no caso, o aparecimento da ideia de crédito, e sua influência sobre a sociedade, não só pelo que ele pode facilitar em aparências, como em questões éticas mais básicas. Negócios e namoros são igualmente influenciados pelo crédito, e a noção de irresponsabilidade alimentada pela ignorância agora aparece em termos da precária formação das mulheres que, entre outras coisas, não têm ideia do quanto custa o luxo que querem ostentar. É um típico drama de casaca, que tem como modelo os dramas igualmente moralizantes que apareciam na França.

A preocupação com valores morais domina a quase totalidade da obra teatral de Alencar daí por diante. *As Asas de um Anjo* é mais uma contribuição brasileira para a queda e redenção de uma "dama das camélias". Aqui, e mais ainda em sua continuação, *A Expiação*, o tom moralizante, que torna a vida da redimida uma punição eterna, prejudica tanto a obra pelo peso da lição moral quanto as personagens, que ficam totalmente reduzidas às suas funcionalidades na trama. É pitoresco lembrar que a primeira foi montada, aparentemente com sucesso, no Ginásio Dramático, mas não há traço de montagem da segunda.

Entre essas últimas duas peças, em 1860, aparece *Mãe*, essa novamente sobre a escravatura, porém com ênfase no preconceito racial. A figura de Joana, a escrava negra que se sacrifica pelo filho, tem comportamento bem pouco aceitável aos olhos de hoje, passados mais de 150 anos, pois seu objetivo, humilhada e se escondendo até à morte, é fazer com que o filho, branco de aspecto, ignore sua ascendência negra ou, ao conhecê-la, continue a repudiar sua origem, graças à morte da mãe. Não deixa de ser positiva, é verdade, a postura de José de Alencar contra a escravidão e o preconceito racial, não sendo possível ignorar em que mundo ele escrevia.

A última peça de Alencar, *O Jesuíta*, teve problemas com a censura, mas é difícil encontrar no texto maior mérito do que o de apresentar seu protagonista como defensor da independência do Brasil ainda nos idos de 1759. O conflito dos jesuítas com o Marquês de Pombal é apresentado como um ambicioso plano que teriam os primeiros de fazer do Brasil independente uma pátria para todas as religiões, o que não é muito plausível partindo da Companhia de Jesus. Além disso, há um excesso de longas falas sobre o que não pôde ser transformado em ação. *O Jesuíta* foi motivo de grande polêmica na época entre Alencar e Joaquim Nabuco, com o autor se queixando amargamente do desinteresse do público por sua apresentação, que aliás ele reconheceu ter sido de má qualidade e não ensaiada. J. Galante de Souza afirma que "apesar de condenado pelo Conservatório Dramático, foi levado à cena a 19 de setembro de 1875", mas dificilmente o texto resistiria a uma montagem moderna.

Outro grande romancista que emprestou um pouco de seu talento ao teatro foi Antônio de Castro Alves (1847-1871), cuja ligação com o teatro deveu-se principalmente ao seu amor por Eugênia Câmara (1837-1879), a atriz com quem viveu por alguns anos e para quem escreveu *Gonzaga ou A Revolução de Minas*. Esta foi apresentada pela primeira vez no Teatro S. João, em Salvador, em 1867, com um grupo de amadores e, depois, em 1868, já como profissional, em São Paulo. Muito embora tenha escrito um "drama cômico" intitulado *Uma Página de Escola Realista* e um drama em três partes, das quais só a primeira foi publicada, *D. Juan ou A Prole dos Saturnos*, só sua romântica obra sobre a Inconfidência Mineira é digna de atenção. Castro Alves faz seu protagonista Thomas Antônio Gonzaga, e elabora sua trama de modo a envolver tanto o tema da independência quanto o da abolição da escravatura, além de ressaltar as convicções republicanas dos Inconfidentes. Essa única obra dramática válida liga Castro Alves ao romantismo passado, mais do que ao realismo que já era o tom dominante na incipiente dramaturgia nacional.

Mais moderno que Castro Alves, porém mais velho em idade que o poeta, seu contemporâneo de atividade literária, foi Joaquim da França Júnior (1838-1890), brilhante jornalista que, como seus contemporâneos, fez carreira no serviço público. Ao teatro ele deu considerável atenção, escrevendo cerca de quinze peças, com a característica de jamais cair na tentação de experimentar o drama, e ficar sempre fiel à comédia de costumes. É interessante ver como, a essa altura, já temos um autor inteiramente ligado a temáticas brasileiras, seja na área dos relacionamentos pessoais, como em *Direito Por Linhas Tortas*, *O Tipo Brasileiro* ou *Amor Com Amor se Paga*, seja nas críticas à política de seu tempo, como em *Caiu o Ministério*, *Três Candidatos* ou *Como se Fazia um Deputado*. São essas últimas que têm dado maior fama a França Júnior, e sua crítica à corrupção nas eleições e à ignorância do eleitorado é precisa e bem-conduzida em termos de comédia.

A última obra de França Júnior foi *As Doutoras*, de 1889, na qual já se pode sentir que ele pertence a tempos mais modernos, pois o telefone, instalado no Rio de Janeiro pela primeira vez em 1883, é usado como parte do desenvolvimento da trama. Por outro lado, a posição do autor é rasgadamente conservadora, pois a comédia condena integralmente a ideia de a mulher estudar ou exercer cargos ou profissões, sem dúvida o pensamento dominante na sociedade daquele tempo. Assim, a peça apresenta como ridículo a mulher estudar qualquer coisa além daquilo que a preparava para o convívio social, pois seria monstruoso julgar que ela pudesse se realizar na vida a não ser como mulher e mãe, já que o estudo a afastaria desse seu destino biológico. Podemos lamentar a estreiteza na visão de França Júnior, mas ele refletia sem dúvida a sociedade em que vivia.

O Brasil andava inquieto; a Abolição da Escravatura, em 1888, e a Proclamação da República, em 1889, foram momentos cruciais para a afirmação de uma independência cultural negada em 1822 pelo que foi, afinal, uma continuidade dinástica. Ela não se daria integralmente então, e seria tolo negar que a seiva do passado português não pesaria ainda por muito tempo no desenvolvimento cultural e artístico do Brasil, e não pouco pelas ligações desse com a cultura francesa. Assim, se é certo que o teatro brasileiro nasceu pouco depois da Independência, a Abolição da Escravatura e a Proclamação da República marcam a ruptura econômica e política que transformou o país e, com ele, naturalmente, o teatro. Mas, mesmo que até então não tenha sido dos mais ricos em dramaturgia ou espetáculo, o teatro brasileiro tem uma preciosa ponte ligando os séculos XIX e XX: o fertilíssimo Artur Azevedo (1855-1908).

Naquele *fin de siècle* em que ele viveu, todos se queixavam de que o teatro brasileiro estava em crise e decaíra, mas é preciso admitir que, por mais que se procure, ninguém consegue encontrar, na segunda metade do século XIX, a "idade do ouro" teatral ou dramática, imaginada por alguns. O problema parece ser sempre o mesmo: surgem sempre manifestações, de um pequeno e restrito grupo intelectual e culto, a reclamar da qualidade do teatro que era montado no país; mas o teatro insistia – e ainda insiste – em fazer exatamente o que sempre fez, ou seja, refletir com precisão a sociedade que o produz. Um altíssimo percentual da população não tinha as mínimas condições para apreciar o que, em sua época, escreviam autores estrangeiros como Ibsen ou Strindberg, mas a culpa não era sua e, sim, das deficiências do nosso ensino público, e grande parte do ensino particular; e não nos esqueçamos de que, até quase o fim do século XX, era perfeitamente possível uma brasileira ou um brasileiro cursar todo o 1º e o 2º graus sem jamais ouvir a palavra "teatro".

Não seria possível, em tais condições, formar uma plateia para algo diferente do entretenimento que efetivamente vinha atraindo o público a partir da década de 1890 e das primeiras décadas do século XX: a revista, o esquete, a paródia, a *féerie*. A principal origem do sucesso dessas formas foi a visita que aqui tivemos da companhia francesa *Bataclan* que, no início dos anos de 1920, veio ao Brasil, trazendo músicos e dançarinos competentes, figurinos e cenários espetaculares e até o uso do assim chamado "nu artístico", deixando, com tudo isso, deslumbrada a plateia carioca e influenciando a revista local, que começou a melhorar seu nível, e se propôr a ser, em tudo, igual ao grupo francês. Mas, dessas companhias, falaremos mais adiante.

O próprio Artur Azevedo, o maior defensor que o teatro brasileiro já teve, escreveu em todos os gêneros para ganhar a vida, e é um terrível engano querer acusá-lo de fazer concessões ao público menos exigente. O teatro existe em função do público que a sociedade em que vive lhe oferece, e ele só teve fracassos nas poucas vezes em que enveredou pelo caminho do teatro sério. Por outro lado, Azevedo alcançou sempre imensos sucessos quando escrevia obras leves e divertidas, como com as divertidas paródias de operetas francesas, como *La Fille de Mme. Angot*, que transformou em *A Filha de Maria Angu*, ou ainda quando fez *Abel, Helena*, a paródia de *La Belle Hélène*, abrasileirando completamente o quadro da ação e as características das personagens.

Enveredando por vários caminhos teatrais, escreveu comédias perfeitamente semelhantes às francesas em estrutura e tratamento, como *A Joia*, cuja trama, aliás, nos informa o quanto os que tinham bastante dinheiro, na época, imitavam, na medida do possível, o estilo de vida europeu, em especial o parisiense; e na interessante cobertura da vida carioca que faz nas *Revistas do Ano*, que usam incontáveis personagens mitológicas como eficiente elemento de distanciamento cômico, fala com inteligência e espírito a respeito do que acontecia na capital.

Entre suas mais brilhantes obras temos, deliciosas, inteiramente brasileiras e repletas de música, as burletas. A *Capital Federal*, ainda dos últimos anos do século XIX, explora com humor e carinho o velho tema da família do interior que se depara com os novos e assustadores hábitos da capital. Já O *Mambembe*, de 1904, retrata os percalços da vida teatral no Brasil, pintando ao mesmo tempo um brilhante quadro social do país da época, e aproveitando a natureza nômade do grupo para retratar o inverso, ou seja, gente da capital se deparando com os hábitos da vida modesta de outros pontos do país.

Essas burletas – assim como as várias de outros autores que também tiveram sucesso naquela virada de século – dependiam, para a sua montagem, de quanto poderia um empresário gastar em um espetáculo pois, no caso das duas citadas, de Azevedo, tanto em uma quanto na outra, temos uma cenografia complexa e rica. No caso de O *Mambembe*, são mais de dez cenários, entre cenas em ambientes fechados e ao ar livre, como os fundos de um armazém onde se reúnem, no início, os mambembes, o interior da casa do coronel – com suas inúmeras portas –, o trem que está para partir, ou ainda a festa do Divino. Tudo isso, ele incluiu em suas peças com tranquilidade, sabendo que não estaria impedindo a encenação tão logo fossem criadas. Grande defensor do teatro brasileiro, é certo que Artur Azevedo lastimaria saber que, 120 anos mais tarde, as condições dos teatros brasileiros, ao menos no seu Rio de Janeiro, fazem impossível que suas burletas sejam montadas, pelo menos com a riqueza devida.

Século XX: Dramaturgia
e Vida Teatral Até os Anos de 1940

NA PRIMEIRA DÉCADA DO século XX, apareceram vários autores procurando escrever um teatro de conteúdo mais significativo. Podemos destacar Júlia Lopes de Almeida (1862-1934), autora de *Herança*, um significativo protesto contra a condição da mulher brasileira. Houve, também, Coelho Neto (1864-1934), cujo trabalho mais sério e de melhor qualidade é *Quebranto*, em que volta ao tema do conflito entre a cidade e o interior – o que já atraíra Martins Pena anteriormente –, tendo sido, porém, mais bem-sucedido em divertidas comédias, como *O Patinho Torto*, entre outras.

O acontecimento mais importante dessa década, no entanto, foi resultado da incansável luta de Artur Azevedo em prol de um teatro verdadeiramente brasileiro. Para a Exposição Nacional de 1908, que comemorava os cem anos da Abertura dos Portos, foi construído um imponente teatro temporário, dedicado à apresentação de peças de autores nacionais, destruído pouco depois de terminado o evento, embora a temporada, só de escritores nacionais, tenha sido efetivamente realizada com bastante sucesso. Como parte de sua mesma e incansável luta, Azevedo liderou a campanha pela construção do Teatro Municipal do Rio de Janeiro. Infelizmente, ele não viveu o suficiente para testemunhar a inauguração do novo teatro – na verdade uma casa de ópera –, ocorrida em 1909, e que, longe de abrigar um teatro brasileiro, se deu com a apresentação de uma companhia estrangeira, seguida por várias outras. Era a vitória dos que só pensavam em termos de cultura europeia, ignorando completamente o Brasil nos primeiros anos do Teatro Municipal.

O quadro geral foi aos poucos modificado, não por vontade própria, mas a partir do início da chamada Primeira Grande Guerra, que eclodiu em 1914. Devido ao conflito na Europa, acabaram-se as visitas de companhias estrangeiras ao Brasil, sendo a princípio improvisadas algumas falsas companhias francesas, compostas por franceses ou pseudofranceses residentes no Rio de Janeiro; mas era inevitável que o produto nacional passasse a ser mais procurado e amparado diante da impossibilidade das importações. A guerra, sob esse aspecto, atingiu os mais variados setores, impedindo ou dificultando a importação de coisas tão simples quanto manteiga ou biscoitos, a incipiente indústria local finalmente conseguindo vender seus produtos, e os tecidos nacionais sendo admitidos até mesmo para vestidos das elegantes da época.

Houve algumas reais tentativas de uma dramaturgia mais séria nas primeiras décadas do século: o maior número de tentativas foi feito por Roberto Gomes (1882-1922), que escreveu textos nevoentos, quando não fantasmagóricos, que não conseguiram sobreviver. Sua peça mais conhecida é *A Casa Fechada*, que assume um tom de mistério com pretensões a seriedade, mas que, no entanto, não consegue sair do modesto melodrama e do retrato de tipos de uma cidadezinha pequena. Dessa época, uma peça que talvez fosse interessante alguém tentar remontar nos dias de hoje é *Flores de Sombra*, que Cláudio de Souza (1876-1954) escreveu em 1916, falando ainda da pureza do campo e da corrupção da cidade, mas sendo o problema, dessa vez, representado pela escolha entre duas moças, e não mais pelo óbvio caipira em contraste com o citadino sofisticado, em um agradável ambiente de gente despretensiosa, mas pensante.

João do Rio (Paulo Barreto, 1881-1921), por outro lado, tentou outra forma de ficar em dia com a Europa, enveredando pelo diálogo sofisticado: é muito divertida a sua comédia *Que Pena Ser Só Ladrão*, um diálogo entre o ladrão e a prostituta (em cujo quarto entrou por engano) no qual ele acaba com pena da moça, devolvendo o que roubou e ainda lhe dando de presente o resto da "féria" do dia, mas explicando que não fica com ela porque "é casado e nunca dorme fora de casa". A obra mais famosa de João do Rio, no entanto, é *A Bela Madame Vargas*, uma trama com pitadas de crítica social e de humor, à maneira de Oscar Wilde. Essa peça mereceria uma encenação nos dias atuais, passados pouco mais de cem anos de sua criação. O teatro de então, não sabemos exatamente como, podia apresentar montagens como essa, com vários cenários realistas e ricos em detalhes.

Enquanto isso, Coelho Neto, que vinha escrevendo desde antes da Primeira Grande Guerra, tendo sido o primeiro que se aventurou a subsistir exclusivamente como escritor, deixa transparecer a clara influência de Ibsen, quando escreve A *Muralha*, na qual a protagonista é empurrada para os braços de um conhecido rico, pelo próprio marido e a mãe deste, porque o tal amigo teria condições de impedir a falência da família. A moça fica horrorizada e vai pedir conselhos ao pai, que também lhe recomenda seguir a intenção do marido. Onde a influência de Ibsen se faz perceber é na resolução tomada pela protagonista de deixar o marido para não agir contra seus princípios, e proclamar, quando a sogra lhe pergunta para onde vai, que o trabalho será a solução de sua vida. Para o teatro brasileiro, isso é um passo à frente, embora a dramaturgia da peça seja um pouco dura. Coelho Neto foi mais bem-sucedido em várias tentativas de comédia, como a já citada O *Patinho Torto*, do que em seus esforços em favor de uma dramaturgia mais séria, mesmo quando temos de reconhecer que seu melhor trabalho seja mesmo *Quebranto*.

A vontade de ser importante, no entanto, era por vezes tão exagerada que há falta de objetividade nos mais que ambiciosos projetos que apareciam, já que o Rio de Janeiro nesse período era uma cidade de proporções modestas, com uma população despreparada, para querer ombrear com o teatro europeu. Em 1916, Gomes Cardim (1865-1932) criou, no Rio de Janeiro, o Teatro da Natureza, tendo a atriz Itália Fausta (1879-1951) como a estrela da companhia. Foi armado, no Campo de Santana, um enorme anfiteatro ao ar livre, com setenta camarotes, mil lugares numerados, mais mil cadeiras, e lugar para mil espectadores em pé. O repertório era formado por textos como *Édipo Rei* e *Antígona*, de Sófocles, além de obras de outros europeus famosos, clássicos e contemporâneos. Despertou curiosidade e obteve mais sucesso do que seria de esperar; porém, devido ao gênero do repertório apresentado e às violentas chuvas de verão típicas do Rio, durou pouco tempo.

Desistindo das altas ambições do Teatro da Natureza, Itália Fausta passou a ser a primeira figura de outra companhia organizada por Gomes Cardim e, em 1917, estreou com A *Ré Misteriosa*, do francês Alexandre Bisson (1848-1912), melodrama que se tornou o grande triunfo e o "cavalo de batalha" da carreira de Itália Fausta. O dramalhão sempre agradou ao público brasileiro.

Quem reparar nas datas tanto do Teatro da Natureza quanto de *Flores de Sombra*, 1916, constatará que o teatro, como de costume, continuava a ser um reflexo da sociedade que o produzia, e que estava pesando sobre a vida cultural do Rio de Janeiro, pois, como dissemos acima, a Primeira Guerra Mundial por cinco anos fechou a fonte de espetáculos europeus. Mas, no entanto, a transformação teatral não se deu assim tão depressa: os brasileiros só conseguiam ocupar o Teatro Municipal por um dia em sua segunda temporada, e por muito pouco mais ao longo dos primeiros dez anos de sua existência.

Com o tempo, a inauguração do Municipal e o final da guerra, companhias inteiras de ópera também começaram a parar aqui quando, durante o verão europeu, partiam para temporadas mais longas em Buenos Aires, bem mais europeizada do que o Rio ou São Paulo e, nos anos de 1920, tudo o que havia de bom em matéria de ópera visitou o Brasil. No centenário da Independência, por exemplo, Weingartner, um dos maiores maestros da época, regeu aqui a tetralogia *O Anel dos Nibelungos (Der Ring des Nibelungen)*, de Wagner. O tenor Enrico Caruso (1873-1921) apresentou-se no Brasil inúmeras vezes e, até o final do século XX, as temporadas de ópera eram longas e variadas.

Uns poucos anos depois da inauguração do Teatro Municipal do Rio, foi também construída em São Paulo uma casa para ópera, apenas um pouco menos imponente do que a carioca, e de início, no Municipal paulista só havia peças de teatro quando para lá iam companhias do Rio de Janeiro. A falta, no entanto, era só de atividade profissional, pois já haviam aparecido em São Paulo, desde cedo, companhias filodramáticas de imigrantes italianos, que sentiam falta da vida cultural de seu país de origem. Essas companhias faziam teatro sério e moderno, apresentando os autores novos que estavam brilhando na Europa e, além disso, trouxeram consigo os primeiros indícios de consciência política, o que resultou no aparecimento de alguns textos brasileiros com esse viés.

Enquanto isso, os brasileiros, de modo geral, cada vez mais se entregavam às várias formas musicadas: burletas, revistas, paródias etc. Na década de 1920, o domínio da comédia e do musical foi absoluto. O Teatro Trianon, no Rio, era o palco principal dos acontecimentos, tendo sempre casa cheia para apresentações constantes de comédias. Nesse teatro, eram encenadas peças de Gastão Tojeiro (1880-1965) e Armando Gonzaga (1889-1954), que foram autores incrivelmente férteis: escreveram, um e outro, dezenas de peças, a maioria delas não muito criativa, muitas vezes "imitada" de obras conhecidas, isto é, fazendo suas comédias de outros, um pouco alteradas. Mas não podemos nos esquecer do encanto de *Onde Canta o Sabiá*, de Tojeiro. Esse autor – assim como Artur Azevedo – escreveu paródias que agora abordavam o cinema: houve um filme chamado *O Café do Felisberto*, do qual nasceu a paródia de Tojeiro intitulada *O Felisberto do Café*. A carreira dele foi suficientemente longa para que a comédia que escreveu, ao tempo do cinema mudo, com o título de *As Fãs de Raoul Walsh*, tenha sido ressuscitada duas décadas mais tarde com o nome de *As Fãs de Robert Taylor*, o astro hollywoodiano no momento. Ainda temos *A Pensão da Dona Estela*, que fez grande carreira; mas ninguém pode esperar grande qualidade literária ou dramática de peças intituladas *Minha Sogra é da Polícia* ou *A Rival de Sherlock Holmes*...

Já Armando Gonzaga fez grande carreira de jornalista e escreveu copiosamente para o teatro. Criou farsas, burletas, comédias em um ou três atos, copiou e traduziu o teatro de bulevar e até mesmo clássicos franceses, desde 1912 até 1945, podendo ser destacadas, dentre suas dezenas de obras, *Ministro do Supremo*, de 1921, e *Cala a Boca, Etelvina*, de 1925, o seu maior sucesso. O incontestável é que, com sua obra, mantinha cheio o teatro.

Em meados dos 1920 e principalmente nos 1930, aparece um novo autor, Oduvaldo Vianna (1892-1972), que escrevia comédia em um nível bem mais refinado. É um indício de que o ambiente cultural da cidade começava a melhorar, e o teatro de comédia podia agora ser escrito com diálogo mais elaborado, buscando mais a classe média do que a graça barata do popularesco. Dentre suas muitas peças, as que mais marcaram época foram *O Vendedor de Ilusões, Amor* – com a qual se consagrou – e *Manhãs de Sol. Amor*, que estreou em São Paulo em 1933, em 1934 foi a peça que inaugurou o Teatro Rival. Não é por sua complexidade técnica, que exige locais variados na ação, no entanto, que a comédia dificilmente encontraria quem a montasse hoje em dia; a trama do delirante ciúme de Lainha, que calcula o tempo de cada atividade do marido, e telefona ao termo de cada uma delas a fim de o controlar, é bem armada e poderia ainda ser divertida, mas há uma imensa quantidade de atividades paralelas envolvendo religião e moralidade que deixam a obra datada e prolixa. Mesmo assim, Oduvaldo Vianna não deixa de evidenciar que a dramaturgia local estava dando passos positivos, mesmo que modestos.

Nessas mesmas décadas de 1920 e 1930, temos novamente atores que tiveram seus nomes consagrados, o que não ocorria desde os tempos de João Caetano, ainda da primeira metade do século XIX. O primeiro dos novos astros foi Leopoldo Fróes (1882-1932), que estivera na Europa, onde vira bem-montadas peças de *boulevard*, e procurava papéis, estrangeiros ou nacionais, nos quais pudesse exibir sua boa figura e elegância no trajar. Seguindo a fórmula tradicional, Fróes tornou-se a primeira figura de uma companhia de teatro, e não há dúvida de que o banho de civilização que tivera em suas experiências na Europa logrou boas consequências para o trabalho que realizou aqui no Brasil. Era a figura de Fróes, pessoalmente, que levava o público ao teatro, tanto ou mais que o seu repertório.

Foi na companhia de Fróes que apareceram duas figuras das mais marcantes do teatro brasileiro no século XX. A primeira foi Procópio Ferreira (1898-1979), que também faria carreira aproveitando o seu físico, porém de forma diversa, mais própria para as comédias, tendo mais tarde sido consagrado como o mendigo de *Deus Lhe Pague* e como o Arpagão de *O Avarento*, ao longo das décadas de 1930 e 1940. O caso de Procópio Ferreira é muito interessante. Ele ainda atuava quando começaram a acontecer, principalmente em grupos amadores, as mais significativas e inquietas iniciativas, que resultariam no nascimento do moderno teatro brasileiro, como a preocupação com melhor repertório e interpretação mais introvertida e moderna. O ator, no entanto, nunca mostrou o menor interesse em participar dessas mudanças, tendo continuado para sempre preso aos cacoetes da época mais antiga e condenando-se, por isso mesmo, a um final de carreira melancólico, em "praças" insignificantes, do interior, onde ainda não haviam chegado as novidades e o nome dele, sozinho, lotava qualquer casa em que se apresentasse. O fato é tão mais lamentável dado que, sem dúvida, Procópio Ferreira foi um ator de incontestável talento.

A outra figura notável a aparecer na companhia de Leopoldo Fróes foi Dulcina de Moraes (1908-1996), que havia dado os primeiros passos de sua carreira em burletas, mas que, na companhia de Fróes, passou para o teatro de comédia, onde brilhou em uma gloriosa carreira de quase três décadas. Como só se fixou como primeira atriz cerca de dez anos mais tarde, ela será comentada dentro de sua época de sucesso.

Não podemos nos esquecer de que foram contemporâneos desses nomes artistas como Alda Garrido (1896-1970), Dercy Gonçalves (1905-2008) e Jayme Costa (1897-1967), todos com carreiras muitíssimo bem-sucedidas, donos de públicos fidelíssimos. Para sentir o quanto a influência francesa continuava forte, mesmo entre as mais populares figuras do teatro brasileiro, basta lembrar que, entre seus muitos sucessos, Alda Garrido talvez tenha alcançado o maior de todos como *Madame Sans-Gêne*, a comédia de Victorien Sardou sobre a desabusada lavadeira de Napoleão, a qual fora, em Paris, um dos grandes sucessos da famosa atriz francesa Gabrielle Réjane. Já Dercy Gonçalves sempre trilhou o caminho de textos que fossem veículos para a consagração de seu estilo muito pessoal, e sobreviveu a todos eles, não só continuando no teatro como também, mais tarde, encontrando sucesso na televisão. Jayme Costa era, a princípio, tão adverso às mudanças quanto Procópio: é notório o episódio da carta-protesto dele a Paschoal Carlos Magno (1906-1980), na qual afirmava que Sérgio Cardoso (1925-1972) e seus companheiros não tinham o direito de se proclamarem profissionais quando montaram o grupo Teatro dos Doze; segundo Jayme Costa, para poderem merecer tal título, aqueles atores jovens teriam de passar por um longo período de aprendizado em companhias de profissionais consagrados, único caminho para uma carreira de profissional.

As datas dos acontecimentos, por vezes, retratam bem a ironia e os paradoxos da história do nosso teatro: em 1922, já terminada a Primeira Guerra Mundial, teve lugar, em São Paulo, a Semana de Arte Moderna, sem dúvida influenciada pelos movimentos modernistas europeus. Somos informados sobre tudo o que então mudou nas artes, principalmente nas artes plásticas, mas nunca uma palavra sobre o teatro. A leitura correta desse fato é ter sido o teatro brasileiro, até então, de tal modo incipiente, que não havia postura crítica que o pudesse acusar de acadêmico. Para não dizer que o teatro passou inteiramente em branco, é preciso admitir que houve, na verdade, uma única tentativa de juntar o teatro a esse advento do modernismo. A experiência foi um espetáculo de Renato Vianna (1894-1953), no Teatro Municipal do Rio de Janeiro, com música de Villa-Lobos, com o imponente título de A *Última Encarnação de Fausto*. A experiência, um fracasso total, foi coroada por vaias estrondosas, e não teve a menor significação.

Seria uma injustiça, entretanto, não destacar, mesmo que brevemente, a figura de Renato Vianna, que teve uma vida inteira de paixão pelo teatro. Foi um escritor frustrado, não tendo conseguido sucesso, nem mesmo dando a suas peças títulos escolhidos para chamar a atenção, como *Sexo*, ou *Deus*, ou *Jesus Está Batendo à Nossa Porta*, ou ainda *O Homem Silencioso dos Olhos de Vidro*. Como autor faltou-lhe, na verdade, o talento necessário, mas poucas pessoas no Brasil trabalharam tanto para estimular o teatro. Em favor dos autores nacionais, Vianna iniciou vários movimentos, os quais tiveram também títulos estranhos: "A Batalha da Quimera", em 1922; a "Colmeia", em 1924; a "Caverna Mágica", em 1927; e o "Teatro de Arte" em 1932. Em 1934, ele começou um "Teatro Escola". Mas mais importante do que tudo isso, Renato Vianna criou a Escola de Arte Dramática, em Porto Alegre, e no Rio de Janeiro foi diretor da Escola de Teatro Martins Pena, a mais antiga da cidade, fundada em 1908.

Por outro lado, nesse mesmo ano de 1922, chegou ao Rio de Janeiro uma companhia francesa de teatro de revista, a já citada *Bataclan*, que pela primeira vez mostrou ao nosso público o que era uma *féerie*, gênero teatral que fizera grande sucesso na França do século XIX. Muito brilho, muita luz, coreografias bem-trabalhadas e pouca roupa transformaram a vida noturna da cidade. Na verdade, a temporada foi de tal modo lucrativa para a companhia francesa que, no ano seguinte, o grupo voltou, trazendo em seu elenco nada menos que a consagrada Mistinguett (1875-1956). Mais ainda, os franceses transformaram o nosso teatro musical que, abandonando a forma da

Revista do Ano, que vinha desde Artur Azevedo, passou à fórmula do teatro com esquetes e cenas de canto e dança, agora com cenários suntuosos, muito brilho, figurinos mais exíguos, porém mais caprichados, e muita luz, para que tudo ficasse devidamente "feérico", deslumbrante. Não custaram, na verdade, os brasileiros a aprender sua lição com o aparecimento da Cia. Tró-ló-ló e logo depois a Ra-ta-plan, imitando não só a sonoridade do nome da companhia francesa como também seu brilho e pouca roupa.

No entanto, sempre apareceram aqueles que sonhavam com algo melhor e, em 1927, foi criado pelo casal Álvaro (1888-1964) e Eugênia Moreyra (1898-1948) o grupo Teatro de Brinquedo. Pretendiam criar "um teatro em que se pudesse brincar, mas também sonhar e pensar". Todos os seus elementos eram extremamente ativos na vida intelectual da cidade, e o grupo estreou com *Adão, Eva e Outros Membros da Família*. Do próprio Álvaro Moreyra, a peça é interessante, de influência expressionista, enveredando tanto pela boemia quanto pelo submundo do Rio, em um momento em que a moda era... a cocaína. O Teatro de Brinquedo foi apanhado absolutamente de surpresa; tiveram sucesso estrondoso e inesperado, mas ninguém havia pensado no que faria depois, e após uma breve e acidentada vida, o grupo desapareceu.

Na década de 1930 vários momentos significativos aconteceram: Dulcina de Moraes, já citada, que estava no grupo de Leopoldo Fróes, em São Paulo, veio para o Rio de Janeiro, na companhia que formara com seus pais, os atores Átila (1885-?) e Conchita de Moraes (1885-1962), e seu marido Odilon de Azevedo (1904-1966), para montar a mais famosa das peças de Oduvaldo Vianna, *Amor*, com a qual viria a ser consagrada. Apesar de o autor ter se desligado do grupo e voltado para São Paulo, o sucesso foi tamanho que o novo Teatro Rival, onde estrearam, permaneceu ocupado pela companhia até o final da década. Em 1936, Dulcina e Odilon foram aos Estados Unidos, e ao voltarem continuaram com seu teatro de bulevar, porém, com cuidado muito maior nas montagens. Dulcina realizou um velho sonho quando, a par de seu imenso sucesso, criou uma escola para atores, a Fundação Brasileira de Teatro, que funcionou no Rio de Janeiro por muitos anos, sendo depois transferida para Brasília, onde continua a existir, agora com cursos em nível superior.

A instauração da ditadura de Getúlio Vargas – o chamado Estado Novo – veio em 1937, e com ela também a censura que, no caso, afetou mais diretamente o teatro de revista. Como artifício contra os censores, os artistas criaram o hábito de apresentarem, no "ensaio para a censura", um quadro particularmente mais chocante, o qual servia como "boi de piranha": a censura cortava os excessos astutamente criados pelos artistas e acabava deixando o que realmente o produtor queria apresentar. Outra forma de interferência governamental era o financiamento de quadros cômicos sobre Vargas que, ostensivamente compostos por piadas a seu respeito, aumentavam sua popularidade. O grande produtor da época foi Walter Pinto (1913-1994).

Os Comediantes:
o Fenômeno Nelson Rodrigues
e o Estabelecimento do Teatro Moderno

NA PARTE FINAL DA década de 1930, no entanto, muita coisa começava a fervilhar. Em São Paulo, assim como no Rio, apareceram grupos amadores que lutavam por um teatro melhor e, no caso, o Rio, capital federal, saiu na frente. Em 1938, Paschoal Carlos Magno, diplomata recém-chegado de uma temporada de dois anos na Inglaterra, fundou o Teatro do Estudante do Brasil e, tendo visto por lá os bons resultados da direção, chamou Itália Fausta para ensaiar *Romeu e Julieta*, apresentada com toda a pompa e circunstância no Teatro Municipal, com considerável repercussão.

Mais significativo ainda, foi a fundação, em 1939, nos primórdios da Segunda Guerra Mundial, do grupo Os Comediantes, formado por membros da sociedade carioca particularmente integrados na cultura francesa, mas também em dia com o que de melhor havia no teatro de outros países. Relevante para os acontecimentos foi a nova interrupção de visitas europeias devido à nova guerra, mas mais determinante foi o fato de o país estar se tornando mais "brasileiro", começando a querer firmar sua independência cultural. Tendo alcançado um grande sucesso com a montagem de *Desejo*, de Eugene O'Neill, Os Comediantes se imortalizaram com a estreia de *Vestido de Noiva*, de Nelson Rodrigues (1912-1980), no final de 1943, o texto brasileiro que o diretor Ziembinski (1908-1978) indicou como de qualidade perfeitamente igual ao que de bom se fazia na Europa. O sucesso se transformou em um divisor de águas. Os Comediantes era formado por amadores, para quem o teatro era, na melhor das hipóteses, uma atividade paralela, e a maioria deles não tinha a menor intenção de fazer carreira no teatro; assim, os elementos que descobriram ser o teatro realmente seu caminho, se profissionalizaram, e o grupo terminou por perder figuras importantes, e não teve vida muito longa. Vindos desses vários grupos amadores, o teatro passou a ter uma nova geração de atores voltados para textos e atuações moldadas pelo que de bom havia na Europa e nos Estados Unidos.

Com o sucesso de *Vestido de Noiva*, Nelson Rodrigues estava lançado como astro de primeira grandeza no panorama do teatro nacional. Ele já havia tido sua primeira peça montada, *A Mulher Sem Pecado*, que não alcançara, porém, o sucesso com que o autor sonhava, mas viria depois a receber periódicas montagens com elencos de alta categoria. Mas *Vestido de Noiva* era outra coisa. Houve, é claro, muita gente que optou por se dizer chocada por Alaíde romantizar demais a *cocotte* mme. Clessy, mas a verdade é que o texto de Rodrigues é notável, e teve a sorte de cair nas mãos de Zbigniew Ziembinski, o competente diretor e ator polonês que chegara ao Brasil pouco tempo antes, e insistiu para que o grupo montasse esse texto brasileiro. O cenário de Santa Rosa, que permitia que, com a colaboração da luz, as mudanças entre os planos da realidade, da memória e da fantasia ficassem perfeitamente identificados, apoiando o desenvolvimento da ação foi outro elemento importante na montagem.

Depois de seu estrondoso sucesso, Nelson Rodrigues se cala por um par de anos e, a seguir, escreve uma série de peças geralmente chamadas míticas – que provocaram polêmicas por tratarem de temas considerados "chocantes" por uma parte da sociedade – mas que não igualam às duas primeiras em qualidade, possivelmente porque o autor não lhes fornece o chão sólido do Rio de Janeiro, que ele tanto conhece, para a ação. Faltam a *Álbum de Família*, *O Anjo Negro*, *Senhora dos Afogados* e *Doroteia* estruturas mais sólidas e, acima de tudo, um sentido dominante para a obra: mortes, incestos, anomalias sexuais são distribuídas por ações que não chegam a deixar perceber com que objetivo a obra teria sido escrita.

Com um monólogo – no qual Nelson usa o que parece ser restos de ideias concebidas para *Vestido de Noiva* e não usadas então –, *A Valsa nº 6*, o dramaturgo começa a tomar o caminho de volta, e isso o leva ao áureo período das tragédias cariocas: *Boca de Ouro*, *A Falecida*, e nova obra-prima, *O Beijo no Asfalto*. Em meio a essas obras exemplares ele já havia escrito a fraca *Os Sete Gatinhos*, e depois desse conjunto da fase áurea, começam a aparecer peças bem menos significativas, mas ainda na mesma linha, como *Perdoa-me Por Me Traíres*, *Otto Lara Resende ou Bonitinha Mas Ordinária* e *Viúva Porém Honesta*. Depois, no entanto, de um novo intervalo, as peças que Nelson Rodrigues ainda cria não fazem mais qualquer contribuição para sua notável obra. Entretanto, se levamos em conta o que Nelson Rodrigues escreveu em colunas de futebol, em crônicas do tipo "A Vida Como Ela É", e mais alguns romances, é um milagre que ele possa ter dado parcela tão brilhante de seu talento ao teatro.

Pouco depois de acabada a guerra, um acontecimento decisivo para o desenvolvimento do teatro profissional teve lugar em São Paulo. Décio de Almeida Prado (1917-2000) – o maior crítico teatral que o Brasil já teve – dirigia um grupo amador na USP, enquanto Ronald Ealing tinha um outro, composto por brasileiros e ingleses residentes na cidade. Aproveitando essas raízes, e julgando que uma cidade que se tornara tão grande e importante precisava de uma atividade teatral constante e de qualidade, o industrial Franco Zampari (1898-1966) fundou, em 1948, o Teatro Brasileiro de Comédia (TBC). O elenco foi sendo formado com tudo o que de melhor havia em São Paulo e, a seguir, no Rio. Foram graves as perdas para o teatro carioca, pois a estrutura do TBC oferecia condições de trabalho tentadoras, atraindo os melhores profissionais. Os primeiros diretores do TBC foram Luciano Salce e Bollini Cerri, sendo lógico que Zampari fosse buscar forças na Itália, cuja história teatral ele conhecia melhor. Esses dois, no entanto, em breve voltaram para casa, e então foi trazido de Buenos Aires outro italiano, da maior importância para o teatro brasileiro, Adolfo Celi (1922-1986). Com Celi como diretor artístico, o TBC teve sua idade de ouro, pois ele alternava, sabiamente, textos clássicos ou de modernos notáveis, com outros de certa categoria e muito bem encenados, porém mais acessíveis e destinados a equilibrar as finanças da companhia com grandes sucessos de bilheteria.

O TBC arrebanhou talentos – como Sérgio Britto (1923-2011), Fernanda Montenegro, ainda iniciando sua carreira (1930-), e Fernando Torres (1927-2008), que haviam trabalhado antes com Maria Della Costa – e abrigou um dos maiores mitos de nosso teatro – Cacilda Becker (1921-1969), cuja primeira experiência teatral se dera no Rio de Janeiro, no Teatro do Estudante do Brasil, em 3.200 *Metros de Altitude* –, e a cuja triunfal carreira o TBC continuou sempre identificado. No TBC também foram revelados novos talentos, vindos do teatro amador, como o imensamente talentoso Ítalo Rossi (1931-2011). A grande ressalva muitas vezes feita à notável contribuição ao teatro brasileiro é a de seu desinteresse em montar autores nacionais; o único brasileiro regularmente apresentado era Abílio Pereira de Almeida (1906-1977), que escrevia comédias que agradavam a elite de São Paulo.

Mas o teatro carioca não morreu e, nesse mesmo ano de 1948, foi apresentado no Rio de Janeiro um dos espetáculos de maior repercussão de nossa história cênica, o *Hamlet* do Teatro do Estudante do Brasil, enorme sucesso com a direção romântica do alemão Hoffmann Harnisch, que revelou, entre outros, os atores Sérgio Cardoso, Sérgio Britto e Maria Fernanda. A reação do público foi delirante, sendo o espetáculo e, particularmente, Sérgio Cardoso cantados em prosa e verso. Por isso mesmo, vários integrantes do grupo daí a pouco se profissionalizaram com o nome de Teatro dos Doze.

Entretanto, o bem-sucedido TBC, em São Paulo, começou a ter problemas por abrigar estrelas demais. De lá saíram, sucessivamente, a CTCA – composta por Adolfo Celi, Tônia Carrero (1922-) e Paulo Autran (1922-2007), que estreou com *Otelo*; a Cia. Sérgio Cardoso-Nidia Lícia, que estreou com *Hamlet*; a seguir, o TCB (Teatro Cacilda Becker), com Cacilda, Walmor Chagas (1930-2013) e Cleyde Iáconis (1923-2013), além de Ziembinski, e que estreou com a *Jornada de um Longo Dia Para Dentro da Noite*, de Eugene O'Neill. A última grande companhia a sair do TBC, única a se estabelecer no Rio de Janeiro, foi o Teatro dos Sete, com Fernanda Montenegro, Fernando Torres, Sérgio Britto, Ítalo Rossi e o excepcional diretor Gianni Ratto (1916-2005), que também tinha sido cooptado pelo TBC. O grupo estreou com uma deslumbrante montagem de *O Mambembe*, de Artur Azevedo. Só esses nomes e títulos servem para dar uma ideia do brilho do teatro brasileiro na década de 1950.

Outro fato significativo da década de 1950 em São Paulo foi o aparecimento de Maria Della Costa (1926-). A par de sua carreira longa e bem-sucedida na companhia chefiada por ela e Sandro Polônio (1921-1995) – seu marido, sobrinho de Itália Fausta –, é importante lembrar que o casal foi o responsável por nos trazer da Itália o diretor Gianni Ratto, em 1954, cujo primeiro trabalho brasileiro foi a histórica montagem de *Canto da Cotovia*, com Maria Della Costa como Joana d'Arc. Assim como o polonês Ziembinski "descobriu" um autor nacional para Os Comediantes, com *Vestido de Noiva*, o italiano Gianni Ratto, na companhia de Maria e Sandro, encontrou, em A *Moratória*, de Jorge Andrade, um texto brasileiro significativo. Para sua montagem, Ratto persuadiu Maria Della Costa a entregar o primeiro papel feminino a uma jovem que vinha aparecendo em papéis secundários na companhia, Fernanda Montenegro. Além de A *Moratória*, não se pode esquecer que Jorge Andrade é o autor da memorável *Vereda da Salvação*, que teve uma inesquecível encenação pelo TBC, com Raul Cortez (1932-1996) e Cleyde Yáconis.

Nesse mesmo tempo em que brilhava, em São Paulo, o TBC, trabalhavam constantemente, e com sucesso e muito brilho, no Rio de Janeiro, os Artistas Unidos, a companhia que tinha como figura de proa Henriette Morineau (1908-1990), que não resistiu mais ao teatro, depois que Louis Jouvet encontrou no Brasil, como dona de casa, essa ganhadora de prêmios no Conservatório de Paris. Os Artistas Unidos operavam com um bom nível de repertório, em grande parte de autores franceses. Essa companhia montou pela primeira vez, no Brasil, peças de Jean Anouilh, assim como foi deles a primeira montagem brasileira de *Um Bonde Chamado Desejo*, de Tennessee Williams, a que deram, na época, o título *Uma Rua Chamada Pecado*. Madame

Morineau, como era sempre chamada a atriz, fez uma bela carreira, apresentando-se geralmente no teatro do Copacabana Palace Hotel; essa identificação foi tão marcante que determinou o gênero de teatro ali apresentado até o fechamento da sala.

Não podemos nos esquecer de que foi ainda no final da década de 1940 que apareceu Silveira Sampaio (1914-1964), o médico pediatra que se dedicou a retratar os pecadilhos da Zona Sul carioca, e escreveu um dos mais brilhantes conjuntos de comédia que o nosso teatro tem conhecido, principalmente a deliciosa *Trilogia do Herói Grotesco*, formada por *Da Inconveniência de Ser Esposa*, *Da Necessidade de Ser Polígamo* e *A Garçonnière do Meu Marido*, além de dois memoráveis espetáculos de peças em um ato, dentre as quais se notabilizaram *Treco nos Cabos* e *A Vigarista*. Intérprete e crítico brilhante, Silveira Sampaio de repente abandonou o teatro e, excepcional *showman*, brilhou na televisão.

É muito difícil falar do teatro de cinquenta anos atrás sem privilegiar o eixo Rio-São Paulo. Porém, não podemos nos esquecer de que no Recife sempre foram preservadas as formas dramáticas de folguedos populares, sem falar do Teatro do Amador do Recife, da família chefiada por Waldemar Oliveira (1900-1977), que foi de uma constância incrível na apresentação de um repertório bastante respeitável, inclusive com convites aos melhores diretores da época em ocasiões especiais.

Também devemos mencionar que, em meados da década de 1950, o Teatro Jovem do Recife lançou o *Auto da Compadecida*, de Ariano Suassuna (1927), um dos raros clássicos do teatro nacional, obra-prima na qual o autor consegue mesclar, com brilho, o tom dos contos populares do nordeste com a forma do auto medieval. São incontáveis as montagens de o *Auto da Compadecida* nos quatro cantos do Brasil, tanto por amadores quanto por profissionais, sendo o texto consagrado também – sempre com o mesmo sucesso – tanto no cinema quanto na televisão.

No Rio Grande do Sul começava, na mesma época, a haver movimentos teatrais que foram a semente da constante atividade artística que lá existe hoje em dia. Ruggero Jacobbi (1920-1981), que antes passou pelo TBC, mas foi ainda melhor como teórico que como diretor, fez com que o ensino teatral se firmasse em Porto Alegre bem antes das reformas nas escolas do Rio, por exemplo. Nesse campo da formação do ator, não se pode deixar de falar na Escola de Arte Dramática, em São Paulo, que Alfredo Mesquita (1907-1986), em seus primeiros anos, sustentava virtualmente à sua própria custa, e onde se formaram vários dos maiores talentos do teatro paulista. Só depois da morte de seu fundador é que a EAD veio a ser abrigada pela USP, que por isso continua a ter dois cursos de formação de ator, um em segundo grau e outro, na ECA – Escola de Comunicação e Artes –, em nível superior.

O Século xx se Acaba: Perspectivas Para o Próximo Milênio

QUANTO MAIS PERTO VAMOS ficando dos tempos atuais, mais difícil se torna traçar um panorama compreensível, mesmo que superficial, sobre o teatro. A década de 1950 viu não só o amadurecimento de tudo o que havia sido aprendido desde o advento do *Vestido de Noiva* como também o aparecimento de muita coisa nova, das mais variadas linhas. A única solução é tentar acompanhar as linhas mestras que marcam o moderno teatro brasileiro e aceitar que muita coisa boa e importante vai ficar de fora desta análise.

Vamos começar fazendo uma digressão pelo teatro infantil, pois não há palavras que expressem adequadamente o valor do trabalho de Maria Clara Machado (1921-2001) e seu Tablado. Não podia ser mais desleixado ou ruim o teatro infantil brasileiro antes dela; com a mudança do núcleo residencial da casa para o apartamento, as necessidades de atividade para a infância ficaram mais aparentes. No que era agora direcionado a esse público certo, no entanto, tudo era improvisado de qualquer modo; e era um horror. Nem textos, nem cenários, nem figurinos, nem atuações mereciam sequer esses nomes. Todo um novo mundo nasceu com a peça *Pluft, o*

Fantasminha; quando se abriu a cortina no Tablado, viu-se no palco o lindo cenário de Napoleão Moniz Freire (1928-1971), e Pluft, virando-se para a Mamãe Fantasma, perguntou: "Gente existe?" A diferença foi tamanha, a busca aos espetáculos inteligentes e bem-realizados do Tablado foi tão intensa, que sua mera existência forçou a melhoria do nível de todo o teatro infantil, o que não é pouco, para dizermos que o grupo foi da maior importância. A carreira de Maria Clara Machado foi coalhada de sucessos, mas *Pluft, o Fantasminha* é hoje em dia um clássico brasileiro.

Em São Paulo, por outro lado, a conscientização política determinou o aparecimento do Teatro de Arena, em 1955, por essência o "anti-TBC", já que buscava textos nacionais e tinha preocupações sociopolíticas. Chamando de início a atenção pelo formato, o Teatro de Arena, apesar de seus modestos 130 lugares, abrigou espetáculos de repercussão nacional, e ali tiveram lugar os mais radicais e significativos acontecimentos da moderna dramaturgia brasileira. Há, no entanto, em sua criação, alguns aspectos meio incoerentes. Esse teatro, de busca de textos nacionais e de preocupações sociais, não começou nem nacional nem político: a sua primeira montagem foi *Uma Mulher e Três Palhaços* (*Voulez-vous jouer avec moi?*), do francês Marcel Archad, dirigida por José Renato (1926-2011).

Sua afirmação decisiva, no entanto, deu-se com a montagem do que veio a se tornar um clássico brasileiro, *Eles Não Usam Black-Tie*, de Gianfrancesco Guarnieri (1934-2006), à qual se seguiram outras novidades como o *Chapetuba Futebol Clube*, de Oduvaldo Viana Filho, o Vianinha (1936-1974), e a *Farsa da Esposa Perfeita*, da gaúcha Edy Lima. O grupo organizara um seminário de dramaturgia e de lá saíram Guarnieri, Vianinha, Chico de Assis (1933), Augusto Boal (1931-2009) e vários outros autores, além de espetáculos consagrados como a série *Arena Canta...* Da mesma safra, o Rio conheceu, no Teatro Municipal, *Gimba, o Presidente dos Valentes*, de Guarnieri, dirigida por uma das figuras mais atuantes da época, o diretor Flávio Rangel (1934-1988).

Em 1958, apareceu outro grupo paulista significativo, o Oficina, de José Celso Martinez Corrêa (1937-), que se notabilizou mais pelas pesquisas de espetáculo, como foi o caso de *O Rei da Vela*, mas que em suas primeiras montagens atuou em linha realista de preocupações sociais, como em *A Vida Impressa em Dólares (Awake and Sing)*, de Clifford Odets, e a mais que consagrada *Os Pequenos-Burgueses (Meshane)*, de Górki. O mais significativo trabalho realizado pelo Oficina em termos de teatro brasileiro foi, sem dúvida, a exemplar montagem de *O Rei da Vela*, que Oswald de Andrade (1890-1954) havia escrito em 1929, mas que só em 1967, pelas mãos de José Celso e seu grupo, chegou ao palco. A companhia sentiu fortemente a influência do teatro épico de Brecht, de quem montou as peças *Galileu* e *Na Selva das Cidades (Im Dickicht der Städte)*. Brecht realmente dominou a época: Maria Della Costa montou *A Alma Boa de Setsuan*, Lélia Abramo foi *A Mãe Coragem*, e até mesmo o Teatro Nacional de Comédia, do SNT, montou *O Círculo de Giz Caucasiano*.

Nessa época, o teatro carioca passava por uma fase privilegiada – pois começaram as atividades do Teatro dos Sete, com a memorável montagem do *Mambembe*, de Artur Azevedo, e continuaram com sucessos memoráveis como os de *Com a Pulga Atrás da Orelha*, de Feydeau, *O Beijo no Asfalto*, de Nelson Rodrigues, e o *Festival de Comédia*, com três comédias em um ato de Molière, Cervantes e Martins Pena.

O governo militar, instaurado em 1964, trouxe mais força à censura, passando a incomodar mais agudamente o teatro a partir do Ato Institucional n. 5, de 1968, com seus ainda mais terríveis desmandos. Apesar da virtual perseguição pela censura, ainda houve espetáculos de grande importância, como *Liberdade, Liberdade* e *Gota d'Água*, que marcaram época, assim como uns poucos outros, que falavam do Brasil aos brasileiros por linhas indiretas. As piores consequências da censura, mesmo assim, não foram as peças proibidas, mas, sim, as carreiras ceifadas de autores já conhecidos que abandonaram o teatro, ou as de outros que não puderam alçar voo em função dos obstáculos erguidos nos caminhos da criação teatral.

Durante o período da censura, o teatro sofria em diversas frentes, e não só pelos cortes e proibições feitos pelos mais arbitrários e ignorantes funcionários que se possa imaginar. Ficou famoso, por exemplo, o incidente no qual um policial tinha ordem para "prender

Sófocles", por ocasião da montagem da *Antígona*, dirigida por Antônio Abujamra (1932-), com Glauce Rocha como protagonista. Glauce, aliás, foi não só um talento como também uma força preciosa no enfrentamento dos tempos da censura e, infelizmente, morreu aos 38 anos, por problemas no coração.

A verdade é que, mesmo durante a censura, apesar dela e até mesmo como uma vibrante reação contra ela, o teatro teve uma vida intensa na década de 1960: basta lembrar, por exemplo, da repercussão que tiveram espetáculos como o *Morte e Vida Severina*, de João Cabral de Melo Neto (1920-1999), montado no TUCA, da Universidade Católica de São Paulo.

Em 1964, Antunes Filho (1929-) dirigiu uma montagem de *A Megera Domada* para as comemorações do quarto centenário de Shakespeare. De 1966 é preciso lembrar, pelo menos, de *Oh! Que Delícia de Guerra! (Oh! What a Lovely War!)*, com direção de Ademar Guerra (1933-1993), e principalmente de *Se Correr o Bicho Pega, Se Ficar o Bicho Come*, de Vianinha e Ferreira Gullar, com direção de Gianni Ratto. E foi em 1966 que estreou um novo marco da dramaturgia brasileira, *Dois Perdidos em uma Noite Suja*, de Plínio Marcos (1935-1999).

O ano de 1967, apesar da censura, produziu ao menos dois outros espetáculos que são marcos na história do teatro brasileiro: o já citado *O Rei da Vela*, de Oswald de Andrade, a mais famosa direção de José Celso, com magistral cenografia de Hélio Eichbauer (1941-), um notável exemplo da tropicalização do teatro; e a igualmente monumental *Perseguição e Assassinato de Jean-Paul Marat Representados pelo Grupo Teatral do Hospício de Charenton Sob a direção do Senhor de Sade*, também conhecida como *Marat/Sade*, de Peter Weiss, com a exemplar direção de Ademar Guerra, e tendo Rubens Correa (1931-1996) e Armando Bogus (1930-1993) nos papéis principais.

Os títulos longos ficaram em moda, e pouco depois estreou, de Antônio Bivar (1939-), com direção de Emilio di Biasi (1939-), *Abre a Janela e Deixa Entrar o Ar Puro e o Sol da Manhã*. Porém, a peça anterior do mesmo autor, *Cordélia Brasil*, fora muito mais bem-sucedida.

Enquanto isso, no Rio de Janeiro, o Teatro dos Sete continuava sua brilhante carreira: depois da fulgurante estreia, com Artur Azevedo, eles fizeram A *Profissão da Sra. Warren*, de Bernard Shaw, e a seguir se entregaram com paixão a um novo texto brasileiro, O *Cristo Proclamado*, título de um confuso texto do, embora talentoso, Francisco Pereira da Silva (1918-1985), que simplesmente não chegava ao público e fechou em onze dias. Era um momento de emergência, e Ratto então foi procurar um texto que ele já havia dirigido em São Paulo, para Maria Della Costa, *Com a Pulga Atrás da Orelha* (*La Puce à l'oreille*), de Feydeau. Com direção e cenografia brilhantes de Ratto, figurinos maravilhosos de Kalma Murtinho (1920) e um elenco precioso, a peça transformou-se em um dos maiores sucessos da carreira do grupo. Motivo de grandes abalos, foi significativa a montagem, em 1968, de *Navalha na Carne*, de Plínio Marcos que, ao fim de uma grande luta com a censura, Tônia Carrero protagonizou com grande sucesso no Rio de Janeiro.

Em São Paulo, o final da década ainda assistiu à encenação de mais dois espetáculos de grande monta, ambos dirigidos pelo argentino Victor García: O *Cemitério de Automóveis* (*Le Cimetière des voitures*), de Arrabal, e O *Balcão* (*Le Balcon*), de Jean Genet. Para esse último, Ruth Escobar (1935-2011) praticamente destruiu seu teatro, e o palco onde o espetáculo se realizava era um vasto círculo de plástico transparente que subia e descia para se posicionar à altura dos três níveis de galerias circulares que o delimitavam. Além disso, o chão do teatro fora escavado e criado um hemisfério do qual subiam atores.

Ao mencionar espetáculos como esses últimos, temos de voltar um pouco atrás e lembrar dois golpes sucessivos que afetaram de forma arrasadora o teatro carioca: o primeiro foi a transferência da capital da república para Brasília, o que tirou do Rio não só sua importância política como toda a grande população flutuante que passava na cidade para tratar de assuntos com o governo federal. O segundo foi, como se não bastasse isso, o governo militar atrelar ao bem-sucedido estado da Guanabara o falido estado do Rio de Janeiro, com graves consequências econômicas para a antiga capital, problema que, até o advento dos *royalties* do petróleo arrastou por anos suas consequências.

Isso não quer dizer que o teatro no Rio tenha acabado, mas, sim, que ele teve de lutar ainda mais, e que, de modo geral, passou a realizar espetáculos de menor porte. Deixando de lado a ideia de datas específicas, podemos lembrar quantos bons espetáculos foram apresentados no Rio, apesar dos pesares: movimentos como o de Amir Haddad (1937-), no MAM; o espetáculo *Liberdade, Liberdade*, escrito por Millôr Fernandes e Flávio Rangel, que não só alcançou sucesso extraordinário como deu origem a toda uma estirpe de colagens, com ou sem música que, reconhecendo que também era preciso cantar, abriram preciosos pontos de respiração. O Teatro dos Sete, com direção de Fernando Torres, lançou o memorável *O Beijo no Asfalto*, de Nelson Rodrigues, bem no início desses problemas, ou seja, no momento da renúncia de Jânio Quadros, quando ninguém tinha dinheiro em caixa sequer para comprar entrada. O espetáculo, no entanto, mudou do Teatro Ginástico para o da Maison de France e teve uma bela carreira.

Outro grupo tem de ser destacado: em 1968, Rubens Correa (1931-1996) e Ivan de Albuquerque (1932-2001) abriram o Teatro Ipanema montando Tchékhov, e o local se transformou imediatamente em centro das atenções culturais do Rio. Rubens Correa sempre será lembrado como ator extraordinário no *Marat/Sade*, no *Diário de um Louco*, ou no *Artaud*, entre outros. Ele e Ivan promoveram toda uma série de espetáculos significativos, dentre os quais é preciso ressaltar *O Arquiteto e o Imperador da Assíria*, de Arrabal, com o próprio Rubens e José Wilker (1947-), e a explosão de amor e inesquecível alegria de *Hoje é Dia de Rock*, de José Vicente (1945-2007), que contaminava os espectadores com um lindo raio de esperança. Uma outra preciosidade na história da interpretação no Brasil foi o trabalho de Rubens Correa em *O Beijo da Mulher Aranha*, adaptação do romance de Manuel Puig (1932-1990), uma composição irretocável e profundamente emocionante, que encontrou o apoio necessário no trabalho de José de Abreu (1944-).

O Teatro dos Sete não sobreviveu aos abalos político-econômicos, mas despediu-se *en beauté*, com um espetáculo irretocável, *A Mulher de Todos Nós (La Parisienne)*, de Henri Becque (1837-1899), com Fernanda Montenegro, Sérgio Britto e Ítalo Rossi, direção de

Fernando Torres. Separados, os seus integrantes levaram avante seu trabalho com uma série de espetáculos de grande categoria: Sérgio Britto durante muito tempo dirigiu o desaparecido teatro do SESC, onde realizou inúmeros cursos, dirigiu Eva Todor em uma rara incursão desta por um texto mais dramático e, entre seus trabalhos como ator é inesquecível o espetáculo *Fim de Jogo* (*Endgame*), de Samuel Beckett, com direção de Amir Haddad.

Fernanda e Fernando fizeram o magistral *Seria Cômico se Não Fosse Sério*, continuaram fiéis a Millôr Fernandes montando com imenso sucesso *É...*, e divertiram os cariocas por meses a fio com *Madame Vidal* (*L'Amant de Madame Vidal*). Infelizmente, os tempos levaram Fernanda Montenegro a dedicar boa parte do seu tempo à TV e ao cinema, mas não podemos esquecer que ela ainda nos deu, em 1995-1996, o maravilhoso *Dias Felizes* (*Oh! Les beaux Jours/Happy Days*), de Beckett, com direção de Jacqueline Laurence (1932-).

Entre os integrantes desgarrados do Teatro dos Sete, é preciso lembrar Ítalo Rossi: em 1975 ele ganhou seu primeiro Prêmio Molière por *A Noite dos Campeões* (*That Championship Night*) e, após alguns anos um tanto afastado do palco, voltou com força plena e conquistou o Prêmio Molière novamente, em 1985, por *Fernando Pessoa*, o espetáculo de poesias que fez com Walmor Chagas. Não contente com isso, no ano seguinte tornou a ganhar mais uma vez o prêmio por *Encontro de Descartes e Pascal*, com Daniel Dantas (1954-), e finalmente, em 1987, tornou-se o único ator a vencer o prêmio três anos seguidos, com *Quatro Vezes Beckett*.

Para todos aqueles que acham que no Brasil não há teatro, que morreu, acabou, que aqui não se faz nada, uma visão panorâmica como esta é uma lição. A década de 1970 teve ainda alguns outros trabalhos marcantes: O Tablado, mais especializado em infantis, montou, um tanto canhestramente, *O Dragão*, a maravilhosa fábula de Yvgene Schwartz – brilhante crítica aos herdeiros dos que conquistaram um poder ditatorial –, que ficara anos e anos proibida em seu país de origem, a União Soviética, enquanto o novo grupo Asdrúbal Trouxe o Trombone "desconstruía" o *Ubu Rei*, de Alfred Jarry.

No final de 1976 o Rio veria outro espetáculo memorável, tanto por sua qualidade de texto e encenação quanto pelo fato de, graças aos deuses teatrais, ele ter passado pela censura: *Gota D'Água*, a versão, do morro, da lenda de Medeia, de Chico Buarque (1944-) e Paulo Pontes (1940-1976), com direção de Gianni Ratto e histórica atuação de Bibi Ferreira (1921). Na mesma época, *Rasga Coração* (1974), de Vianinha, premiada pelo concurso do SNT, esbarrou na "curteza" de vistas da censura e foi uma luta até poder ser encenada, em 1979, cinco anos depois de escrita, aliás com grande sucesso.

A década de 1970 não terminaria sem contribuir com mais um marco do teatro brasileiro, o extraordinário espetáculo *Macunaíma*, dirigido por Antunes Filho. Esse imenso sucesso demorava quatro horas e era apaixonante do princípio ao fim; a preocupação do diretor com a importância da identificação entre visual e texto, a busca do tom e das formas que poderiam realmente corresponder ao romance, tornaram *Macunaíma* um marco no desenvolvimento da interpretação no Brasil. O caminho de Antunes continuou com seu Centro de Pesquisa e formação de atores, com alguns tropeços ocasionais, mas com espetáculos apaixonantes como *Vereda da Salvação*, *Nelson Rodrigues – O Eterno Retorno* e, recentemente, com *Medeia* e *O Canto do Gregório*. É pouco para se dizer sobre Antunes, que continua atuando com brilho tanto nas encenações quanto na formação de atores.

Na década de 1980 o teatro parece que mudou de caminho: é possível mesmo que já estivessem todos um tanto exauridos pelo murro em ponta de faca com a censura. O fato é que, de repente, apareceu uma encantadora peça de um tipo que não era visto havia algum tempo: Naum Alves de Souza (1942-) escreveu e montou *A Aurora da Minha Vida* que, com deliciosas lembranças dos tempos de escola, na época em que tudo era risonho e franco, não só foi um grande sucesso como também, por assim dizer, abriu caminho para uma fase mais individual de criação. Era uma experiência maravilhosa, um respiro para os que sabiam que ainda então, em São Paulo, a censura havia proibido a *Patética* de João Ribeiro Chaves Neto, inspirada no caso Herzog e passada em um ambiente de circo.

Outras coisas importantes aconteciam: em 1985, no Rio de Janeiro, Luiz Antônio Martinez Correa (1950-1987) montou o *Theatro Musical Brazileiro – Partes I (1860-1914) e II (1914-1945)*, que abriu o caminho para o precioso veio da música popular. Em 1983, em Porto

Alegre, um grupo gaúcho fez sucesso incrível com *Bailei na Curva*, de Júlio Conte (1955-), em que jovens refletiam com ironia sobre seus pais, e em São Paulo, estreara, em 1979, a loucura que era *Quem Tem Medo de Itália Fausta?*, de Miguel Magno (1951-2009) e Ricardo de Almeida (1954-1988), um pouco uma ancestral de um novo gênero do qual falaremos a seguir, que amadureceria no Rio. Não seria impossível fazer também alguma ligação desse com o gênero de *Apareceu a Margarida*, de Roberto Athayde (1949-), em que triunfou Marilia Pêra (1943-), com direção de Aderbal Freire-Filho (1941-).

Corre o tempo e chegamos a 1985, o que nos leva para um ano com dois acontecimentos significativos, porém totalmente diversos. O citado *Quatro Vezes Beckett* foi o primeiro trabalho de Gerald Thomas (1954-) de volta ao Brasil. Com a colaboração de Rubens Correa, Sérgio Britto e Ítalo Rossi, um diretor tem bom material para trabalhar, porém aquele espetáculo foi realmente uma demonstração de grande competência na direção e na iluminação. Logo a seguir Thomas dirigiu *Quartett*, de Heiner Müller, com Tônia Carrero e Sérgio Britto, alcançando novo triunfo e, desde então, insistindo em ser também autor, sua carreira tem sido, digamos, mais acidentada, cheia de erros, acertos e brigas.

O outro acontecimento do ano foi de caráter dramatúrgico: nasceu, pelas mãos de Vicente Pereira (1949-1993), Miguel Falabella (1956-) e Mauro Rasi (1949-2003), uma nova encarnação, um tanto marota, da forma tradicional da comédia de costumes brasileira, geralmente apresentada como conjuntos de pequenos esquetes, e que acabou sendo definitivamente catalogada como "besteirol". A forma é crítica, tem referenciais no próprio teatro e na restrita faixa de sociedade que retrata, e faz questão de disfarçar, o quanto pode, o fato de ter alguma significação. Não queremos dizer com isso que o besteirol seja um gênero carregado de profundos significados, mas com certeza podemos afirmar que sua intenção de, a um só tempo, criticar e divertir é inegável, como também a de ser ágil e inteligente no diálogo.

Dos três autores acima mencionados, o primeiro foi-se muito cedo, mas Miguel Falabella, além de trabalhos na TV, passou para os monólogos – como *Louro, Alto, Solteiro, Procura* e *Como Rechear um Biquíni* –, para peças como *A Partilha*, e *O Submarino* e, finalmente, para os musicais como *Carmen Miranda* e, agora, *Império*. Mauro Rasi, que também perdemos cedo demais, foi quem desenvolveu a melhor carreira de autor entre os três. Sua trilogia memorialista marcou época. Ele a começou, na verdade, com a segunda peça, *A Cerimônia do Adeus*, na qual teve a notável ideia de fazer Jean-Paul Sartre e Simone de Beauvoir aparecerem como personagens, na forma de seus livros e, podendo, assim, participar diretamente do conflito de gerações em Bauru. Depois veio o que seria a primeira peça, *A Deusa do Lar*, com Marieta Severo, Tuca Andrade e Sérgio Viotti, na qual realidade e imaginação se misturavam de modo fantástico, com a influência do cinema e do teatro amador marcando sua presença. A trilogia é concluída com a menos satisfatória *Incidente em Forli*. Rasi escreveu, ainda, a interessante *Baile de Máscaras* e, depois, sua triunfal *Pérola*, que voltava a Bauru, em homenagem a sua mãe, e foi incrível sucesso por todo o Brasil.

É necessário compreender que, após tantos golpes e proibições, o teatro teve de recomeçar, depois que acabou a censura, praticamente da estaca zero; e que, tantas vezes caluniado, o besteirol foi uma ótima maneira de trazer o público de volta aos teatros, com seus diálogos vivos e de contato imediato com a plateia. A bela carreira de Mauro Rasi, infelizmente, foi ceifada muito cedo, mas também, infelizmente ainda falta muito a ser dito a respeito de autores que marcaram o final do teatro brasileiro no século XX: não tenho desculpas para as omissões, senão a pura e simples quantidade de material a ser documentado.

Mencionamos ainda, entretanto, os primeiros espetáculos de Moacyr Góes (1961), que foram tão desafiadores como linguagem cênica; o trabalho de Aderbal Freire Filho, no Teatro Gláucio Gill, que foi terrivelmente desigual, mas foi o berço de sua primeira aventura na encenação de um romance: *A Mulher Carioca de 22 Anos*. Em todo caso, é muito estranho lembrar que tanto a Intrépida Trupe, do Rio, quanto o Grupo Galpão, de Minas Gerais, fizeram grandes trabalhos no que já é o século passado e, certamente, não foi perdido um século que, além de tudo o mais que já foi dito aqui, nos deu, do grupo mineiro, os maravilhosos *Romeu e Julieta* e *A Rua da Amargura*, ambos dirigidos por Gabriel Villela (1958), que voltou à sua terra para mostrar como se adapta a um clássico todo o maravilhoso sabor de um teatro popular benfeito, marca registrada do Grupo Galpão.

O teatro no Rio ainda apresentou, em 1998, o que viria a ser um dos principais veios criativos do novo século: o musical sobre as famosas Irmãs Batista, Linda (1919-1988) e Dircinha (1923-1966), explorando bem o entrelaçamento de vida e carreira das duas. Bem interpretado e bem-cantado, ele revelou a riqueza que o teatro tinha para explorar, com grande proveito para o público que, desde então, tem tido ótimas oportunidades para ver reativado o melhor do repertório da música popular brasileira, evocando, com isso, outros tempos da vida na cidade. Data dos anos finais do século xx o início do trabalho de Cláudio Botelho (1964-) e Charles Moeller (1967-), os inspirados especialistas em musicais que realizaram aquela primeira experiência.

De certa maneira ficava realmente completado um círculo: o século começara com burletas e revistas, porém a partir da década de 1930, mais ou menos, a música desapareceu do teatro, a não ser na forma da revista, que faleceu de inanição por volta dos anos de 1950. Na segunda parte do século, a música voltou com clones americanos: *My Fair Lady*; *A Noviça Rebelde*; *Como Alcançar o Sucesso Sem Fazer Força*; *Hello, Dolly*; e *Promessas, Promessas*, nos formatos mais tradicionais, e ainda *Hair* como explosão da contestação dos anos de 1980. Mas todos esses foram apenas visitantes – mesmo que montados aqui –, e tão americanos que não chegaram a ser motivação para a produção local.

A única tentativa de se fazer um musical brasileiro de formato tipicamente americano, se não me engano, foi *Tomei um Ita no Norte*, de Haroldo Barbosa (1915-1979), montado no falecido Teatro Mesbla. O sucesso da história das irmãs Batista tem sem dúvida algumas características do "musical", mas o espetáculo era também uma evocação de coisas como *A Canção Brasileira* e *Bonequinha de Seda*, sem nos esquecermos de *O Ébrio*, que a dupla Gilda de Abreu (1904-1979) e Vicente Celestino (1894-1968) havia apresentado nos anos de 1920 e de 1930. Mas o final do século apontava para a volta da música aos palcos.

O século xx acabou com consideráveis promessas para o futuro do teatro brasileiro, que finalmente estava vivendo o que Louis Jouvet afirmara ser necessário cerca de sessenta anos antes: para haver teatro brasileiro é preciso que haja autores brasileiros. Estes finalmente estavam agora aparecendo, não só em maior número, mas também, cada vez mais, refletindo o que viam à sua volta. Ou seja, esse mesmo teatro que no Brasil tantas vezes esteve agonizante e pronto para morrer nesses últimos cem anos, estava, como de hábito, pronto a ressuscitar, com formas novas, aptas a enfrentar os desafios de um novo século.

Bibliografia

ARÊAS, Vilma Sant'Anna. *Na Tapera de Santa Cruz*. São Paulo: Martins Fontes, 1983.

ARISTOTLE. *Poetics*. Tradução e introdução de Gerald F. Else. Ann Arbor: The University of Michigan Press/Ann Arbor Paperback, 1970.

ARNOTT, Peter D. *Introduction to the Greek Theatre*. London: Macmillan, 1959.

BANHAM, Martin. *Cambridge Guide to Theatre*. Cambridge: Cambridge University Press, 1988.

BEAUMARCHAIS, Pierre A.C. Essai sur le genre dramatique sérieux. In: BARRETT, H. Clark. *European Theories of the Drama*. New York: Crown, 1965.

BECKETT, Samuel. *The Complete Dramatic Works*. London: Faber And Faber, 1986.

BERRETINI, Celia. *Teatro Francês*. Conselho Estadual de Cultura: [s.l.], [s.d].

BIEBER, Margarete. *The History of the Greek and Roman Theatre*. Princeton: Princeton University Press, 1961.

BIGSBY, C.W.E. *Contemporary English Drama*. New York: Holmes & Meier, 1981.

BRADLEY, A.C. *Shakespearean Tragedy*. London: Macmillan, 1914.

BRAGA, Claudia. *Em Busca da Brasilidade*. São Paulo: Perspectiva, 2003.

BRANDÃO, Tania. *Teatro dos Sete*. Rio de Janeiro: 7 Letras/Faperj, 2002.

BRECHT, Bertolt. *Estudos Sobre o Teatro*. Tradução de Fiama Pais Brandão. Rio de Janeiro: Nova Fronteira, 1978.

BROOKE, C.F. *The Shakespeare Apocrypha*. Oxford: Clarendon, 1914.

BROOKE, T.; PARADISE, N.B. *English Drama 1580-1642*. Boston: D.C. Heath, 1933.

BROWN, A.; KIMMEY J.L. *Tragedy*. Columbus: C.E. Merrill, 1968.

BURDICK, Jacques. *Theater*. New York: Newsweek Books, 1974.

CAVALIERI, A.; VÁSSINA, E. (orgs.). *Teatro Russo, Literatura e Espetáculo*. São Paulo: Ateliê, 2011.

CLARK, Barrett H. *World Drama*. [S.l] Dover, 1933. 2 v.

CORNEILLE, Pierre. *Le Cid*. Paris: Bordas, 1965.

_____. *Œuvres Complètes*. Paris: Seuil, 1963.

CORVIN, Michel. *Le Théâtre nouveau à l'étranger*. Paris: Presses Universitaires de France, 1969.

DAMASCENO, Darcy (org.). *Teatro Completo de Martins Pena*. Rio de Janeiro: Cia. Editora Nacional, 1956. 2 v.

DEL NERO, Cyro. *Máquinas Para os Deuses*. São Paulo: Senac, 2009.

DIDEROT, Denis. *Discurso Sobre a Poesia Dramática*. Tradução de Franklin de Mattos. São Paulo: Cosac Naify, 2005.

_____. *The Paradox of the Actor*. New York: Hill and Wang, 1957.

DORIA, Gustavo A. *Moderno Teatro Brasileiro*. Rio de Janeiro: MEC/SNT, 1975.

DORT, Bernard. *Théâtre réel*. Paris: Seuil, 1971. [Trad. bras.: *O Teatro e Sua Realidade*. São Paulo: Perspectiva, 1977.]

DUCKWORTH, George E. *The Complete Roman Drama*. New York: Random House, 1946. 2 v.

DUKORE, Bernard (ed.). *Encyclopedia of World Drama*. New York: McGraw Hill, 1972. 4 v.

ELSE, Gerald F. *The Origin and Early Form of Greek Tragedy*. New York: Norton, 1970.

ESSLIN, Martin. *An Anatomy of Drama*. London: Maurice Temple Smith, 1976.

_____. *The Theatre of the Absurd*. Garden City: Doubleday, 1961.

EVANS, G. Blakemore (ed.). *The Riverside Shakespeare*. Boston: Houghton Mifflin, 1971.

FITTS, Dudley. *Greek Plays in Modern Translation*. New York: Dial, 1957.

FOUR Russian Plays. Tradução de Joshua Cooper. Harmondsworth: Penguin, 1972.

GASSNER, John. *Masters of the Drama*. New York: Random House, 1943.

GÓGOL, Nicolai. *O Inspetor Geral*. Belo Horizonte: Autêntica, 2007. (Coleção Espetáculos do Galpão).

_____. *O Inspetor*. Tradução de Zygmunt Turkov e Isaac Paschoal. Rio de Janeiro: Leitura, 1945.

HAYES, Edward. Sir Humphrey Gilbert's Voyage to Newfoundland. In: ELIOT, Charles (org.). *Voyages and Travels: Ancient and Modern*. New York: Collier & Son, 1910.

HELIODORA, Barbara. *O Homem Político em Shakespeare*. Rio de Janeiro: Agir, 2005.

_____. *Martins Pena, uma Introdução*. Rio de Janeiro: Academia Brasileira de Letras, 2000.

HUGO, Victor. Préface de Cromwell. In: BARRETT, H. Clark. *European Theories of the Drama*. New York: Crown, 1956.

HORÁCIO. *Ars Poetica*. In: BARRETT, H. Clark. *European Theories of the Drama*. New York: Crown, 1956.

JACQUOT, Jean Charles; ROBICHEZ, Jacques. *Le Théâtre Moderne*. Paris: CNRS, 1973.

KITTO, H.D.F. *Greek Tragedy*. London: Methuen, 1961.

LESKI, Albin. *A Tragédia Grega*. São Paulo: Perspectiva, 1971.

LEWIS, C.S. *The Allegory of Love: A Study in Medieval Tradition*. Oxford: Clarendon, 1936.

LIMA, Evelyn F. Werneck. *Espaço e Teatro*. Rio de Janeiro: 7 Letras/Faperj, 2008.

LOPE DE VEGA, Felix. El Arte Nuevo de Hacer Comedias en Este Tiempo. In: BARRETT, H. Clark. *European Theories of the Drama*. New York: Crown, 1956.

LUCAS, F.L. *Tragedy, Serious Drama in Relation to Aristotle's Poetics*. London: Hogarth, 1957.

MAGALDI, Sábato. *Teatro em Foco*. São Paulo: Perspectiva, 2008.

_____. *Depois do Espetáculo*. São Paulo: Perspectiva, 2003.

_____. *Moderna Dramaturgia Brasileira*. São Paulo: Perspectiva, 1998.

_____. *Panorama do Teatro Brasileiro*. São Paulo: Difel, 1962.

MARLOWE, Christopher. *Edward II*. London: Methuen, 1955.

_____. *Plays*. New York: Random House, 1938. (Coleção Everyman's Library)

MCCOLLOM, William G. *Tragedy*. London: MacMillan, 1957.

MEREDITH, George. *An Essay on Comedy and the Uses of the Comic Spirit*. London: Archibald Constable and Company, 1897.

MILARÉ, Sebastião. *Antunes Filho e a Dimensão Utópica*. São Paulo: Perspectiva, 1994.

MOLIÈRE. *Œuvres Complètes*. Paris: Flammarion, 1965. 4 v.

MOUSSINAC, Léon. *Le Théâtre, des origines à nos jours*. Paris: Le Livre Contemporain/ Amiot & Dumont, 1957.

OATES, Whitney J.; O'NEILL JR., Eugene. *The Complete Greek Drama*. New York: Random House, 1943.

O'NEILL, Eugene. *Nine Plays*. New York: Modern Library, 1954.

PEACOCK, Ronald. *Formas da Literatura Dramática*. Rio de Janeiro: Zahar, 1968.

PIRANDELLO, Luigi. Prefácio a *Seis Personagens em Busca de um Autor*. In: BARRETT, H. Clark. *European Theories of the Drama*. New York: Crown, 1925.

PISCATOR, Erwin. *Teatro Político*. Rio de Janeiro: Civilização Brasileira, 1968.

PRADO, Décio Almeida. *Peças, Pessoas, Personagens*. São Paulo: Companhia das Letras, 1993.

_____. *Teatro de Anchieta a Alencar*. São Paulo: Perspectiva, 1993.

_____. *João Caetano*. São Paulo: Perspectiva, 1972.

_____. *Apresentação do Teatro Brasileiro Moderno*. 2. ed. São Paulo: Perspectiva, 2001.

_____.*O Drama Romântico Brasileiro*. São Paulo: Perspectiva, 1996.

RUSSIAN Plays. Organização, Tradução e Apresentação por F.D. Reeve. New York: Vintage Library, 1961. (Vintage Russian Library, v. 731 e 732.)

RODRIGUES, Nelson. *Teatro Completo*. Rio de Janeiro: Nova Aguilar, 1993

ROSENFELD, Anatol. *O Teatro Épico*. São Paulo: São Paulo Editora, 1965.

ROUBINE, Jean-Jacques. *A Linguagem da Encenação Teatral*. Rio de Janeiro: Jorge Zahar, 1998.

SARAIVA, Antonio José. *Gil Vicente e o Fim do Teatro Medieval*. Lisboa: Europa-América, 1970.

SAVARESE, Nicola (ed.). *Teatri romani: gli spettacoli nell'antica Roma*. Bologna: I Mulino, 1996.

SCHECHNER, Richard. *Essays on Performance Theory, 1970-1976*. New York: Drama Book Specialists, 1977.

SHAKESPEARE, William. *The Arden Edition*. [S.l.]: Vários editores, 1951-1969. 37 v.

_____. *Tragédias e Comédias Sombrias*. Tradução de Barbara Heliodora. Rio de Janeiro: Nova Aguilar, 2006.

TCHEKHOV, Anton. *O Jardim das Cerejeiras*. Tradução e notas de Gabor Aranyi. São Paulo: Veredas, 1998.

VAN DOREN, Carl (ed.). *Four Plays by Ibsen*. New York: Grosset & Dunlap, [s.d].

COLEÇÃO PERSPECTIVAS

Eleonora Duse: Vida e Arte
    Giovanni Pontiero
Linguagem e Vida
    Antonin Artaud
Aventuras de uma Língua Errante
    J. Guinsburg
Afrografias da Memória
    Leda Maria Martins
Mikhail Bakhtin
    Katerina Clark e Michael Holquist
Ninguém se Livra de Seus Fantasmas
    Nydia Lícia
O Cotidiano de uma Lenda
    Cristiane Layher Takeda
A Filosofia do Judaísmo
    Julius Guttman
O Islã Clássico: Itinerários de uma Cultura
    Rosalie Helena de Souza Pereira
Todos os Corpos de Pasolini
    Luiz Nazario
Fios Soltos: A Arte de Hélio Oiticica
    Paula Braga (org.)
História dos Judeus em Portugal
    Meyer Kayserling
Os Alquimistas Judeus: Um Livro de História e Fontes
    Raphael Patai
Memórias e Cinzas: Vozes do Silêncio
    Edelyn Schweidson
Giacometti, Alberto e Diego: A História Oculta
    Claude Delay
Cidadão do Mundo: O Brasil diante do Holocausto
e dos Judeus Refugiados do Nazifascismo (1933-1948)
    Maria Luiza Tucci Carneiro

Este livro foi impresso em São Bernardo do Campo,
nas oficinas da Bartira Gráfica e Editora, em agosto de 2015,
para a Editora Perspectiva.

*Pessoa e Personagem: O Romanesco dos Anos de 1920
aos Anos de 1950*
    Michel Zéraffa
Vsévolod Meierhold
    Gérard Abensour
Oniska: Poética do Xamanismo na Amazônia
    Pedro de Niemeyer Cesarino
Sri Aurobindo ou a Aventura da Consciência
    Satprem
Testemunhas do Futuro: Filosofia e Messianismo
    Pierre Bouretz
O Redemunho do Horror
    Luiz Costa Lima
Eis Antonin Artaud
    Florence de Mèredieu
Averróis: A Arte de Governar
    Rosalie Helena de Souza Pereira
Sábato Magaldi e as Heresias do Teatro
    Maria de Fátima da Silva Assunção
Diderot
    Arthur M. Wilson
*A Alemanha Nazista e os Judeus, Volume 1:
Os Anos da Perseguição, 1933-1939*
    Saul Friedländer
*A Alemanha Nazista e os Judeus, Volume 2:
Os Anos de Extermínio, 1939-1945*
    Saul Friedländer
Norberto Bobbio: Trajetória e Obra
    Celso Lafer
Caminhos do Teatro Ocidental
    Barbara Heliodora
Alda Garrido: As Mil Faces de uma Atriz Popular Brasileira
    Marta Metzler